"101计划"核心教材

中药学领域

中药资源学

主　审　万德光　段金廒

主　编　裴　瑾　谷　巍

副 主 编　孙志蓉　马　琳　李会军　郭盛磊　倪梁红

编　者（按姓氏汉语拼音排序）

陈　江（成都中医药大学）	谷　巍（南京中医药大学）
郭盛磊（黑龙江中医药大学）	何冬梅（成都中医药大学）
胡　杨（南京中医药大学）	李会军（中国药科大学）
李卫东（北京中医药大学）	李先宽（天津中医药大学）
刘军民（广州中医药大学）	陆　续（中国药科大学）
马　琳（天津中医药大学）	倪梁红（上海中医药大学）
裴　瑾（成都中医药大学）	孙志蓉（北京中医药大学）
张　坚（天津中医药大学）	张　森（南京中医药大学）
张红梅（上海中医药大学）	张子龙（北京中医药大学）
赵玉成（中国药科大学）	周　博（黑龙江中医药大学）

编写秘书　文飞燕（成都中医药大学）

中国教育出版传媒集团

高等教育出版社·北京

内容提要

本教材是中药学基础学科本科教育教学改革"101 计划"核心教材之一,根据"中药资源学"教学大纲的基本要求和课程特点编写而成。全书共 8 章,包括绪论,中药资源品质形成的遗传因素,中药资源品质形成的生态响应特征,道地药材资源,中药资源调查、评价与管理,中药资源更新与保护,中药资源人工培育,中药资源开发与利用等内容,着重反映中药资源学科的自然科学理论、知识及方法,并融入新进展、新理论和新技术,如新增中药资源品质形成的遗传因素和生态响应特征两章内容,紧跟学科研究动向,并插入实际案例,培养高阶创新拔尖人才。本教材有机融合纸质教材和数字资源,数字资源包括教学课件、知识图谱、推荐阅读、自测题等。

本教材供中药学、中药资源与开发、中医学、药学及相关专业使用。

图书在版编目(CIP)数据

中药资源学 / 裴瑾,谷巍主编 . -- 北京 : 高等教育出版社,2025.9. -- ISBN 978-7-04-064368-8

Ⅰ . R282

中国国家版本馆 CIP 数据核字第 20258SR782 号

Zhongyao Ziyuanxue

| 策划编辑 瞿德竑 | 责任编辑 瞿德竑 | 封面设计 李小璐 | 责任印制 赵义民 |

出版发行	高等教育出版社	网　址	http://www.hep.edu.cn
社　址	北京市西城区德外大街4号		http://www.hep.com.cn
邮政编码	100120	网上订购	http://www.hepmall.com.cn
印　刷	北京盛通印刷股份有限公司		http://www.hepmall.com
开　本	850mm×1168mm　1/16		http://www.hepmall.cn
印　张	18.25		
字　数	460 千字	版　次	2025 年 9 月第 1 版
购书热线	010-58581118	印　次	2025 年 9 月第 1 次印刷
咨询电话	400-810-0598	定　价	56.00元

中药学"101计划"主审专家委员会

（按姓氏汉语拼音排序）

蔡宝昌（南京中医药大学）

陈红专（上海中医药大学）

陈士林（成都中医药大学）

程翼宇（浙江大学）

段金廒（南京中医药大学）

谷晓红（北京中医药大学）

果德安（中国科学院上海药物研究所）

匡海学（黑龙江中医药大学）

李　萍（中国药科大学）

李永吉（黑龙江中医药大学）

刘红宁（江西中医药大学）

彭　成（成都中医药大学）

屠鹏飞（北京大学）

万德光（成都中医药大学）

王广基（中国药科大学）

王继峰（北京中医药大学）

肖　伟（南京中医药大学）

徐宏喜（上海中医药大学）

颜正华（北京中医药大学）

张伯礼（天津中医药大学）

数字课程（基础版）

中药资源学

主编　裴瑾　谷巍

abooks.hep.com.cn/64368

使用方法：

1. 电脑或移动设备访问课程网站。

2. 注册并登录后，进入"个人中心"。

3. 刮开图书封底防伪码涂层，通过扫描二维码或

　　手动输入 20 位密码，完成防伪码绑定。

4. 绑定成功后，即可开始本数字课程的学习。

如有使用问题，请点击页面下方的"疑问"按钮。

"中药资源学"数字课程编委会

（按姓氏汉语拼音排序）

党的二十大报告指出，"全面提高人才自主培养质量，着力造就拔尖创新人才，聚天下英才而用之"。党的二十届三中全会强调，"加强基础学科、新兴学科、交叉学科建设和拔尖人才培养""分类推进高校改革，建立科技发展、国家战略需求牵引的学科调整机制和人才培养模式"。教育部为落实党中央指示，开拓了培养能够引领重大原始创新、突破关键核心技术的拔尖人才有益探索，启动了"四个一流"建设的"101 计划"。以小切口解决大问题，在深处（课程）、实处（教材）、难处（实践）、痛处（教师）下功夫，为培养拔尖人才创造了一种新的教育范式。

习近平总书记多次对中医药工作做出重要指示，要"充分发挥中医药的独特优势，推进中医药现代化""加快推进中医药现代化、产业化""积极推进中医药科研和创新，注重用现代科学解读中医药学原理"，对中医药现代化与拔尖创新人才培养提出了具体要求。

中药学"101 计划"作为教育部基础学科教育教学改革研究项目之一，对中药学拔尖人才的培养目标、培养模式、课程体系、实践项目、教材建设、师资队伍建设进行了前瞻性、设计性改革。

本套中药学"101 计划"核心教材共 13 本。其中既有对中药学传统专业课程进行前沿性、研究性深化与延伸的教材，也有将生命与基础医学相关课程整合形成的教材（如《生命科学基础》），还有为了满足对人工智能、大数据与智能制造等新技术发展的需求，前瞻性编写的教材（如《中药工程学》《中药信息学》）。该系列教材建设强调教材质量，建立了主编、主审双负责制，强化顶层设计，建立学科督导组，动态跟踪评估教学效果和课堂授课质量，建立了多元评价体系。

这 13 门核心课程的建设及其相应教材的编写，进一步固化了中药学"101 计划"改革成果，加强了课程建设与科学进步、产业革新的紧密结合，推动了知识图谱与能力图谱建设，促进了院校间高水平教师的教研活动与交流，更是为开设中药学专业的院校开展拔尖人才培养改革提供了借鉴与参考。

本套中药学"101 计划"核心教材由天津中医药大学、北京中医药大学、上海中医药大学、南京中医药大学、成都中医药大学、黑龙江中医药大学、中国药科大学牵头，相关院校的专家参与编写。教材编写等的组织工作中，一直得到了教育部等单位有关领导的指导和支持。在此一并致谢！

张伯礼

2024 年 8 月

　　本教材是中药学基础学科本科教育教学改革"101 计划"核心教材之一，旨在以中药资源的基本概念、理论、资源种类及分布特点为基础，结合资源调查评价、保护与管理等宏观现状，以培养大中药学创新拔尖人才为目标。本教材围绕中药资源品质形成的遗传因素及生态响应特征，运用植物化学、植物生态学和生理学、现代分子生物学等理论和技术，探讨遗传与生态环境对中药资源品质形成的影响；同时结合道地药材资源形成与变迁，综合应用前述理论和技术，解析道地药材资源品质形成的因素，客观分析和认识道地药材变迁的现象和原因。最后，以中药资源更新和人工培育为目标，解决中药资源开发与利用中制约产业发展的资源瓶颈问题。从宏观和微观两个层面讲授中药资源学的科学理论，过程中融入典型中药资源案例和课堂讨论，系统培养拔尖学生创新能力。

　　现有版本教材宏观认知内容较多，知识点繁杂，高阶性不突出。本教材突出中药资源学的自然科学属性内容，集中概述其社会科学方面的宏观认知。重点填补从植物（或动物）到药材这一关键过程的学习，解析中医药产业前端的中药材品质成因及成药过程的关键环节，突出中药资源更新对产业发展的影响，从根本上与产业接轨，着重产业源头端科学人才的培养，为中医药产业服务。

　　在编写体例上，本教材每章数字资源设有推荐阅读及点评，针对各章具体内容，推荐具有科学性和时效性的专业研究文献、时事热点或政策法规等；章后设置开放性讨论问题，引导学生主观认识、思考和解决中药资源学现实问题。此外，每章还包含"思考与讨论"题目，将各章涉及的新进展和新技术融入本教材。这些模块内容共同助力课堂教学，使学生学习后能够具备理论联系实际、综合分析并解决问题的能力，如运用所学的课程知识，开展药材品质成因分析；应用现代生物技术理论，分析解决资源品质问题的途径和方法；或者针对某中药资源更新关键环节，分析解决产业端消耗与资源更新相平衡的资源问题；也可以通过典型案例学习，归纳总结不同类型资源属性特点，遗传和生态环境对品质成因的影响，以及资源更新的关键环节等。

　　本教材包含纸质教材和数字资源两部分，内容具体编写分工如下：第一章由裴瑾组织，裴瑾、张坚、何冬梅编写；第二章由谷巍组织，赵玉成、谷巍、陈江编写；第三章由倪梁红组织，刘军民、倪梁红、何冬梅编写；第四章由孙志蓉组织，张子龙、孙志蓉、张红梅编写；第五章由裴瑾组织，张坚、胡杨、文飞燕编写；第六章由马琳组织，马琳、李先宽、胡杨编写；第七章由郭盛磊组织，郭盛磊、陆续、周博编写；第八章由李会军组织，李会军、李卫东、张森编写。各章的数字资源由各编委老师负责提供。本教材由主审万德光和段金廒进行审核。全书由文飞燕统稿，裴瑾、谷巍主编对纸质教材和数字资源进行审核并最终定稿。

　　为建设一流核心课程体系，本教材编委汇聚了国内高水平师资，在教材编写过程中各自融入了宝贵的教学经验和案例资料，紧密协作，精益求精，为此付出了辛勤的劳动，在此表示深深的敬意和衷心的感谢！

由于时间仓促，书中相关内容难免存在不足，恳请各位同仁和广大读者多提宝贵意见，以便在修订时完善提高。

裴瑾　谷巍

2025 年 3 月

目　录

绪 论

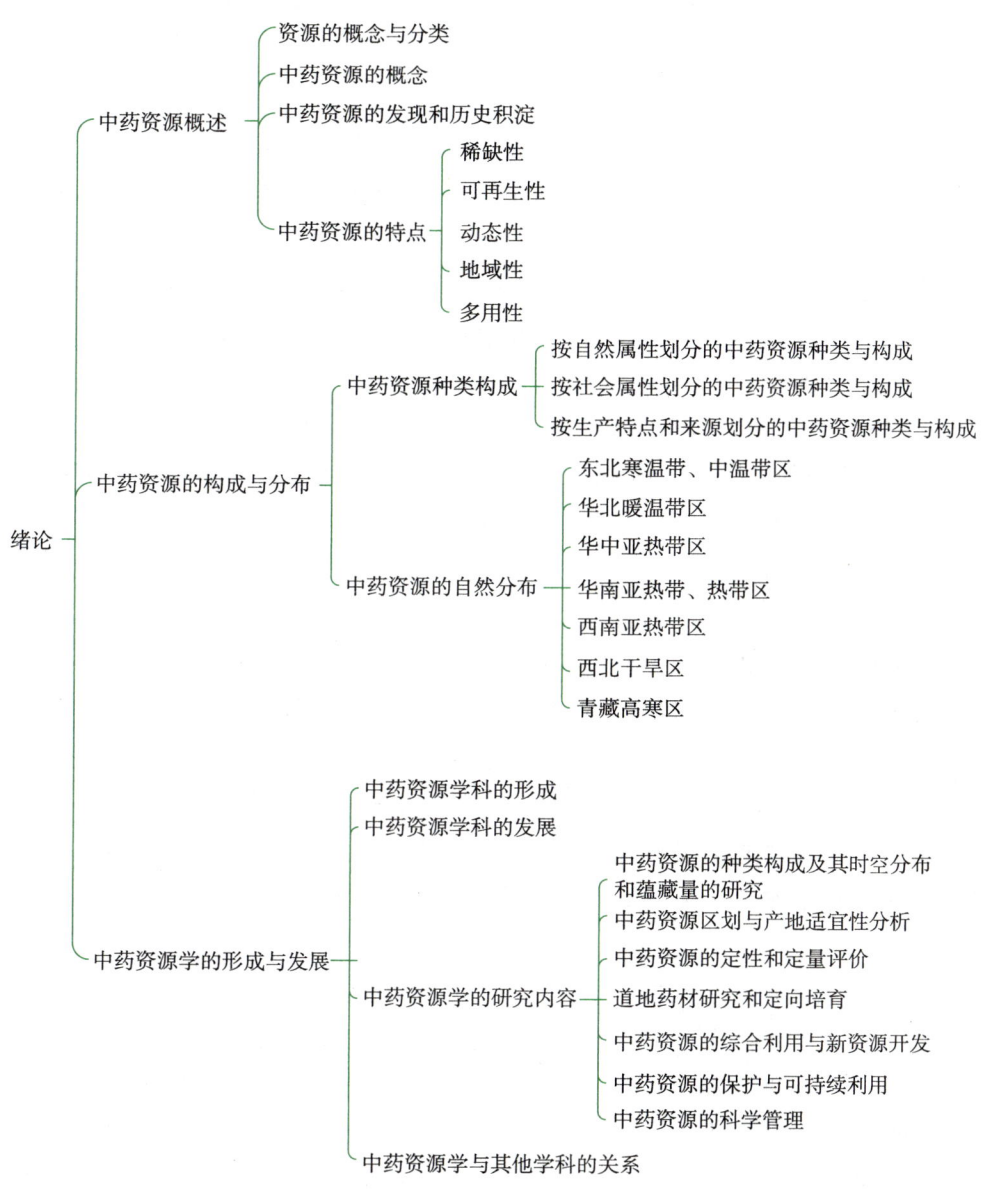

资源是人类财富的源泉，是人类生存和社会发展的物质基础。随着世界人口的激增，人们对资源的需求量日益增加，全球范围内资源供需矛盾日益突出，资源的短缺已成为制约社会经济发展的重要因素，甚至危及人类自身生存与发展。中医药为人类繁衍生息和健康发展作出了不可磨灭的贡献，然而中药资源短缺问题日益严峻，严重影响了中医药的繁荣发展。

第一节　中药资源概述

中药资源是中医药宝库中的瑰宝，是国家战略性资源；作为中药产业的源头，其现状不容乐观，保障中药资源的可持续发展，关乎我国中医药事业及相关行业的可持续发展。

一、资源的概念与分类

"资源"（resources）是一国或一定地区内拥有的物力、财力、人力等各种要素的总称，通常分为自然资源和社会资源两大类。自然资源系指自然界存在的有用自然物，是人类可以利用的自然生成的物质与能量，是人类生存的物质基础。社会资源系指在一定时空条件下，人类通过自身劳动开发利用自然资源过程中所提供的物质和精神财富的统称。自然资源是资源的基本组成部分，社会资源是人类在利用自然资源的过程中所创造出的另一种资源形式。

由于资源分类的原则和标准不同，分类方法和结果会存在一定差异。根据社会生产行业或产业领域的不同，资源可以划分为农业资源、林业资源、牧业资源、旅游资源、能源资源等。按照资源是否具有再生能力的性质，自然资源又可分为再生资源和不可再生资源，前者如动植物资源、森林资源等，后者如矿产资源等。中药资源是一类与中医药产业相关的自然资源，其短缺势必直接限制中医药事业的发展，影响人类健康和社会发展。

根据物质实体性和多级分类制两条基本原则，资源可以分为自然资源和社会资源。自然资源按照资源的性质及其与人类的经济关系，可划分为以下4类。

1. 环境资源　包括太阳光、地热、空气、天然水等，这类资源比较稳定，不会因利用而明显减少，如能合理开采，精心保护，就能永续为人类利用。

2. 生物资源　包括植物、动物、真菌和其他微生物等，这类资源在人类使用之后可以通过本身的繁殖再生产出来，如能合理开发利用，科学管理，也能为人类可持续利用。

3. 土地资源　包括农用土地、城市土地等，是人类赖以生存的最基本的生产资料和劳动对象。

4. 矿产资源　包括能源、各种矿物等，是经过漫长的地质年代形成的，其储量有限，开发利用之后不能再生，随着开发利用而逐渐减少，直至枯竭。

自然资源是有限的，人类由于技术、经济条件所限，在社会一定时期内所能认识和利用的自然资源也是有限的，而人类对资源需求的欲望是无限的，这必然会造成供需不平衡的矛盾，以及由此带来的一系列资源和社会问题。人类既要看到自然资源稀缺的一面，也要看到人类通过科技进步开发利用自然资源的潜力，调节资源供需的动态平衡有利于人类生存和发展。能源利用的历史发展过程表明，人类的知识资源是无限的，开发和利用新资源的潜力是巨大的，维持供需良性动态平衡也是可能的。随着科技创新和社会进步，新能源，如风能、太阳能、水能、地热能、生物能、核能、海洋能等得到不断的开发和利用。这些可再生能源的充分利用，将会满足人类对能源不断增长的需要。

二、中药资源的概念

中药资源（Chinese medicine resources）通常是指中医临床防病治病所使用的生物资源和非生物资源的总称，包括植物药资源、动物药资源、菌物药资源和矿物药资源。此外，利用现代生物学、化学等技术所形成的替代性人工中药原材料，如人工牛黄、人工冰片和人工麝香等，有时也列入中药资源的范畴。中药资源除传统的中药资源外，还包含民间药资源及民族药资源，这些资源的生产及其贸易信息、知识和技术成果等也属于中药资源的范畴，是中医药事业发展的重要物质基础。

> 🎓 思考与讨论
> 如何理解中药与中药资源相互依存的关系？

三、中药资源的发现和历史积淀

中药资源的发现与应用历史悠久，源远流长。先秦时期人们对药物的认知多口耳相传，少量散见于诗歌、地理志等，如最早旁涉药物的书籍《诗经》，全书305篇中，有144篇涉及50余种植物，提及植物505次之多，简单描述了葛、芍药、枣等多种药材的采集、性状、产地、药效等，成为中国古代早期利用和认识中药资源的重要文字记述例证。到秦汉时期，人们对药物知识的了解更加充实，药物系统理论、配伍理论等形成，并出现专门著述，产生了我国现存最早的本草学著作《神农本草经》。据记载，该书在中医理论框架下，载药365种，对每一味药的产地、性质、采集时间、入药部位和主治病症等有较详细的记述。此后，随着药学知识及用药经验增加，医学家对该书多次补充与注释，如梁代陶弘景撰写了《神农本草经集注》。唐代国力昌盛，医药文化繁荣、科技进步，政府首次倡导全国范围的中药资源及应用普查，诞生了世界第一部官方药典《新修本草》，书中记载中药850种，药图和图经编纂成为中药资源调查的一项新技术，是我国本草史上首创，为后代留下了珍贵的资料。此后的《本草拾遗》《蜀本草》等在药物资源种类方面又有所补充。宋代是我国文化发展的又一个高峰时期，政府多次组织修撰本草，著成了《开宝本草》《嘉祐本草》等。尤其是《本草图经》，其编撰过程中"令识别人仔细辨认根茎苗叶花实，形色大小，并虫鱼鸟兽、玉石等堪入药用者，逐件画图，并一一开说，著花结实，收采时月，所用功效"，对外域药物、民间药物均绘图详备，共收载药物780种，药图933幅，其版刻印刷技术的使用为我国乃至世界首例。

明代政府未颁行官修本草，但李时珍系统整理了明代以前的医学与本草学著作，写成世界上最伟大的药物专著之一《本草纲目》。该书共载药1892种，多为李时珍亲身采访和体验。《本草纲目》注重对原有记载的正误考证，对药物资源知识的记载更加翔实，深刻影响了世界医学的发展。清代医药学家更加注重考证和实践知识的应用，如《植物名实图考》附图1800幅，大多数按原植物各部位比例描绘，精致入微，植物特征突出，是历代较为精确的本草图谱。此时期民族药的资源调查也较有特色。中华人民共和国成立后，政府十分重视中药资源的整理工作，先后组织了四次全国范围的中药资源普查，支撑了《中华人民共和国药典》的多次修订。

🎓 思考与讨论

世界范围内目前仍保留的传统医药体系有哪些？

人们对药物资源的发现、利用及保护历时几千年，发现并遴选出数以万计的资源种类，归纳并形成了资源辨识和资源评价的理论与方法，积累了丰富的应用经验，流传下来了大量的本草学著作，为中药资源学科的建立奠定了厚实的根基。

四、中药资源的特点

中药资源主体属于自然资源，具有自然资源的共性特点。按照自然属性可以分为植物药资源、菌物药资源、动物药资源和矿物药资源。前三者合称为生物药资源，属于自然资源中的可再生资源（renewable resources）；后者属于非生物药资源，属于不可再生资源（non-renewable resources）或称耗竭性资源。广义上中药资源还包括人工资源（artificial resources），通过人工栽培的药用植物和菌物或驯化养殖的动物，以及通过生物技术手段获得的生物群体及产生的有效物质成分等，而这些通过人工手段获得的中药资源属于非自然资源（non-natural resources）。

1. **稀缺性**　中药资源的规模和容量有一定限度，在一定的时期和地域，中药资源的种类和每一种类的蕴藏量都是有限的，甚至部分资源还属于不可再生资源，其可利用的数量必然存在某种极限，矿物药资源就属于不可再生资源。我国作为中药资源的生产和消费大国，随着人口老龄化的加剧，对中药资源的需求和消耗正逐渐增加，中药资源的"稀缺性"正日益突出，大量野生中药资源减少，甚至物种濒危，制约中医药产业发展。

2. **可再生性**　药用植物与药用动物两者统称为药用生物，占中药资源的99%以上，这些药用生物都具有自然更新和叫人为扩繁的特性，属于再生性自然资源；而矿物药在中药资源中仅占不到1%，属于不可再生自然资源。由此可见，中药资源的主体是可再生资源。合理利用资源再生的特点，能够维持资源不断更新的能力，同时使资源的开发利用与资源的再生、增殖、换代、补偿能力相适应，从而保障中药资源的持续发展。目前采用的引种栽培、人工抚育和养殖等方法就是利用其可再生性来扩大中药资源的规模。

3. **动态性**　中药资源大部分都是生物资源，生物资源具有生长发育的动态变化，因此中药资源也具有动态性特点，既包括宏观的种群更新、群落更新等，也包括动、植物资源体内生理代谢和活性物质的动态变化。另外，随着中药产业对中药资源的开发利用，其资源种类、分布和数量也在动态变化中。

4. **地域性**　中药资源与其所分布的自然环境条件存在密切关联，中药资源的种类及其数量和质量均受地域自然条件的制约。中药资源受环境的影响，其空间分布具有不均衡性。在不同的气候、地形、地貌和土壤条件下，分布着与之相适应的药用生物资源种类。地质、地形、气候、人类干预等多种因素的不同组合，使中药资源分布呈现出区域性特征，形成各种药用生物生长的最适宜区与适宜区，形成了具有优良品质的道地药材。道地药材是各地区特有优质中药资源种类的代表，也是中药资源地域性的鲜明例证。了解中药资源分布的地域性特点，对于做好中药区划、合理安排生产至关重要。

🎓 思考与讨论

道地药材的地域性特点与优良品质的关系是什么？

5. 多用性　中药资源的多用性表现在多功能性、多用途性、多效益性等方面。由于中药资源种类繁多，新陈代谢产物多种多样，不同中药资源有不同的用途，同一资源可能具有几种不同的功能或用途，所以许多中药资源除药用外，还可用作保健品、食品、化妆品、调味品、生物农药等，可开发和加工成不同形式的商品。中药资源的开发利用也是多层次的，可以是中药原材料开发、有效部位的提取，也可以是活性单体的分离以及化合物结构的改造和修饰等。另外，中药资源往往同时具有经济、生态和社会价值。因此，对中药资源的多目标、多层次、多方位、多部位的综合开发，将是中药资源合理利用的一个重要方向。

第二节　中药资源的构成与分布

　　我国幅员辽阔，且地形地貌和气候条件差异很大，孕育出我国丰富的生物多样性。2022 版《中国生物物种名录》共收录物种及种下单元 138 293 个，其中植物部分 46 725 个，动物部分 68 172 个，真菌部分 17 173 个，仅次于马来西亚和巴西，居世界第三位，这为我国中药资源提供了丰富的物种基础。根据第四次全国中药资源普查数据统计，我国中药资源有 18 817 种，包括药用植物 15 321 种、药用菌物 826 种、药用动物 2 517 种、药用矿物 153 种。此外，第四次全国中药资源普查还分专题调查了中国特有药用植物 3 151 种，濒危药用植物资源 464 种。

一、中药资源种类构成

　　生命起源于距今三十多亿年前的蓝藻等原核生物，作为光合植物的"先驱"，蓝藻将大量氧气排入大气，彻底改变了地球的大气组成，为以后需氧生物的产生创造了条件。随着生物的进化，逐渐产生出各种进化水平的真核生物，这些生物在生长过程中产生和积累了大量营养物质和各种次生代谢产物，成为人类赖以生存的食物和治疗疾病的药物。我国先民在漫长的与自然环境作斗争的过程中，不断发现和积累用于防病治病的各种生物的知识，并通过独特的理论对疾病治疗和改善机制进行阐述，逐渐形成了独具特色的中医药理论。

（一）按自然属性划分的中药资源种类与构成

> 🗣 **思考与讨论**
>
> 　　我国植物药、菌物药、动物药和矿物药资源种类分别是多少种？

　　1. 植物药资源　植物药资源是指有治疗或改善效果的植物根、茎、叶、花、果实、种子、全草、心材，以及一些植物初加工品（如树脂、树胶、植物汁液凝结物、色素等）的可供药用的植物资源。从植物分类的角度看，植物药资源依次包括藻类、菌类、地衣类、苔藓类、蕨类及裸子植物和被子植物等植物类群。

　　根据第四次全国中药资源普查结果，植物药资源有 15 321 种，包括 13 973 个种和 1 311 个种下单元，分属 324 科，2 747 属。藻类药资源共有 14 科，14 属，19 种。高等植物包括苔藓、蕨类、裸子和被子植物，共有 310 科，2 733 属，15 302 种。药用苔藓植物共有 34 科，46 属，71 种。药用蕨类植物共有 51 科，129 属，690 种。药用裸子植物共有 11 科，41 属，185 种。药用被子植物共有 214 科，2 517 属，14 356 种。被子植物是药用植物资源的主要组成部分，占药用植物总种类数量的 93.70%，这充分说明我国植物药资源主要为被子植物。

（1）藻类植物药资源 藻类植物属于最原始的植物类群，无器官分化，水生，少数种类生活在潮湿土壤、岩石或树皮上。藻类分为 8 个门，其中药用藻类共有 14 科 14 属 19 种，主要集中在蓝藻门、绿藻门、红藻门和褐藻门。代表药用藻类中海产的有海带 *Laminaria japonica*、昆布 *Ecklonia kurome*、裙带菜 *Undaria pinnatifida*、海蒿子 *Sargassum pallidum*、羊栖菜 *Sargassum fusiforme*、石花菜 *Gelidium amansii*、石莼 *Ulva lactuca* 等；淡水药用藻类有水绵 *Spirogyra communis*、小球藻 *Chlorella vulgaris*、螺旋藻 *Spirulina platensis* 等；陆生药用藻类有发状念珠藻（发菜）*Nostoc flagelliforme*、拟球状念珠藻（葛仙米）*N. sphaeroides* 等。

（2）苔藓植物药资源 苔藓植物属于高等植物中唯一的配子体占优势的植物类群，大多生长在阴暗、潮湿环境中。我国药用苔藓植物资源较丰富，但药用种类较少，有 34 科 46 属 71 种，多为民族药或民间药使用。其中种类最多的科是金发藓科 Polytrichaceae，包含 4 属，7 种。常用种类有大金发藓 *Polytrichum commune*、葫芦藓 *Funaria hygrometrica*、暖地大叶藓 *Rhodobryum giganteum*、蛇苔 *Conocephalum conicum*、地钱 *Marchantia polymorpha* 等。

（3）蕨类植物药资源 蕨类植物是孢子体占优势的维管植物，曾经在古生代石炭纪盛极一时。现存的蕨类植物绝大多数都是新生代产生的次生种类，且多为草本植物。蕨类植物主要分布于热带、亚热带地区，以我国西南、华南地区为其分布中心。蕨类植物共有 51 科，129 属，690 种。在蕨类植物的 5 个亚门中，以真蕨亚门药用种类最多，接近药用蕨类植物总数的 90%，其中种类最多的科是鳞毛蕨科 Dryopteridaceae，包含 4 属，111 种；其次为石松亚门。在水韭亚门未见药用蕨类记载。真蕨亚门常见药用资源有金毛狗脊 *Cibotium barometz*、槲蕨 *Drynaria fortunei*、海金沙 *Lygodium japonicum*、石韦 *Pyrrosia lingua*、粗茎鳞毛蕨 *Dryopteris crassirhizoma*；此外，紫萁 *Osmunda japonica*、荚果蕨 *Matteuccia struthiopteris*、狗脊 *Woodwardia japonica* 的根状茎也可作中药贯众使用。石松亚门常见的药用资源有卷柏 *Selaginella tamariscina*、垫状卷柏 *S. pulvinata*、千层塔（蛇足石杉）*Huperzia serrata*、石松 *Lycopodium japonicum* 等。楔叶蕨亚门常见药用资源有木贼 *Hippochaete hiemale*、问荆 *Equisetum arbense*、节节草 *E. ramosissimum* 等。

（4）裸子植物药资源 裸子植物多为高大的乔木，仅少数为灌木或木质藤本。裸子植物出现了最初的花和种子结构，是植物界进化的一个里程碑。裸子植物曾繁盛于古生代的二叠纪到中生代的白垩纪早期，但新生代冰川时期裸子植物大量死亡，现存的裸子植物仅有 12 科 800 余种。我国有裸子植物 12 科 243 种，药用种类分布于 11 科 41 属 185 种。

药用种类最多的裸子植物是松科 Pinaceae，有 11 属 82 种，其中松属 20 种，其花粉、节、树脂都是常用中药，如油松 *Pinus tabuliformis*、马尾松 *P. massoniana*、金钱松 *Pseudolarix amabilis*。柏科药用 6 属 20 种，常用药用植物有侧柏 *Platycladus orientalis*。杉科药用 4 属 5 种，多分布于南方各省。罗汉松科药用 1 属 6 种，多分布于长江流域以南。三尖杉科药用 1 属 9 种，多分布于我国南部各省，药用植物主要有粗榧 *Cephalotaxus sinensis*。红豆杉科药用 3 属 10 种，主要药用植物有红豆杉 *Taxus wallichiana* var. *chinensis*，榧树 *Torreya grandis*。麻黄科药用 1 属 15 种，药用有草麻黄 *Ephedra sinica*、中麻黄 *E. intermedia* 和木贼麻黄 *E. equisetina*，银杏科银杏 *Ginkgo biloba*。买麻藤科药用 1 属 8 种，药用有买麻藤 *Gnetum montanum* 及小叶买麻藤 *G. parvifolium*。

（5）被子植物药资源 被子植物是目前地球上种类最多、分布最广和生长最繁茂的类群，是现今植物界的霸主。被子植物分为双子叶植物纲和单子叶植物纲。我国被子植物有 226 科，约 3 万种，其中有 214 科 2 517 属 14 356 种可供药用，其中超过 500 种的科有 6 个，分别是菊科 Asteraceae 208 属 1 187 种，豆科 Fabaceae 165 属 840 种，蔷薇科 Rosaceae 53 属 643 种，毛茛科 Ranunculaceae 39 属 634 种，唇形科 Lamiaceae 75 属 515 种，百合科 Liliaceae 53 属 500 种。

2. 菌物药资源　菌物药主要指真菌药用资源。我国的菌物药资源共有 826 种，分属于 11 纲，32 目，120 科，307 属。地衣类是由真菌和藻类共生而成的复合体，其共生真菌属于子囊菌门，且其形态和分类由共生的真菌决定，因此将地衣类归类于菌物。药用菌物中，种类数最多的类群是蘑菇纲，包含 14 目，82 科，223 属，613 种，占我国药用菌物资源的 73.8%。刺革菌科 Hymenochaetaceae 是药用菌物种类最多的科，包含 14 属，62 种。

真菌中担子菌亚门药用菌物有灵芝（赤芝）*Ganoderma lucidum*、紫芝 *G. sinense*、茯苓 *Poria cocos*、猪苓 *Polyporus umbellatus*、雷丸 *Omphalia lapidescens*、香菇 *Lentinula edodes*、猴头菇 *Hericium erinaceus*、马勃 *Lasiosphaera seu*、银耳 *Tremella fuciformis*、黑木耳 *Auricularia auricula* 等。子囊菌亚门药用菌物主要有冬虫夏草 *Cordyceps sinensis*、蝉花 *Isaria cicadae*、麦角 *Claviceps purpurea*、竹黄 *Shiraia bambusicola* 等。半知菌亚门药用菌物有白僵菌 *Beauveria bassiana*（可以感染家蚕幼虫，为中药僵蚕）。

地衣中常见药用地衣有松萝 *Usnea diffracta*、石耳 *Umbilicaria esculenta*、石蕊 *Cladonia rangiferina* 等。

3. 动物药资源　动物药资源是指来源于动物的整体或局部组织器官、动物体生理或病理产物以及少数动物排泄物等可供药用的一类资源。动物药为中药资源的重要组成部分，早在《神农本草经》中就有动物类中药的记载。我国现有药用动物共有 2 517 种，分属于 13 门，36 纲，469 科，1 203 属，占全国中药资源总种数的 13.38%。其中软体动物门、节肢动物门和脊索动物门是药用动物资源的主要组成部分，分别占种类总数的 18.3%、21.3%、52.9%。脊索动物门是药用动物资源的优势类群，有 225 科，640 属，1 331 种。药用动物中，超过 100 种的纲有 8 个，分别是硬骨鱼纲、昆虫纲、哺乳纲、鸟纲、腹足纲、双壳纲、软甲纲、爬行纲，共计包括 2 096 种，占所有药用动物种类的 83.3%。其中硬骨鱼纲是药用动物资源最丰富的类群，包含 72 科，232 属，512 种。鲤科 Cyprinidae 是药用动物种类最多的科，包含 36 属，82 种。

常用的药用动物多集中在节肢动物门、软体动物门和环节动物门中。节肢动物门常见药用动物有东亚钳蝎 *Buthus martensii*、少棘蜈蚣 *Scoropendra subspinipes*、大刀螂 *Tenodera sinensis*、黑蚱 *Cryototympana pustulata*、南方大斑蝥 *Mylabris phalerata*、九香虫 *Aspongopus chinensis* 等。软体动物门常见药用动物有杂色鲍 *Haliotis diversicolor*、马氏珍珠贝 *Pterria martensii*、无针乌贼 *Sepia maindronide*、长牡蛎 *Ostrea gigas* 等。环节动物门常见药用动物有参状环毛蚓 *Pheretima aspergillum*、水蛭 *Hirudo nipponica* 及蚂蟥 *Whitmania pigra*。

鱼纲常见药用动物有线纹海马 *Hippocampus kelloggi*、刺海马 *H. histrix*、大海马 *H. kudaBleeker*、三斑海马 *H. trimaculatus* Leach、小海马 *H. japonicus* Kaup、刁海龙 *Solenognathus hardwickii*、拟海龙 *S. biaculeatus*、尖海龙 *S. acus*。两栖纲常见药用动物有中华大蟾蜍 *Bufo gargarizans*、黑眶蟾蜍 *B. melanostictus*、中国林蛙 *Rana chensinensis*。爬行纲常见药用动物有乌龟 *Mauremys reevesii*、中华鳖 *Trionyx sinensis*、蛤蚧 *Gekko gecko*、乌梢蛇 *Zaocys dhumnades*、银环蛇 *Bungarus multicinctus*、尖吻蝮 *Deinagkistrodon acutus* 等。

鸟纲和哺乳纲是脊椎动物亚门中最高级的两个类群。其中鸟纲传统药用种类较少，常见药

用动物有鸡 *Gallus gallus*、金丝燕 *Collocalia esculenta* 等。哺乳纲是脊椎动物中药用资源最多的纲，常见药用动物有林麝 *Moschus berezovskii*、马麝 *M. sifanicus* 或原麝 *M. moschiferus*、牛 *Bos taurus domesticus*、赛加羚羊 *Saiga tatarica*、黑熊 *Selenarctos thibetanus*、驴 *Equus asinus*、梅花鹿 *Cervus nippon* 或马鹿 *C. elaphus* 等。

4. 矿物药资源 我国的药用矿物资源共有 153 种，按其天然属性归类，包括矿物类 72 种、岩石类 12 种、化石类 7 种、水资源类 2 种、化学制品及其他类 60 种。其中，矿物类包括自然元素、硫化物、卤化物、氧化物和氢氧化物、含氧盐；岩石类包括无机岩和有机岩；化石类包括龙骨和琥珀等；水资源类包括泉水和温泉；化学制品及其他类包括石灰、硫黄、芒硝等。常用矿物药有石膏、滑石、代赭石、花蕊石、禹余粮、胆矾、炉甘石、赤石脂、芒硝、自然铜、朱砂、白矾、硫黄等。

（二）按社会属性划分的中药资源种类与构成

中医药体系是我国现行的医药体系之一。除此以外，全国 55 个少数民族绝大多数都有自己本民族的医药体系，同时在民间也积累和流传着各种防病治病的方法及有效药物。这些共同组成了中华民族庞大的医药体系，并成为中药资源体系的基础。

1. 中医药理论体系下的中药资源 中医药理论体系指导下的中药资源主要指传统中药，即指在全国广泛使用，作为商品在中药市场流通，以传统中医药理论阐述药理疗效并指导临床，有加工炮制方法的天然药物和加工品。最早系统记载传统中药的本草文献是汉代《神农本草经》，共收载中药 365 味。随着越来越多的中药资源不断被发现，中药数量也越来越多，从南北朝《本草经集注》收载的 730 味到唐代《新修本草》的 850 味，宋代《证类本草》的 1 746 味，明代《本草纲目》的 1 892 味，越来越多的传统中药被发现和应用。虽然传统中药种类不断被发现，但常用的传统中药资源种类并不多，仅为 300 ~ 500 味。传统中药有 3 种形式，即中药材、中药饮片和中成药。中药材是指原生药材，是中药饮片的原料。中药饮片是中药材按中医药理论、中药炮制方法，经过加工炮制后得到的，可直接用于中医临床的中药。其中中药饮片和中药材没有严格界限，比如产地初加工的中药材和原形药材饮片等都可以视为中药材，只是在中医药理论配方、制剂时作饮片理解。中成药是按一定的配方将中药加工或提取后制成具有一定规格、可以直接用于防病治病的一类药品。

2. 民族医药理论体系下的中药资源 民族药是除汉族外各少数民族使用的天然药物及加工品，很多民族都有自己独特的医药理论体系和临床用药。据相关统计，全国 55 个少数民族中 1/3 拥有民族医疗体系，约 80% 的民族都有自己的药物，重要的民族药有藏药、蒙药、维药、傣药、壮药、苗药等。《中国民族药志》是一部全面调查、收集和整理中国各少数民族传统医药知识的专著。已出版的第 1 卷共收载 39 个民族的 135 种药物，基原种 511 个；第 2 卷收载 35 个民族的 120 种药物，基原种 425 个。《中药大辞典》包含的民族药有藏药 404 种、傣药 400 种、蒙药 323 种、彝药 324 种和畲药 200 种。目前，我国民族药已达 3 700 多种。

> 🏁 **思考与讨论**
> 我国主要的民族药有哪些？

（1）藏药　藏药起源于青藏高原藏族人民的生产生活实践，在漫长的发展历程中吸收融合了中医药学、古印度医药学和阿拉伯医药学思想，形成了独特完整的藏医药理论体系。"三因学说"是藏医药的精髓思想，是藏医药基础的核心框架和藏医药临床的指导依据。历经上千年的发展，藏药已成为我国较为完整、较有影响的民族药之一。藏药历史上有许多经典著述，如《度母本草》《宇妥本草》《晶珠本草》《月王药诊》《晶镜本草》等，成为今天研究藏药的主要文献。《中国民族药辞典》中收载 3 103 种藏药材中，植物药（87.59%）占比最多，其次为动物药（11.56%）和矿物药（5.58%）。藏药植物药常见的科主要有菊科（10.67%）、毛茛科（6.22%）和蔷薇科（4.42%），其次依次为豆科、罂粟科、龙胆科、唇形科、玄参科、百合科和伞形科。重要药用属主要是紫堇属（2.84%），其次依次为龙胆属、蒿属、乌头属、马先蒿属、风毛菊属、飞燕草属、虎耳草属、报春花属、獐牙菜属和绿绒蒿属。目前，藏药已制定了统一的用药规范，即由西藏、青海、四川、甘肃、云南、新疆等 6 省区合编的《藏药标准》，共收载藏药 227 种，其中植物类 197 种、动物类 17 种、矿物类 13 种。

（2）蒙药　蒙药是在蒙古族传统医药学基础上，汲取了藏、汉等民族及古印度医药学理论而形成的具有民族特色的独立的医药体系。蒙药在我国民族药中占有重要地位。在蒙药历史上的重要著述有《识药晶鉴》《药物识别》和《本草图鉴》等。目前，除内蒙古自治区外，我国东北和西北的许多蒙古族聚集地也都使用蒙药。据统计，我国现有蒙药资源 2 000 余种，其中 50% 为内蒙古高原地产药材。内蒙古自治区经过多年的资源普查，结果显示，全区蒙药资源有 1 342 种，其中植物类 926 种，动物类 290 种，矿物类 98 种，其他 28 种。如辽宁省的蒙古族多分布于辽西地区，目前文献记载的辽宁蒙药材中，植物类药材有 328 种，动物类药材 62 种，矿物类药材 54 种。内蒙古自治区制定的《蒙药标准》收载药材和成药共 522 种。蒙药中具有民族特色的主要有蒙古山萝卜、金莲花、香青兰、紫筒草、狼毒、苦豆子、糙苏等。蒙药中，麝香、丁香、荜茇、豆蔻、香青兰、马钱子、水银和草乌等用得较多。

（3）维吾尔药　维吾尔药历史悠久，其形成和发展受到阿拉伯医药学、古希腊医药学及中医药学的影响，是我国民族医药的独立分支，历史上为西域各族人民的繁衍和昌盛做出过重要贡献。维吾尔药主要应用于新疆维吾尔自治区范围内。据统计，全区有维吾尔药 700 余种，常用的 500 余种，其中 45% 以上的药材产自新疆，大宗中药材甘草、肉苁蓉、红花、枸杞、伊贝母等全国产量第一。《新疆维吾尔药志》收载药物 124 种。常用维吾尔药中，属于民族专用药约有 30 种，主要有巴旦杏、薰衣草、孜然、刺糖、洋甘菊、蒔萝、唇香草、新疆鹰嘴豆、异叶青兰、雪莲花、一枝蒿等。

维吾尔药习用芳香性药物，常用的有麝香、龙涎香、海狸香、薰衣草、丁香、豆蔻和荜茇等。维吾尔药还较习用性峻毒烈的药物，如马钱子、曼陀罗、天仙子、骆驼蓬等。此外，维吾尔药中有许多药物虽然与中药材同名，但基原不同，多为本地产种类，如药用玉竹为新疆黄精，白鲜皮为狭叶白鲜，益母草为新疆益母草。

（4）傣药　傣药与藏药、蒙药、维药共称为我国四大民族医药，具有悠久的应用历史。早在 2 500 年前的《贝叶经》中便有记载。傣族人民在长期防病治病和生活实践中，依托丰富的傣药资源诊疗治病，并逐渐形成了以"四塔""五蕴"为理论核心的傣族民族医药理论。《中国傣药志》共收录 1 666 种傣药资源，包括植物药 1 509 种，动物药 135 种，矿物药 22 种。傣药植物特有种有 101 种，隶属于 52 科 91 属，其中伞形科、菊科、毛茛科、姜科所含傣药植物特有种相对较多。《西双版纳傣药志》收载傣药 520 种，其中最常用的有 71 种。傣药中药用植物主要有缅茄、油瓜、芒果、人面果、糖棕、朱蕉、龙血树等。动物药在傣药中占有重要地位，不仅药用种数多，而且药用部位也有独到之处，药用有蟑螂、青蛙、鸡冠、狗血、羊角、水牛角等。

（5）壮药 壮药尚未形成完整的体系，处于民族药和民间药的过渡状态。壮族主要居住在岭南地区，动植物资源十分丰富。壮族人有食用蛇、鼠、山禽等野生动物的习俗，因此，动物药应用较为普遍。在治疗以补虚为主的疾病时，主张重用动物药，讲求"扶正补虚，必配用血肉之品"，此为壮医用药的特点之一。壮药的另一特点是善于解毒，而且解毒的范围较广，包括解蛇毒、虫毒、食物中毒、药物中毒等。《壮族民间用药选编》收载常用壮药500多种，较出名的壮药有两面针、三七、闭鞘姜、千斤拔、鸡蛋花等。

3. **民间应用的中药资源** 民间药是指民间用以治疗疾病的药物或加工品。人们根据实践经验指导用药，有地区局限，缺少医药理论指导和统一加工炮制工艺。民间药应用是中药资源开发应用的初级阶段，此类药物通常称为草药，此类资源可称为草药资源。由于民间药缺少系统的医药学理论，其活性成分、药理作用和临床应用的研究还未达到中药所具备的标准，药房多不备。民间药（草药）来自民间，数量庞大，是中药资源重要的组成部分。中药资源普查结果显示新增中药资源种类基本上为民间药。作为重要的潜在的药物资源宝库，如草珊瑚、矮地茶、鸡骨草、垂盆草、软紫草、湖北贝母等都具有很好的疗效和开发价值，目前《中国药典》已收载。

地区性民间习用药材

为加强地区性民间习用药材管理，满足临床的地区性用药特色需求，保障公众用药安全，根据《中华人民共和国药品管理法》有关规定，国家药品监督管理局、国家中医药管理局组织制定了《地区性民间习用药材管理办法》以下简称《办法》，于2024年5月9日发布，自2024年11月1日起施行。原食品药品监管总局办公厅《关于加强地方药材标准管理有关事宜的通知》（食药监办药化管〔2015〕9号）同时废止。《办法》中表示，地区性民间习用药材，是指被本草、医籍、方志等记载，且国家药品标准未收载、不具有药品注册标准，而在局部地区有多年药用习惯的中药材。

（三）按生产和来源划分的中药资源种类与构成

1. **野生和人工种植、养殖的中药资源** 野生资源是指在自然状态下生长、发育和繁殖的，对人类的生产和生活有用的各种植物和动物资源。用于传统中药、民族药和民间药使用的野生动植物资源称为中药野生动植物资源。据相关统计，在中药饮片和中成药生产中使用的近千种药材，约有70%的种类源于野生资源。为了满足人民对健康生活的需要，同时保护野生药用动植物资源，大量的、有价值的野生药用动植物品种，尤其是那些资源濒危的物种，亟待被挽救性开发变为家种或家养。近年来，人们逐渐将药用野生动植物进行栽培、驯化、人工抚育、实施家种或家养，获得大量所需的中药材。通过这种方式获得的动植物药材资源可称为人工资源，或称栽培或养殖资源。

2. **生物技术产品和替代性资源** 利用现代科学技术生产出与天然药物功效相似的人工产品（称代用品或替代品）以代替稀缺的天然产物，满足市场需求。这种新型的中药资源生产方式属于一种特殊的人工资源，尤其适用于生产和替代珍稀濒危的药用动植物资源，以缓解稀缺中药材的资源危机。

按生产方式和原理，此类人工资源可分为两类：一类是通过物理或化学方法配制生产的类似成分的中药产品，如人工麝香、人工牛黄、人工冰片等。一类是利用现代生物技术进行器官、组织或细胞的人工培养以获得化学成分相似或相同的中药产品，或根据天然产物形成机理和仿生技术培养出类似产品；前者如人参细胞培养物、红景天细胞培养物、虫草发酵培养物以及丹参、甘草、人参等不定根培养物等，后者如体外培植牛黄等。

> **思考与讨论**
>
> 生物技术产品和替代性资源是不是中药新资源？

3. 国产与进口的中药资源　根据中药资源的产地，中药资源可分为国产资源和进口资源。国产资源为我国境内野生、广泛种植或养殖资源。这里也包括原产地在国外，后经引种成功可规模化种植或养殖的植物药及动物药资源，如广木香、穿心莲、广藿香、西洋参等。我国境内不产或产量较低，必须通过进口满足国内用药需求的中药生产原料资源称为进口中药资源，其加工药材称为进口药材，如番泻叶、苏合香、乳香、没药、番红花、蛤蚧等。

二、中药资源的自然分布

生物的存在取决于其所处的环境，如地形地貌、土壤、海拔及各种气候因素。其中热量和湿度是决定中药资源分布的最主要因素。地球表面热量随纬度变化而变化，纬度越低热量越高。湿度随距离海洋的远近、大气环流和海洋环流的变化而递变。植物地理分布可分为水平地带性分布和垂直地带性分布，而水平地带性分布又可分为纬度地带性分布和经度地带性分布。我国东部湿润地区森林植被的纬度地带性比较明显，从北向南依次分布的是以落叶松为主的寒温带针叶林带、温带针叶落叶阔叶混交林带、暖温带落叶阔叶林带、过渡性亚热带含常绿阔叶树的落叶阔叶林带、亚热带常绿阔叶林带、过渡性热带雨林常绿阔叶林带及热带季雨林、雨林带。经度地带性主要表现在我国北方中纬度地区，受降水分布影响由东向西植物分布从森林、森林草原、草原、荒漠草原到荒漠的规律性变化。垂直地带性是指气候、土壤等因素变化受到海拔高度的变化呈现出规律性变化，从而导致不同海拔高度的植被分布出现规律性变化，如青藏高原南缘的中喜马拉雅山脉南翼，海拔从低到高的植被依次为季雨林、常绿阔叶林、针阔叶混交林、针叶林、灌丛草甸、草甸、荒漠。

我国地处亚欧大陆的东部和中部、太平洋的西岸，处于中纬度和低纬度，大部分地区属于亚热带和温带，少部分属于热带。地形复杂多样，有山地、丘陵、高原、盆地、平原等多种地貌类型，是一个多山国家，山地、高原和丘陵约占全国土地总面积的86%。我国的生物资源种类十分丰富，在世界上占有重要的地位。药用植物资源就有15 321种，分属324科、2 747属，仅次于马来西亚和巴西，居世界第三位。

生物适应环境，环境养育生物。不同的气候条件、地貌类型、土壤分布、人为因素等共同作用，形成不同的生物类群的分布。总体上说，我国东部季风区域主要受纬度地带性影响，西北干旱区域主要受经度地带性影响，青藏高寒区域和西南区域主要受垂直地带性影响。根据我国气候特点、土壤和植被类型以及药用生物资源的自然分布等将中药资源分为东北、华北、华中、华南、西南、西北、青藏七个区。

（一）东北寒温带、中温带区

思考与讨论

我国东北寒温带、中温带区中药资源分布特点是什么？

该区是我国纬度最高、气候最冷的一个自然区域，大部分地区属于寒温带和中温带的湿润与半湿润地区。冬季寒冷漫长，夏季较短、温暖而湿润，春季多大风，秋季风速较春季小。降水主要集中在夏季，大部分地区年降水量在 350～700 mm，长白山脉东南可达 1 000 mm，相对湿度 70%～80%，海拔从松辽平原的 120～250 m 到长白山脉主峰白云峰 2 691 m。全区分布较广的地带性土壤有寒温带的灰化土和温带的暗棕壤、黑土和黑钙土，非地带性土壤有草甸土、白浆土等。区域内森林植被以针叶林和针阔混交林为主，也有草原、草甸，且湿地丰富。该区域中药资源丰富，道地药材和珍贵稀有药材种类较多，蕴藏量丰富，野生种群数量大。该区域中药材种植业发达，道地药材被誉为"关药"，代表性道地药材有人参、五味子、关黄柏、辽细辛、刺五加、关升麻、关防风、平贝母、赤芍、桔梗、关龙胆、鹿茸、蛤蟆油等，蕴藏量分别占全国同品种蕴藏量的 50%。

根据东北地区气候特点、地形地貌，将东北区分为大兴安岭北部山地、东北部和东部山地、东北中部平原三部分。

1. 大兴安岭北部山地　大兴安岭位于我国最北部山地，海拔 700～1 100 m，年均气温在 0℃以下。该区具显著大陆性气候特征，年降水量 350～500 mm。主要植物药有芍药、满山红、龙胆、防风、升麻、金莲花、远志、草乌、黄芩、紫菀、秦艽、桔梗等，栽培中药材品种有平贝母、黄芪、龙胆、五味子、防风、桔梗、党参等。该区主要动物药有鹿茸、驯鹿角、蛤蟆油、麝香等。主要的矿物药有龙骨、龙齿、大青盐、芒硝等。

2. 东北部和东部山地　该区大部分为山岭和丘陵。区域包括小兴安岭和长白山脉。此区域气候属于中温带，但仍较寒冷。受海洋湿润空气的影响，年降水量在长白山地东南侧可达 1 000 mm，丘陵谷地和低地一般在 500～750 mm，为东北最湿润地区。森林植被为温带针阔叶混交林。长白山植物区系植被有明显的垂直分布规律，药用资源丰富。主要植物药有人参、党参、关黄柏、五味子、黄芪、平贝母、山楂、刺五加、细辛、桔梗等。该区栽培的植物药有人参、细辛、党参、平贝母、黄芪、龙胆、黄芩、北沙参等。该区动物药主要有梅花鹿茸、马鹿茸、麝香、蟾酥和蛤蟆油等。该区分布的矿物药有方解石、云母石、玄精石、白石英、自然铜等。

3. 东北中部平原　该区东、北、西三面环山，南面与辽河下游平原连成一体，地理上合称松辽平原。区域地势低平，海拔一般在 120～250 m。年降水量 400～700 mm，属半湿润地区。区域植被主要以禾本科草类及杂草类为主。该区常见的植物药有柴胡、甘草、防风、桔梗、麻黄、知母、远志、龙胆、杏仁、黄芩、白头翁、狼毒、南沙参、徐长卿、罗布麻叶、威灵仙、地榆等。本区野生动物药较少，主要有蟾酥和全蝎等。矿物药主要有大青盐、芒硝、炉甘石等。

（二）华北暖温带区

思考与讨论

我国华北暖温带区中药资源分布特点是什么？

该区具有暖温带气候特征，夏季温暖多雨，冬季晴朗干燥，春季多风沙。年降水量一般在400～700 mm。山地和丘陵土壤有棕壤和褐土，平原为黄潮土，沿海、河谷和较干燥的地区多为盐碱土和砂姜黑土，黄土高原为黄潮土和黑垆土。本区域的地带性植被类型主要由油松和栎属等多种植物构成，形成了针阔叶混交林或落叶阔叶林。

1. 辽东、山东低山丘陵区　辽东、山东两半岛以渤海相隔，地貌特征、气候类型极其相似。受海洋季风气候影响，年降水量可达650～1 000 mm，气候湿润。该区的植被类型属暖温带落叶阔叶林，种质资源上山东半岛比辽东半岛丰富。主要植物药有关黄柏、三颗针、穿山龙、菝葜、瓜蒌、紫草、丹参等，北亚热带过渡区植物药有乌药、海州常山、白檀等。临海滩涂和盐碱地上分布的植物药有柽柳、北沙参、蔓荆子、罗布麻叶等。黄渤海植物药有海藻、昆布、紫菜等。该区海洋动物药主要有石决明、牡蛎、海龙、海马和海螵蛸等。矿物药主要有浮石、云母石、芒硝等。

2. 黄淮海辽平原和冀北山地　黄淮海辽平原区域土壤较肥沃，矿物质营养较高，光照充足，适宜药用植物生长。该区域野生植物药有白头翁、紫花地丁、翻白草、酸枣仁、郁李仁、柴胡等，分布于低洼盐碱滩地的植物药有小蓟、蒺藜、白茅根、香附、菟丝子、蛇床子、苍耳子、墨旱莲及马齿苋等。黄淮海辽平原中药材种植历史悠久，如著名的四大怀药、八大祁药等。种植的大宗中药材有地黄、山药、白芷、菊花、牛膝、紫菀、天花粉、北沙参、荆芥等。冀北山地从东南向西北气候逐渐干旱，植被由森林到森林草原到草原顺序过渡。药用植物以靠近内蒙古高原南麓坝上为例，分布有麻黄、防风、黄芩等药材。该区动物药有阿胶、全蝎、牛黄、五灵脂、土鳖虫、蟾酥、地龙、桑螵蛸等。该区矿物药有赭石、滑石、硫黄、浮石、石膏、芒硝等。

3. 黄土高原　该区处于由东南季风湿润区向西北干旱区过渡地带，属于暖温带大陆性气候。该区药用植物种类相对较少，但产量较大。主要的药用植物有党参、猪苓、连翘、甘草、麻黄、柴胡、枸杞、黄芪、黄芩、大黄、当归、酸枣仁、沙棘等。该区分布大量耐寒、耐旱的药用植物。常见药材有甘草、麻黄、苦参、北柴胡、枸杞子、银柴胡、远志、黄芪等。该区动物药主要有麝香、鹿茸、蜈蚣和蝉蜕等。矿物药有滑石、赭石、阳起石、云母石、硫黄及芒硝等。

（三）华中亚热带区

👥 **思考与讨论**

我国华中亚热带区中药资源分布特点是什么？

该区可分为江淮丘陵山地、长江中下游平原、江南低山丘陵和南岭山地四部分。该区气候横跨北亚热带和中亚热带，年平均气温在14～21 ℃，气温由北向南递增，年降水量800～2 000 mm，降水分布由东南沿海向西北递减。该区地带性土壤由北向南为黄棕壤、黄壤和红壤。地貌类型有山地、丘陵、高原、平原等多种地形，总的特点是西高东低，地势较高的山地多分布在西部。长江中下游平原湖泊众多，水网交错。广西北部还有独特的岩溶地貌。

该区域属南北植物区系交汇处，区内植物种类丰富。区内北亚热带森林植被为常绿落叶阔叶林混交林，以壳斗科落叶和常绿树种为主要群落种。中亚热带植物类型为常绿阔叶林，以樟科、山茶科、木兰科、金缕梅科的树种为主。往西高海拔地区分布有针叶林，如马尾松、杉木、柏木等。区内还分布有广泛竹林和湿地植物。该区是我国"浙药"和部分"南药"的产区。

1. 江淮山地丘陵　该区属于暖温带和北亚热带过渡区域，年降水量850～1 200 mm，绝大部分是低山丘陵，土壤以黄棕壤、黄褐土为主。该区主要的植物药有山茱萸、辛夷、麦冬、石斛、茯苓、苍术、黄精、菊花、丹参、明党参等，动物药主要有蜈蚣、全蝎、麝香、灵猫香、蟾酥等，矿物药主要有石膏、明矾等。

2. 长江中游平原 该区属于北亚热带，年降水量 1 000 ~ 1 600 mm。该区主要由低山丘陵、盆地、湖泊、沿海滩涂等地貌类型组成。冲积平原主要土壤类型为灰潮土，土地肥沃，农业发达，道地药材种植种类较多。该区湖泊众多，水生动植物资源丰富。

该区主要的植物药有明党参、太子参、桔梗、丹参、三棱、芡实、香附、枳壳、蔓荆子、茵陈、白术、香薷、莲子、蒲黄、芦根等。栽培的植物药有半夏、桔梗、明党参、前胡、乌药、菊花、女贞子、南沙参、百部、瓜蒌、牛蒡子、玉竹、太子参、山茱萸等。动物药主要有龟板、鳖甲、蜈蚣、土鳖虫、珍珠、金钱白花蛇、水蛭、地龙、蟾酥、乌梢蛇、蕲蛇等。矿物药主要有秋石、明矾、滑石、紫石英、云母、石膏等。

3. 长江下游 长江下游地貌为平原和山地，气候属于北亚热带东部，年降水量 1 000 ~ 1 600 mm。平原土壤主要为灰潮土。该区为江浙药材分布中心，传统道地药材较多，如历史上的"筠桥十八味"和现今著名的"浙八味"——浙贝母、杭白术、白芍、杭白菊、延胡索、浙玄参、麦冬、温郁金等。此外，还有贡菊、木瓜、苍术、太子参、山茱萸、祁白术、石斛、西红花等，江苏中部有半夏、蒲黄、芡实、泽泻、瓜蒌等。

4. 江南低山丘陵 该区系低山丘陵和闽浙丘陵。该区气候为中亚热带南端，受海洋性气候影响较大，年降水量 1 400 ~ 1 800 mm，土壤类型主要为红壤。本区主要植物药有栀子、白术、枳壳、玄参、玉竹、泽泻、钩藤、鸡血藤、葛根、姜黄、罗汉果、巴戟天。动物药主要有海马、海龙、瓦楞子、蕲蛇、金钱白花蛇、牡蛎、海螵蛸、九香虫等。矿物药以雄黄、朱砂最为著名，还有自然铜、磁石、石膏、云母石、炉甘石等。

5. 南岭山地 该区是阻挡北来寒潮和南来热带暖流的屏障，是中亚热带和南亚热带间的自然地理分界带。该区气候湿润，年降水量在 1 400 ~ 1 900 mm。地带性土壤主要为红壤和黄壤。该区药用植物种类繁多，分布有明显的中亚热带向南亚热带过渡的特征。代表植物药有钩藤、红大戟、三尖杉、狗脊、巴戟天、山姜、广防己、金耳环、金果榄、鸡血藤、两面针、巴豆、使君子等。该区引种栽培的植物药主要有栀子、穿心莲、郁金、姜黄、莪术、白术、泽泻、白芍、关黄柏及夏天无等。广西北部生长喜钙药用植物主要有山豆根、千年健和三七等。还有麝香、蕲蛇、金钱白花蛇、蛤蚧、地龙、蜈蚣、土鳖虫等动物药。

（四）华南亚热带、热带区

> **思考与讨论**
>
> 我国华南亚热带、热带区中药资源分布特点是什么？

华南区位于我国最南部，境内有山地、丘陵、盆地、台地、平原、海岛和海域。该区气候属于南亚热带和热带，高温多雨，冬暖夏长，年降水量 1 200 ~ 2 000 mm，局部地区可达 2 400 mm。地带性土壤主要是砖红壤和赤红壤，亦有红壤、黄壤、石灰土、磷质石灰土等。典型植被为热带雨林、季雨林和南亚热带常绿阔叶林。该区是我国中药资源的重要分布区，也是"南药""广药"的主产区，如著名的四大南药，十大广药，"桂十味"等。

1. 岭南、闽南沿海及台湾地区北部 该区以丘陵为主，兼有低山、盆谷、台地、平原。该区气候属于南亚热带向热带的过渡地带，水热资源丰富。地带性土壤以砖红壤为主。该区是"广药"的主产区。主要植物药有广藿香、广防己、巴戟天、砂仁、山豆根、山柰、草果、益智、高良姜、安息香、槟榔、沉香、红豆蔻、白花蛇舌草、穿心莲、三七、葛根、肉桂、郁金、莪术、鸡血藤、八角茴香、金果榄、木蝴蝶、胡椒、苏木，以及海藻、昆布、紫菜、蛤蚧、海参、珍珠等。

2. 海南岛、南海诸岛、台湾地区南部　该区内主要为山地、平原和海岛。区内植物类型主要为热带雨林和季雨林，次生植被则有热带稀树草地。该区气候属于热带地区，年降水量达到2 400 mm。土壤类型有山地红壤、平原冲积土、滨海盐渍土和海岛磷灰质黑色土。植物药有高良姜、益智、砂仁、槟榔、巴戟天、胡椒、紫苏子、广藿香、降香、芦荟、豆蔻、沉香、檀香、马钱子、胖大海、苏木、大风子。矿物药主要有海浮石、硫黄、石膏、滑石、钟乳石、紫石英等。

3. 滇南山间谷地　该区多为中低山与宽谷盆地交错相间的地形结构，地势北高南低。土壤为红壤或黄壤。年降水量1 200～1 800 mm。植物区系为半常绿季雨林或季雨林。海拔1 000 m以上为山地常绿阔叶林，在中高山区域，依次出现针叶林和局部的落叶阔叶林、高山灌丛和高山草甸等类型，药用植物资源丰富。主要药材有儿茶、砂仁、草果、槟榔、木蝴蝶、苏木、千年健、芦荟、相思子、鸡血藤、蔓荆子、肉桂、马钱子、胡椒、云木香、安息香，以及蛤蚧、蟒蛇、金钱白花蛇、灵猫香等。

（五）西南亚热带区

> 🏾 **思考与讨论**
> 我国西南亚热带区中药资源分布特点是什么？

该区包括秦巴山地和汉中盆地、四川盆地、云贵高原及部分横断山脉，处于我国地形第二台阶，地形地貌复杂，地势起伏大，多数地区海拔为1 500～2 000 m，最高峰贡嘎山海拔高度超过7 000 m，最低为长江河谷，海拔低于300 m。该区属北亚热带和中亚热带气候，且呈现一定的大陆性气候，大部分地区年平均降水量在1 000 mm左右。该区为"川药""云药"和"贵药"主产区，也是我国中药资源种类和数量最大的产区。该区地带性土壤主要为黄棕壤、黄壤和红壤，非地带性土壤主要有石灰土和紫色土等。

该区地形复杂，气候多样，自然植被类型出现交错镶嵌和明显的垂直分布特征，植物多样性极其丰富。已知云南有植物1.7万种，称为植物王国，四川植物种类仅次于云南，居全国第二位。区内少数民族众多，民族药资源极其丰富，如藏药、苗药、傣药、彝药、壮药、瑶药等各具特色，如青叶胆、昆明山海棠、灯盏花、青阳参、岩白菜、紫金龙、唐古特乌头及羊耳菊等多为当地分布特有种类。

1. 秦巴山地和汉中盆地　该区包括秦岭、大巴山、龙门山、邛崃山南段、鄂西北武当山、荆山，以及汉中盆地等。秦巴山地属于中国南北气候交汇地带，具有丰富的水资源和土地资源，是中国重要的水源涵养区，药用植物资源丰富。汉中盆地位于中国陕西省南部，秦岭山脉与大巴山之间，与四川盆地通过大巴山相隔，地形为山地、丘陵和山间盆地，属于亚热带湿润气候，四季分明，雨量充沛，土壤为黄褐壤和黄棕壤。

该区代表性药材有密蒙花、金樱子、辛夷、白果、杜仲、黄柏、厚朴、三尖杉、常山、木通、大血藤、南五味子、百合、川贝母、鹿衔草、半枝莲、拳参、川牛膝、白附子、秦艽、北柴胡,麝香、牛黄、龟甲、五灵脂、全蝎、乌梢蛇,石膏、朱砂、寒水石、龙骨、滑石等。该区栽培中药材在国内占有重要地位的有当归、天麻、杜仲、独活、黄连、党参、黄芪、红芪、大黄、厚朴、吴茱萸、云木香、川贝母、附子、山茱萸等。

2. 四川盆地 四川盆地海拔 400～800 m,周边山地海拔 1 500～3 000 m,盆地以丘陵为主,兼有平原和低山。区内温暖湿润,土地肥沃。区域内种植业高度集中,也是川药重点产区。盆地周边山地以常绿阔叶林为主,药用植物资源非常丰富。主要药材有黄连、岩白菜、天南星、瓜蒌、木通、麦冬、雪胆、竹节参,麝香、鹿茸、僵蚕、土鳖虫、鸡内金、九香虫、虫白蜡等,自然铜、花蕊石、芒硝等。栽培中药材有川芎、麦冬、附子、郁金、泽泻、白芍、红花、丹参、明党参、牡丹皮、瓜蒌、薄荷、黄连、党参、川贝母、川牛膝、天麻、杜仲、厚朴、黄柏、柴胡、独活、辛夷、补骨脂、佛手等。

3. 云南高原 云南高原西北高而东南低,大部分地区海拔 1 500～2 000 m,部分山地如哀牢山可高于 3 000 m。该区属中亚热带高原季风气候,年均气温 15～18℃,年降水量 1 000～1 200 mm,冬暖夏凉。由于区内地形复杂,海拔高低悬殊,气候垂直变化显著。云南素有"植物王国"之称,重要的中药材有三七、云木香、天麻、雪上一枝蒿、重楼、鸡血藤、八角茴香、砂仁、草果、茯苓、藜芦、山乌龟、金铁锁、余甘子等。

4. 贵州高原 该区为高原型亚热带气候,冬无严寒,夏无酷暑。年降水量 1 100～1 400 mm,多阴雨,日照不足。境内河流纵横,植被类型为中亚热带常绿阔叶林。该区中药资源种类丰富,主要药材有杜仲、厚朴、吴茱萸、黄柏、天麻、枇杷叶、山豆根、天花粉、天南星、石菖蒲、玄参、石斛、何首乌、龙胆、天冬、五倍子、雷丸、半夏、白茅根、白薇、金果榄、黄精等;属于南亚热带药材有苏木、安息香、儿茶、芦荟、沉香、木蝴蝶,蛤蚧、马鹿茸、九香虫、灵猫香、乌梢蛇、蝮蛇等。该区民族众多,民族药和民间药资源是该区的一大特色,如苗药飞龙掌血、头花蓼、黑骨藤,彝药大理紫堇,布依族药九头狮子草、杜鹃兰、独蒜兰等。

（六）西北干旱区

> **思考与讨论**
>
> 我国西北干旱区中药资源分布特点是什么?

该区属于中温带至暖温带,降水量自沿海向内陆迅速减少,属于干旱和半干旱环境。地带性土壤依次为黑钙土、栗钙土、棕钙土、漠土等。该区中药资源绝大部分为药用植物,尤以麻黄科、豆科、藜科、柽柳科、锁阳科、伞形科、紫草科、茄科、菊科、百合科的植物为主。植物资源分布表现为群落结构简单,种类较少,优势物种突出,蕴藏量大,如甘草占全国蕴藏总量的90%以上,麻黄占全国蕴藏总量的 80% 以上。该区民族药资源丰富,主要为蒙药和维药。蒙药特有的药用植物有角蒿、白龙昌菜、羽叶丁香、沙冬青等。维药大部分为干旱区域的特有植物,如阿魏、黑种草、阿育魏实、香青兰、洋甘菊、泡囊草、骆驼蓬、苦豆子、阿月浑子等。

1. 西北荒漠草原 该区周围被高山围绕,年降水量小于 200 mm,属于干旱暖温带气候,区域多风沙,热量较充足。区内土壤类型为棕漠土、灰棕漠土、灰钙土等,地貌属于高原、盆地。该区植被种类少,主要为生长期较短的多年生草本植物,具有明显的旱生性。该区药材主要有阿魏、赤芍、牛蒡子、锁阳、肉苁蓉、柴胡、白鲜皮、甘草、伊贝母、麻黄、紫草、菊苣、苦豆子、香青兰、狼毒、天仙子、雪上一枝蒿、骆驼蓬、罗布麻叶、枸杞子、红花,五灵脂、牛黄、鹿角、鹿茸等。

2. 内蒙古高原中部　该区平均海拔 1 000~1 200 m，南高北低。气候为温带半干旱区，年降水量 200~500 mm，光照充足，旱风频繁。植物以旱生多年生草本植物占优势。土壤主要为栗钙土、棕钙土。药用植物以耐旱、耐寒、喜光种类为主，常见药材有知母、赤芍、柴胡、黄芩、秦艽、苍术、防风、桔梗、草乌、升麻、狼毒、金莲花、麻黄、甘草、黄芪、锁阳，牛黄、鹿茸、刺猬皮，龙骨、芒硝、大青盐、石膏、炉甘石等。

3. 西北山地　西北山地包括天山、阿尔泰山、祁连山等，位于草原或荒漠地区内。天山山脉气候较湿润，植物垂直分布明显，海拔 800~1 100 m 为山地荒漠，以蒿类植物为主；海拔 1 100~1 600 m 为山地草原；海拔 1 600~2 800 m 为亚高山针叶林和草甸，针叶林以云杉为主；海拔 2 800~3 600 m 为高山草甸；海拔 3 600~4 000 m 为高山亚冰雪稀疏植被。该区代表药材有天山雪莲等。

阿尔泰山山地较平缓，海拔 2 500~3 500 m。该区植被丰富，高山带具有亚寒带山地植被特征，低山带则具有荒漠植被的特征。西北部受西风和北冰洋冷湿气流的影响，较为湿润；东南部山势逐渐降低且相对干燥，故植被类型的垂直分布呈现为东南部比西北部较高。药用植物主要有金莲花、红景天、异叶青兰等。

祁连山海拔 4 000~6 000 m。年降水量 150~400 mm，属高寒半干旱气候。土壤类型有高寒漠土、高山草甸土、山地灰褐土等。该区植被垂直分布明显。药材有大黄、川贝母、天山雪莲、冬虫夏草、秦艽、羌活、甘草、麻黄、红花、黄芪、柴胡、防风、红景天、甘松、龙胆，麝香、鹿茸、牛黄，石膏、芒硝、龙齿等。

（七）青藏高寒区

> **思考与讨论**
>
> 我国青藏高寒区中药资源分布特点是什么？

青藏高原被称为"世界屋脊"，是地球海拔最高的高原，该区海拔 4 000 m 以上。区内地理环境复杂多样，有众多耸立于雪线之上的山峰，山峰间有高原、盆地和谷地，生态系统独特。

1. 藏东南川西地区　该区江河众多，水系密集，地表切割强烈。全境地势北高南低，山岭和河谷海拔高低悬殊，谷地海拔 2 500~4 000 m，两侧山脉高度在海拔 5 000 m 以上，降水量丰富，是青藏高原中药资源的重要分布区。该区药材主要有冬虫夏草、川贝母、大黄、羌活、甘松、金铁锁、岩白菜、珠子参、秦艽、红毛五加、伏毛铁棒锤、红景天、麝香、鹿茸、龙骨、石膏等。

2. 青东南川西北高原　该区海拔 3 500~4 000 m，植被类型为高寒灌丛和高寒草甸。因受东南季风影响，夏季多小雨，草甸和灌木丛繁茂，植被覆盖面较大。因此，药用植物资源较丰富。主要药用资源有冬虫夏草、川贝母、黄芪、秦艽、赤芍、龙胆、大黄、丹参、羌活及党参等。藏药有洪连、独一味、山莨菪等。

3. 藏北高原　该区平均海拔 4 000~5 000 m，地处高原内部，气候寒冷干燥，气温最低达 -40℃ 以下，是青藏高原的寒冷中心和冻土层广泛分布区域，也是青藏高原旱季大风持续期最长、风力最强的地区。降水稀少，大陆性气候强烈。植被类型为草原和荒漠植被，植被结构简单、稀疏、草层低矮，药用植物资源种类较少。该区分布的常见药材有瑞香狼毒、风毛菊、异叶青兰、珠芽蓼、龙胆、绿绒蒿、马勃，以及硼砂、大青盐、石膏、芒硝等。

4. 藏南谷地与喜马拉雅山 该区谷地海拔 3 000～4 000 m，气候较温暖，光照充足，年降水量少，多在 300～400 mm，属温带半干旱气候。该区域植被类型多样，植物资源丰富。植物药主要有藏党参、秦艽、麻黄、甘松、冬虫夏草、绿绒蒿、胡黄连、川贝母、沙棘、水柏枝、甘松、瑞香狼毒、独一味、珠芽蓼等，动物药主要有麝香等。

第三节 中药资源学的形成与发展

中药资源学（science of Chinese medicine resources）是在中药学、生物分类学、生态学、地理学、生物化学和天然药物化学等学科基础上发展起来的一门多学科、跨学科，并兼有管理科学性质的新兴学科，是综合性的自然科学，是研究中药资源的种类、数量、分布、时空变化、合理开发利用和科学管理的一门科学。

中药资源学是我国各族人民从古至今，在认识、发展和利用中药及天然药物的过程中所做的各种实践与理论系统的总结。中国丰富的中药资源和悠久深厚的中医药传统文化，为中药资源学的建立和发展奠定了基础。中药资源学不仅在保障人类健康方面具有其他学科不可替代的作用，在国民经济发展中也具有重要地位。中药资源学在中药产业规划和发展，有效保护和可持续利用中药资源，扩大和寻找中药新资源，保障中药产业源头，开发中药产品，保障临床用药，更好地为人类医疗和保健事业服务等方面具有十分重要的意义。

一、中药资源学科的形成

中药资源学这一综合性学科的建立，除了继承我国悠久的历史积淀和文化遗产外，也是自然资源保护开发、医疗健康体系完善、社会经济与生态环境可持续发展的必然趋势。

20 世纪以来，我国经济发展逐步加快，人口数量急剧膨胀，对动、植物及自然矿藏资源的需求暴发，再加上对社会发展欠缺长期规划、盲目开发，导致生态环境恶化、中药材适宜分布区域缩减，某些中药原料资源出现枯竭之势，中药材整体供求矛盾开始激化，自然环境与生态平衡也出现区域性失调。另外，食品、香料、化妆品等产业参与争夺中药材资源，加剧了健康医疗物资的短缺。近年来，世界范围内中草药市场升温，亚、欧、美洲一些国家纷纷从战略角度竞争该领域产业的发展。中药资源要有合理开发，生态环境也要科学保护，在这种背景下，势必需要将中药资源学建设成为一门学科，对其进行专门化的研究。

摸清家底是中药资源学科的首要工作。我国自古就有由政府牵头组织的资源普查活动。唐显庆二年（657 年），为编撰《新修本草》，唐政府普颁天下，举全国之力，营求药物与本草资料，这是中国历史上第一次全国范围的中药资源调查记载。宋嘉祐三年（1058 年），鉴于《开宝本草》《嘉祐本草》等文字不足以辨识药物，宋政府组织编撰《图经本草》，广为征集药材，令人摹绘成图，这是中国历史上第二次全国范围的中药资源调查。此外，古代个人行为的中药资源调查活动也较多，典型的如明代李时珍历经 26 年走访考察中药材品种，收集了大量重要的实地资料，撰写了《本草纲目》。

中华人民共和国成立后，中药资源普查的频率增加，至今已开展了四次全国性普查：第一次全国中药资源普查开展于 1960—1962 年，以常用中药普查为主，出版了《中药志》四卷，收载常用中药 500 多种；第二次全国中药资源普查开展于 1969—1973 年，调查收集了全国各地中草药资料，整理出版了《全国中草药汇编》；第三次全国中药资源普查开展于 1983—1987 年，调查种类达 12 807 种，出版了《中国中药资源》《中国中药资源志要》《中国常用中药材》《中国中药区划》《中国药材资源地图集》《中国民间单验方》等系列丛书；第四次全国中药资源普查开展于 2011—2020 年，调查种类达 18 817 种，目前已根据普查数据汇编形成《中国中药资源名录》，建立中药资源标本实物库，保存 120 余万份标本实物，并有望开发中药资源普查成果共享系统。除了历次全国中药资源普查及成果、历代本草典籍之外，现代中药资源整理成果还有《新华本草纲要》《全国中草药汇编彩色图谱》《中华本草》《新编中国药材学》及地方中药志等许多专著，这些均为中药资源学科的形成奠定了理论知识基础。

🏆 思考与讨论

第四次全国中药资源普查与前三次相比，采用了哪些现代科学技术？

值得强调的是，在我国多资源、重传统的背景下，历次全国范围中药资源普查为我国培养了大批资源研究领域的专家，壮大了中药资源人才队伍。在技术层面，除了传统中药学研究方法，现代物理、化学、地理、生命科学乃至考古等领域技术的加盟，丰富了中药资源学研究和应用的技术体系。

随着现代中医药学科的发展，我国中药学科体系不断分化出临床中药学、中药化学、中药药理学、中药药剂学等二级学科，药用植物学、药用动物学、中药鉴定学、药用植物栽培学等均已形成独立的课程，这为中药资源学科的建立提供了契机。1987 年 8 月，国家教育委员会正式批准在部分高等院校试办中药资源学专业；1990 年后各高等院校开始招收培养中药学资源方向的硕士研究生；1993 年周荣汉主编出版了第一部《中药资源学》本科教材，相关书籍还有《森林药物资源学》《中药资源学引论》《药用植物资源开发利用学》等。理论基础、典籍与教材、技术体系以及人才队伍的完备，标志着中药资源学作为一门独立的学科正式建立。

进入 21 世纪，中药资源学科建设和研究工作继续发展，教育部批准开办"中草药栽培与鉴定"和"中药资源开发与利用"两个中药资源学科的本科专业，各高等院校开始培养中药学资源方向的博士研究生，中药资源学科正式被列为中药学科下的二级学科。《中药资源学专论》（研究生用）和《药用植物资源学》《中药资源学》（本科生用）教材相继出版，《中药资源可持续利用导论》《中药资源生态学》《植物化学分类学》《中药材规范化种植（养殖）技术指南》等一批与中药资源相关的著作也相继出版，使中药资源的研究和应用进入了崭新的发展阶段。

二、中药资源学科的发展

作为一门新兴学科，中药资源学必须在探索人类社会的发展诉求、直面自然生态的发展瓶颈、承担中医药发展使命的过程中实现发展。

面临人口数量迅猛增长、生态环境恶化及国际竞争激烈的背景，我国中医药事业面对的生物资源濒危加速、中药原材料生产不规范、管理技术与经济价值不高等问题已无可回避。在中医药学科群中，中药资源学科应承担起解决这些难题的重任。在《中药材保护和发展规划（2015—2020 年）》《中医药发展"十三五"规划》《推进中医药高质量共建"一带一路"发展规划（2020—2025 年）》《中医药发展战略规划纲要（2016—2030 年）》《全国道地药材生产基地建设规划（2018—2025 年）》《中华人民共和国中医药法》等系列法规政策的指导下，中药资源学科将继续以中药资源的可持续发展为核心，以培养高级专门人才为基础，建立并不断完善中药资源的科学保护、合理利用和系统管理的理论和技术体系，加强濒危药用生物资源保护和种群扩繁及其替代（代用）资源的开发技术研究，推进中药材规范化、规模化与标准化生产技术的不断进步，满足人类健康发展对中药资源不断增长的需求，保障中药资源和中医药事业可持续发展。

三、中药资源学的研究内容

（一）中药资源的种类构成及其时空分布和蕴藏量的研究

中药资源的组成种类及其分布特征和蕴藏量是中药资源研究的基本内容，其研究内容将为资源保护、利用、管理、规划制定等工作提供基础资料依据。资源普查和针对某项生产任务或管理目的而进行的专项资源调查为其最常用的方法。随着互联网数据库、计算机辅助技术的发展，结合传统现场调查与现代科技的调查方法在中药资源调查中得到越来越多的应用。如遥感技术（RS）、地理信息系统（GIS）和全球定位系统（GPS）相结合，空间信息、数据库预测等技术的综合体系应用，已经成为中药资源调查研究的重要手段。

（二）中药资源区划与产地适宜性分析

中药资源区划以全国中药资源与药材生产地域系统为研究对象，从分析影响中药资源分布及开发利用的自然条件和社会条件入手，突出区划的地域性、综合性、宏观性三大特征，综合考虑相关因素，划分不同级别的中药资源合理开发利用、保护抚育与生产区域。利用群落分类、卫星遥感、计算机等技术，开展重点中药资源及生产区域化的调查与研究；应用"3S"技术、生物技术和仪器分析技术等，为中药区划与产地适宜性分析提供科学的研究方法，同时指导生物多样性保护、生态环境建设、中药材 GAP 生产基地建设及中药资源可持续利用工作的顺利开展。

（三）中药资源的定性和定量评价

"质和量"是中药资源的基本特征，其准确评价是资源科学保护、合理利用与开发的参考依据。资源评价的主要内容包括资源种类、种群数量，药材蕴藏量与可开采量，资源的品种、质量，资源的经济、生态价值等。资源评价可采用的方法较多，数量评价一般根据资源实践调查统计与模拟预测，质量评价一般采用药材的质量检测与比较分析方法，经济价值和生态价值评价通常采用相应的经济学和生态学手段。不断创新的现代生物技术为生物类中药资源的物种鉴别和多样性评价等研究提供了更多的方法学参考。

> 思考与讨论
> 中药资源评价与药材质量评价有何异同？

（四）道地药材研究和定向培育

道地药材是具有特定生产区域、产销用历史悠久、质量优、临床疗效显著的传统公认的优质药材代名词，道地性是药材品质较佳的综合性描述。其质量的形成机制及发展变迁是中药资源学科重要的研究任务。在此理论基础上，对于人工资源重点应解决优质中药材的培育规范及管理技术，包括药用植物的栽培技术、药用动物的饲养技术以及生产新资源的生物技术等，特别是保证资源优质优量的调控管理技术。因此，药用生物的生物学和生态学特性、药用器官的生长发育、药用活性成分的形成和积累、药材产量的构成、采收年龄和季节等都是药用动植物资源培育的重要研究内容。

（五）中药资源的综合利用与新资源开发

中药资源最基本的利用方式是加工为药材、饮片及中成药，作为保健食品、食品添加剂、化妆品、香料、兽药和饲料等产品原料的开发也是对其利用的重要途径。如何高效综合利用现有资源，是中药资源科学的重要研究内容。新资源开发技术研究对缓解资源危机、满足社会需求具有重要意义，包括寻找新的中药资源和开发具有类似功效替代品等研究内容。现代生物技术和生物化学技术，如组织培养、微生物发酵等，已成为中药资源替代品研究和生产的重要技术手段。

（六）中药资源的保护与可持续利用

实现中药资源的可持续利用是中药产业长久发展的根本，也是人类发展和进步的需要。保护和科学利用现有资源，拯救珍稀濒危药用物种，利用现代科学技术适度扩大社会紧缺资源的再生产，是保证中药资源可持续利用的重要技术措施。制定有效的政策和法规体系结合保护区建设，是实现中药资源可持续利用的社会保障。适生区规划、引种与就地保护、野生资源驯化、种质库与保存圃建设等，都是中药资源保护和可持续利用的重要方法。

（七）中药资源的科学管理

对中药资源的现状认知及其发展动态预测，是制定中药产业发展规划和产业政策的重要依据，也是资源合理开发和可持续利用的基础。采用电子信息学数据库和计算机智能技术进行辅助管理，是中药资源管理的主要方法。在中药资源调查的基础上，开展资源动态监测，建立资源预警系统是中药资源现代化管理的重要手段。

四、中药资源学与其他学科的关系

中药资源学是中药学学科下的二级学科，属于一门新兴的、开放性的交叉学科，与临床中药学、药用植物学、药用动物学、中药鉴定学、药用植物栽培学、药用动物饲养学、中药化学和中药药理学等学科密切联系，其在内容上均有一定程度的补充、衔接或延伸，共同组成中药学学科体系。历代本草学、中药学的形成与发展为中药资源学奠定了理论、实践与社会认知基础；药用植物学和药用动物学，使用多系统分类和生物群落调查方法，从生物学角度为中药资源学提供了研究方向；根据中药鉴定学、中药化学知识和技术可以对中药资源所涉及的药材品种、质量、化学成分作出鉴定评价；药用植物栽培学和药用动物饲养学属于中药资源的下游延伸，为中药资源的可持续利用提供理论和实践支撑。与中药资源学相关的还有农学、生态学、地理学、天然药物化学、分子生物学、生物工程、计算机信息技术统计学、现代管理学等学科，这些学科从理论与技术上均有力地支持了中药资源学的不断发展壮大。

由此可见，中药资源学的研究内容十分丰富，涉及学科也较多，是一门综合性的科学。

📝 开放性讨论题

1. 怎样理解中药资源与中药的关系？
2. 你的专业未来怎么利用中药资源？
3. 结合现代大数据分析技术和 AI 技术，对未来中药资源学的发展方向谈谈你自己的想法。

🔍 复习思考题

1. 简述中药资源的概念。
2. 简述中药资源的特点。
3. 中药资源学包含哪些研究内容？

🌐 数字资源详见　新形态教材网

🗺️ 学习目标　　🔗 知识图谱　　📖 推荐阅读　　🖥️ 教学课件　　✂️ 自测题

第二章

中药资源品质形成的遗传因素

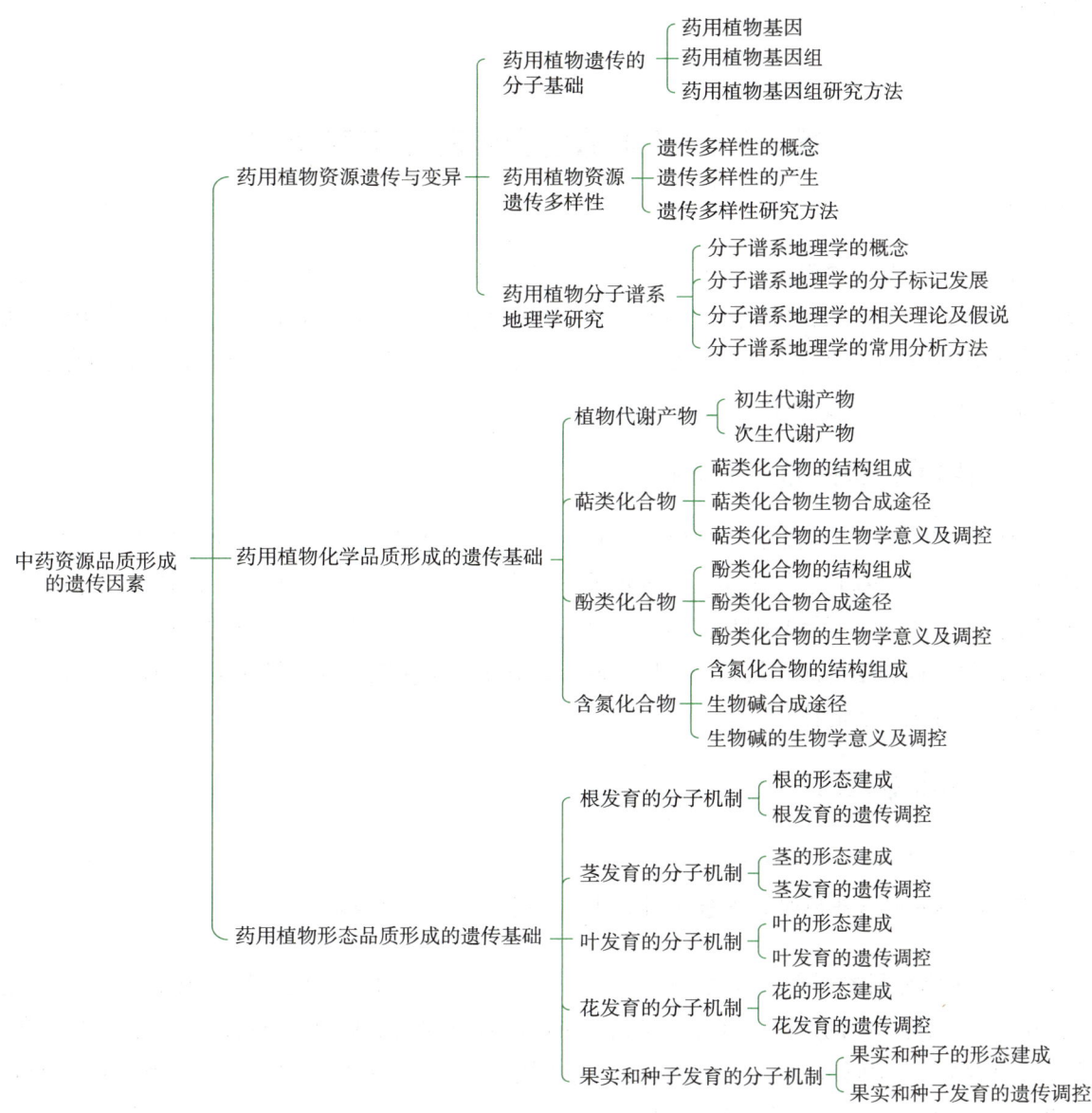

中药资源不仅包含多种天然矿物和动物，还包含大量药用植物。中药的临床效果在很大程度上依赖于这些药用植物的品质。药用植物的品质是其药理药效稳定发挥的首要保证。气候、生物因子、非生物胁迫等均可以导致药用植物品质的差异，黄璐琦院士认为中药道地性可以视为道地药材特有属性的简称，主要通过道地药材的质量性状（外观、所含次生代谢产物等）、遗传性状、生境特征等特性来体现。越来越多的研究表明，遗传因素在中药道地性品质形成中起到重要的作用。

　　中药品质的形成受到遗传的影响。不同基因型的物种，遗传基础不同，产生不同的药效成分，从而形成不同的化学品质。遗传上的差异，也会导致药用植物的不同表型，从而产生不同表型的中药材。另外，影响道地性产生的环境因子，可通过遗传因素影响和调控药用植物品质。因此，学习中药品质形成的遗传因素，对优质中药品种选育及通过分子遗传调控生产优质药材具有重要意义。

第一节　药用植物资源遗传与变异

　　药用植物分子遗传学关注的是分子水平上的遗传规律和变异对药用植物生物表型及有效成分合成的影响。随着 DNA 测序技术的飞速发展，特别是多组学分析技术的进步，使得药用植物基因组研究及应用受到广泛关注。以基因和基因组为基础的药用植物分子遗传学成为研究热点，其在中药品质研究中的作用不断凸显。

一、药用植物遗传的分子基础

　　药用植物遗传的分子基础在中药资源中具有重要的作用和意义。通过解析药用植物的基因组结构和功能，可以揭示其遗传多样性和进化关系，为中药材的鉴定、优质品种的选育及遗传改良提供理论依据。同时，了解基因与代谢产物之间的关系，有助于优化中药材的生产工艺，提升药材品质和产量，确保中药的疗效和安全性。此外，分子基础研究还为保护濒危药用植物资源、实现可持续利用提供重要的技术支持。

（一）药用植物基因

> 🎓 思考与讨论
> 　　药用植物基因与基因组的概念分别是什么，两者有何区别与联系？

　　1. 药用植物基因的概念　　基因（gene）在不同的时期被赋予不同的定义，现在一般是指染色体上一段具有遗传功能的片段，其可以是指导蛋白质合成的完整基因，也可以是不指导蛋白质合成的微小 RNA、非编码 RNA，或是其他对遗传功能具有影响的片段。基因在复制和传递过程中，会发生突变，从而产生新基因，或衍生新的功能，或参与基因调控等，这为生物的演化提供了遗传物质基础与分子作用机制。而药用植物研究中，重点关注与活性成分的生物合成与调控、植物抗逆性等相关的基因结构和功能，这些基因功能的发现将为药用活性成分体外合成等研究领域提供重要基础。

2. 药用植物基因的分类　药用植物基因根据其功能和作用，主要可分为以下几类。

（1）生长和发育相关基因　这类基因主要参与调控植物的生长发育过程，如细胞分裂、生长、分化以及生殖发育等。

（2）次生代谢相关基因　这类基因负责药用活性成分的合成与调控，如生物碱、黄酮、萜类、酚类等化合物。这些化合物在植物体内具有多种生物学功能，包括抵御病虫害、适应环境压力和作为信号分子等。

（3）抗逆境相关基因　药用植物在生长过程中，需要适应各种逆境条件，如干旱、盐碱、低温等。抗逆境基因能够帮助植物调节内部生理机制，以适应外界环境的变化。

3. 药用植物基因的研究方法　研究药用植物基因的方法多样，主要包括以下几种。

（1）基因克隆和序列分析　通过分子生物学技术，如聚合酶链式反应（polymerase chain reaction，PCR）、快速扩增 cDNA 末端（rapid-amplification of cDNA ends，RACE）等，克隆目标基因，并进行序列分析，以确定候选目标基因。

（2）基因表达分析　利用实时定量 PCR（RT-qPCR）、RNA 印迹等技术，分析基因在不同组织、发育阶段或逆境条件下的表达模式。

（3）基因功能研究　通过转基因过表达、基因敲除、体外重组表达或基因编辑（如 CRISPR-Cas9）等技术，以确定其编码的蛋白质和功能。

（4）关联分析　通过全基因组关联分析（GWAS）等方法，寻找与药用品质相关的遗传标记，为分子辅助育种提供理论基础。也可以通过代谢组 - 转录组联合分析探究基因表达与化合物累积之间的关系。

药用植物基因的研究对于植物活性成分挖掘、药用植物的遗传改良和保护具有重要意义。通过基因工程和分子育种，可以提高药用植物的产量和品质、增强其抗逆性、同时减少农药和化肥的使用，实现可持续利用。此外，药用植物基因的研究还有助于深入理解植物的生物学特性，对促进药用植物资源的合理开发和利用具有重要意义。随着分子生物学技术的发展，未来的研究将更加深入地揭示药用植物基因的复杂网络，为人类健康和医药发展做出更大的贡献。

（二）药用植物基因组

1. 药用植物基因组的概念　基因组（genome）是指细胞内所有的遗传信息，传统意义上的全基因组序列指细胞内一套单体的基因组序列信息。药用植物基因组的概念涉及对药用植物遗传信息的全面研究，包括其基因组的大小、结构，以及基因的功能和表达等。结构基因组的发展能够为分子遗传学提供 DNA 分子序列信息，是药用植物分子遗传学研究的重要基础。人们可以从基因组层面比较近缘药用植物的差异性和相似性，也能够为药用植物分子遗传学研究提供遗传背景信息。

2. 药用植物基因组分类

（1）核基因组　药用植物主要为真核生物，其细胞核内整套染色体含有的全部 DNA 序列称为核基因组。药用植物的核基因组是其遗传信息的核心载体，包含了决定植物生长发育、代谢、药效成分合成等关键特性的基因。与真核生物基因组特点一致，植物核基因组主要包括蛋白质编码基因、顺式作用元件、非编码基因和重复序列等。

1）蛋白质编码基因　蛋白质编码基因是 DNA 序列的一部分，它们携带着构建蛋白质所需的遗传信息。这些基因通过编码 RNA 分子上的密码子（每 3 个核苷酸为 1 个单位），进而指导合成特定氨基酸序列，最终折叠形成蛋白质。蛋白质是生物体内执行多种功能的关键分子，包括催化生化反应、传递信号、维持细胞结构等。

在药用植物中，蛋白质编码基因的研究对于理解植物生长发育、代谢、药效成分合成等具有重要意义。通过对这些基因的深入研究，可揭示药用植物中活性成分的生物合成途径与调控网络，进而通过分子育种技术改善药用植物的品质和产量。例如，通过基因组学方法鉴定与特定药效成分合成相关的基因，并通过基因编辑技术（如 CRISPR-Cas9）对这些基因进行改造，以提高药用植物中活性成分的含量或产生新的药效成分。此外，蛋白质编码基因的研究还有助于开发新的药物和治疗方法，提高药用植物的临床应用价值。

2）顺式作用元件　顺式作用元件（cis-acting element）是指位于 DNA 序列上的特定核苷酸序列，它们直接参与调控药用植物中药效成分的生物合成途径，在基因表达调控中起着至关重要的作用。顺式作用元件可以分为：

启动子（promoter）：启动子是位于基因上游的 DNA 序列，它标志着转录的起始点。启动子中的顺式作用元件可以被转录因子识别和结合，从而启动或增强基因的转录。

增强子（enhancer）：增强子是一类可以增加基因转录效率的 DNA 序列，它们可以位于基因的上游、下游甚至内含于基因内部。增强子通常通过与启动子区域的相互作用来调控基因表达。

沉默子（silencer）：沉默子是一类可以抑制基因转录的 DNA 序列，它们通过结合特定的转录抑制因子来降低基因的表达水平。

响应元件（response element）：响应元件是基因调控区域中的特定序列，它们可以响应外部信号或环境变化，如激素、温度、光照等，从而调节基因的表达。

绝缘子（insulator）：绝缘子是一类可以阻止染色质区域间相互作用的 DNA 序列，它们有助于维持基因表达的独立性和精确性。

通过对顺式作用元件的研究，可以揭示药用植物中药效成分合成的精细调控机制，为药用植物的分子育种和遗传改良提供理论基础和技术支持。例如，通过识别和改造与特定药效成分合成相关的顺式作用元件，可以提高药用植物中这些成分的产量，从而增强其药用价值。此外，顺式作用元件的研究还有助于开发新的生物技术方法，如基因编辑和基因沉默，以实现对药用植物基因表达的精确调控。

3）非蛋白质编码基因　非蛋白质编码基因也称为非编码 RNA 基因，是一类在转录过程中不产生蛋白质的基因。这些基因转录后形成的 RNA 分子不编码任何蛋白质，但它们在细胞中扮演着重要的调控角色。非编码 RNA 在基因表达调控、染色体结构维持、蛋白质功能调控等方面发挥着关键作用。以下是一些主要类型的非编码 RNA 及其功能。

核糖体 RNA（rRNA）：rRNA 是核糖体的主要组成成分，参与蛋白质的合成过程。虽然 rRNA 本身不编码蛋白质，但它在蛋白质合成中起到至关重要的作用。

转运 RNA（tRNA）：tRNA 在蛋白质合成过程中将氨基酸运输到核糖体上，并按照 mRNA 上的密码子顺序将氨基酸组装成多肽链。

微小 RNA（miRNA）：miRNA 是一类短的非编码 RNA，通过与目标 mRNA 的 3′ 非翻译区（3′ UTR）结合，调控其稳定性和翻译效率，从而在转录后水平调控基因表达。

小干扰 RNA（siRNA）：siRNA 在 RNA 干扰（RNAi）途径中起作用，能够特异性地降解目标 mRNA，从而抑制特定基因的表达。

π 体小 RNA（piRNA）：piRNA 在动物生殖细胞中参与调控基因沉默，特别是在转座子的沉默中发挥作用，保护基因组的稳定性。

长非编码 RNA（lncRNA）：lncRNA 是一类长度超过 200 个核苷酸的非编码 RNA，它们在基因表达调控、染色体结构维持、细胞分化等多种生物学过程中发挥作用。

环状 RNA（circRNA）：circRNA 是由外显子和其他序列组成的闭合环状结构，它们可能通过影响 mRNA 的稳定性和翻译、调节蛋白质活性等方式参与基因表达调控。

在药用植物的研究中，非编码 RNA 基因的研究有助于揭示植物生长发育、次生代谢、逆境响应等复杂生物学过程的分子机制。例如，通过研究特定 miRNA 或 lncRNA 在药用植物中的调控网络，可以发现新的药物靶标，或者通过基因编辑技术改善药用植物的品质和产量。此外，非编码 RNA 基因的研究还有助于理解药用植物在面对环境变化时的适应性机制，为药用植物的栽培和保护提供科学依据。

4）重复序列　重复序列是基因组中的一种特殊 DNA 序列，它们在基因组中出现一次或多次的拷贝。这些序列可以是短串联重复（如微卫星或简单序列重复 SSR），也可以是更长的序列，如转座元件和长串联重复。重复序列在所有生物的基因组中普遍存在，它们在基因组的结构、功能和进化中扮演着重要角色，例如人参基因组中重复序列占比 62%，野菊基因组中重复序列占比 69.6%。

（2）叶绿体基因组　植物叶绿体具有独立的基因组，称为叶绿体基因组。药用植物的叶绿体基因组是研究植物系统发育、进化关系、光合作用调控机制以及叶绿体基因工程等方面的重要工具。药用植物的叶绿体基因组通常由一个大单拷贝区（large single-copy region，LSC）、一个小单拷贝区（small single-copy region，SSC）和两个反向重复区（inverted repeat regions，IRa 和 IRb）组成，形成一个典型的四分体结构。这种结构在不同物种间具有高度的保守性，但也存在一定的变异，如基因的重复、缺失或重排等。

叶绿体基因组在药用植物研究中的应用非常广泛。例如，通过比较不同药用植物的叶绿体基因组序列，可以揭示它们的系统发育关系和进化历史。此外，叶绿体基因组中的特定基因或序列变异可以用于药用植物的品种鉴定和遗传多样性分析。如研究者通过对白花前胡、紫花前胡叶绿体基因组测序，并对伞形科其他植物叶绿体基因组进行进化分析，为白花前胡属于前胡属、紫花前胡属于当归属提供了有力实验证据；研究者通过 8 种地锦草亚属植物的质体基因组比较分析，对地锦草药材进行了系统鉴定。

为了更好地利用叶绿体基因组数据，科学家们开发了多个数据库和分析工具。例如，Chloroplast Genome Information Resource（CGIR）数据库收录了大量物种的叶绿体基因组序列，并提供了丰富的功能模块，如基因组、基因、微卫星序列、DNA 条形码和 DNA 特征序列等。此外，TCMPG 数据库整合了多种药用植物基因组数据，并提供了 BLAST、JBrowse、SSR Finder 等分析工具，方便研究者进行基因组分析和数据挖掘。

（3）线粒体基因组　药用植物的线粒体基因组通常包含一个或多个环状 DNA 分子，这些分子包含了编码蛋白质、rRNA 和 tRNA 的基因。线粒体基因组可以作为药用植物 DNA 分子鉴定的一个重要工具。线粒体基因组能够反映物种、居群甚至个体间遗传特性，因此可以与叶绿体基因组和核基因组结合使用，以提高鉴定的准确性。随着测序技术的发展，药用植物线粒体基因组的研究取得了显著进展。如研究者对单叶蔓荆线粒体基因组进行了完整的测序和结构分析，揭示了其基因组的结构和组成。也有研究报道了 3 种构属植物（*Broussonetia* spp.）的线粒体基因组，发现它们具有不同的结构，包括单环和双环结构。

（4）药用植物进化基因组和比较基因组　药用植物进化基因组学和比较基因组学是两个密切相关的领域，它们利用基因组数据来研究药用植物的进化历史、遗传多样性、独特代谢途径的形成和演变。这些研究对于理解药用植物的生物学特性、优化药用植物的种植和生产及开发新的药物具有重要意义。

进化基因组学通过分析药用植物的基因组序列，揭示了次生代谢通路的进化机制。例如，通过比较亲缘关系近的物种产生不同的次生代谢物，或者亲缘关系远的物种产生相似的次生代谢物，可以探讨次生代谢通路的分化和趋同进化现象。

比较基因组学通过比较不同物种的基因组，揭示了药用植物中特定代谢途径的演化特征。例如，研究者对伞形科当归属重要药用植物当归的染色体级别参考基因组序列进行了组装，揭示了香豆素类化合物的合成机制，以及异戊烯基转移酶在多个科中的独立进化机制。

3. 目前完成基因组测序的药用植物　截至目前，已有包括灵芝、丹参、人参、三七、穿心莲、黄花蒿、红景天、忍冬、黄芩、杜仲、决明、雷公藤等重要药用植物在内的几十种药用植物物种的全基因组被报道（表2-1）。灵芝（*Ganoderma lucidum*）是最早被测序的模式药

表2-1　已完成基因组测序的药用植物举例

物种	基因组大小	测序平台	发表时间	主要药用成分
灵芝	43.30 Mb	Roche 454 GS FLX+ Illumina GAII	2012	Triterpene
丹参	645.78 Mb	Illumina+PacBio RSII	2015	Tanshinone
印加萝卜	751.00 Mb	Illumina HiSeq 2500	2016	Glucosinolate，imidazole alkaloids
红景天	344.50 Mb	Illumina HiSeq 2000/4000	2017	Salidroside
三七	2.39 Gb	Illumina	2017	Ginsenoside，notoginsenoside
黄花蒿	1.74 Gb	Illumina+Roche 454+PacBio RSII	2018	Artemisinin
人参	2.98 Gb	HiSeq 2000+MiSeq	2018	Ginsenoside
穿心莲	269.00 Mb	Illumina+SMRT	2018	Diterpenoid，neoandrographolide
黄芩	386.63 Mb	Illumina+PacBio	2019	Wogonin
忍冬	843.20 Mb	Nanopore	2020	Chlorogenic acid，luteolin，rutin
杜仲	947.86 Mb	SMRT	2020	Chlorogenic acid
雷公藤	348.53 Mb	Illumina Hiseq Xten+SMRT	2020	Triptolide
决明	547.00 Mb	SMRT+HiSeq™ 2500	2020	Anthraquinone
灯盏花	1.43 Gb	Illumina + PacBio RSII	2020	Breviscapine
红豆杉	10.23 Gb	SMRT+Illumina HiSeq 2500	2021	Paclitaxel
延胡索	1.76 Gb	Illumina+PacBio	2021	Benzylisoquinoline alkaloids
三叶崖爬藤	2.19 Gb	Illumina+PacBio long reads+Hi-C	2023	Phenylpropane flavonoids
药用大黄	7.68 Gb	PacBio HiFi+Oxford Nanopore+Hi-C	2023	Anthraquinone
远志	769.62 Mb	Illumina+PacBio HiFi+Hi-C	2023	Triterpenoid saponin
灰毡毛忍冬	818.38 Mb	PacBio、Illumina	2023	Triterpenoids
红花	1.17 Gb	Illumina+PacBio Hi-C	2023	Hydroxy safflor yellow A
羌活	1.64 Gb	Illumina+PacBio HiFi+Hi-C	2024	Coumarins
白花前胡	1.74 Gb	Illumina+PacBio HiFi+Hi-C	2024	Coumarins

用真菌，陈士林院士团队率先完成染色体水平的灵芝基因组精细图谱，拼接出 13 条染色体的 43.3 Mb 基因组，预测编码 16 113 个基因。这些药用植物全基因组测序和分析极大地推动了药用植物基础研究，并为不同药理活性的天然产物合成研究提供了坚实的基础。高质量的基因组信息是药用植物分子遗传学研究重要的基础，DNA 分子序列信息能够辅助解释药用植物遗传现象的机制和调控途径。

（三）药用植物基因组研究方法

药用植物基因组研究包括基因组的测序、组装、基因功能注释和预测等。由于药用植物多为复杂基因组，组装难度较大、费用高，其基因组研究开展较晚。随着高通量测序技术从二代到三代的飞速发展，测序读长从几十碱基到数万碱基，且测序成本不断降低，药用植物基因组测序研究获得巨大推动。此外，基因组的组装技术也在不断提升，除了构建遗传图谱辅助基因组组装外，光学图谱和高通量染色体构象捕获技术（high-throughput chromosome conformation capture，Hi-C）等物理图谱技术的发展极大地提高了基因组的组装质量。其中 Hi-C 是新兴的染色体构象捕获技术，其通过高通量测序检测 DNA 之间的交联，获得测序的短片段之间的位置信息，从而辅助染色体级别的基因组组装。基因组测序和组装技术以及生物信息分析软件的联合发展，大大提高了药用植物的基因组组装水平，为揭示药用植物遗传信息，解析药用活性成分合成途径和药用植物分子育种奠定了有力的基础。药用植物的基因组研究方法主要包括高通量测序技术、遗传图谱以及物理图谱。

1. 测序技术

（1）第一代测序技术　由 Frederick Sanger 提出的链终止法被称为第一代测序技术（FGST），是 1977 年首次成功采用的测序方法，因其操作简单、准确率高、读长较长的优势而被广泛应用。迄今为止，Sanger 测序技术因其高度的准确性仍然被作为验证新一代测序技术结果的"黄金标准"。第一代测序技术的读长可以达到 700 ~ 1 000 bp，但每个反应只能得到一条序列，测序通量低，无法满足大规模的基因测序，所以目前主要应用于 PCR 产物或短片段的测序。

（2）第二代测序技术　随着科技的进步，第一代测序技术已经不能完全满足研究的需要。鉴于此，第二代测序技术应运而生，可以实现一次对几十万到几百万条核酸分子进行序列测定，也称为高通量测序技术（high-throughput sequencing，HTS），其读长和准确率虽然不及第一代测序技术，但 HTS 的应用使得对一个物种的转录组和基因组进行细致全貌的分析成为可能，帮助基因组学和分子生物学的研究取得突破性进展。

（3）第三代测序技术　第二代测序系统在测序过程会带来错误的复制信息，也可能存在优势扩增的现象。因此需要对一个基因进行多次测序才能获得可信的序列。而第三代测序技术是基于纳米孔的单分子读取技术。与二代测序相比，第三代测序技术真正实现了单分子测序，无 PCR 扩增偏好性和 GC 偏好性，具有超长的测序读长，平均测序读长达到 10 ~ 15 kb，最长读长 40 kb，同时三代测序技术还可直接检测碱基修饰，如 DNA 甲基化等，为表观遗传学研究提供了有力手段。PacBio 平台的 HiFi 模式生成 DNA 模板的长高保真循环连续一致（CCS）读数，实现了高精度（99.8%）的长序列测序。三代测序技术正被应用于高质量的基因组测序及组装相关工作。

（4）第四代测序技术　基于纳米孔的测序仪作为第四代 DNA 测序技术，以不到 1 000 美元，甚至不到 100 美元的价格快速可靠地对整个人类基因组进行测序，该技术使用的单分子技术能够进一步研究 DNA 与蛋白质之间，以及蛋白质与蛋白质之间的相互作用。

2. 遗传图谱 遗传连锁图是指以遗传标记（已知性状的基因或特定 DNA 序列）间重组频率为基础的染色体或基因位点的相对位置线性排列图。遗传连锁图谱的构建是基因组研究中的重要环节，是基因定位与克隆乃至基因组结构与功能研究的基础。构建一张高密度的遗传图谱有助于利用与重要基因紧密连锁的分子标记进行标记辅助选择育种，有助于对数量性状位点（quantitative trait loci，QTL）的研究，有效快速地定位目的基因，建立细胞遗传图，用于比较基因组学研究等。此外，构建高密度的遗传连锁图谱对于种质资源的保存也有重要意义。由此可见，分子遗传图谱研究在遗传育种学和基因工程学研究中具有越来越重要的地位，也成为药用植物育种学的一个热门研究方向。

遗传连锁图谱构建的主要步骤包括：①遗传标记的选择；②根据遗传材料之间的多态性确定亲本组合，建立作图群体；③群体中不同植株或品系的标记基因型的分析；④标记间连锁群与标记位点的确定。

3. 物理图谱 物理图谱是一种基于单分子荧光显微技术的高分辨率、有序、全基因组水平的限制性酶切图谱。应用限制性核酸内切酶，原位酶切铺展在电荷化修饰的微流控光学芯片表面的单个 DNA 分子，获得显微镜下可见的有序酶切片段，综合分析后提供不依赖于序列的类似"指纹"或"条形码"的基因组整体构建信息。在原核生物光学图谱构建时，将静止生长期细胞固定在低熔点琼脂糖胶栓中，使用裂解液和琼脂糖酶等释放胶栓中的基因组 DNA。在真菌中，由于基因组规模的增大，常要对胶栓中释放的核 DNA 进行脉冲场凝胶电泳（PFGE），选取适当长度的 DNA 条带进行固定、原位酶切、荧光显微检测。基于 PFGE 对大分子 DNA 的出色分离能力，可以直接对真菌基因组进行染色体初步分离。在高等植物中，一般直接选取幼嫩组织在液氮中进行研磨，使用核分离缓冲液得到混悬的细胞核，再使用适当的裂解液释放基因组 DNA。

远志基因组分析

远志（*Polygala tenuifolia*）是远志科远志属多年生草本植物，研究者对远志的基因组进行了深入研究，以揭示其基因组组成、功能基因的作用及药用成分的合成途径。通过 Illumina、PacBio HiFi 和 Hi-C 等技术，对远志的染色体水平参考基因组进行组装和注释。远志的基因组全长为 769.62 Mb，其中含有 36 463 个基因及 60.49% 的重复序列。远志的叶绿体基因组全长为 165 423 bp，具有典型的环状四段式结构，包括一个大单拷贝区（LSC）、一个小单拷贝区（SSC）和一对反向重复区（IRs）。该基因组共注释到 135 个基因，包括 8 个 rRNA 基因、38 个 tRNA 基因和 89 个蛋白编码基因。远志基因组研究为理解这类药用植物化学成分的合成机制提供了重要信息，有助于其品质的提升。

延胡索基因组分析

延胡索（*Corydalis yanhusuo*）是罂粟科紫堇属植物，苄基异喹啉生物碱（BIAs）是其主要活性成分。通过三代测序技术，研究者组装了延胡索超复杂单倍型（AAAB）基因组，为后期延胡索分子育种与高价值 BIAs 生物合成途径的解析提供基因信息资源。研究者先通过 k-mer 分析对延胡索的基因组进行评估，用 5S rDNA 探针对延胡索根尖分生组织细胞中期染色体进行了荧光原位杂交（FISH）定位，并用 hifiasm 软件对延胡索基因组进行了初步组装，最终得到延胡索基因组全长为 1.76 Gb。此外，k-mer 频率－深度分布不符合泊松分布并呈现了极高的杂合度（1.69%）和重复率（52.01%），揭示了延胡索的基因组极其复杂。FISH 定位显示，在根头分生组织细胞的 32 条中期染色体上产生了 4 个信号，表明延胡索是一个拥有 32 条染色体的四倍体植物。最终，利用 ALLHiC_partition 将 32 条染色体分成 4 套单倍型。这项研究为进一步解析延胡索中镇痛活性成分的生物合成机制奠定了基础。

二、药用植物资源遗传多样性

生物多样性是生物及其环境形成的生态复合体以及与此相关的各种生态过程的总和，是地球上生命几十亿年长期演化的结果。生物多样性主要包括遗传多样性、物种多样性、生态多样性和景观多样性等四个不同层次的内容。其中，遗传多样性是生物多样性的重要组成部分，物种多样性依赖于遗传多样性，遗传多样性是物种多样性的本质和基础。

（一）遗传多样性的概念

遗传多样性（genetic diversity）是指种内可遗传的变异，即遗传物质的改变，包括染色体变异、基因突变以及重组等编码遗传信息的核酸（DNA 或 RNA）组成和结构上的变异。这些变异可以影响基因的表达和功能，进而影响生物体的表型特征。广义的遗传多样性是指地球上所有生物携带的遗传信息的总和，即各种生物所拥有的丰富多样的遗传信息。狭义的遗传多样性主要是指种内不同种群之间或同一种群内不同个体的遗传变异总和。

一般情况下遗传多样性是指种内遗传多样性。一个物种内部不同的变种、品种和品系等在结构和形态上的差异就是由遗传多样性引起的。在一个自然群体内，没有两个个体具有完全一致的遗传背景，高度的遗传多样性是维持物种长期生存的基础。然而，个体发育或环境因素导致的变异，如营养状况、疾病感染等，虽然可能影响个体的表型，但不会遗传给后代，因此不包括在遗传多样性范围之内。药用植物丰富的基因资源及其多样性是其持续发展的物质基础，保护药用植物的生物多样性归根结底就是要保护其遗传多样性。

对药用植物开展遗传多样性研究有助于保存和利用其种质资源，有助于进一步推动对野生濒危植物的保护研究。目前利用各种 DNA 分子标记技术对大量药用植物资源开展遗传多样性研究，可为药用植物遗传图谱的构建开拓道路，为药用植物的品种鉴定、分类、良种选择与资源保护提供理论依据。

（二）遗传多样性的产生

所有的遗传多样性都发生在分子水平，即遗传多样性的产生源自遗传变异，主要包括染色体变异（畸变）、基因突变、基因重组等三种类型。这些分子层面的突变为种群提供了遗传多样性，这对于物种的适应性、生存和进化至关重要，使得物种能够更好地应对环境变化，提高其生存和繁衍的能力。丰富的遗传多样性不仅有助于发现和利用新的药用成分，还能提高药用植物对病虫害和环境胁迫的抵抗力，确保中药材的稳定供给和品质。通过保护和利用遗传多样性，可以推动中药资源的可持续发展和创新利用。

1. 染色体变异（chromosome variation） 又叫染色体畸变（chromosome aberration），是指染色体结构和数目的改变。染色体是遗传物质的载体，是基因的携带者，因此染色体数量和结构的改变会导致遗传信息的改变。遗传学上将一个正常配子中所包含的染色体数称为染色体组。各种生物的染色体数目都是相对恒定的，都含有一套以上的基本的染色体组。构成染色体组的若干个染色体在结构和功能上各异，但又互相协调，共同调控生物的生长、发育、遗传和变异。染色体变异是生物遗传多样性的重要来源，这些变异在物种进化中起着举足轻重的作用。

染色体变异主要表现为染色体组型特征的变异，包括染色体数目变异（整倍体、非整倍体）和染色体结构变异（缺失、易位、倒位、重复）。

（1）染色体数目变异 染色体数目的变化又可以分为整倍体改变和非整倍体改变。由生殖细胞（如未受精卵或花粉粒）发育而来的含有 1 个完整染色体组的个体为单倍体，含有 2 个染色体组的个体为二倍体，超过 2 个染色体组的个体称为多倍体。几乎全部的动物和过半数的高等植物都是二倍体。染色体的数目是相对恒定的，在不同物种甚至种内都会出现染色体数目的变异。例如，石蒜属植物种间和种内不仅在花型和花色上均有较大变异，而且在染色体倍性上也有较大变异，存在着二倍体、三倍体和非整倍体等。

倍数性改变，即染色体数目的变化是以染色体组为单位的增减。多倍体现象在植物进化中有很重要的意义。在自然条件下，机械损伤、射线辐射、温度骤变和化学因素刺激都可以使植物染色体加倍，形成多倍体种群。细胞核内染色体组加倍后，通常会带来一些形态和生理上的变化，如巨大性、代谢增多及抗逆性增强等。因此，为了培育优良品种，也会人工创造多倍体，如人工选育抗旱耐盐四倍体菘蓝，获得产量更高、质量更好的菘蓝种质资源。

非整倍性改变，即细胞核内染色体数目不是染色体组的完整倍数，而是在二倍体染色体数目的基础上增减个别几条染色体，包括单体、缺体、三体等不同类型。单体是指在二倍体中缺少了 1 条染色体（$2n-1$），缺体指在倍体中缺少了 2 条染色体（$2n-2$），三体是指在二倍体中增加了 1 条染色体（$2n+1$）。

（2）染色体结构变异 对于一个正常的生物个体来讲，其染色体的结构是相对稳定的。但当个体由于衰老、代谢失调，或者受到物理伤害和化学药物等影响，就有可能导致染色体的断裂。染色体结构变异源自染色体或染色单体的断裂。根据这种断裂的数目和位置、断裂端是否连接以及连接的方式，可分为缺失（deletion）、重复（duplication）、倒位（inversion）、易位（translocation）等染色体结构变异类型。

2. 基因突变 基因突变现象在生物界中普遍存在。基因突变通常为点突变，即基因内部一个或少数核苷酸的改变。基因突变有自发突变和诱发突变两类。也就是说，基因突变可以是自发产生，也可以是通过诱导产生。自发突变是自然状态下产生的突变，包括 DNA 复制中的错误（碱基替换、框移突变）及自发损伤两种类型。虽然在自然界正常的生物条件和环境中，每个基因位点上的自发突变率很低，但由于一个种群拥有数量庞大的个体，每一个体又具有众多基因位点，故新的基因突变能在自然界不断地出现。在人参（*Panax ginseng*）中，一些基因突变被发现与其有效成分人参皂苷的合成有关。某些基因的点突变可能会改变皂苷合成酶的功能，从而影响人参皂苷的种类和含量，这对人参的药用品质有着直接的影响。

3. 基因重组 重组（recombination）是通过有性生殖过程将群体中不同个体具有的变异进行重新组合，形成新的变异，包括染色体重组和 DNA 分子间重组。重组是通过有性生殖实现的，基因型不相同的亲本基因组之间，进行新的组合而在子代基因组中形成新的基因型。基因重组虽然不改变基因本身但新的组合可导致新的表型，而且遗传基础的重新组合会产生丰富的遗传变异，故重组是产生遗传多样性的另一个重要因素。重组能迅速产生大量的新变异，因此自然群体中变异的直接来源不是突变而是重组。

> **思考与讨论**
>
> 染色体结构变异（如缺失、重复、倒位和易位）会如何导致药用植物遗传多样性的变化？请结合具体例子进行说明。

（三）遗传多样性的研究方法

近年来，遗传学在药用植物生物多样性研究中扮演越来越重要的角色。随着生物学研究层次的提高和实验手段的不断改进，检测遗传多样性的方法不断涌现，从形态学水平、细胞学水平、生理生化水平直至目前的分子水平，都有与其对应检测手段。目前，遗传多样性的研究方法主要有形态学标记、细胞学标记、生化标记和分子标记等，这些研究方法各有优缺点，都有助于我们认识遗传多样性及其生物学意义。

1. 形态学标记　形态学标记是指根据植物体的表型性状，如株高、叶形、叶色、花序、雄蕊类型、果实形状、种子性状等形态学标记对供试材料进行多样性研究。广义上的形态学标记可以延伸到一些生理特性，如植物的抗病、抗虫性等特性。通常所利用的表型性状主要有两类，一类是符合孟德尔遗传规律的单基因性状（如质量性状、稀有突变等），另一类是根据多基因决定的数量性状（如大多数形态性状、生活史性状）。从形态学或表型性状上来检测遗传变异是最简单易行的方法，且具有成本较低、便于观察、直观明显等优点。其缺点是由自然突变或物化诱变所获得的具有特定形态特征的材料所需时间长，且可能产生不利的性状。此外，植物的表型性状易受环境条件、生育期、基因显隐性以及基因互作等因素的影响，不稳定性高，因此在构建基因组图谱的应用中受到限制。如在研究黄芩（*Scutellaria baicalensis*）遗传多样性时，通过观察叶片形状、花的颜色和大小、果实的形态等形态学标记来进行分类和分析，不同黄芩品种的形态学标记在抗病性和药用成分上存在一定差异，从而有助于识别和选育优质品种。

2. 细胞学标记　染色体是遗传物质的载体，是基因的携带者，染色体的变异必然导致遗传物质的改变，是生物遗传多样性的重要来源。分析染色体的核型和带型（如C带、G带、T带等），以及染色体结构变异等特定的细胞学特征可以作为一种细胞学标记。染色体多样性检测主要对细胞分裂时期染色体的数目和形态特征，如臂比值、臂指数、相对长度、着丝点位置等加以分析，即核型分析。细胞学标记的优点是能够直接在显微镜下被观察到，可以克服形态标记的某些不足。但是，培育细胞学标记材料所需时间长，很多物种还由于染色体异常而表现发育不良或育性较差，因而难以完好地保存。而且某些种类，特别是种内的种群间，其组型和染色体特征差别不明显，则必须对染色体进行分带处理，通过深浅不同的染色体带进行区分。因此，细胞学标记的应用范围有限。随着染色体研究技术的进步，一些细胞学和分子杂交相结合的技术迅速发展，如染色体原位杂交等技术的应用，可以在染色体水平上揭示更丰富的生物多样性。

染色体原位杂交（chromosome in situ hybridization，CISH）即应用生物素、地高辛、荧光等标记的DNA探针与玻片上的细胞、染色体或间期核DNA或RNA杂交，来研究核酸序列的变化或其相关位置。染色体原位杂交的优点是安全、准确和分辨率高等，可以明显区分不同物种的染色体组成，而且可检测的染色体范围大大拓宽。

3. 生化标记 在植物遗传多样性研究中，蛋白酶尤其等位酶和同工酶是较常用的两种生化标记分子标记技术。等位酶（allozyme）是由同一基因位点上的不同等位基因所编码的同一种酶的不同分子型，属于同工酶的一种。同工酶（isozyme）是催化同一反应的不同分子结构的酶，具有同一底物专一性、组织、发育及物种的特异性，是反映生物遗传变异的主要形式。

等位酶在生物界中广泛存在，通常以共显性方式遗传；且材料来源丰富、实验技术简单、获得结果迅速、结果易于比较。更重要的是，在选择一定量的酶系统或位点作为遗传标记时，对于多态或单态酶或位点都是同等对待，所以其变异可以较为客观地代表整个基因组的变异，可以对任何物种或种群的研究结果进行比较，这是区别于以往任何检测遗传变异方法的关键。其缺陷在于实验结果随动植物不同发育时期、器官及环境而变化；已发现的同工酶标记数目有限，可以利用的遗传位点数量比较小，远不能满足目前构建高密度连锁图谱的需求。另外，该方法对电泳分析的样品要求较高，每一种同工酶标记都需要特殊的染色方法和技术，从而使它的应用价值也受到限制。

4. 分子标记 广义的分子标记（molecular marker）是指可遗传并可检测的DNA序列或蛋白质（同工酶和等位酶）。狭义的分子标记专指DNA标记。与形态标记、细胞学标记和生化标记相比，分子标记具有许多明显的优越性：①准确性高，不受组织器官、个体发育时期状况、环境条件等因素的干扰；②检测定位多，几乎遍及整个基因组；③共显性好，有些共显性分子标记可有效地鉴别出二倍体中的纯合基因型和杂合基因型；④多态性高，无须专门创造特殊的遗传材料，自然就存在着许多等位变异；⑤表现为中性，即无基因多效性，与不良性状没有必然的连锁遗传，也不影响目标性状的正常表达；⑥遗传稳定，可靠性强，检测速度快，操作简单。

依据多态性的检测手段，分子标记可分为三大类：①基于传统的Southern杂交技术的分子标记，如限制性内切酶酶切片段长度多态性（restriction fragment length polymorphism，RFLP）标记；②基于聚合酶链式反应（PCR）反应的分子标记，如随机扩增多态性DNA（randomly amplified polymorphic DNA，RAPD）、DNA扩增产物指纹分析（DNA amplification fingerprinting，DAF）等；③PCR-RFLP技术的结合，即扩增片段长度多态性（amplified fragment length polymorphism，AFLP）技术。这些标记各有技术特点和优缺点，可以用于不同检测目的（表2-2）。

表2-2 常见分子标记技术的特点

代表性技术	核心方法	多态性	优点	缺点
RFLP（restriction fragment length polymorphism）	以传统的Southern杂交为基础的分子标记技术	中等	数量多，共显性，重复性好	需DNA量较大，检测方法繁琐，周期长，多态性频率较低，自动化困难
SSR（simple sequence repeat）	以重复序列为基础的标记	高	数量多，共显性，重复性好，易分析，多态性高，可自动化	无效等位基因，引物开发困难，回复突变，引物通用性低
ISSR（inter-simple sequence repeat）	以PCR为基础的分子标记技术	较高	数量多，便宜易得，操作简易，多态性较高	显性，物种间通用性低，功能未知
RAPD（randomly amplified polymorphic DNA）	以PCR为基础的分子标记技术	较高	数量多，便宜易得，操作简易，多态性较高	重复性差，显性，物种间通用性低，功能未知

续表

代表性技术	核心方法	多态性	优点	缺点
AFLP（amplified fragment length polymorphism）	以 PCR 为基础的分子标记技术	较高	数量多，费用中等，多态性较高	显性，功能未知，技术操作有一定要求，DNA 质量要求高，重复性有怀疑
ITS（internal transcribed spacer）	DNA 序列分析	中等	非编码区，受外界环境因素的影响较小，进化较稳定，样品的要求低	多态性频率较低，应用范围有限
SNP（single nucleotide polymorphism）	以单核苷酸多态性为基础的分子标记技术	高	数量多，共显性，易分析，可重复，结合芯片技术可自动分析	位点选择困难，通用性差

药用黄芪的遗传多样性 RAPD 分析

黄芪（*Astragalus membranaceus*）是常用大宗中药，由于缺乏科学的引种和栽培管理，种质资源出现了混杂和遗传多样性的丧失，这对黄芪的可持续发展和品质提升构成了威胁。因此，开展黄芪遗传多样性研究，对于保护和合理利用这一宝贵的遗传资源具有重要意义。有研究采用随机扩增多态 DNA（RAPD）技术，对来自中国四个省份的 15 份黄芪样本进行遗传多样性分析。从 43 条 10 碱基随机引物中筛选出 12 条条带清晰、重复性好的引物，用于 PCR 扩增反应，共扩增出 85 个位点，其中多态性位点占 78.16%，表明所研究的黄芪样本具有较高的遗传多样性。在 15 份黄芪样本中，四川黄芪的 Shannon's 信息指数最高，达到 0.269 6，说明四川黄芪具有最高的遗传多样性。聚类分析结果表明，所有样本可明显聚为三类：四川绵阳的材料与甘肃的材料聚为一类，四川理塘的野生黄芪单独聚为一类，其余来自山西和河北的材料聚为第三类。相关研究表明黄芪的遗传多样性与其地理来源有一定的相关性，地理位置相近的材料具有更为相似的遗传背景。研究还发现，四川与河北的遗传距离最大，而河北与山西的遗传距离最小，这可能与地理位置相近的省份材料的遗传相似度更高有关。四川理塘的野生黄芪与其他材料遗传距离较大，推测与其独特的生境和野生资源与栽培种的遗传异质性有关。

川续断种质资源遗传多样性的 SRAP 分析

川续断（*Dipsacus asper*）是川续断科川续断属多年生草本植物。有研究运用序列相关扩增多态性（sequence-related amplified polymorphism，SRAP）分子标记方法对川黔境内川续断的遗传多样性进行分析。通过 10 对引物共检测到 124 个位点，其中 102 个位点具有多态性，多态位点百分率（PPL）为 82.26%。川续断总的 Nei's 基因多样性指数（H）为 0.280 0，Shannon's 多态性信息指数（I）为 0.435 3；居群水平上川续断的 PPL 为 53.92%，H 为 0.121 2～0.244 0，I 为 0.179 6～0.361 1，其中 5 个高海拔、小生境特征的居群遗传多样性指标较高。居群间的基因分化系数（Gst）为 0.293 0，基因流（Nm）为 1.206 4。基于遗传相似度，14 个居群可聚为 3 类。结果表明，川续断居群的遗传多样性水平丰富，遗传变异主要存在居群内，地理位置（海拔）和气候是川续断居群遗传多样性较高的影响因素，而地理隔离（小生境）是造成居群内遗传变异高于居群间的另一因素。

三、药用植物分子谱系地理学研究

药用植物分子谱系地理学研究在中药资源的保护、开发和利用中具有重要意义。通过对药用植物不同种群和居群的遗传结构和地理分布模式进行系统分析，可以揭示这些植物在历史地质事件中的扩散路径、避难所和演化机制。此类研究不仅有助于识别和保护道地药材的原产地，确保其遗传多样性和独特性，还能在药用植物的品种选育中筛选出优良种质资源，培育出抗逆性强、药效成分高的优质品种，最终为中药资源的可持续利用提供科学依据，实现药用植物资源的有效保护和合理开发。

（一）分子谱系地理学的概念

谱系地理学（phylogeography）又称系统地理学或亲缘地理学，是阿维塞（Avise）及其同事于 1987 年提出的一门研究物种内或近缘种间的谱系地理格局，以及相关形成机制及形成过程的一门综合交叉学科。他们发现种内线粒体 DNA（mtDNA）基因树的支系结构常常表现出显著的地理格局，主要研究内容包括 mtDNA 分子之间的系统发育关系和类群的地理分布格局。谱系地理学从时间和空间维度对物种的谱系地理结构进行解析，探究地质历史、生态和生物多样性之间的联系。谱系地理学需要结合分子遗传学、群体遗传学、生态学、群体统计学、进化生物学、古生物学、地质学和古地理学等学科，从中探究造成物种谱系地理结构的进化历程、群体动态和生物地理进程等。谱系地理学是生物地理学的一个重要分支，目前该研究领域主要基于分子数据，故又称作分子谱系地理学（molecular phylogeography）。

谱系地理学研究主要是依据质体 DNA 和核基因等分子数据评估各基因谱系和各地理群体间的遗传变异及地理分布样式，结合一些相关历史地质事件（山脉隆升、河流形成、火山爆发、冰期运动等）、物种的历史群体变化（交配方式及子代散布形式、物种的历史迁徙或传播路径等），推测群体扩张、瓶颈效应、地理隔离分化和迁移等历史事件，以及进化事件，如杂交、基因渐渗和分歧事件等。谱系地理学的主要研究目的是通过评估物种总体水平及群体水平的遗传多样性与遗传分化格局，推断物种可能的冰期避难所，估算近缘物种之间的分化历史，计算物种以及近缘物种的分歧时间和追溯物种的驯化过程等。进化生物学一直以来的命题就是如何由物种内的微观进化（microevolution）推断物种间或者更高分类系统中的宏观进化（macroevolution）。谱系地理学是连接微观进化和宏观进化的交叉学科，通过研究不同时空尺度上的种群间基因交流、地理隔离和二次接触等模式的历史变化，探讨生物多样性热点地区的形成机制，并为濒危物种制定保护策略提供理论依据。

（二）分子谱系地理学的分子标记发展

将 DNA 序列变异用于系统发育重建始于 20 世纪 70 年代，随着 PCR 技术的出现，基于 DNA 序列的系统发育研究迅速发展起来。初始的谱系地理学研究使用 mtDNA 判定动物群体间、亚种间及近缘种间的系统发育关系，分析群体谱系关系与地理分布之间的关联。由于 mtDNA 在动物群体中的突变速率较快，能够提供充分的 DNA 变异位点，这使得基于 mtDNA 的谱系地理学相继在人类的起源进化研究和动物的种群演化方面发挥了巨大的作用。当然，mtDNA 数据只能评估谱系的一个特殊组成部分——单亲世系，所以记录在 mtDNA 中的物种历史进程不能完整反映物种内的系统发育水平，尤其对两个亲本谱系间具有显著谱系地理差异的物种而言。尽管如此，mtDNA 是第一个可在种内水平分析"基因谱系"的稳定、广泛的分子标记。

由于植物的线粒体基因进化速率较低，植物 mtDNA 序列存在容易发生基因顺序变化和遗传重组等缺陷，mtDNA 不是植物种内谱系地理研究的理想标记。基于 mtDNA 的缺陷，谱系地理学在植物中的应用相较于动物类群滞后。21 世纪以来，随着植物叶绿体 DNA（cpDNA）的测序发展及深入研究，基于 cpDNA 的植物谱系地理学研究数量急剧增长。植物 cpDNA 为单系遗传，多为母系遗传，遗传过程中不经历基因重组，可作为体现物种母系来源和演化历史的可靠工具。特别是叶绿体基因组中的非编码序列，由于所受的选择压力小，可清楚反映植物的群体演化历史，被广泛地应用于植物系统发育和谱系地理等研究中。目前用于谱系地理研究的 cpDNA 标记很多，各基因序列都各自具有不同的适用范围（表 2–3）。

表 2–3 分子谱系地理分析常用 cpDNA 标记举例

标记名称	特点	适用范围
trnH–psbA	叶绿体 DNA 突变率最高的基因间隔区	被推荐为陆生植物系统分析的通用标记，被用于很多的被子植物和苔藓植物的系统发育及分子谱系地理研究
trnK	该内含子序列的简约信息特征和系统发育结构优于快速进化的编码基因（如 *matK* 基因），种内变异较高	种内系统发育树构建和种群遗传研究的理想标记之一
matK	全长约 1 500 bp，为 *matK* 基因的一段内含子区域	不仅可以用于物种水平的系统发育研究，对种下水平的系统发育关系评估也非常有效
atpB–rbcL	最早运用于植物系统发育研究的 cpDNA 基因间隔区序列	在推断高层级植物类群的系统发生关系时效果理想，在亲缘关系较近的物种之间也存在着相当丰富的序列变异
trnT–trnF	植物系统发育研究中使用最为频繁的 cpDNA 标记之一	变异性较高，常被应用于推测种内和属内系统发育关系

虽然 cpDNA 在植物系统地理研究中有广泛的应用，并取得了良好的效果，但在探讨物种内的基因交流和遗传渐渗等事件时，cpDNA 标记并不适用，并且 cpDNA 进化速率相对保守，在一些植物种群的研究中无法提供充分的遗传变异信息。而核基因由于是双亲遗传，更能准确地反映物种间关系，在谱系地理中加入核基因研究，可与 cpDNA 数据的分析结果形成互补。常用的核基因序列有 ITS 基因序列等，ITS 为编码核糖体 DNA 的基因内转录间隔区，分为 ITS1 和 ITS2 序列。ITS 序列具有序列碱基变异速率相对较快、引物通用性强、拷贝数量多的优点，能够提供详尽的系统学分析所需要的可遗传性状，这使得 ITS 序列在植物系统发育研究中受到广泛应用。但 ITS 序列也具有一些缺陷，阿尔瓦雷斯（Alvarez）和温德尔（Wendel）于 2003 年对五年间的系统发育研究进行了总结，他们认为 ITS 序列由于具有协同进化、趋同性、多拷贝、基因重组等特点，在系统发育研究中容易产生错误的进化树，有必要从核基因组中开发单拷贝或低拷贝的基因

序列用于今后的系统进化研究。

相较于 cpDNA 序列，单 / 低拷贝的核基因序列，由于具有更快的变异速率，可在植物系统发生关系构建时提供更高的准确性和分辨率，在分子谱系地理学研究中显得尤为重要。核 DNA 序列多态位点丰富，能更准确地揭示种群的历史动态、基因流和历史事件的遗留痕迹。所以，结合叶绿体和核基因标记进行谱系地理学分析具有非常重要的意义。目前已经挖掘并应用于谱系地理研究的单 / 低拷贝核基因有很多，如 *CHS* 基因（查尔酮合成酶基因）、*LEAFY* 基因（调控花分生组织和花期等功能）、*PHY* 基因（光敏色素基因）、*rpb2* 基因（编码 RNA 聚合酶 Ⅱ 的第二大亚基）、*β-amylase* 基因（β- 淀粉酶基因）等。

为了解决在植物中获取单拷贝核基因较为困难的问题，近年来大量的谱系地理学研究采用 SSR 标记及 SNP 数据作为 DNA 序列数据的补充。SSR 分子标记不适用于系统发育分析，只能从基因频率的角度对群体进行遗传聚类分析，严格讲并不属于 Avise 最初定义的谱系地理学范畴；但如果恰当使用，SSR 标记能与 cpDNA 序列数据形成良好互补，在推断植物种群地理格局的形成机制时发挥作用。此外第二代测序技术（NGS）也被引入到分子谱系地理学研究中，与传统测序技术相比，NGS 可以大规模开发基因水平的 SNP 位点。特别是近年来发展起来的基于酶切的简化基因组测序技术（如 RAD-seq、GBS 及相关衍生技术）可以省时且经济地检测模式及非模式物种基因组水平的 SNP，具有周期短、准确、数据量大、性价比高等优点，近几年来已逐渐成为分子谱系地理学的主流方法。

（三）分子谱系地理学的相关理论及假说

> 🗫 思考与讨论
>
> 如何利用分子谱系地理学揭示的中药资源遗传谱系差异，制订资源区划与开发策略？

1. **溯祖理论**　溯祖理论（coalescent theory）是探讨种内或近缘种基因谱系的数学和统计学理论，是群体遗传学和谱系地理学的理论基础。该理论认为在特定群体中，所有的等位基因都遗传自一个共同祖先，这些遗传关系可通过基因谱系来表现，利用一定的数学方法可描述谱系连接的历史过程，回推寻找共同祖先，这种谱系回推过程即溯祖。溯祖理论是基因漂变的反向理论，能探讨种群的扩张、基因交流、迁移、杂交和生殖隔离事件，并为推测不同谱系的分化时间和最近共同祖先时间奠定了分子数据分析的理论基础。

2. **冰期和冰期避难所研究**　冰期和冰期避难所研究揭示了在地质历史上的气候变化对生物分布和多样性影响重大，冰期期间生物迁徙至避难所生存，并在气候回暖后重新扩散。避难所的隔离加速了物种分化，成为生物多样性热点，为中药资源保护和利用提供了科学依据。

3. **迁移扩散学说和隔离分化学说**　随着时间的推移和科学的进步，学界关于这两个学说的主导地位有一定变化。首先是迁移扩散学说在达尔文时代占主导地位，其代表为达尔文、华莱士等，认为生物类群的进化时间尺度小于地质历史的时间尺度，生物通过扩散可以逾越某些生物地理学障碍，从而形成间断分布。而隔离分化学说在 20 世纪复兴并成为主导思想，是因为板块构造学说或者板块漂移学说的确立，其主要代表有虎克、福布斯和莱尔等，主张生物类群的进化比地质历史更漫长，早期连续分布的类群因为生物地理学形成导致隔离，从而产生间断分布。而近年来的分子系统发育重建研究和分子钟方法又为迁移扩散学说提供了大量的新证据。

4. **基因流**　基因流（gene flow）是物种居群间以及群体内个体间基因信息的交流和传播，与迁移和散布不同，它主要通过花粉、种子传播得以实现，基因流大小与花粉和种子的传播方式、传播机制及传播距离相关。许多风媒传粉植物中，种子流对其小尺度空间遗传结构的影响比花粉流要大，其原因是通常种子的传播距离要小于花粉的距离。基因流的大小、频率和类型直接影响物种的遗传多样性格局、群体间分化程度和基因型是否均质化，因此在小进化中起主要作用。除了基因流，群体特别是小群体的遗传特征往往还受到遗传漂变、近交（inbreeding）和本地选择（local selection）的影响。群体内广泛的基因流可削弱种群间的遗传差异，稳定群体遗传结构；而有限的基因流则会造成近交或本地选择，导致居群间遗传分化。

5. 遗传漂变　遗传漂变（genetic drift）是指当居群中的个体数量较少时，有的等位基因没有传给后代，造成等位基因可能在经过一个以上的世代后在这个居群中消失或固定成为唯一的等位基因的现象。因此，若干世代后，这一孤立小群体中的个体都倾向于拥有相同的等位基因。遗传漂变的影响恰与基因流的相反，它会导致某些等位基因的消失，另一些等位基因的固定，从而改变了群体的遗传结构。

6. 中性理论　中性理论是指种群中的绝大多数等位基因都为中性突变，在种群中随机保留或消失。这种突变为随机遗传漂变，不受自然选择影响。中性理论是分子进化的中心法则，也为检测分子遗传变异模式和总量提供零假说。

7. 遗传结构　遗传结构（genetic structure）是指群体遗传变异在空间的分布变化情况，为等位基因频率的变化规律。种群遗传结构受群体繁育方式和类型、种群瓶颈、奠基者效应、基因流大小、人为因素、气候变化等因素的影响。

（四）分子谱系地理学的常用分析方法

当DNA数据被用于谱系地理研究后，DNA单倍型（haplotype）之间的亲缘关系是谱系地理学的关键问题之一，植物群体间遗传变异的分布一方面受到当前宏观进化因素的强烈影响，如基因流、自然选择等；另一方面也受到群体及物种系统发育历史的影响。但由于谱系间基因交流的网状关系，了解进化历史和当今进化事件对植物演化的共同作用是一个非常困难的事情。

研究认为，种内的谱系遗传关系跟种间的遗传关系的差异如下：①种内的遗传分化相对种间更低。②祖先单倍型通常现存于种内。③一个单倍型可以与其他多个单倍型之间具有网状关系。④具有更高概率的重组同质关系。由于这四个特性，相较于种间的二歧分化进化树，网状进化图更适合展现种内的进化关系。构建网状进化关系的方法有多种，如TCS、NETWORK、PopArt等。

在谱系地理研究中，除了常用的基于单倍型的系统进化树和NETWORK网状进化关系外，为了评估等位基因频率的空间分布，基于理想种群遗传平衡的种群遗传学分析方法也被应用于谱系地理学研究当中。常用于种群遗传多样性及遗传分化评价的参数有：核苷酸多态性（π）、单倍型多样性（H_d）、私有等位基因数目及分布、群体间遗传分化指数（F_{ST}）等。此外，一些统计学方法也被应用于分子谱系地理研究当中，如分子方差分析（analysis of molecular variance，AMOVA）被用来统计种群间的遗传变异分布；而曼特尔检验（Mantel test）由于分析遗传距离与地理距离之间的相关性，也常被用于检验种群间是否存在距离隔离效应（isolation by distance，IBD）。

第二节 药用植物化学品质形成的遗传基础

化学品质是中药品质的重要内容，是中药品质形成的物质基础。中药化学品质的形成，主要由药用植物次生代谢产物的合成、运输和器官积累等生理过程所影响，也包括药用植物生长环境中生物和非生物因素对次生代谢产物合成的影响。药用植物中的主要次生代谢产物如萜类、酚类和含氮化合物等，不仅是发挥药效的关键成分，对植物也具有重要的生物学功能，如抗昆虫啃食、抗微生物侵袭、抵御紫外线、抵御盐碱胁迫、抵御高温干旱胁迫等。药用植物化学品质形成的遗传基础研究，不仅对于提升中药质量、保障中药安全性及推动现代药物研发具有重要意义，同时对理解植物的生态适应和防御功能具有意义。

次生代谢产物的生物合成涉及复杂的酶促反应和基因表达调控，深入解析这些途径，可以在分子水平上理解其形成机制，并通过基因工程手段调控植物体内次生代谢产物的含量，提升药用植物的质量和药效。此外，次生代谢产物的研究为中药资源的可持续利用和现代中药产业的发展提供了科学依据。现代生物技术，为优化药用植物次生代谢途径、提高次生代谢产物含量提供了新的手段。这些研究不仅丰富了植物生物化学和中药资源化学的知识体系，也推动了中药质量控制和现代药物研发。

一、植物代谢产物

植物代谢产物是植物在生命活动过程中合成或分解的化学物质，可以分为初生代谢产物和次生代谢产物两大类。初生代谢产物是植物生命活动必需的基本物质，直接参与细胞的基本生理过程；而次生代谢产物则是在特定环境条件下由初生代谢产物转化而来，不直接参与植物的生长和发育，但在植物适应环境、抵御病虫害和与其他生物相互作用中发挥着重要作用。理解植物代谢产物的种类和功能对于揭示药用植物的化学品质形成机制具有重要意义。

（一）初生代谢产物

初生代谢产物是植物生命活动所必需的基本物质，参与细胞的基本生理过程，对植物的生长、发育和繁殖具有重要意义。初生代谢产物包括糖类、脂类、蛋白质和核酸等，它们是植物体内各种复杂生物分子和结构的基础。

糖类是植物光合作用的主要产物，主要包括单糖、双糖和多糖。葡萄糖、蔗糖和淀粉是最常见的糖类。它们不仅是能量的主要来源，还作为结构成分（如纤维素）构成植物细胞壁，提供机械支持。脂类在植物中主要以脂肪和油脂的形式存在，储存在种子、果实等组织中。脂类是能量的高效储存形式，为种子萌发时提供所需能量；此外，磷脂是细胞膜的重要组成部分，维持细胞结构的完整性和功能。蛋白质由氨基酸组成，是植物体内执行各种生理功能的关键分子。酶是蛋白质的一种，催化植物体内的生化反应；结构蛋白则参与细胞和组织的构建；此外，贮藏蛋白在种子中储存氮素，供植物生长使用。核酸包括 DNA 和 RNA，是遗传信息的载体。DNA 存储和传递遗传信息，RNA 在蛋白质合成中发挥重要作用。核酸在细胞增殖、分化和植物体发育过程中起关键作用。

（二）次生代谢产物

次生代谢产物是植物在长期进化过程中形成的一类重要化合物，它们并非直接参与植物的生长发育和繁殖过程，但在植物的适应和生存中发挥着至关重要的作用。在植物防御、环境适应、互作与共生、信号传递等方面都发挥重要作用。

1. **植物防御**　次生代谢产物在植物的防御机制中扮演着重要角色。许多次生代谢产物，如生物碱、苷类和挥发油，具有抗菌、抗病毒和抗虫的活性。例如，生物碱如奎宁、秋水仙碱，能够干扰病原菌和昆虫的生理过程，从而保护植物免受病虫害的侵袭。此外，一些酚类化合物如类黄酮、酚酸，可以通过氧化还原反应产生活性氧，直接杀死病原微生物，或者通过形成物理屏障阻止病原体侵入。

2. **环境适应**　植物通过次生代谢产物来适应多变的环境条件。例如，紫外线辐射可以对植物细胞造成严重损伤，而次生代谢产物中的类黄酮和酚类化合物可以吸收紫外线，保护植物细胞免受损伤。同样，在高盐或干旱胁迫下，植物会产生更多的甜菜碱等渗透调节物质，以维持细胞的渗透压平衡和正常代谢功能。植物还会产生一些挥发性有机化合物（VOC），可间接调节气孔的开闭，从而减少水分蒸发，增强植物的抗旱能力。

3. **互作与共生**　次生代谢产物在植物与其他生物的互作和共生关系中也起到关键作用。根瘤菌与豆科植物的共生固氮关系，就是一个典型的例子。植物根系分泌的黄酮类化合物能诱导根瘤菌的结瘤基因表达，促进共生关系的建立。此外，植物通过分泌次生代谢产物，可以吸引有益昆虫，如蜜蜂和瓢虫，从而提高授粉效率和防治害虫。这些化合物还可以抑制竞争性植物的生长，从而有利于自身的资源利用和生存竞争。

4. **信号传递**　次生代谢产物在植物体内和植物间的信号传递中发挥重要作用。例如，茉莉酸和水杨酸是植物体内重要的信号分子，参与植物防御反应的信号传递。当植物受到病原体感染或机械损伤时，这些信号分子会迅速积累，并激活一系列防御基因的表达，启动系统获得抗性（systemic acquired resistance，SAR）等防御机制。挥发性有机化合物不仅能在植物体内传播防御信号，还能在植物间传播。例如，当一株植物受到虫害时，它释放的挥发性化合物可以被邻近的植物感知，从而提前启动防御机制。

次生代谢产物主要分为三大类：萜类、酚类和含氮化合物，均各自发挥重要作用。萜类化合物是植物界中最丰富的次生代谢产物之一，广泛存在于植物的精油、树脂和橡胶中，对植物的生长发育和防御具有重要作用。酚类化合物广泛存在于植物的各个组织中，在植物的抗氧化、抗病和结构支持中起重要作用。含氮化合物在植物的抗虫、抗病和生态适应中发挥重要作用。

> 思考与讨论
> 次生代谢在植物中的生物学意义是什么？请结合具体例子进行分析。

二、萜类化合物

（一）萜类化合物的结构组成

萜类化合物是一大类结构多样、功能广泛的天然产物，由多个异戊二烯单元（C_5）聚合而成。根据碳原子数目的不同，萜类化合物可以分为以下几类：单萜（C_{10}）、倍半萜（C_{15}）、二萜

（C_{20}）、三萜（C_{30}）、四萜（C_{40}）及聚萜。每一类萜类化合物都有其特定的结构特征和生物学功能。以下详细介绍各类萜类化合物的主要结构组成及其代表性化合物。

1. **单萜（monoterpenoid）**　由两个异戊二烯单元组成，共 10 个碳原子。单萜类化合物在植物的精油中广泛存在，具有多种生物活性和芳香特性。包括香叶醇（geraniol）、柠檬烯（limonene）、薄荷醇（menthol）等。香叶醇是一种重要的单萜醇，广泛存在于玫瑰和香叶天竺葵等植物中，具有抗菌、抗炎和抗氧化作用。柠檬烯是一种具有柠檬香气的单萜烯，在柑橘类水果的皮中含量丰富，具有抗癌、抗菌和抗炎作用。薄荷醇是一种具有清凉感的单萜醇，主要存在于薄荷植物中，广泛用于食品、化妆品和药品中，具有镇痛、抗炎和抗菌作用。

2. **倍半萜（sesquiterpenoid）**　由三个异戊二烯单元组成，共 15 个碳原子。倍半萜类化合物在植物中广泛存在，具有多种生物活性和药用价值。包括青蒿素（artemisinin）、樟脑（camphor）、龙脑（borneol）等。青蒿素是一种具有显著抗疟疾活性的倍半萜内酯类化合物，从黄花蒿中提取，广泛用于治疗疟疾。樟脑是一种具有强烈气味的倍半萜酮类化合物，存在于樟树中，具有抗菌、抗炎和镇痛作用。龙脑是一种倍半萜醇类化合物，存在于龙脑香科植物中，具有抗炎、抗菌和镇静作用。

3. **二萜（diterpenoid）**　由四个异戊二烯单元组成，共 20 个碳原子。二萜类化合物在植物的树脂和精油中常见，具有多种药理活性。包括紫杉醇（paclitaxel）、穿心莲内酯（andrographolide）、皂苷元（saponin aglycone）等。紫杉醇是一种重要的二萜类化合物，从红豆杉中提取，具有强大的抗癌活性，广泛用于治疗乳腺癌、卵巢癌等多种癌症。穿心莲内酯是一种具有抗炎、抗病毒和免疫调节作用的二萜内酯类化合物，从穿心莲中提取。皂苷元是一类存在于多种植物中的二萜类化合物，是皂苷的主要成分，具有抗炎、抗癌和免疫调节作用。

4. **三萜（triterpenoid）**　由六个异戊二烯单元组成，共 30 个碳原子。三萜类化合物在植物中普遍存在，具有多种药用价值。包括熊果酸（ursolic acid）、甘草次酸（glycyrrhetinic acid）人参皂苷（ginsenoside）等。熊果酸是一种具有抗炎、抗氧化和抗癌作用的三萜酸类化合物，广泛存在于苹果皮、迷迭香等植物中。甘草次酸是从甘草中提取的三萜类化合物，具有抗炎、抗过敏和抗病毒作用。人参皂苷是人参中的主要活性成分，属于三萜皂苷类化合物，具有增强免疫力、抗疲劳、抗癌等多种作用。

5. **四萜（tetraterpenoid）**　由八个异戊二烯单元组成，共 40 个碳原子。四萜类化合物主要包括 β- 胡萝卜素（β-carotene）、番茄红素（lycopene）、叶黄素（lutein），广泛存在于植物的叶绿体中，具有重要的生理功能。β- 胡萝卜素是一种重要的类胡萝卜素，存在于胡萝卜、南瓜等植物中，是维生素 A 的前体，具有抗氧化和保护视力的作用。番茄红素是一种强抗氧化剂，存在于番茄、西瓜等植物中，具有抗癌和心血管保护作用。叶黄素是一种重要的类胡萝卜素，广泛存在于绿色蔬菜中，具有保护视力和抗氧化的作用。

6. **聚萜（polyterpenoid）**　由多个异戊二烯单元组成，结构复杂，功能多样。聚萜类化合物在天然橡胶（natural rubber）和树脂中常见。天然橡胶是一种高分子聚萜类化合物，由大量的异戊二烯单元聚合而成，具有优异的弹性和耐磨性，广泛应用于工业和日常生活中。乳香（frankincense）是一种含有多种聚萜类化合物的树脂，具有抗炎、抗菌和镇痛作用。

（二）萜类化合物生物合成途径

萜类化合物生物合成主要通过两条途径：甲戊二羟酸途径（mevalonate pathway，MVA 途径）

和 1- 脱氧 -D- 木酮糖 -5- 磷酸途径（methylerythritol phosphate pathway，MEP 途径）。这两条途径在植物细胞的不同部位进行，最终生成的产物为异戊二烯焦磷酸（isopentenyl pyrophosphate，IPP）和二甲基烯丙基焦磷酸（dimethylallyl pyrophosphate，DMAPP），这两种化合物作为萜类化合物的基本单位。

1. 甲戊二羟酸途径（MVA 途径）　MVA 途径主要在植物细胞的细胞质中进行，是由乙酰辅酶 A（acetyl-CoA）通过一系列反应生成 IPP 和 DMAPP 的过程。该途径主要包括乙酰辅酶 A 的聚合、羟甲基戊二酸的还原、MVA 的磷酸化与脱羧。

乙酰辅酶 A 的聚合由两个乙酰辅酶 A 分子在乙酰辅酶 A 乙酰转移酶（acetyl-CoA acetyltransferase，AACT）的催化下，生成乙酰乙酸辅酶 A（acetoacetyl-CoA）。随后，另一个乙酰辅酶 A 分子与乙酰乙酸辅酶 A 在羟甲基戊二酸辅酶 A 合成酶（HMG-CoA synthase，HMGS）的作用下，生成羟甲基戊二酸辅酶 A（3-hydroxy-3-methylglutaryl-CoA，HMG-CoA）。HMG-CoA 在 HMG-CoA 还原酶（HMG-CoA reductase，HMGR）的催化下，被还原为甲戊二酸（mevalonic acid，MVA）。这一步是 MVA 途径的限速步骤，也是该途径的关键调控点。MVA 在甲戊二酸激酶（mevalonate kinase，MK）、甲戊二酸磷酸激酶（phosphomevalonate kinase，PMK）和甲戊二酸二磷酸脱羧酶（mevalonate diphosphate decarboxylase，MDD）的催化下，依次生成甲戊二酸 -5- 磷酸（mevalonate-5-phosphate，MVA-P）、甲戊二酸 -5- 焦磷酸（mevalonate-5-diphosphate，MVA-PP）和异戊二烯焦磷酸（IPP）。IPP 在异戊二烯焦磷酸异构酶（isopentenyl pyrophosphate isomerase，IPPI）的作用下，部分转化为 DMAPP。

2. 1- 脱氧 -D- 木酮糖 -5- 磷酸途径（MEP 途径）　MEP 途径主要在植物细胞的叶绿体中进行，是以丙酮酸（pyruvate）和甘油醛 -3- 磷酸（glyceraldehyde-3-phosphate，GAP）为起始底物，通过一系列反应生成 IPP 和 DMAPP 的过程。该途径主要包括初始反应、还原反应、磷酸化与环化反应、脱磷酸与还原反应以及生成 IPP 和 DMAPP。

初始反应：丙酮酸和 GAP 在 1- 脱氧 -D- 木酮糖 -5- 磷酸合成酶（1-deoxy-d-xylulose-5-phosphate synthase，DXPS）的催化下，生成 1- 脱氧 -D- 木酮糖 -5- 磷酸（deoxy-D-xylulose-5-phosphate，DXP）。还原反应：DXP 在 1- 脱氧 -D- 木酮糖 -5- 磷酸还原异构酶（1-deoxy-D-xylulose-5-phosphate reductoisomerase，DXR）的作用下，转化为 2- 甲基赤藓糖 -4- 磷酸（2-C-methyl-D-erythritol-4-phosphate，MEP）。磷酸化与环化反应：MEP 经过一系列磷酸化和环化反应，依次生成 2- 甲基赤藓糖 -2,4- 环焦磷酸（2-C-methyl-D-erythritol-2,4-cyclodiphosphate，MEcPP）、4- 磷酸 -2-C- 甲基 -D- 赤藓糖 -4- 焦磷酸（4-diphosphocytidyl-2-C-methyl-D-erythritol，CDP-ME）、4- 磷酸 -2-C- 甲基 -D- 赤藓糖 -4- 焦磷酸（4-diphosphocytidyl-2-C-methyl-D-erythritol-2-phosphate，CDP-MEP）和 2- 甲基赤藓糖 -2,4- 环焦磷酸（MEcPP）。脱磷酸与还原反应：MEcPP 在 4- 羟基 -3- 甲基 -2- 丁烯基焦磷酸合成酶（hydroxymethylbutenyl diphosphate synthase，HDS）和 4- 羟基 -3- 甲基 -2- 丁烯基焦磷酸还原酶（hydroxymethylbutenyl diphosphate reductase，HDR）的作用下，生成 4- 羟基 -3- 甲基 -2- 丁烯基焦磷酸（hydroxymethylbutenyl diphosphate，HMBPP）。生成 IPP 和 DMAPP：HMBPP 最终在 HDR 的催化下，转化为 IPP 和 DMAPP。

3. 合成途径的整合　在植物体内，MVA 途径和 MEP 途径生成的 IPP 和 DMAPP 可以通过异构化相互转化，这两种化合物作为萜类生物合成的基本单位，在萜类合酶的作用下，逐步聚合形成不同类型的萜类化合物，如香叶基焦磷酸（GPP）、金合欢基焦磷酸（FPP）、香叶基香叶基焦磷酸（GGPP）。

　　GPP 由一个 DMAPP 和一个 IPP 在香叶基焦磷酸合成酶（GPP synthase，GPPS）的催化下生成，是单萜的前体。FPP 由一个 GPP 和一个 IPP 在金合欢基焦磷酸合成酶（FPP synthase，FPPS）的催化下生成，是倍半萜的前体。GGPP 由一个 FPP 和一个 IPP 在香叶基香叶基焦磷酸合成酶（GGPP synthase，GGPPS）的催化下生成，是二萜、三萜和类胡萝卜素的前体（图 2-1）。

> **思考与讨论**
> 　　萜类化合物的生物合成有哪些途径，包括哪些关键酶？

（三）萜类化合物的生物学意义及调控

　　萜类化合物是植物次生代谢产物中最为丰富和多样的一类，在植物的生长发育和环境适应中发挥着重要作用。萜类不仅在植物的生理生态过程中起到关键作用，还在植物与环境的相互作用中发挥重要的防御功能。

　　1. 萜类在植物发育中的生物学意义　　萜类化合物在植物发育的各个阶段中都扮演着重要角色，具体表现包括生长调节、花粉发育和传粉、器官形成、光合作用和呼吸作用等。①生长调节：某些萜类化合物如赤霉素（gibberellin）是重要的植物生长激素，能够调节种子的萌发、茎的伸长、叶片的展开和开花等生长发育过程。赤霉素通过调控细胞分裂和伸长来促进植物的生长发育。②花粉发育和传粉：一些萜类化合物在花粉发育和传粉过程中起到重要作用。例如，植物花朵中产生的香叶醇和芳樟醇等单萜化合物，能够吸引授粉昆虫，从而提高授粉效率。这些挥发性萜类化合物不仅能吸引昆虫，还能增强植物花粉的活力和授粉成功率。③器官形成：三萜化合物如 β- 香树脂酸（β-amyrin）在植物的根、茎、叶等器官的形成过程中起到重要作用。这些化合物通过调控基因表达和细胞分化，促进植物器官的正常发育。④光合作用和呼吸作用：类胡萝卜素（如 β- 胡萝卜素和叶黄素）在植物的光合作用中起到保护作用。它们能够吸收过量的光能，防止光抑制和光氧化损伤，从而保护叶绿体的正常功能。此外，类胡萝卜素还参与植物的呼吸作用，帮助维持细胞内的氧化还原平衡。

　　2. 萜类在植物防御中的生物学意义　　萜类化合物在植物防御机制中具有多方面的作用，包括抗病、抗虫、抗紫外线和应对环境胁迫等。①抗病作用：许多萜类化合物具有抗菌、抗病毒和抗真菌的活性。例如，紫杉醇（paclitaxel）和青蒿素（artemisinin）等二萜化合物，能够抑制病原微生物的生长，保护植物免受病害侵袭。这些化合物通过干扰病原体的代谢途径或破坏其细胞膜结构，发挥抗病作用。②抗虫作用：萜类化合物如柠檬烯（limonene）、樟脑（camphor）和香芹酚（carvacrol）等，具有驱避昆虫和毒杀害虫的作用。这些化合物通过直接毒杀昆虫或干扰其神经系统，降低昆虫对植物的危害。此外，植物在受到虫害侵袭时，会迅速合成和释放更多的萜类化合物，形成化学防御屏障。③抗紫外线作用：类胡萝卜素和某些酚类萜化合物能够吸收和散射紫外线，保护植物细胞免受紫外线辐射的损伤。例如，β- 胡萝卜素和叶黄素能够吸收过量的紫外线，防止紫外线诱导的 DNA 损伤和氧化应激反应，从而保护植物细胞的完整性。④应对环境胁迫：在干旱、盐碱、高温等环境胁迫条件下，植物会合成和积累大量的萜类化合物，以增强自身的抗逆能力。例如，甜菜碱（betaine）等萜类化合物能够调节细胞的渗透压，维持细胞的水分平衡，增强植物的抗旱能力。同时，一些挥发性萜类化合物如甲基丁香烯（methyl eugenol）和香茅醛（citral）等，能够间接减少植物水分蒸发，增强耐旱性。

图 2-1 萜类化合物的生物合成途径

3. 萜类生物合成的调控机制　萜类化合物的生物合成受到多种因素的调控，包括基因表达、酶的活性和信号分子的调控等。①基因表达调控：萜类生物合成途径中的关键酶基因，如 *DXR*、*GPPS* 和 *FPPS* 等，其表达受到多种转录因子的调控。例如，MYB、bHLH 和 WRKY 等转录因子能够通过结合萜类合成基因的启动子区域，调控其转录水平，从而影响萜类化合物的合成量。②酶的活性调控：萜类合成途径中的酶活性也受到多种因素的调节。例如，HMG-CoA 还原酶（HMGR）是 MVA 途径中的限速酶，其活性受到代谢物反馈抑制和磷酸化修饰的调控。同样，MEP 途径中的 DXR 酶活性也受到光照和激素的调节。③信号分子的调控：植物激素如茉莉酸（JA）和水杨酸（SA）在萜类合成的信号传递中起到重要作用。当植物受到病虫害侵袭或机械损伤时，JA 和 SA 会迅速积累，并激活一系列防御基因的表达，促进萜类化合物的合成。此外，环境信号如光照、温度和机械损伤等也通过信号传导途径调控萜类合成基因的表达和酶的活性。

青蒿素的生物合成及其调控

　　青蒿素（artemisinin）是一种倍半萜内酯类化合物，广泛存在于黄花蒿（*Artemisia annua*）中，具有显著的抗疟疾活性。青蒿素的生物合成途径及其调控机制已被广泛研究，并应用于提高青蒿素含量的植物育种和生物工程中。青蒿素的生物合成起始于乙酰辅酶 A，通过 MVA 途径生成法尼基焦磷酸（FPP），然后在青蒿素合成酶（ADS）和环氧化酶（CYP71AV1）的催化下，生成双氧青蒿酸（dihydroartemisinic acid），最终通过非酶促氧化反应生成青蒿素。研究发现，光照和茉莉酸（JA）能够显著提高青蒿素的合成。JA 通过激活 MYC2 转录因子，增加 *ADS* 和 *CYP71AV1* 基因的表达，促进青蒿素的合成。而光照通过光敏色素信号通路，调控这些关键基因的表达，提高青蒿素的含量。此外，可以通过基因工程手段，调控黄花蒿中青蒿素合成途径的关键酶基因表达，例如过表达 *ADS* 和 *CYP71AV1* 基因，或者利用 CRISPR/Cas9 技术敲除抑制青蒿素合成的基因，可以显著提高青蒿素的含量，增强其药用价值。

穿心莲内酯的生物合成及其调控

　　穿心莲内酯（andrographolide）是一种二萜内酯类化合物，广泛存在于穿心莲（*Andrographis paniculata*）中，具有抗炎、抗病毒和免疫调节作用。穿心莲内酯的生物合成途径及其调控机制对于提高穿心莲的药用价值具有重要意义。穿心莲内酯的生物合成起始于 MEP 途径生成 GGPP，然后在穿心莲内酯合成酶（APS）和环化酶（APOX）的催化下生成穿心莲二醇（andrograpanin），进一步通过一系列氧化和酯化反应，生成穿心莲内酯。研究发现，光照和茉莉酸（JA）能够显著调控穿心莲内酯的合成。JA 通过激活 MYC 转录因子，增加 *APS* 和 *APOX* 基因的表达，促进穿心莲内酯的合成。而光照通过光敏色素信号通路，调控这些关键基因的表达，提高穿心莲内酯的含量。此外，可以通过基因工程手段，调控穿心莲中穿心莲内酯合成途径的关键酶的基因表达，例如过表达 *APS* 和 *APOX* 基因，或者利用代谢工程技术优化穿心莲内酯合成途径，可以显著提高穿心莲内酯的含量，增强其药用价值。

三、酚类化合物

（一）酚类化合物的结构组成

酚类化合物（phenolic compound）是一类广泛存在于植物中的次生代谢产物，具有多样的生物活性和重要的药用价值。其基本结构是一个或多个羟基（—OH）直接连接在芳香环上。根据结构的复杂程度，酚类化合物可以分为简单酚、酚酸、黄酮类、木质素、鞣质等多个类别。

简单酚是结构最简单的一类酚类化合物，通常包含一个芳香环和一个或多个羟基。例如，苯酚（phenol）、对羟基苯甲醛（p-hydroxybenzaldehyde）等。

酚酸是指芳香环上同时含有羟基和羧基（—COOH）的化合物。常见的酚酸包括香豆酸（caffeic acid）、阿魏酸（ferulic acid）和没食子酸（gallic acid）。这些化合物具有显著的抗氧化、抗炎和抗菌活性。

黄酮类化合物是由两个苯环（A环和B环）通过一个含氧杂环（C环）相连而成的多酚类化合物。根据C环的氧化程度和连接方式，黄酮类可以进一步分为黄酮（flavone）、黄酮醇（flavonol）、异黄酮（isoflavone）等。常见的黄酮类化合物有槲皮素（quercetin）、山奈酚（kaempferol）等。

木质素是植物细胞壁中的主要成分，由多种酚类单体通过酶促反应聚合而成的复杂高分子化合物。木质素的主要单体包括香豆醇（coniferyl alcohol）、芥子醇（sinapyl alcohol）和对羟基苯丙醇（p-coumaryl alcohol）。

鞣质是一类具有强烈收敛性的多酚化合物，广泛存在于植物的皮、果实和叶子中。鞣质可以分为水解型鞣质（如没食子鞣质）和缩合型鞣质（如原花青素）。这些化合物具有抗氧化、抗菌和抗病毒活性。

（二）酚类化合物合成途径

酚类化合物的生物合成途径以苯丙氨酸（phenylalanine）为起始中间体，经过一系列酶促反应，生成多种结构多样的酚类化合物，所以称为苯丙氨酸途径。以下详细阐述苯丙氨酸途径及其下游的主要酚类化合物，包括呋喃香豆素、黄酮、木质素和单宁酸。

1. **苯丙氨酸途径（phenylpropanoid pathway）** 是植物次生代谢中一条重要的生物合成途径，以苯丙氨酸为起始底物，通过一系列酶促反应生成多种重要的酚类化合物。这些化合物在植物的生长发育、抗逆性和药用价值等方面发挥着重要作用。苯丙氨酸途径始于苯丙氨酸，通过苯丙氨酸解氨酶（phenylalanine ammonia-lyase, PAL）的作用脱氨生成桂皮酸（cinnamic acid）。桂皮酸是多种酚类化合物合成的起始中间体，通过进一步的羟化、甲基化和糖基化等修饰，形成多种酚类化合物。

2. **呋喃香豆素（furanocoumarin）** 是一类具有呋喃环结构的香豆素类化合物，广泛存在于伞形科植物中，具有光敏性和多种药理活性。其生物合成主要途径为：桂皮酸在桂皮酸-4-羟化酶（C4H）和4-香豆酰辅酶A连接酶（4CL）的作用下转化为对香豆酰辅酶A（p-Coumaroyl-CoA），再经过查耳酮合酶（CHS）和查耳酮异构酶（ST）等酶的催化，生成呋喃香豆素前体。进一步发生酶促反应，包括氧化和环化，最终形成呋喃香豆素。

3. **黄酮（flavonoid）** 是植物次生代谢中最广泛分布的一类酚类化合物，具有多种生物活性和药用价值。黄酮的生物合成途径主要为：桂皮酸通过 C4H 和 4CL 的作用生成对香豆酰辅酶 A，对香豆酰辅酶 A 在 CHS 的催化下与三个丙二酰辅酶 A 分子结合生成查耳酮（chalcone）。查耳酮在 CHI 的作用下生成黄烷酮（flavanone），进一步通过黄烷酮 –3– 羟化酶（F3H）、双氢黄酮还原酶（DFR）和花青素合酶（ANS）等酶的催化，生成黄酮醇（flavonol）、花青素（anthocyanin）等多种黄酮类化合物。

4. 木质素（lignin）　是植物细胞壁的主要成分之一，提供机械支撑和防御功能。其生物合成主要途径为：桂皮酸通过 C4H 和 4CL 的作用生成对香豆酰辅酶 A，对香豆酰辅酶 A 在肉桂酰辅酶 A 还原酶（CCR）和肉桂醇脱氢酶（CAD）的催化下，转化为松柏醇（coniferyl alcohol）、紫云英醇（sinapyl alcohol）和香豆醇（coumaryl alcohol）等木质素单体。这些单体在 POD（过氧化物酶）和漆酶（LAC）的催化下，发生氧化聚合反应，形成复杂的木质素聚合物。

5. 单宁酸（tannin）　是一类具有收敛作用的酚类化合物，广泛存在于植物的叶、果实和树皮中，其收敛作用与其分子量和酚羟基的数量有关，酚羟基越多，收敛作用越强。其生物合成主要途径为：单宁酸的生物合成起始于苯丙氨酸途径，通过一系列酶促反应生成多种酚类中间体。常见的单宁酸包括缩合单宁（由黄烷醇聚合形成）和水解单宁（由酚酸与糖结合形成）（图 2–2）。

> **思考与讨论**
>
> 酚类化合物的生物合成途径中包括哪些关键酶？

（三）酚类化合物的生物学意义及调控

酚类化合物在植物中发挥着多种生物学功能，包括抗氧化、抗病、抗虫、紫外线防护和结构支持等方面。

1. 酚类化合物的生物学意义　①抗氧化作用：酚类化合物具有强大的抗氧化能力，能够清除体内的活性氧（reactive oxygen species，ROS），防止细胞受到氧化损伤。黄酮类、酚酸类和多酚类化合物通过直接清除 ROS 或通过诱导抗氧化酶的活性来保护细胞。②保护细胞膜：酚类化合物能够保护细胞膜脂质免受氧化损伤，维持细胞膜的完整性和功能。例如，黄酮类化合物能够稳定细胞膜，防止细胞膜脂质过氧化反应。③抗病和抗虫作用：酚类化合物具有广谱的抗菌、抗病毒和抗真菌活性。茶多酚、咖啡酸和阿魏酸等酚类化合物能够抑制病原微生物的生长，增强植物的抗病能力。④驱避和毒杀昆虫：一些酚类化合物具有驱避和毒杀昆虫的作用，能够防止植食性昆虫的侵害。黄酮类和酚酸类化合物通过干扰昆虫的代谢途径或直接毒杀昆虫，减少植物的损害。⑤紫外线防护：酚类化合物能够吸收紫外线，防止紫外线对植物细胞的伤害。黄酮类和花青素类化合物在紫外线吸收方面具有显著效果，保护植物细胞免受紫外线辐射的损伤。⑥防止紫外线诱导的 DNA 损伤：酚类化合物通过吸收紫外线和清除活性氧，防止紫外线诱导的 DNA 损伤，维持细胞的基因组稳定性。⑦结构支持和防御功能：木质素是酚类化合物的一种，广泛存在于植物细胞壁中，提供机械强度和结构支持，增强植物的抗倒伏能力。⑧化学屏障：木质素和其他酚类化合物在植物细胞壁中形成化学屏障，阻止病原体的侵入，增强植物的防御功能。

2. 酚类生物合成的调控机制　酚类化合物的生物合成和积累受到多种因素的调控，包括基因表达调控、酶的活性调控和环境因素的影响。①基因表达调控：多种转录因子参与调控酚类化合物生物合成途径中关键酶基因的表达。例如，MYB、bHLH 和 WRKY 转录因子通过结合酚

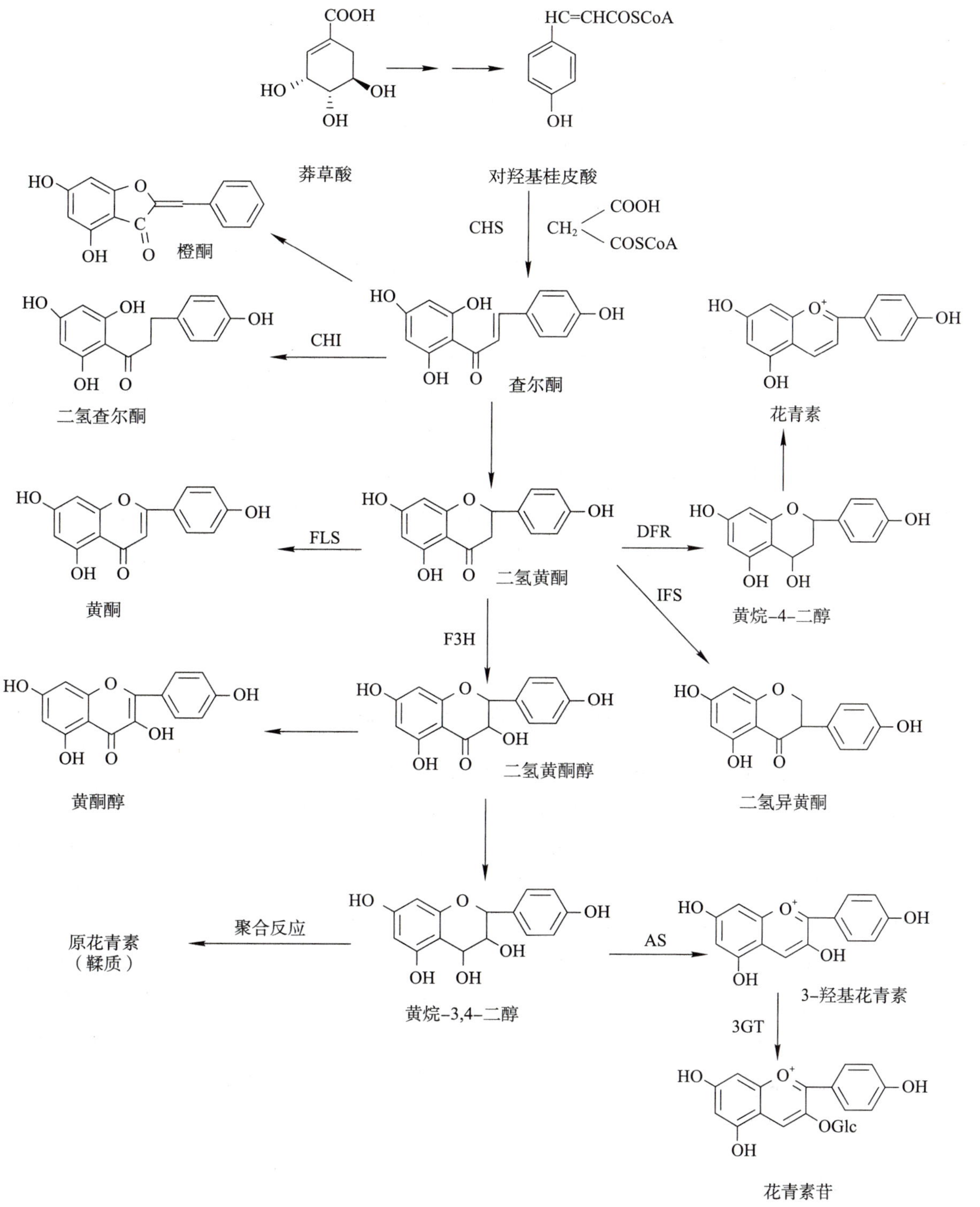

图 2-2 黄酮类生物合成途径

CHS：查尔酮合成酶；CHI：查尔酮异构酶；DFR：二氢黄酮醇 -4- 还原酶；F3H：二氢黄酮 3- 羟化酶；

IFS：异黄酮合成酶；FLS：黄酮醇合成酶；AS：花色素合成酶；3GT：3- 葡萄糖转移酶

类合成基因的启动子区域，调控这些基因的转录水平，从而影响酚类化合物的合成。②酶活性调节：酚类合成途径中的关键酶活性受到多种调控机制的影响。例如，苯丙氨酸解氨酶（PAL）的活性可以通过磷酸化、乙酰化等翻译后修饰进行调节，从而影响酚类化合物的合成速率。③环境调控：光照是影响酚类化合物合成的重要环境因素。紫外线辐射能够诱导黄酮类和酚酸类化合物的合成，增强植物的抗紫外线能力。植物受到损伤（如病原体感染或害虫侵袭）时，会迅速合成和积累大量的酚类化合物，以防御病原体或害虫侵害。其机制为机械损伤可以诱导 PAL 基因的表达，增加桂皮酸和其衍生物的积累。例如，植物在受到病原体感染或害虫侵袭时，会通过茉莉酸和水杨酸等信号分子的介导，激活防御基因的表达，促进酚类化合物的合成，增强抗病和抗虫能力。

丹参中丹参酮的合成和调控

丹参酮广泛存在于药用植物丹参（*Salvia miltiorrhiza* Bge.）中，其生物合成始于桂皮酸（cinnamic acid）通过苯丙氨酸解氨酶（PAL）生成对香豆酸（*p*-coumaric acid），再经由 4-香豆酰辅酶 A 连接酶（4CL）生成对香豆酰辅酶 A（*p*-coumaroyl-CoA）。对香豆酰辅酶 A 通过查耳酮合酶（CHS）和查耳酮异构酶（CHI）的作用生成查耳酮（chalcone），在随后的酶促反应中，生成丹参酮类化合物。光照和机械损伤能够显著诱导丹参酮的合成。研究表明，丹参在光照和机械损伤条件下，丹参酮的含量显著增加。*PAL*、*4CL* 和 *CHS* 基因的表达受到多种转录因子的调控，如 MYB 和 bHLH。这些转录因子在光照和机械损伤条件下表达水平显著上升，从而促进丹参酮的合成。

黄芪中的异黄酮合成和调控

异黄酮的生物合成始于苯丙氨酸（phenylalanine）通过苯丙氨酸解氨酶（PAL）生成桂皮酸（cinnamic acid），桂皮酸在 C4H（桂皮酸-4-羟化酶）的作用下生成对香豆酸（*p*-coumaric acid），再通过 4CL（4-香豆酰辅酶 A 连接酶）的作用生成对香豆酰辅酶 A（*p*-coumaroyl-CoA）。对香豆酰辅酶 A 通过查耳酮合酶（CHS）和查耳酮异构酶（CHI）的作用生成查耳酮（chalcone），然后在异黄酮合酶（IFS）的催化下生成异黄酮类化合物，如大豆苷元（genistein）和染料木素（daidzein）。紫外线和干旱胁迫能够显著诱导异黄酮的合成。研究表明，黄芪在紫外线和干旱条件下，其异黄酮类化合物的含量显著增加，如毛蕊异黄酮。*CHS*、*CHI* 和 *IFS* 基因的表达受到 MYB 和 bHLH 转录因子的调控。这些转录因子在光照和干旱胁迫条件下表达水平显著上升，从而促进异黄酮类化合物的合成。

四、含氮化合物

（一）含氮化合物的结构组成

含氮化合物（nitrogen-containing compound）是一类重要的植物次生代谢产物，广泛存在于植物体内，具有多种生物学功能和药理活性。这些化合物的结构多样，通常包含一个或多个氮原子，且其生物合成途径复杂。以下详细介绍几类主要的含氮化合物及其结构特征。

1. **生物碱（alkaloid）** 是含氮化合物中最为重要和常见的一类，广泛存在于多种药用植物中。吲哚生物碱（indole alkaloids），如马钱子碱（strychnine）和士的宁（brucine），这类生物碱的结构中含有吲哚环（indole ring），通常具有强烈的毒性和药理活性。其吲哚环由一个苯环和一个吡咯环融合而成。马钱子碱的结构包括一个复杂的多环体系，包含吲哚环、呋喃环和吡咯环等。异喹啉生物碱（isoquinoline alkaloids），如吗啡（morphine）和可待因（codeine），这些生物碱常见于罂粟属植物中，具有镇痛作用。异喹啉环由两个六元环融合而成。吗啡的结构包含一个异喹啉环以及多个羟基和甲氧基取代基。吡啶生物碱（pyridine alkaloids），如尼古丁（nicotine）和洋金花碱（hyoscyamine），这些生物碱常见于茄科植物中，具有神经毒性。吡啶环是一个含有一个氮原子的六元环，尼古丁的结构包含一个吡啶环和一个吡咯环。

2. **氰苷类（cyanophoric glycoside）** 也被称为含氰糖苷，是由氰醇衍生物的羟基和 D- 葡萄糖缩合形成的糖苷。这类化合物在植物界中广泛存在，包括菊科、豆科、亚麻科和蔷薇科等，在植物中可以起保护作用，对动物也能产生一定的药理作用。例如苹果、杏和桃等，其种子含有苦杏仁苷（nitriloside），含量可以达到 6%。新鲜的种子被碾碎后，苦杏仁苷会在内源性酶的作用下，裂解掉末端的糖基，生成单糖氰苷野樱苷（prunasin），进而酶解生成扁桃腈（mandelonitrile），而扁桃腈会自发或经羟基腈裂解酶产生氢氰酸，而在人的胃肠道细胞中也具有类似活性的酶，误服该类种子会在体内生成氢氰酸，有可能导致中毒。

3. **含氮多酚（nitrogen-containing polyphenol）** 是一类具有复杂结构的含氮化合物，广泛存在于多种植物中，具有抗氧化和抗炎作用。儿茶素苷（catechin glycoside），如表没食子儿茶素没食子酸酯（EGCG），广泛存在于茶叶中，具有强抗氧化活性。EGCG 的结构包含一个儿茶素骨架和一个没食子酸酯基团，且含有多个酚羟基。多酚类生物碱（polyphenolic alkaloid），如茶碱（theobromine）和可可碱（caffeine），具有兴奋作用。茶碱和可可碱的结构包含一个嘌呤环（purine ring）和多个甲基取代基。

4. **含氮香豆素（nitrogen-containing coumarin）** 是一类含有氮原子的香豆素衍生物，具有多种生物活性。伞形花内酯（umbelliferone）相关成分如伞形花内酯硝酸盐，具有抗菌和抗氧化作用。伞形花内酯的结构包含一个苯环和一个呋喃酮环，并在不同位置含有氮原子取代基。

（二）生物碱合成途径

生物碱是一类重要的含氮次生代谢产物，广泛存在于多种植物中，具有显著的生理和药理作用。生物碱的生物合成途径复杂多样，不同类型的生物碱有其独特的合成途径。以下详细阐述几类主要生物碱的合成途径。

1. **吲哚生物碱（indole alkaloid）** 广泛存在于夹竹桃科和茜草科植物中，如马钱子碱和长春碱（vinblastine）。

吲哚生物碱的合成途径包括如下几步反应。①色氨酸起始：吲哚生物碱的合成起始于色氨酸（tryptophan）。色氨酸在色氨酸脱羧酶（tryptophan decarboxylase，TDC）的催化下脱羧生成色胺（tryptamine）。②吲哚环生成：色胺通过吲哚合成酶（strictosidine synthase，STR）的作用，与萜类前体（如 6- 脱氧糖基萜）反应，生成吲哚生物碱的关键中间体——吲哚环（indole ring）。③后续修饰：吲哚环通过一系列修饰反应，包括甲基化、羟基化和氧化，生成多种结构复杂的吲哚生物碱。例如，长春碱的合成需要多个酶的协同作用，包括长春花醛合酶（vinorine synthase）和氧化酶（vindoline synthase）。

2. **异喹啉生物碱（isoquinoline alkaloid）** 广泛存在于罂粟科植物中，如吗啡和可待因。异喹啉生物碱的合成途径包括如下几步反应。①酪氨酸起始：异喹啉生物碱的合成起始于酪氨酸（tyrosine）。酪氨酸在酪氨酸氨基转移酶（tyrosine aminotransferase，TAT）的作用下，生成 4- 羟苯基乙醛（4-hydroxyphenylacetaldehyde）。②多巴胺生成：酪氨酸通过酪氨酸羟化酶（tyrosine hydroxylase，TH）的作用，生成多巴胺（dopamine）。多巴胺在 N- 甲基转移酶（N-methyltransferase）的催化下，生成 N- 甲基多巴胺（N-methyl-dopamine）。③贝壳杉烯合成：多巴胺和 4- 羟苯基乙醛在异喹啉合酶（norlaudanosoline synthase，NCS）的催化下，生成贝壳杉烯（norlaudanosoline）。贝壳杉烯进一步通过甲基化、羟基化和氧化反应，生成吗啡和可待因等生物碱。

3. 吡啶生物碱（pyridine alkaloid）　常见于茄科植物中，如尼古丁和洋金花碱。吡啶生物碱的合成途径包括如下几步反应。①烟酰胺起始：尼古丁的合成起始于烟酰胺（nicotinamide）。烟酰胺在烟酰胺腺嘌呤二核苷酸磷酸化酶（nicotinamide adenine dinucleotide phosphate synthase，NADP synthase）的作用下，生成烟酰胺腺嘌呤二核苷酸磷酸（NADP$^+$）。②尼古丁生成：NADP$^+$在尼古丁合成酶（nicotine synthase，NS）的催化下，与吡啶环（pyridine ring）结合，生成尼古丁。尼古丁的合成过程中，还涉及多种酶的协同作用，包括 N- 甲基转移酶和氧化酶。

4. 吡咯啶生物碱（pyrrolizidine alkaloid）　广泛存在于菊科和豆科植物中，如千里光碱和紫草碱。吡咯啶生物碱的合成途径包括如下几步反应。①鸟氨酸起始：吡咯啶生物碱的合成起始于鸟氨酸（ornithine）。鸟氨酸在鸟氨酸脱羧酶（ornithine decarboxylase，ODC）的作用下，脱羧生成腐胺（putrescine）。②吡咯环形成：腐胺在腐胺甲基转移酶（putrescine methyltransferase，PMT）的作用下，生成 N- 甲基腐胺（N-methyl-putrescine）。N- 甲基腐胺在吡咯啶合酶（pyrrolizidine synthase，PIS）的催化下，形成吡咯环结构，进一步修饰生成吡咯啶生物碱（图 2-3）。

> **思考与讨论**
> 生物碱化合物的生物合成途径中包括哪些关键酶？

（三）生物碱的生物学意义及调控

生物碱在植物中具有多种生物学功能，广泛参与植物的生长发育和防御机制。它们不仅在植物抗逆性和生态适应性中发挥重要作用，还具有多种药理活性。以下详细阐述生物碱的生物学意义及其调控机制：

1. 生物碱的生物学意义

（1）抗虫和抗病功能　许多生物碱具有强烈的毒性，能够直接毒杀食草昆虫和病原微生物。例如，尼古丁具有神经毒性，能够干扰昆虫的神经系统，从而达到杀虫效果。奎宁则能够抑制疟原虫的生长，具有抗疟疾作用。一些生物碱能够通过苦味或其他不愉快的感官刺激，抑制食草动物和昆虫的取食行为。例如，马钱子碱（strychnine）和士的宁（brucine）具有强烈的苦味，能够有效阻止食草动物对植物的啃食。

（2）防御功能　许多生物碱具有抗菌、抗病毒和抗真菌的活性。例如，青蒿素（artemisinin）具有广谱的抗菌和抗病毒作用，能够抑制多种病原微生物的生长。生物碱在植物防御反应中起重要作用，当植物受到机械损伤或病原体攻击时，生物碱的合成会迅速增加。例如，长春碱（vinblastine）在植物受伤后迅速积累，增强植物的防御能力。

（3）生态适应功能　一些生物碱能够吸引授粉昆虫，从而提高植物的繁殖成功率。例如，某些兰科植物的花朵中含有丰富的生物碱，能够吸引特定的授粉昆虫。生物碱在植物对抗环境胁迫中起到重要作用。例如，某些生物碱能够增强植物对干旱、高盐和低温等环境胁迫的耐受性。

2. 生物碱的调控机制　多种转录因子参与调控生物碱合成途径中关键酶基因的表达。例如，

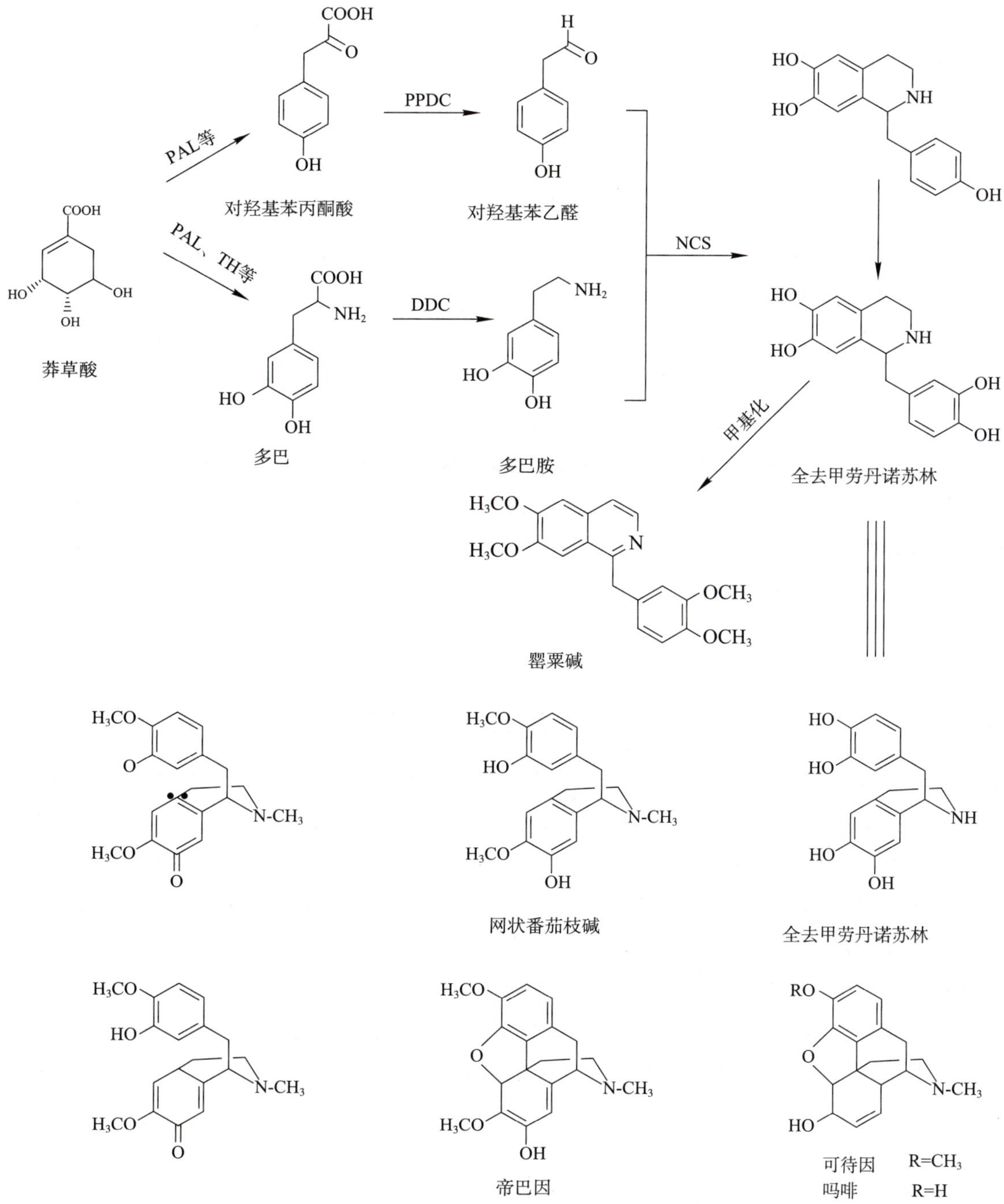

图 2-3 生物碱的生物合成途径

TH：酪氨酸羟化酶；PAL：苯丙氨酸解氨酶；DDC：多巴脱羧酶；PPDC：苯丙酮酸脱羧酶；NCS：去甲乌药碱合酶

MYB、bHLH 和 ERF 转录因子通过结合生物碱合成基因的启动子区域，调控这些基因的转录水平，从而影响生物碱的合成。生物碱合成途径中的关键酶活性受到多种调控机制的影响。例如，酪氨酸脱羧酶（TDC）的活性可以通过磷酸化、乙酰化等翻译后修饰进行调节，从而影响生物碱的合成速率。一些生物碱合成途径中的中间产物或最终产物可以反馈抑制关键酶的活性。例如，某些生物碱可以反馈抑制 TDC 酶的活性，从而调节其自身的合成量。光照是影响生物碱合成的重要环境因素。紫外线辐射能够诱导生物碱的合成，增强植物的抗紫外线能力。植物受到机械损伤时，会迅速合成和积累大量的生物碱，以防御病原体和害虫的侵害。例如，机械损伤可以诱

导 *TDC* 基因的表达，增加色胺及其衍生物的积累。植物在受到病原体感染或害虫侵袭时，会通过茉莉酸（JA）和水杨酸（SA）等信号分子的介导，激活防御基因的表达，促进生物碱的合成，增强抗病和抗虫能力。

> ### 黄连中生物碱的合成和调控
>
> 　　黄连（*Coptis chinensis*）中的小檗碱的合成途径包括：①酪氨酸起始：小檗碱（berberine）合成起始于酪氨酸（tyrosine）。酪氨酸通过酪氨酸脱氨酶（tyrosine decarboxylase）的作用，生成多巴胺（dopamine）。②多巴胺和4-羟基苯乙醛结合：多巴胺与4-羟基苯乙醛（4-hydroxyphenylacetaldehyde）在异喹啉合酶（norlaudanosoline synthase，NCS）的作用下结合，生成贝壳杉烯（norlaudanosoline）。③后续修饰：贝壳杉烯经过一系列甲基化、羟基化和氧化反应，生成小檗碱。弱光照和病原体攻击能够显著诱导小檗碱的合成。研究表明，黄连在弱光照和病原体感染下，小檗碱的含量显著增加。酪氨酸脱氨酶、异喹啉合酶和甲基转移酶基因的表达受到 MYB 和 bHLH 转录因子的调控。这些转录因子在光照和病原体胁迫下表达水平显著上升，从而促进小檗碱的合成。

> ### 川乌中生物碱的合成和调控
>
> 　　川乌（*Aconitum carmichaelii* Debx.）中的乌头碱的合成途径包括：①赖氨酸起始：乌头碱（aconitine）合成起始于赖氨酸（lysine）。赖氨酸在赖氨酸脱羧酶（lysine decarboxylase）的作用下脱羧生成尸胺（cadaverine）。②尸胺和骈花生物碱形成：尸胺在多种酶的作用下，形成含氮的多环结构，最终生成骈花生物碱（norditerpenoid alkaloids）。③后续修饰：骈花生物碱经过一系列甲基化、羟基化和氧化反应，生成乌头碱。弱光照和低温能够显著诱导乌头碱的合成。研究表明，川乌在弱光照和低温条件下，乌头碱的含量显著增加。赖氨酸脱羧酶、甲基转移酶和氧化酶基因的表达受到环境胁迫和信号分子的调控。例如，茉莉酸（JA）通过信号传导途径调控这些基因的表达，促进乌头碱的合成。

第三节　药用植物形态品质形成的遗传基础

　　药用植物的形态品质形成是中药资源学中的重要研究内容，它不仅涉及植物的生物学特性，还关系到中药的质量评价、鉴定、选育和栽培生产，以及对中药品质形成的理解和认识。植物的根、茎、叶、花、果实和种子等器官的形态受其遗传基础的严格控制，这些形态特征直接影响药用植物的药效和品质。深入研究这些遗传基础，对提升中药材的质量和确保中药的疗效具有重要意义。

　　植物的形态特征是由其基因组中的特定基因调控的。通过基因调控细胞分裂、分化和扩展，形成了植物的不同器官形态。研究这些基因及其表达调控机制，有助于理解和改良药用植物的形态品质。中药材的性状（形态）品质是中药鉴定和质量评价的重要依据。"辨状论质"这一传统经验鉴别法，能够通过观察中药材的形、色、气、味等性状，快速判断其真伪优劣。这些外在形态特征不仅反映了中药材的遗传背景，还与其内部的化学成分高度相关。理解药用植物形态品质形成的遗传基础，对中药品种的选育和栽培生产具有重要指导意义。

药用植物形态品质形成的遗传基础研究，对于中药性状品质的形成具有重要意义。这不仅有助于科学评价和鉴定中药材质量，还为中药品种的选育和栽培生产提供了理论基础。结合传统经验和现代科技手段，可以推动中药资源学的发展，提高中药材的质量和疗效，保障中药产业的可持续发展。

一、根发育的分子机制

研究根发育的分子机制对中药品质研究具有重要意义。例如在人参中，根部形态特征如芦头长短、芦碗的多少与特定基因的表达密切相关。深入研究这些基因的表达和调控机制，可以揭示人参及其他药用植物根部形态品质的形成规律，指导中药材的规范化种植和质量控制，从而提高中药材的整体品质和疗效，具有重要的理论和实际意义。

（一）根的形态建成

1. 根的发育 根是植物的重要器官，主要功能包括吸收水分和矿质养分、固定植株、贮藏养分和合成植物激素。根的发育是一个复杂的过程，包括根原基的形成、根尖分生组织的维持、侧根的形成和不定根的发育等几个方面。

（1）根原基的形成 根的发育始于胚胎发育期间，根原基形成于胚的基部。根原基发育成初生根（primary root），并在种子萌发时形成根尖分生组织（root apical meristem，RAM）。根尖分生组织是根的生长中心，包含静止中心（quiescent center，QC）和周围的干细胞。

（2）根尖分生组织的维持 根尖分生组织维持根的持续生长。静止中心通过抑制其周围干细胞的分裂和分化，维持根尖分生组织的干细胞处于未分化状态。根尖分生组织细胞的分裂和分化形成根的不同组织，包括表皮、皮层、内皮层和维管束。

（3）侧根的形成 侧根（lateral root）从初生根或其他根的中柱鞘细胞（pericycle cell）脱分化后形成。侧根形成的过程包括中柱鞘细胞的重新激活、细胞分裂和形成新的根尖分生组织。侧根的形成增加了根系的吸收面积和固定能力。

（4）不定根的发育 不定根（adventitious root）通常在茎、叶或其他部位形成，是植物无性繁殖的重要机制。不定根的发育涉及细胞的脱分化和重新分化，形成新的根尖分生组织。

2. 根毛的发育 根毛是根表皮细胞的一种延伸，主要功能是增加根系的吸收面积，增强植物对水分和养分的吸收能力。根毛的发育过程包括以下几个阶段。

（1）根毛原基的形成 根毛原基由特化的表皮细胞（trichoblast）分化形成。根毛原基的形成受到植物激素（如生长素、乙烯和细胞分裂素）的调控。

（2）根毛的伸长和发育 根毛原基形成后，细胞继续分裂和扩展，形成成熟的根毛。根毛的伸长涉及细胞壁的松弛和细胞骨架的重组。根毛的发育过程中，细胞的形态发生显著变化，形成细长的结构，增加了根的吸收表面积。

（二）根发育的遗传调控

1. 根发育的基因调控网络　根的发育由一系列复杂的基因调控网络控制，这些基因调控网络涉及根原基的形成、根尖分生组织的维持、侧根的形成和不定根的发育等多个方面。以下是一些关键的基因及其调控机制。

（1）根原基的形成过程　*PLETHORA*（*PLT*）基因通过调控细胞分裂和分化，维持根尖分生组织的干细胞处于未分化状态。*PLT1* 和 *PLT2* 基因在根尖的表达，促进根原基的发育和根尖分生组织的形成。此外，PLT 基因与其他关键基因（如 *AUXIN RESPONSE FACTOR*，*ARF*）协同作用，进一步促进根的发育。

（2）根尖分生组织的维持　根尖分生组织的维持需要多个基因和信号通路的参与。例如，*SHORT ROOT*（*SHR*）基因在中柱鞘和维管束组织中表达，并移动到邻近的细胞层，激活 *SCARECROW*（*SCR*）基因的表达，从而调控皮层和内皮层的形成。*PLETHORA*（*PLT*）基因通过调控干细胞的分裂和分化，维持根尖分生组织的功能。根尖分生组织的维持依赖于 *SHR* 和 *SCR* 基因的相互作用。*SHR* 基因在中柱鞘和维管束组织中表达，并移动到邻近细胞层，激活 *SCR* 基因的表达。这两个基因通过形成一个负反馈回路，确保根尖分生组织的干细胞保持在未分化状态，同时促进根的径向模式发育。

（3）侧根的形成　侧根的形成涉及多个基因和信号通路的调控。例如，在侧根形成中，*ARF* 基因通过调控生长素信号的传导，激活侧根原基的形成。*LATERAL ORGAN BOUNDARIES DOMAIN*（*LBD*）基因家族在侧根发育过程中，通过调控细胞分裂和分化，促进侧根的形成和发育。侧根形成过程中，*LBD16* 和 *LBD29* 基因通过响应生长素信号，激活侧根原基的形成和发育。中柱鞘细胞重新激活，经历细胞分裂和分化，形成新的侧根。这些基因的调控确保侧根的适时形成和功能发挥。

（4）不定根的发育　不定根的发育涉及多个基因和激素的调控。例如，*WOUND INDUCED DEDIFFERENTIATION*（*WIND*）基因通过响应伤害信号，激活细胞的脱分化和重新分化，促进不定根的形成。*ETHYLENE RESPONSE FACTOR*（*ERF*）基因家族通过调控乙烯信号的传导，促进不定根的形成和发育。

2. 根毛发育的遗传调控　根毛的发育同样受多种基因和信号通路的调控，如根毛原基的形成由多个基因和激素的调控。*WEREWOLF*（*WER*）基因编码的转录因子通过调控细胞命运的决定，促进根毛原基的形成。*CAPRICE*（*CPC*）基因编码的蛋白通过竞争性结合 WER 蛋白，调控根毛的形成。根毛的伸长和发育过程中，细胞骨架和细胞壁的重组由多个基因调控。例如，*ROOT HAIR DEFECTIVE 6*（*RHD6*）基因通过激活下游基因的表达，促进根毛的伸长。*ROOT HAIR SPECIFIC LIKE*（*RSL*）基因家族通过调控细胞骨架的重组，促进根毛的形成和发育。在根毛的伸长和发育过程中，*RHD6* 和 *RSL* 基因家族在细胞骨架的重组和细胞壁松弛中起重要作用。*RHD6* 基因激活下游基因的表达，促进根毛的形成和伸长。*RSL4* 基因调控细胞骨架的重组，确保根毛的形态变化和延伸，增加根的吸收表面积。

人参根发育的分子机制研究

人参（*Panax ginseng*）根部发育研究探讨了人参皂苷对人参不定根形成的调控作用，

以及人参皂苷Rb1和Re在不同浓度下对不定根的形成有不同的影响。低浓度的Re可以促进不定根的形成，而高浓度的Re和Rb1则抑制不定根的形成。人参皂苷通过CLE45-WOX11调控模块调控不定根的形成。*PgCLE45*基因和*PgWOX11*基因在不定根发育中呈现相反的表达模式。PgWOX11可以结合PgCLE45启动子，诱导其表达，而PgCLE45则抑制PgWOX11的表达，从而形成负反馈调控机制。这一发现揭示了人参不定根发育的重要分子机制。

甘草根发育的分子机制研究

　　甘草（*Glycyrrhiza uralensis*）根部的发育研究表明，甘草根的发育与特定基因的表达密切相关，尤其是在应对盐胁迫时。通过RNA测序技术，研究者揭示了甘草根在不同盐胁迫时间点的基因表达差异，深入探讨了根部发育和离子吸收与分布的分子响应机制。甘草侧根的形成和发育受到外源生长素的显著影响。研究发现，生长素处理可以上调与侧根形成相关的基因表达，从而促进侧根的发育。侧根发育过程中，*Aux/IAA*和*ARF*等生长素响应因子基因的表达显著增加，表明生长素信号途径在侧根形成中起关键作用。研究还发现，甘草根在盐胁迫下的次生生长受到多种基因的调控。例如，参与木质素合成的基因在盐胁迫条件下上调，有助于增强根的机械强度和抗逆性。此外，调控细胞壁成分合成的基因也显著表达，表明这些基因在甘草根的次生生长中发挥重要作用。

二、茎发育的分子机制

　　茎作为药用植物的主要结构之一，不仅影响植物的机械支持和营养运输，还在次生代谢产物的积累中起关键作用。茎的发育是植物生长过程中的一个重要部分，涉及茎尖分生组织、侧枝和次生生长的形成和发育。这些过程受到一系列基因和信号途径的调控。通过揭示茎发育过程中基因的表达和调控网络，可以优化药用植物的栽培技术，提高药材的有效成分含量和整体品质，研究茎发育的分子机制对中药品质和质量研究具有重要意义。

（一）茎的形态建成

　　1. 茎的发育　茎是植物的主要轴器官，连接根和叶，具有支撑、运输和储存等功能。在茎的发育过程中，顶端分生组织（shoot apical meristem，SAM）起到了关键作用。茎的形态建成包括以下几个阶段。

　　（1）顶端分生组织的形成和维持　顶端分生组织位于茎的顶端，是茎和叶的发育中心。顶端分生组织中的细胞分裂形成新的细胞，推动茎的生长和发育。顶端分生组织的维持依赖于干细胞群体和周围微环境的相互作用。

　　（2）节间和节的形成　茎由多个节（nodes）和节间（internode）组成。节是叶和侧芽的着生点，节间是两个节之间的部分。节间的伸长主要由细胞的伸长和分裂决定，节间的长度和形态决定了茎的整体形态和结构。

　　（3）维管系统的发育　茎的维管系统由木质部和韧皮部组成，负责运输水分、矿质养分和光合产物。在顶端分生组织中，维管组织的原基（procambium）分化为原生木质部和原生韧皮部。随着茎的生长，次生木质部和次生韧皮部逐渐形成，增强了植物的运输能力和机械支撑功能。表皮和皮层的形成：茎的表皮由外层细胞分化形成，起保护作用；皮层位于表皮内侧，主要由薄壁细胞组成，起到储存和支持的功能。

2. 茎变态结构的发育　茎的变态结构是植物为了适应不同环境和生长条件而发生的形态和功能变化。以下是几种常见的茎变态结构及其发育机制：①块茎（tuber）：块茎是茎的地下变态形式，主要功能是储存养分。典型的块茎如马铃薯，通过茎的节间膨大形成。块茎的形成过程中，茎的细胞大量分裂和膨大，积累淀粉等储存物质。②球茎（corm）：球茎也是茎的地下变态形式，具有储存功能。典型的球茎如芋头，通过茎的短缩和膨大形成。球茎的形成过程中，茎的细胞大量分裂和膨大，积累储存物质。③匍匐茎（stolon）：匍匐茎是一种横向生长的地上茎，能够在节点处生根并形成新的植株。典型的匍匐茎如草莓，通过节间的横向生长和节部的生根形成新植株。④茎卷须（tendril）：茎卷须是一种细长卷曲的结构，用于攀援和支撑。典型的茎卷须如葡萄和豌豆，通过茎的一部分变成细长卷曲的结构形成。

（二）茎发育的遗传调控

1. 茎发育的基因调控网络　茎的发育由一系列复杂的基因调控网络控制，这些基因调控网络涉及细胞分裂、分化、伸长以及维管系统的形成等多个方面。以下是一些关键的基因及其调控机制。

（1）顶端分生组织的维持和功能调控　顶端分生组织的维持需要干细胞维持基因和信号通路的参与。例如，*WUSCHEL*（*WUS*）基因在顶端分生组织的干细胞维持中起关键作用。*WUS* 基因在顶端分生组织的中心区域表达，维持干细胞的未分化状态。*CLAVATA*（*CLV*）基因通过负反馈调控 *WUS* 的表达，限制干细胞的数量，确保顶端分生组织的正常功能。*KNOX* 基因家族（如 *KNAT1*、*STM* 等）编码的转录因子通过调控细胞分裂和分化，维持顶端分生组织的功能。顶端分生组织的维持依赖于 *WUS* 和 *CLV* 基因的相互作用。

（2）节间伸长和节的形成调控　节间的伸长主要受生长素（IAA）和赤霉素（GA）的调控。生长素通过极性运输在顶端分生组织和节间积累，促进细胞伸长和分裂。赤霉素则通过调控细胞壁的松弛和细胞膨大，促进节间的伸长。此外，DELLA 蛋白作为赤霉素信号传导的负调控因子，通过抑制细胞伸长和分裂，参与节间长度的调控。*GA-INSENSITIVE DWARF1*（*GID1*）基因编码赤霉素受体，通过与赤霉素结合，促进 DELLA 蛋白的降解，从而解除对细胞伸长和分裂的抑制。

（3）维管系统的发育调控　维管系统的形成涉及一系列基因的表达和调控。例如，*VASCULAR-RELATED NAC-DOMAIN*（*VND*）基因通过激活木质部特异基因的表达，促进木质部细胞的形成和分化。相应地，*PHLOEM INTERCALATED WITH XYLEM*（*PXY*）基因编码的受体蛋白在维管形成层（cambium）中表达，通过调控维管组织的细胞分裂和分化，促进维管系统的发育。维管系统的发育过程中，PXY 基因编码的受体蛋白在维管形成层中表达，通过调控维管组织的细胞分裂和分化，促进维管系统的发育。同时，*VND* 基因家族激活木质部特异基因的表达，促进木质部细胞的形成和分化。

2. 茎变态结构发育的遗传调控　茎的变态结构发育同样受多种基因和信号通路的调控：如块茎的形成，涉及多种基因的表达和调控。例如，*STOLON ENDOGENOUS RHIZOTAXIS*（*SER*）基因通过调控生长素的分布和积累，促进块茎的膨大和养分储存。*BLOCK1*（*B1*）和 *BLOCK2*

（*B2*）基因通过调控细胞分裂和膨大，促进块茎的形成和发育。球茎的形成与块茎类似，主要通过调控生长素和细胞分裂素的水平，促进茎的膨大和储存功能的实现。*KNOX*基因家族在球茎的形成中起重要作用，通过调控细胞分裂和分化，促进球茎的发育。匍匐茎的形成也涉及多种基因的调控，例如*STOLONIFEROUS*（*STO*）基因通过调控细胞分裂和分化，促进匍匐茎的生长和扩展。*RICE1*（*R1*）和*RICE2*（*R2*）基因通过调控节间伸长和节部生根，促进匍匐茎的形成。茎卷须的形成同样受多种基因和激素的调控，例如*TENDRIL GROWTH*（*TGR*）基因通过调控细胞伸长和分化，促进茎卷须的形成和功能实现。*CURLY1*（*C1*）和*CURLY2*（*C2*）基因通过调控细胞壁的松弛和细胞膨大，促进卷须的卷曲和攀援行为。

忍冬茎的发育

忍冬茎的发育研究表明，忍冬茎的形态建成与特定基因的表达密切相关。如研究发现，在忍冬茎的发育过程中，生长素（auxin）和细胞分裂素（cytokinin）等激素发挥了关键作用。在忍冬中，侧枝的形成受到生长素和细胞分裂素的共同调控。生长素响应因子（auxin response factor，ARF）在侧枝原基的形成中起重要作用。通过外源处理生长素，侧枝数量显著增加，进一步验证了生长素在侧枝发育中的关键作用。忍冬茎的次生生长主要受到生长素和赤霉素（gibberellin）的调控。调控这些激素信号途径相关基因的表达，可以显著提高忍冬茎的机械强度和导管效率。

三、叶发育的分子机制

叶片不仅是植物光合作用的主要场所，还合成和积累多种次生代谢产物，这些产物对中药的药效和品质至关重要。叶发育是植物形态建成的重要部分，涉及叶原基的形成、叶片的扩展和叶脉的发育。叶的发育过程受到一系列基因和信号途径的精细调控，如生长素、细胞分裂素和其他激素的共同作用。研究叶发育的分子机制对中药品质和质量研究具有重要意义。通过揭示叶发育过程中基因的表达和其调控网络，在生产应用中进行干预，可以优化药用植物的栽培技术，提高药材的有效成分含量和整体品质。

（一）叶的形态建成

1. 叶的发育　叶是植物进行光合作用、蒸腾作用和气体交换的重要器官。叶的发育是一个高度有序和复杂的过程，涉及多个阶段的形态变化。

（1）叶原基的形成　叶原基的形成始于顶端分生组织（shoot apical meristem，SAM）的周边区域。在特定的发育信号和激素（如生长素）的作用下，SAM中的细胞分裂形成叶原基（leaf primordium）。叶原基是未来叶片的始发结构，由一小群细胞通过快速分裂和分化形成。

（2）叶片的极性建立　叶原基形成后，细胞继续分裂和分化，形成叶片的基本结构。叶片的极性包括近轴面（adaxial）和远轴面（abaxial）的建立，这一过程涉及叶片细胞的形态变化。叶片的近轴面通常朝向茎，而远轴面朝外。

（3）叶片的展开和生长　在叶片展开过程中，叶片细胞继续分裂和扩展，形成完整的叶片结构。叶片的展开通常伴随着细胞的快速伸长和叶片的展开。叶片的生长涉及细胞的分裂和分化，细胞壁的松弛和扩展，使叶片逐渐展开并达到最终大小。

（4）叶脉的形成　叶脉是叶片内部的维管系统，包括木质部和韧皮部。叶脉的形成始于叶原基的早期发育阶段，通过维管组织的分化形成叶脉网络。叶脉在叶片中的分布模式决定了叶片的营养和水分运输效率。

2. 变态叶结构的发育　叶的变态结构是指在特定环境条件下或为了适应特定功能，叶片发生的形态和功能变化。以下是几种常见的变态叶结构及其发育机制：①叶卷须（leaf tendril）：如豌豆的叶卷须，是由叶片变形形成的卷曲结构，用于攀援和支撑。叶卷须的形态特征表现为细长、卷曲的形状，能够缠绕支撑物。②叶刺（spine）：如仙人掌的刺，是由叶片变态形成的保护性结构。刺的形成过程中，叶片细胞高度分化并硬化，形成尖锐的结构。刺的形态特征表现为短小、坚硬，能够保护植物免受食草动物的侵害。③捕虫叶（insect-catching leaf）：如猪笼草和茅膏菜的捕虫叶，是由叶片变态形成的捕食性结构。捕虫叶的形态特征表现为叶片形成捕虫囊或捕虫腺毛，能够捕捉和消化昆虫。④储水叶（succulent leaf）：如芦荟和仙人掌的储水叶，是由叶片变厚和多汁化形成的储水结构。储水叶的形态特征表现为厚实、多汁，能够储存大量水分，以适应干旱环境。

3. 叶的附属结构　叶的附属结构，包括腺毛、叶毛、刺、鳞片等，不仅在植物适应环境、抵御病虫害中起着关键作用，还在次生代谢产物的合成和储存中具有重要意义。腺毛是由表皮细胞分化而来的毛状结构，能够分泌和储存多种次生代谢产物，这些化合物往往具有药理活性。叶毛则可以减少水分蒸发，保护植物免受强光和病虫害的侵袭。例如，青蒿（*Artemisia annua*）叶片上的腺毛能够分泌和储存青蒿素，是一种具有显著抗疟疾效果的化合物，这是其显著药效的主要来源。研究发现，青蒿腺毛的分泌物不仅包含青蒿素，还包括其他具有药理活性的次生代谢产物，这些化合物共同作用，提高了青蒿的药用价值。

（二）叶发育的遗传调控

1. 叶发育的基因调控网络　叶的发育由一系列复杂的基因调控网络控制，这些基因调控网络涉及叶原基的形成、叶片的极性建立、叶片的展开和生长以及叶脉的形成等多个方面。以下是一些关键的基因及其调控机制。

（1）叶原基的形成调控　叶原基的形成受多个基因的调控，例如 *ASYMMETRIC LEAVES1*（*AS1*）和 *ASYMMETRIC LEAVES2*（*AS2*）基因通过抑制 *KNOX* 基因家族的表达，促进叶原基的形成和叶片的发育。

（2）叶片的极性建立调控　叶片的极性建立涉及多个基因和信号通路的调控。例如，*PHABULOSA*（*PHB*）、*PHAVOLUTA*（*PHV*）和 *REVOLUTA*（*REV*）基因编码的转录因子通过调控细胞的分裂和分化，形成叶片的近轴面和远轴面。此外，*KANADI*（*KAN*）基因通过抑制 *PHB*、*PHV* 和 *REV* 基因的表达，维持叶片的远轴面特性。

（3）叶片的展开和生长调控　叶片的展开和生长由多个基因和激素的调控。例如，TCP 家族基因（如 *TCP4*）通过调控细胞周期基因的表达，促进叶片的生长。生长素（IAA）通过调控细胞伸长和分裂，促进叶片的扩展；细胞分裂素（CK）通过促进细胞分裂，增加叶片的细胞数量。

（4）叶脉的形成调控　叶脉的形成涉及多个基因和信号通路的调控。例如，*VASCULAR-RELATED NAC-DOMAIN*（*VND*）基因家族通过激活木质部特异基因的表达，促进木质部细胞的形成和分化。*HD-ZIP III* 家族基因（如 *ATHB8*）通过调控维管组织的分化，形成叶脉网络。

单细胞 RNA 测序技术在叶片发育研究中的应用

单细胞 RNA 测序技术（scRNA-seq）在植物叶片发育研究中得到了广泛应用。通过对叶片发育过程中不同细胞类型的基因表达进行精细分析，研究人员揭示了叶片细胞的分化路径和基因调控网络。通过 scRNA-seq 技术对拟南芥（*Arabidopsis thaliana*）叶片发育的单细胞进行测序，发现了多个特异性基因在近轴面和远轴面细胞中的表达差异。这些基因包括 *REVOLUTA*（*REV*）、*PHABULOSA*（*PHB*）和 *KANADI*（*KAN*）等，它们在叶片极性建立中发挥重要作用。这项研究不仅揭示了叶片极性的分子机制，还为进一步研究叶片发育的调控网络提供了新的视角。随着技术的不断进步，scRNA-seq 技术在植物研究中的应用将更加广泛，如可以利用这一技术深入探讨其他复杂器官的发育过程，以及环境因子对植物基因表达和细胞分化的影响，从而为植物生长调控提供更全面的分子基础。

2. 变态叶结构发育的遗传调控 变态叶结构的发育同样受多种基因和信号通路的调控：①卷须叶的形成：卷须叶的形成涉及多个基因和激素的调控，例如生长素和乙烯在卷须叶形成过程中起关键作用。*TENDRIL GROWTH*（*TGR*）基因通过调控细胞伸长和分化，促进卷须叶的形成和功能实现。②刺的形成：刺的形成过程中，叶片细胞高度分化并硬化，形成尖锐的结构。刺的形成受到 *KNOX* 基因家族的调控，这些基因通过调控细胞分裂和分化，促进刺的形成和发育。③捕虫叶的形成：捕虫叶的形成涉及叶片的形态变化和腺毛的分化，受多种基因和激素的调控。例如，生长素、细胞分裂素和茉莉酸在捕虫叶形成过程中起重要作用，通过调控细胞分裂和分化，促进捕虫叶的形成和功能实现。④储水叶的形成：储水叶的形成过程中，叶片细胞高度分化并储存大量水分。储水叶的形成受到多种基因和激素的调控，例如生长素和脱落酸在储水叶形成过程中起关键作用，通过调控细胞分裂和分化，促进储水叶的形成和功能实现。

3. 叶的附属结构发育的遗传调控 叶的附属结构的发育受到复杂的遗传调控网络控制，包括激素信号传导、转录因子调控和基因表达调控等多层次的机制。以青蒿为例，腺毛的形成过程分为起始、伸长和成熟三个阶段。在这些阶段中，不同的基因和信号通路发挥作用，决定了腺毛的形态和功能。青蒿叶腺毛的发育研究揭示了多个关键基因的作用。例如，*GLABRA1*（*GL1*）和 *TRANSPARENT TESTA GLABRA1*（*TTG1*）基因在腺毛起始阶段高表达，促进腺毛细胞的分化。*GLABRA2*（*GL2*）基因在腺毛的伸长和成熟阶段发挥重要作用，调控腺毛的形态和大小。此外，生长素和细胞分裂素等植物激素在腺毛发育过程中也起到重要的调控作用。

四、花发育的分子机制

花是许多药用植物的主要药用部位，花内含有丰富的次生代谢产物，这些化合物在中药的药效和品质中起关键作用。花发育是植物生命周期中的一个关键阶段，涉及花器官的形成和分化。花发育的分子机制包括一系列基因调控网络和信号传导途径，这些机制决定了花的形态、颜色、香气以及其他特性。研究花发育的分子机制对中药品质和质量研究具有重要意义。通过揭示花发育过程中基因的表达和调控网络，在生产应用中进行干预，可以优化药用植物的栽培技术，提高药材的有效成分含量和整体品质。

（一）花的形态建成

1. 花的发育　花是被子植物的重要生殖器官，其发育过程涉及从花芽的形成到花朵完全展开的各个阶段。以下是花发育的主要形态变化。

（1）花芽的形成　花芽通常在顶端分生组织或侧芽分生组织中形成。在营养生长向生殖生长转变的过程中，顶端分生组织中的细胞群转变为花分生组织。这一过程受环境因素（如光周期和温度）的影响，表现为分生组织细胞的快速增殖和分化，形成花芽原基。

（2）花器官的分化　花芽原基分化为花器官原基，包括萼片、花瓣、雄蕊和雌蕊。每个花器官原基进一步发育，形成特定的花器官。花器官的分化是一个有序的过程，通常按由外至内的顺序依次形成萼片、花瓣、雄蕊和雌蕊。此过程中，各个花器官的形态逐渐清晰，叶状原基转变为花器官结构。

（3）花朵的成熟　在花器官分化完成后，花朵进入成熟阶段。此时，花瓣展开，雄蕊和雌蕊发育完全，准备进行授粉和受精。花朵的形态特征，如花瓣的颜色、形状和排列方式，最终呈现出来，吸引传粉者或适应风媒传粉等不同的传粉机制。

2. 特殊结构的发育　花的特殊结构是指一些植物为了适应特定的生态环境或繁殖策略而在花器官上发生的独特变化。以下是几种常见的特殊结构，如重瓣花（double flower），是指花瓣数量增加、部分雄蕊或雌蕊转变为花瓣的现象。这种现象常见于观赏植物。重瓣花的形态特征表现为花瓣层数增加，花朵更为饱满。花序（inflorescence）是指花朵以特定排列方式在花茎上形成的结构。花序类型多种多样，如总状花序、穗状花序、伞形花序等。不同的花序类型决定了花朵的排列方式和整体外观，适应不同的传粉方式和生态环境。兰科植物的合蕊柱（gynostemium），是指雄蕊和雌蕊合并形成的特殊结构，有助于提高授粉效率。合蕊柱的形态特征表现为雄蕊和雌蕊的融合，形成一个独立的结构，通常具有复杂的形态以适应特定的传粉者。

（二）花发育的遗传调控

1. 花发育的基因调控网络　花的发育受多种基因和信号通路的精细调控，以下是一些关键的遗传调控机制。

（1）花芽的形成调控　花芽形成的遗传调控涉及多个关键基因。例如，*LEAFY*（*LFY*）基因通过激活花分生组织特异基因的表达，启动花发育程序。*APETALA1*（*AP1*）基因在花芽早期发育中表达，促进花分生组织的形成。*FLOWERING LOCUS T*（*FT*）基因在光周期信号的调控下积累，通过与 FD 蛋白结合，激活 *LFY* 和 *AP1* 基因的表达，促进花芽的形成。花芽形成过程中，*LFY* 基因通过激活花分生组织特异基因的表达，启动花发育程序。

光周期响应基因在花芽分化调控中的作用及应用前景

在光周期感应过程中，*CONSTANS*（*CO*）和 *FLOWERING LOCUS T*（*FT*）基因起着关键作用。*CO* 基因是一个光周期感应基因，在长日照条件下，其表达水平显著增加。CO 蛋白在光照条件下稳定，通过调控 *FT* 基因的表达来介导光周期信号。在长日照条件下，*CO* 基因的表达被激活，CO 蛋白积累并结合到 *FT* 基因的启动子区域，激活 FT 基因的转录。

FT 蛋白作为一个移动信号，从叶片运输到顶端分生组织（SAM），与 FD 蛋白结合，形成复合物，启动花芽分化。这一过程涉及复杂的信号传导网络，确保植物在适宜的季节开花。在拟南芥（*Arabidopsis thaliana*）中，通过基因突变和转基因研究，科学家发现 *CO* 基因的突变会导致开花时间的显著延迟，而 *FT* 基因的过表达则会导致植物提前开花。这些实验结果进一步证实了 *CO* 和 *FT* 基因在光周期感应和花芽分化中的关键作用。通过调控 *CO* 和 *FT* 基因的表达，可以人为地控制植物的开花时间，适应不同的农业需求。在温室栽培中，通过调节光照条件，可以控制植物的开花时间，提高植物的产量和质量。这一机制的解析为通过分子育种改良植物提供了新的策略，有助于提高作物的栽培和管理效率。

（2）花器官的分化调控　花器官的分化由经典的 ABC 模型调控。A 类基因（如 *AP1* 和 *AP2*）控制萼片和花瓣的发育，B 类基因（如 *AP3* 和 *PISTILLATA*）控制花瓣和雄蕊的发育，C 类基因（如 *AGAMOUS*）控制雄蕊和雌蕊的发育。这些基因通过相互作用，调控花器官的特异性分化。例如，*AP3* 和 *PI* 基因共同作用，促进花瓣和雄蕊的形成，而 *AG* 基因抑制 A 类基因的表达，确保雄蕊和雌蕊的正确发育（图 2-4）。

（3）花朵的成熟　花朵成熟过程中，细胞分裂和分化进一步受到细胞周期基因和细胞骨架基因的调控。例如，*CYCLIN D* 基因通过促进细胞分裂，确保花器官的正常发育和成熟。微管相关蛋白基因（如 *MAP65*）在细胞骨架的组织和细胞形态的维持中起重要作用，通过调控微管的组装和分解，促进花器官的正常发育。

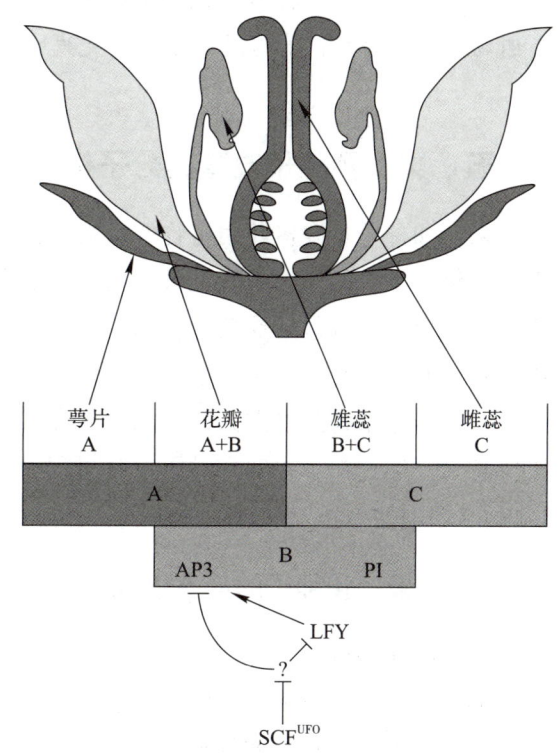

图 2-4　花发育的 ABC 模型

2. 特殊结构发育的遗传调控　特殊结构的发育也受到特定基因和信号通路的调控：①重瓣花的形成：重瓣花的形成通常与基因突变或基因表达变化有关。例如，*AGAMOUS*（*AG*）基因的突变会导致雄蕊或雌蕊转变为花瓣，从而形成重瓣花。此外，*APETALA3*（*AP3*）和 *PISTILLATA*（*PI*）基因的表达变化也可能导致花瓣数量的增加。②花序的形成：花序的形成过程涉及顶端分生组织和侧芽分生组织的发育调控。关键基因如 *TERMINAL FLOWER1*（*TFL1*）编码的蛋白通过抑制花分生组织的形成，延长花序的生长时间，从而形成不同类型的花序。③合蕊柱的形成：合蕊柱的形成过程涉及花器官的融合和分化，受多个基因和信号通路的调控。例如，*SUPERMAN*（*SUP*）基因在花器官的数量和排列中起关键作用，通过调控细胞的分裂和分化，促进花器官的融合和形成合蕊柱结构。

忍冬花发育的分子机制研究

金银花为忍冬科忍冬（*Lonicera japonica*）的花蕾或初开的花，含有多种次生代谢产物。科学家们通过转录组和代谢组分析揭示了忍冬花发育的分子调控网络。研究发现，不同品种的忍冬在花发育过程中表现出显著的基因表达差异，这些基因与花的颜色、形态和次生代谢产物的积累密切相关。研究人员对两种忍冬品种的花进行转录组测序，发现了 3 435 个共同差异表达基因。这些基因主要涉及次生代谢、信号传导和转录调控等功能。特别是一些与花色素合成相关的基因，如 CHS、F3H 和 DFR，在花发育的不同阶段表现出显著的表达变化。研究还表明，不同品种的忍冬在花发育过程中积累了不同的次生代谢产物，如黄酮类和酚类化合物。这些化合物不仅赋予花独特的颜色和香气，还具有显著的药理活性。通过对这些代谢物的定量分析，能够进一步了解花发育过程中基因表达与次生代谢产物积累之间的关系。

五、果实和种子发育的分子机制

果实和种子是许多药用植物的重要药用部位，其内所含的次生代谢产物如生物碱、酚类和萜类化合物在中药的药效中起关键作用。果实和种子的发育是植物生命周期中最后也是最关键的阶段之一。果实发育包括受精、胚胎发育、果皮和果肉的形成，而种子的发育则包括胚胎形成、种皮发育和种子休眠等过程。这些过程受到一系列基因和信号传导途径的调控，如生长素、赤霉素、脱落酸等植物激素的共同作用。研究果实和种子发育的分子机制对中药品质和质量研究具有重要意义。通过揭示果实和种子发育过程中基因的表达和调控网络，在生产应用中进行干预，可以优化药用植物的栽培技术，提高药材的有效成分含量和整体品质。

（一）果实和种子的形态建成

1. 果实的发育　果实是被子植物的主要繁殖器官之一，其发育过程包括从花的受精到果实成熟的多个阶段。以下是果实发育的主要形态变化。

（1）花后发育和果实的初始形成　在花被授粉和受精后，子房中的胚珠开始发育，胚珠中的受精卵发育成胚，子房壁发育成果皮。果实的初始形成阶段，子房膨大，内部细胞分裂和扩展，形成初期果实结构。

（2）果实的扩展和生长　果实的扩展和生长主要依赖细胞分裂和细胞扩展。果皮细胞和果肉细胞的分裂和膨大是果实生长的关键。激素如生长素（IAA）、赤霉素（GA）和细胞分裂素（CK）在果实扩展和生长中起重要作用，调控细胞的分裂和扩展过程。

（3）果实的成熟和老化　果实成熟过程中，细胞分裂停止，细胞扩展达到最大，内部积累大量的养分和次生代谢产物，果皮变得坚硬或柔软。成熟果实的颜色、味道和质地发生显著变化，以吸引动物传播种子。乙烯在果实成熟和老化中起关键作用，通过调控基因表达，促进果实成熟过程中的一系列生理和生化变化。

2. 种子的发育　种子是植物繁殖和传播的主要器官，其发育过程包括从胚珠受精到种子成熟的多个阶段（图2-5）。

（1）胚的形成和发育　受精卵发育成胚，胚经历细胞分裂和分化，形成胚轴、胚根、胚芽和子叶等结构。胚的形成和发育过程中，细胞分裂和组织分化高度协调，形成完整的胚结构。

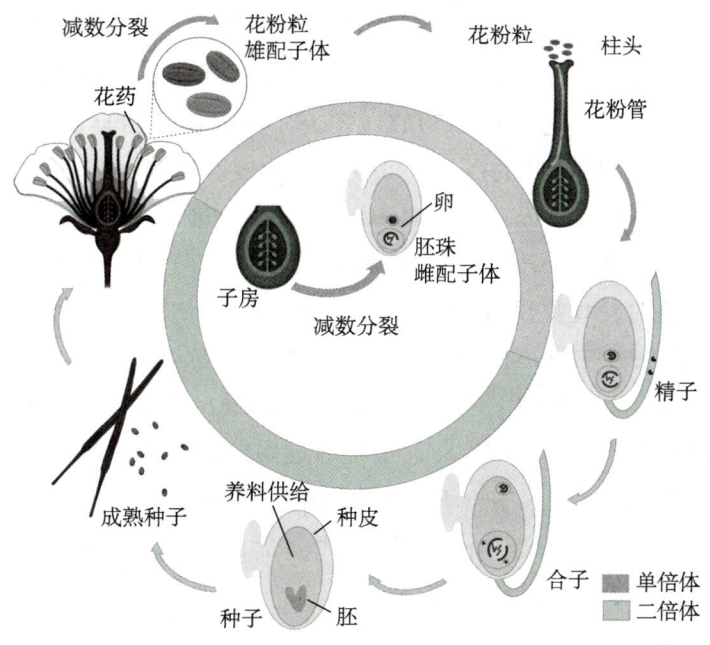

图 2-5　种子的发育示意图

（2）胚乳的形成和发育　双受精过程中，一个精子与两个极核结合形成胚乳核，胚乳核分裂发育形成胚乳。胚乳是种子的营养储备组织，主要功能是为胚的发育提供养分。胚乳细胞中积累大量淀粉、蛋白质和油脂等储存物质。

（3）种皮的形成　种皮由胚珠的珠被发育而来，主要功能是保护种子内部的胚和胚乳。种皮在种子发育过程中逐渐硬化，形成坚硬的外壳，以防止水分丧失和外界损伤。

（4）种子的成熟和休眠　种子成熟过程中，胚和胚乳发育完全，种皮硬化，内部水分减少，种子进入休眠状态。种子的休眠是为了避免在不利环境条件下萌发，确保种子在适宜的环境条件下萌发和生长。

（二）果实和种子发育的遗传调控

1. 果实发育的遗传调控　果实的发育由一系列复杂的基因调控网络控制，这些基因调控网络涉及果实的初始形成、扩展和生长、成熟和老化等多个方面。以下是一些关键的基因及其调控机制。①花后发育和果实的初始形成：在花被授粉和受精后，*AGAMOUS*（*AG*）基因和*SHATTERPROOF*（*SHP*）基因通过调控细胞分裂和分化，促进子房膨大和果实的初始形成。②果实的扩展和生长：果实的扩展和生长过程中，生长素（IAA）、赤霉素（GA）和细胞分裂素（CK）在果实细胞的分裂和扩展中起重要作用。*AUXIN RESPONSE FACTOR*（*ARF*）基因家族在生长素信号的传导中起关键作用，通过调控下游基因的表达，促进细胞分裂和扩展。*GIBBERELLIN-INSENSITIVE DWARF1*（*GID1*）基因编码赤霉素受体，通过调控赤霉素信号，促进果实的生长。这些基因的相互作用确保果实的正常扩展和发育。③果实的成熟和老化：乙烯在果实成熟和老化中起关键作用，*ETHYLENE RESPONSE FACTOR*（*ERF*）基因家族在乙烯信号的传导中起重要作用。*ERF*基因通过调控一系列下游基因的表达，促进果实成熟过程中的生理和生化变化。此外，*FRUITFULL*（*FUL*）和*RIPENING INHIBITOR*（*RIN*）基因在果实成熟过程中也起重要作用，通过调控细胞壁降解、色素积累和芳香物质的合成，促进果实的成熟。

2. 种子发育的遗传调控　种子的发育同样受多种基因和信号通路的调控：①胚的形成和

发育：胚的形成和发育由多个基因和信号通路调控。例如，*LEAFY COTYLEDON1*（*LEC1*）、*LEAFY COTYLEDON2*（*LEC2*）和 *FUSCA3*（*FUS3*）基因在编码的转录因子通过调控胚特异基因的表达，促进胚的形成和分化。*WUSCHEL*（*WUS*）基因在胚胎早期发育中通过维持胚胎干细胞的分裂和未分化状态，促进胚的发育。②胚乳的形成和发育：胚乳的形成和发育由多个基因和信号通路调控。*AGAMOUS–LIKE62*（*AGL62*）基因通过调控胚乳细胞的分裂和扩展，促进胚乳的形成。储存蛋白基因（如 *CRUCIFERIN* 和 *NAPIER*）在胚乳发育过程中表达，促进储存蛋白的积累，为胚的发育提供养分。③种皮的形成：种皮的形成由珠被细胞的分裂和分化调控。*TRANSPARENT TESTA GLABRA1*（*TTG1*）和 *GLABRA2*（*GL2*）基因通过调控细胞分裂和分化，促进种皮的形成和硬化。④种子的成熟和休眠：种子成熟过程中，*ABSCISIC ACID INSENSITIVE3*（*ABI3*）和 *FUSCA3*（*FUS3*）基因通过调控脱落酸（ABA）信号，促进种子的成熟和进入休眠状态。种子成熟过程中，*ABI3* 基因通过调控脱落酸（ABA）信号，促进种子的成熟和进入休眠状态；*FUS3* 基因通过调控储存蛋白和油脂的积累，确保种子的营养储备。这些基因的调控确保种子在适宜的环境条件下萌发和生长。

猕猴桃果实发育的分子机制研究

　　猕猴桃（*Actinidia chinensis*）果实不仅营养丰富，还含有多种具有药用价值的次生代谢产物。有研究通过综合代谢组和转录组分析，揭示了猕猴桃果实发育过程中的动态代谢变化和基因表达模式。研究发现，不同生长阶段的猕猴桃果实在形态结构和次生代谢产物含量方面表现出显著差异。在果实发育阶段：果实结实期，花瓣脱落，果实生长开始；果实成熟期，果实内的种子95%以上变黑，果实达到完全成熟状态；果实衰老期，果实开始产生自催化乙烯，进入衰老阶段。研究人员使用液相色谱－串联质谱联用（LC–MS/MS）技术对猕猴桃不同生长阶段的果实进行代谢物谱分析，鉴定了多种代谢物，包括维生素C、黄酮类和其他多酚类化合物。在果实成熟过程中，维生素C和多酚类化合物的积累量显著增加，表明这些化合物在果实成熟中的重要作用。为了揭示猕猴桃果实发育的分子基础，研究者进行了 RNA–Seq 分析，注释了大量与次生代谢和信号传导相关的基因。基因表达分析显示，次生代谢路径中的关键酶基因在果实发育的不同阶段表现出显著的表达变化。例如，与维生素C合成相关的基因在果实成熟过程中显著上调，表明这些基因在药用成分积累中发挥重要作用。

开放性讨论题

1. 分子谱系地理学与道地性的关系是什么？
2. 是否可以通过改变染色体创制新的物种？
3. 是否可以对染色体进行大片段改组，实现药用植物品质的提升？
4. 探讨次生代谢产物在植物生态适应中的作用及其进化意义。
5. 讨论植物次生代谢产物的药理活性及其在现代医学中的应用前景。
6. 讨论药用植物形态品质形成的遗传机制研究的意义。
7. 讨论研究药用植物形态品质形成的遗传机制对优质药材生产的意义。

🔍 复习思考题

1. 简述药用植物基因的概念。

2. 简述药用植物基因组的概念。

3. 简述药用植物基因的研究方法。

4. 简述分子谱系地理学的概念。

5. 结合具体例子，分析次生代谢产物在植物防御机制中的作用。

6. 比较萜类、酚类和生物碱三类次生代谢产物的合成途径及其调控机制。

7. 环境因素对植物次生代谢产物合成有何影响？举例说明如何通过环境调控提高药用植物的次生代谢产物含量。

8. 简述侧根形成的过程，并说明生长素在这一过程中的作用机制。

9. 解释叶卷须的形成过程，并列出相关的基因和激素调控机制。

10. 描述花芽形成过程中 *LEAFY*（*LFY*）和 *APETALA1*（*AP1*）基因的作用机制。

11. 分析顶端分生组织（SAM）在茎发育中的作用，并解释 *WUSCHEL*（*WUS*）和 *CLAVATA*（*CLV*）基因的互作机制。

12. 说明果实成熟过程中乙烯的作用及其调控机制。

🌐 数字资源详见　新形态教材网

　🗺 学习目标　　⚙ 知识图谱　　📖 推荐阅读　　🖥 教学课件　　✂ 自测题

第三章

中药资源品质形成的生态响应特征

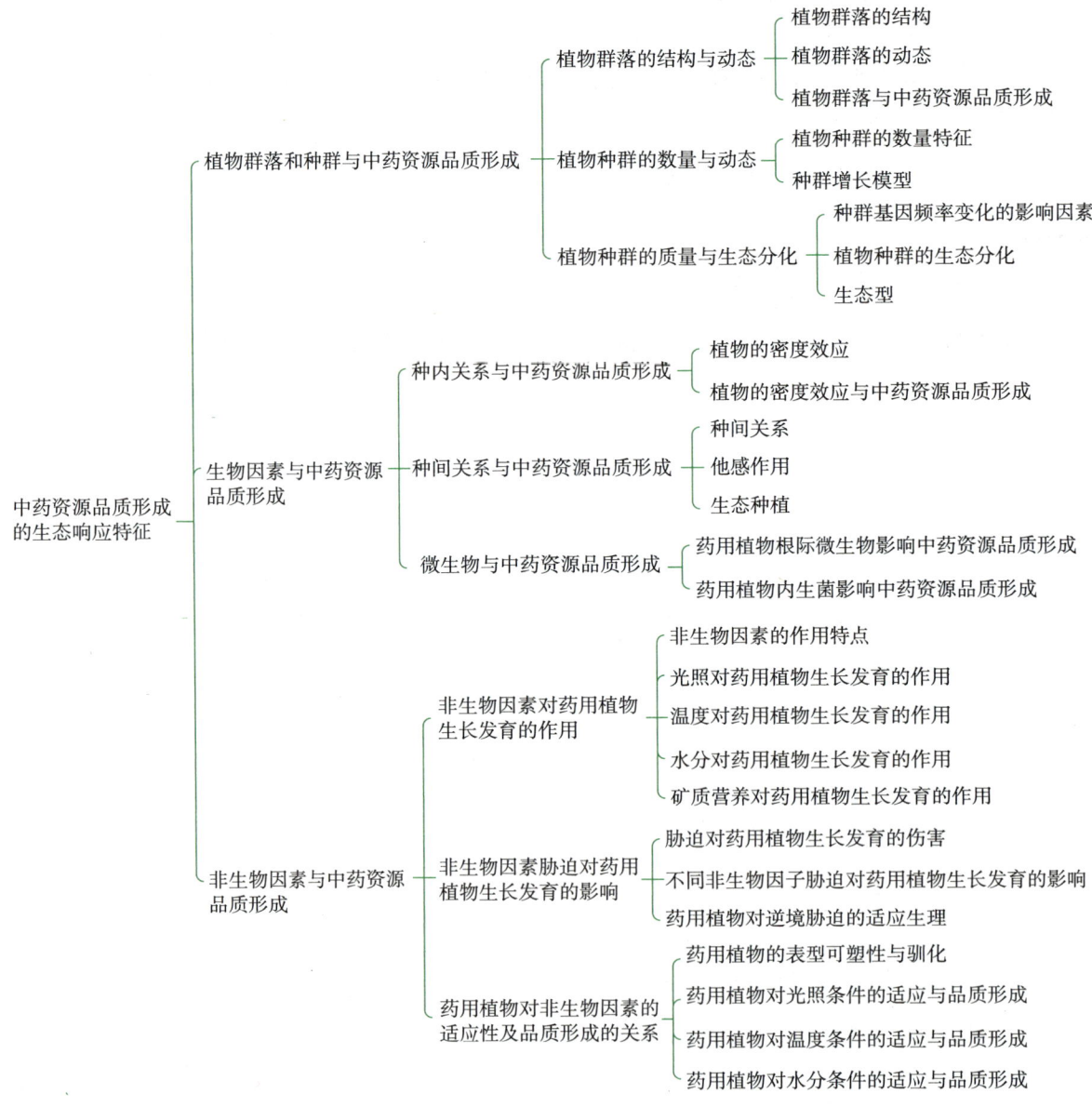

药用植物是中药最主要的来源，所以药用植物的生长发育、形态建成、资源分布、药材产量和质量与其所处的生态环境条件息息相关。群落环境是影响野生药用植物资源品质最重要的因素，而非生物环境因素则与栽培药用植物资源品质关系更加密切。各种环境因子在时空上处于不同程度地动态变化之中，因此，药用植物不断地产生遗传分化，一方面通过形成多种各样的种间关系、种内关系，并通过环境饰变形成不同的生态型；另一方面，光照、温度、水分、土壤理化性质等非生物环境要素，尤其是对逆境条件驱动药用植物进化适应，形成相应的代谢特征和代谢产物以保证自身的生存和繁殖。因此，不同的生态环境下，药用植物资源形成有差别的药材品质和临床疗效。"用药必依土地""诸药所生，皆有境界"的中药品质观就强调了药材环境与产地的重要性。本章重点介绍与中药资源品质形成相关的生态因素，以及药用植物的生态响应特征，是理解道地药材品质成因的基础，也是中药品质调控研究的基础。

第一节 植物群落和种群与中药资源品质形成

自然界中，每一种植物总是与其他种类的植物聚集在一起形成群落，群落中的各种植物均具有一定的数量特征，并各自占有一定的空间位置，形成群落的结构。植物群落的结构由群落的物种/种群组成所决定。药用植物种群是群落的重要组成，在不同的群落中发挥着各自的作用，并且与群落环境之间形成了错综复杂的关系。植物的群落和种群总是处于动态变化之中。药用植物种群通过遗传分化适应多变的群落环境（生物环境和非生物环境），同时，种群的动态变化又在一定程度上改变群落的环境。因而，群落和种群的动态变化，不仅影响着药用植物的生长发育、形成和资源分布，对中药材品质的形成也有重要作用。

一、植物群落的结构与动态

植物群落（phytocommunity）是指在特定空间和时间范围内，具有一定的种类组成、一定的外貌和结构，与环境具有一定相互关系并具有特定功能的植物集合体。植物群落是区域里每个植物个体通过互惠、竞争等相互作用而形成的一个巧妙组合，是适应其共同生存环境的结果。

（一）植物群落的结构

1. 群落的种类组成　自然界中的任何一个植物群落总是由一定数量的植物种类组成。它们在长期的自然选择过程中，适应当时当地的环境条件，以一定的方式有规律地结合在一起，在时间上和空间上表现出一定的配置状况，形成植物群落的结构。自然环境条件下，每个植物群落结构的复杂程度和生态条件的优劣，与其植物种类的多少以及每个种类个体数量的多少密切关联。例如，我国云南热带雨林的植物种类，$2\,500\,\mathrm{m}^2$ 范围内的高等植物就有 130 种之多，而东北的针叶林仅有 30～40 种。

（1）种类组成成员型　根据群落成员在群落中个体数量的多少和在群落中作用的大小，一般可划分为建群种、优势种、亚优势种和伴生种。优势种（dominant species）通常是那些个体数量大、生物量高、体积较大、生活能力较强，即优势度较大的种，对群落的结构和群落环境的形成有明显控制作用的物种。群落中的优势种可能是一个植物种，也可能是两个以上植物种。凡是由一个优势种组成的群落称为单优势种群落，由两个以上的优势种所组成的群落称为多优势种群落。植物群落的不同层次可以有各自的优势种，优势层的优势种称为建群种（constructive species）。比如乔木层的优势种就是森林群落的建群种。建群种是群落的建造者，它们在个体数量上不一定很多，但在群落中的作用最大，对群落的种类组成、结构、功能和内部环境具有最大的影响力。亚优势种（subdominant species）是指在个体数量、投影盖度等数量特征方面仅次于优势种的种类。伴生种（companion species）是指在群落中时常出现，但对群落环境影响较小的种。

（2）种类组成的数量特征　群落中各组成成分的数量特征通常采用如下的指标来表述。

1）多度（abundance）　用以表示群落中一个种的个体数目的多少。确定多度的方法通常采用直接计算法（记名计数法）和目测法两种，对于森林群落的树木种类常采用直接计算法，直接点数各个种群的个体数目，然后计算某种植物与同一生活型的全部植物个体数目的比例。而对于体形小且个体数量大的灌木和草本植物群落而言，常采用目测估计法，目测估计各个种的多度。国际上通常采用德鲁特（Drude）的七级制多度：

Soc.（Sociales）：极多，地上部分郁闭，盖度 75% ~ 100%。

Cop.³（Copiosae 3）：很多，盖度 50% ~ 75%。

Cop.²（Copiosae 2）：多，盖度 25% ~ 50%。

Cop.¹（Copiosae 1）：较多，盖度 5% ~ 25%。

Sp.（Sparsae）：不多，散生，盖度 1% ~ 5%。

Sol.（Solitariae）：稀少，<1%。

Un.（Unicun）：个别。

2）密度（density）　指单位面积内的植物个体数。样地内某一种植物的个体数占群落中全部植物种个体数的百分比称作相对密度（relative density）。若一块样地内只有一部分生境有植物生长，其余地方为空地，在计算密度时可以只以植物的生境面积为总面积进行计算，称为生态密度。

3）盖度（coverage）　指植物地上部分垂直投影面积占样地面积的百分比，也称投影盖度。盖度是群落结构的一个重要指标，标志了植物所占有的水平空间面积，一定程度上反映了植物同化面积的大小。处于主要层的植物种类，其盖度的大小决定了群落内植物环境的形成和特点，并影响次要层植物的种类、个体数量和生长情况。草原群落常以离地面 3 cm 高度的断面计算基部盖度，而森林群落通常以树木胸高（1.3 m 处）断面面积计算其基部盖度。

4）频度（frequency）　是指某种植物个体在同一类型群落、不同地段的出现率。用以了解植被的均匀程度。常以某物种出现样方数占全部样方数的百分比来计算，即：

$$F = P/T \times 100\%$$

式中 F：频度；P：某物种出现样方数；T：样方总数。

5）高度（height）　表示植物在垂直方向上利用空间的程度。群落的高度反映了植物分布地气候条件的优越程度和群落自然生产力。

6）重量（weight）和体积（volume）　重量是衡量种群的生物量（biomass）或现存量（standing crop）多少的指标。重量可分为鲜重和干重两类。质量是单位面积或容积内某种占全部总重量的百分比相对重量。体积是生物占空间大小的度量指标，在森林群落研究中非常重要，通常称为材积量。

2. 群落的垂直结构与水平结构

（1）群落的垂直结构　是指群落在空间上的垂直分化或成层现象。植物群落的成层现象包括地上成层性和地下成层性。引起地上部分分层的环境因素主要是光照、温度和湿度等条件，而决定地下分层的主要因素是土壤的物理性质和化学性质，尤其是土壤的水分和养分。地上成层现象是指植物的同化器官在地面以上不同的高度所形成的垂直结构或层次结构。森林群落通常根据生长型划分为乔木层、灌木层、草本层和地被层四个基本层次。乔木层以下的通称为林下层或林下植物，附生、寄生、藤本等称为层间植物。地下（根系）的成层现象和层次之间的关系和地上部分是相应的。如森林群落中，草本植物的根系分布在土壤的最浅层，灌木及小树根系分布较深，乔木的根系则深入到地下更深处。地下各层次之间的关系，主要围绕着水分和养分的吸收而实现。群落的成层现象提高了有限资源的时空利用范围和利用效率，有助于提高群落的生产力水平；减少了物种为争夺食物和养分等资源的竞争，使群落拥有更高的物种多样性；提高了生物群落的稳定性和对环境的改造作用，增强了抵御外界干扰的能力。因此，在中药材生产中，可根据药用植物本身的生物学特性，合理地进行间混套作，营造人工栽培药用植物群落的成层现象，不仅可确保药材的品质和产量，还可减少病虫草害的发生，例如在橡胶林下可套种喜阴的药用草本植物马蓝、草珊瑚等。

> **思考与讨论**
>
> 在耕地非粮化治理的大背景下，如何利用群落的成层性现象，科学开展中药材生态种植？

（2）群落的水平结构 是指群落水平方向上的配置状况或水平格局。群落在水平空间上表现的斑块相间的现象，也称为镶嵌性（mosaic）。由于地形、土壤湿度和盐碱度、光照强度、水分等环境因子的异质性，以及植物亲代的扩散分布习性，如生物自身生长特点、人和动物的影响等，均会造成植物个体在水平方向上的不均匀分布，形成许多小群落（microcoense）。

（二）植物群落的动态

1. 植物群落的季相及波动 植物群落总是处在不断变化和发展中。植物群落的变化主要有三种形式：一是季相（aspect），即植物群落随着一年中季节更替呈现出来的周期性外貌特征；二是年际变化（yearly change），即植物群落在不同年际之间的明显的变动，这种变动常常被称为波动（fluctuation）；三是植物群落更新（regeneration），即群落内某些植株个体死亡（或人为采集），被另一些植株的个体所替补。植物群落的更新首先取决于种子、鳞茎、根茎、块茎等植物繁殖体的数量和质量，也取决于是否有适宜的环境以利于繁殖体的传播、发芽、生长以至定居。上述三种变化只是群落外貌或种群个体上的更新，有利于群落的稳定性，但都不是群落类型的变化。

2. 植物群落的演替 一个植物群落被另一个植物群落所取代的过程称为演替（succession），演替使植物群落发生了根本性变化，是群落动态的一个重要特征。如果按裸地的性质来划分，群落演替可分为原生演替和次生演替两大类。如果按水分关系来划分，演替又可分为水生演替系列、旱生演替系列和中生演替系列。

（1）原生演替 原生裸地上开始的演替，称为原生演替（primary succession）或初生演替。原生裸地（primary bare land）指从来没有植物生长的地面，或者生长过植物但被彻底消灭了，没有留下任何原有植物的传播体或原有植被影响下的土壤。地形的变迁、气候的变化、生物的作用和人类的影响等均可导致原生裸地出现。在原生裸地上形成植物群落，只能靠从外地传播植物的种子或其他繁殖体。由于原生裸地环境条件很极端，只有那些顽强的先锋植物（如地衣、苔藓类）才能生存下来，经过一代又一代的生长，积累有机物质。随着土壤条件的改善和地面小气候条件的形成，给新物种的生存创造了条件，使它们可以侵入进来。同样，随着环境条件的变化，这些新种又会被其他的种类所代替。在此过程中，从少数小型的先锋植物，发展到匍匐地面的草本和灌木。在土壤肥力和近地面的大气条件得到不断的改善与提高下，灌丛又演化成小树、大树，最后形成一个成熟的植物群落。

植物群落的原生演替系列（primary sere）包括从植物的定居，到形成稳定的植物群落过程。原生演替系列可分为从环境极端恶劣的岩石表面或沙地开始的旱生演替系列和从淡水湖沼中开始的水生演替系列。

1）旱生演替系列　①地衣植物群落阶段：裸露的岩石上没有土壤，光照强烈，十分干燥，温度变幅大，首先生长的是壳状地衣，这些地衣以极薄的一层植物体紧贴在岩石表面，而且从假根上分泌有机酸来腐蚀岩石表面。在壳状地衣的长期作用下，环境有了一定的改善，随后便出现叶状地衣，最后是枝状地衣。地衣群落是岩石表面植物群落原生演替系列的先锋阶段。由于基质是岩石，因此演替过程的时间较长。环境改善以后，演替的时间缩短，本阶段的后期有苔藓植物出现。②苔藓植物群落阶段：苔藓和地衣一样，也是植物界的拓荒者，它们生活于沙碛荒漠、冻原地带及裸露的岩面或新断裂的岩层上。苔藓也可通过不断分泌酸性物质溶解岩面，加之其本身死亡的残体堆积于岩面，从而积累更多的土壤和腐殖质，改变了的环境为草本植物的出现创造了条件。③草本植物群落阶段：群落的演替继续向前发展，耐旱蕨类和一些禾本科、菊科、蔷薇科等草本植物的种子开始侵入、定居，此时小气候和土壤条件得到了进一步改善，土壤微生物和土壤小动物活动增强，植物根系可以伸入石隙中。这时一些木本植物开始生长，首先侵入的是灌木。④灌木群落阶段：草本植物群落发展到一定时期，出现一些喜阳灌木，它们常与高草混生，形成"高草灌木群落"。其后灌木大量增加，成为以灌木为优势的群落。⑤乔木群落阶段：灌木群落生长到一定时期，喜阳的树木开始增多，逐渐形成森林。再经过一定的演替，最后形成与当地大气候相适应的乔木群落，构成地带性植被，形成顶级群落。

2）水生演替系列　①沉水植物群落阶段：水深3～5 m时，首先出现的是轮藻类沉水植物，构成湖底裸地上的先锋植物群落，它们的生长使湖底有机质的积累加快，植物残体沉积使湖底抬高，水域变浅。继而生长繁殖能力强的狐尾藻、金鱼藻等水生植物种类出现，它们具有更强的垫高湖底的作用。②浮水植物群落阶段：随着湖水变浅，水深2～3 m时开始出现菱、芡、睡莲等浮叶根生植物，它们的叶片漂浮于水面，使得水下的光照条件变得不利于沉水植物的生长，沉水植物开始向更深的湖中心区域扩展。浮水植物积聚有机质的能力更强，进而使水底垫高变得更快。③挺水植物群落阶段：水体继续变浅，水深1～2 m时，芦苇、香蒲等直立水生植物出现，代替了原有的浮水植物群落。其中尤以芦苇最为常见，它的根茎发达，不仅可使水底迅速增高，而且可以形成浮岛。原来淹没在水下的土地露出水面与大气接触，开始具有陆生环境的特点。④湿生草本植物群落阶段：湖底露出地面之后，干燥季节时土面可以全部裸露，原来的挺水植物群落不适应新的环境，被一些禾本科、莎草科和灯心草科的湿生植物所取代。由于地面蒸发加强，地下水位降低，湿生草本群落又逐渐被中生草本群落所代替。⑤灌丛、疏林植物群落阶段：此时，在湿生草本植物群落中开始出现柳属、桦属等抗淹力强的灌木，形成灌丛。继而一些乔木树种开始侵入，形成了疏林灌丛。⑥顶级群落阶段：随着灌丛的生长，乔木树种增多，逐渐形成森林。经过一些过渡类型，达到与当地气候相适应的顶级群落。此时，原来的湿生生境也随之逐渐变成中生生境。

（2）次生演替　在次生裸地上发生的演替，称为次生演替（secondary succession）。次生裸地

（secondary bare land）是指原有植被虽已不存在，但原有植被下的土壤条件还多少有所保留，甚至还有曾经生长在此地的植物种子或其他繁殖体。

植物群落的次生演替类型，主要有草原放牧演替、森林采伐演替、火烧演替等。其中森林采伐演替的方向和时间长短取决于森林群落的性质，采伐方式（择伐、皆伐），采伐强度以及森林环境的破坏程度，采伐后的利用情况等。如果反复采伐、破坏，则会造成水土流失，森林失去恢复的必要条件，甚至发生逆行演替。

（3）演替的原因

1）环境的不断变化　包括外界因子的变化以及群落本身对环境作用而引起的环境的变化。这些变化给某些种类植物的繁殖提供了有利条件，而对另一些种类的植物则可能产生不利的影响。

2）植物繁殖体的散布　植物本身会不断地进行繁殖和迁移。

3）植物间直接或间接作用　植物之间直接或间接地相互作用，相互影响，种间关系不断发生变化。

4）人类活动的影响　森林采伐、人为火烧、过度放牧、开荒、修建水库等活动对群落的影响是巨大的。

（4）演替顶级理论

1）单元顶级理论　在一个地区内，植物群落相继被替代，通过一系列的演替阶段最后达到和这个地区气候相适应的稳定群落，这个阶段被称为顶级阶段。顶级（climax）一词是惠特福德（Whitford）于1901年首先提出的，他认为在同一个气候区域内，无论是水生演替还是旱生演替，最后都将发展成一个相对稳定的中性顶级群落。这一学说对植物生态学产生了很大的影响。以后克莱门茨（Clemments）逐渐完善了这一理论，认为在一个气候区域内，只有一个与当地气候相适应的群落，称为气候顶级群落（climatic climax），只要气候不变，又没有人为或其他因素的影响，该顶级则保持不变，即单元顶级（monoclimax）理论。

事实上，在一个气候区域中，土壤或地形总有差异，这些因素的综合作用形成了同区域性气候环境有着明显差异的局部环境。在这样的局部环境中的演替，也能进展到相对稳定的和永久性的阶段，但又不同于典型的气候顶级，如受特殊的土壤或地形因子的影响形成的永久性的沼泽，演替可能停止在这一阶段，并具有较长期的稳定性，而不会发展为气候顶级，就称为亚顶级（subclimax）。一般情况下，亚顶级占据的面积较小，当影响因素消失时，仍可继续发育成气候顶级。

2）多元顶级学说　有相当多的学者，如以坦斯利（A. G. Tansley）为代表，对单元顶级的理论持否定的态度。他认为在一个气候区域内，除气候顶级外，还应该有其他如地形、土壤等顶级。人们通常把这种论点称为多元顶级论（polyclimax theory）。按照这个观点，顶级实质上就是达到相对稳定阶段的一个生态系统。它是在变化过程中相对稳定的环境系统和生物系统的总体系，这个体系经常部分地或全部地受到破坏，但是只要原来的因素存在，它又能够重建。由于人类或其他因素的长期干扰而出现的顶级群落，称为偏途顶级（disclimax）或干扰顶级群落。例如东北的针阔叶混交林，由于人们长期砍伐破坏，则出现耐干旱、耐瘠薄的蒙古栎（*Quercus mongolica*）群落，长期处于相对稳定状态，该群落则属于偏途顶级。当然，"单元顶级说"和"多元顶级说"并无本质的区别，他们都认为植被发展就是趋向于"稳定化"。

3）顶级群落配置说　惠特克（Whittaker）于20世纪50年代末期，提出了顶级群落配置说

（climax pattern hypothesis），也称为种群格局顶级理论。他认为顶级群落是由种群的格局所形成，受到种的特性、散布能力、土壤等因素的综合影响。顶级群落中种群结构、能量流动、物质循环和优势种都达到稳定的状态。在一个地区，随着环境梯度的变化，有气候顶级、土壤顶级、地形顶级、火灾顶级等各种类型的顶级群落，形成与环境梯度格局相应的逐渐过渡的群落格局，位于格局的中心且分布最广的群落类型就是占优势的气候顶级，它反映了该地区的气候。

植物群落的演替是群体生态学的一个重要理论问题，群落学的发展与群落演替理论的发展有密切关系。演替理论在中药资源开发利用的实践活动中也有重要意义，有关天然药用植物资源的采伐及其所在的群落的更新、抚育、合理利用，中药农业耕作制度的改革等，都与群落的演替有着密切联系。只有掌握了群落的演替规律，在利用天然药用植物资源时才能预见将要发生的新变化，从而采取有效措施使群落的发展和资源的可持续性符合人们的利益。

（三）植物群落与中药资源品质形成

1. 药用植物在群落中的地位和作用　每一个植物群落都具有一定的植物种类组成，它们在群落中发挥着不同的作用，有的是主要组成者，对群落有巨大影响，而有的则影响较小。一般来说，在天然群落中，药用植物多为非优势种，很少是优势种或建群种。如人参（*Panax ginseng*）为阴生植物，生于针阔叶混交林及杂木林中；何首乌（*Polygonum multiflorum*）属于半阴性植物，对生态环境的适应性强、分布范围广，多生于路旁、林下、灌丛间、林缘及向阳或半阴坡地。甘草（*Glycyrrhiza uralensis*）多分布于气候干燥、阳光充足的温带草原和暖温带半荒漠地区，生长于土层深厚、排水良好、地下水分条件良好的碱性土壤或轻度盐碱土中。东北地区松嫩草原较干燥的沙岗地段和较平坦的草甸上，均可见到甘草群丛；新疆天山北麓平原、玛纳斯河滩地和低阶地草甸甘草群落的甘草盖度 25%～40%，频度 50% 以上，当土壤含盐量大于 10% 时，甘草生长不良，数量大为减少，其覆盖度可低至 2%，频度约 5%；内蒙古伊克昭盟草原上的白刺－甘草－芨芨草群落，甘草的伴生植物主要为菊科、蒺藜科、藜科、禾本科的旱生类草本，偶见灌木。甘草在群落中多为伴生种，少为优势种。有学者调查发现，在甘肃定西市、敦煌市，宁夏中宁县、盐池县以及内蒙古巴彦淖尔市磴口县和阿拉善盟额济纳旗等地成片生长的植物群落中，内蒙古甘草为优势种。

> 🎓 思考与讨论
>
> 以你所在区域的天然植物群落为例，调查分析群落中哪些药用植物为优势种？

要保障和发展某种药用植物资源，不能只是保护这一种药用植物，而是必须保护好该资源物种生存的群落，特别注意发展建群种，保证良好的群落内部环境，一旦建群种遭到破坏，药用植物也将因失去群落环境而无法生存。如一些木本植物群落，采伐后若不及时营造，则原来的一些阴生药用植物则会因为生境遭到破坏而逐渐减少甚至消失。

作为植物群落结构的组成部分，药用植物对于群落的稳定也具有一定的生态作用，尤其是在生态脆弱区，药用植物的生态作用更加重要。例如，过度采挖甘草、麻黄、防风、黄芪等会使草场走向退化。如果植物群落的建群种是药用植物，要适当间采，以保护其优势。若药用植物不是建群种，也应在保护建群种的前提下，促进药用植物种群的更新，防止群落的不良演替。而药用植物种群更新的关键条件之一就是要能产生大量繁殖体和传播体。因此，要关注植物群落中药用资源植物种群的数量波动，在其数量较少的年份，尤其要加强保护并辅以人工繁育。

2. 特定的群落环境下形成特有的中药材品质　在植物群落中，植物与植物之间，植物与环境之间相互影响、相互作用。植物与环境间的关系非常密切，不同环境条件下的植物群落中的同一种植物，在形态结构、生理生化、遗传特性及化学组分上都有可能不一样。例如，薄荷（*Mentha haplocalyx*）是世界性广布种，分布于北半球的温带地区，在我国广布于南北各省。由于薄荷属植物分布广，生态适应幅度大，自然杂交现象普遍，以及有性和无性繁殖并存，造成薄荷属植物种内在形态和化学上都产生很多变异。野生薄荷在溪流湿地上生长时，其叶肉海绵组织发达，栅栏组织不明显，茎带赤色，薄荷油含量约为 0.17%。移植到肥沃台地（亦称阶地为沿河流两岸、湖滨伸展的阶梯状地貌）后，薄荷叶肉栅栏组织明显，海绵组织减缩，茎枝浓绿色，薄荷油含量增加至 1%。另有学者对国内 22 个薄荷野生及栽培居群的样品中挥发油成分进行分析，将其归纳为薄荷酮 – 胡薄荷酮型（menthone–pulegone type）、胡椒酮型（piperitone type）、氧化胡椒酮 – 氧化胡椒烯酮型（piperitone oxide piperitenone oxide type）、芳樟醇 – 氧化胡椒酮型（linalool–piperitone oxide type）、香芹酮型（carvone type）、薄荷醇 – 乙酸薄荷酯型（menthol–menthyl acetate type）等 6 个化学型。因此，特定的群落环境下形成特有的中药材品质。反之，优质的中药材品质需要特定的群落条件。

二、植物种群的数量与动态

种群（population）是指某一特定时间内某一特定区域中由一个物种的全部个体构成的生物群体，它们共享同一基因库或存在潜在随机交配的能力。种群具有空间特征，即种群具有一定的分布区域、分布形式和空间等级结构。种群具有数量特征，即种群在单位面积上（空间内）有一定的个体数量，并随时间而变化。种群内所有个体具有共同的基因库，基因频率具有空间分布型，并随时间而变化（进化），即种群的遗传特性。植物种群常称为"居群"，是植物种群内的分化单元，是植物物种的个体在分散的、不连续的生存场所形成的或大或小的群体。将药用植物作为具体研究对象的种群，称为药用植物种群，可分为自然种群（或野生种群）、人工种群（或栽培种群）和半人工种群（仿野生栽培种群）。

（一）植物种群的数量特征

种群的数量是指一定范围内某个种群的个体总数，也称为种群大小（population size）。

1. 种群密度　单位面积或单位体积内个体数来表示种群的大小，即为种群密度（population density）。不同植物种群的密度差异很大，不同生境条件下的同一植物种群的密度也具有较大的差异。种群密度的调查通常是从其分布范围内最适生长空间来计算密度，即生态密度（ecological density）。种群密度高的地区可能是种群最适宜的生存空间，然而物种在其分布范围内个体的分布通常是不均匀的，因此不容易确定种群的生态密度。单位面积或空间的实有个体数，称为绝对密度（absolute density）。用某物种在群落中所占比例来表示种群数量高低的相对值，称为相对密度（relative density）。在实际的种群统计中，计量单位因生产实践的要求不同而存在差异，不一定以个体为单位，如在研究中药材产量形成过程时，计株数的同时更关注茎、叶、果实、根等入药部位的数量及其生物量的分布。

2. 种群的出生率和死亡率　药用植物种群数量的变动，主要取决于种群内个体的出生和死亡的数量。因此，出生率（natality）和死亡率（mortality）是影响其种群数量动态的最重要因素。出生率可用生理出生率（physiological natality）和生态出生率（ecological natality）表示。

3. 生命表　生命表（life table）亦称寿命表，始创于 17 世纪，起初应用于人口统计学中。生命表用于记录自然条件或实验条件下，种群在整个生命周期内的出生率和死亡率，以及出生、死亡发生的年龄。生命表分为列表生命表和图解生命表两种类型。

（1）列表生命表　系统观测记录一个同时出生的个体群（同生群，cohort），在不同生长发育阶段或年龄阶段的死亡与存活、死亡原因、繁殖数量，称为特定年龄生命表（age-specific life table）或动态生命表（dynamic life table）。若观察记录在一个特定的时间断面某一种群各龄级的存活状况，并以此估计各个年龄组的死亡率，称为特定时间生命表（time-specific life table）或静态生命表（static life table）。静态生命表编制基于以下三个假设：种群数量是静态的，即密度不变；年龄组合是稳定的，即种群的年龄结构与时间无关；个体的迁移是平衡的，即迁入等于迁出。静态生命表适用于世代重叠、寿命较长的种群。

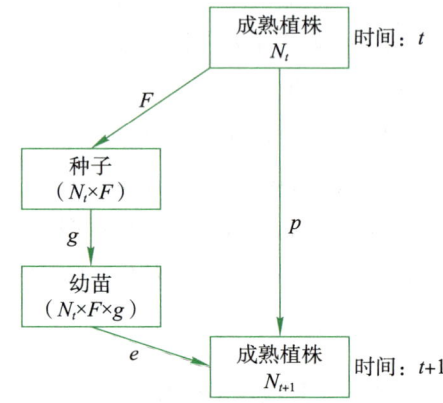

图 3-1　种子植物种群的图解生命表

（2）图解生命表　Segar 和 Mortviner 等学者提出。是将种群数量变动的过程以流程图的形式表示，并标示各数量的数值，特点是直观方便。如图 3-1，F 为生育力，g 为种子萌发率，e 为成长率，t 为不同的年龄（发育阶段），N 为个体数量，p 为成株的成活率。

$$N_{t+1} = N_t \times F \times g \times e$$

（二）种群增长模型

任何一种植物进入和占领新地域时，首先扩大其种群的数量以建立适度、稳定的种群规模，之后其种群数量会出现规则（即周期性）或不规则的波动，亦可能比较长期地表现为相对稳定。受物种的自身原因或外界因素的影响，种群数量有时会出现骤然猛增或急剧衰减。研究药用植物种群数量的动态过程，了解种群发生和发展规律，可更好地利用和保护其药用植物资源。

种群的增长模型一般可分为指数增长和逻辑斯谛增长等几种类型。

1. 种群的指数增长模型　亦即几何级数的种群增长。种群指数增长模型需满足以下设定条件：种群处于无限环境条件，即个体增长不受空间或密度与资源的限制；个体不死亡；每代的生殖力保持恒定。

根据种群世代重叠与否，指数增长模型又可分为世代不相重叠种群的离散增长模型和世代重叠种群的连续增长模型两类。一年生植物，一年只有一次繁殖，世代不重叠，种群增长不连续，种群增长的数学模型为：

$$N_t = R_0^t N_0$$

N_t 为 t 世代种群大小，R_0 为世代净繁殖率，N_0 为起始种群大小，t 为世代数。上述公式中，如果 $R_0 > 1$，种群以指数方式增长；$R_0 = 1$，种群数量将保持恒定；如果 $0 < R_0 < 1$，种群数量下降；当 $R_0 = 0$，种群无繁殖现象，且在下一代灭亡。

世代重叠种群的连续增长模型，种群增长是无界的；世代重叠，种群增长是连续的。通常情况下，每个种群都有一定的死亡率（d）和出生率（b），假设种群不发生迁入或迁出，环境条件保持无限，出生率和死亡率与种群大小无关。

$$dN/dt = (b - d)N$$

令 $r = b - d$，则方程式为：$dN/dt = rN$

其积分式为：$Nt = N_0e^{rt}$，种群的增长表现为 J 形（图 3-2）。N、t 的定义如前，e 为自然对数的底，r 为种群内禀自然增长率或种群瞬时增长率，$r = b - d$（b、d 分别为出生率和死亡率，假定没有迁入和迁出）。

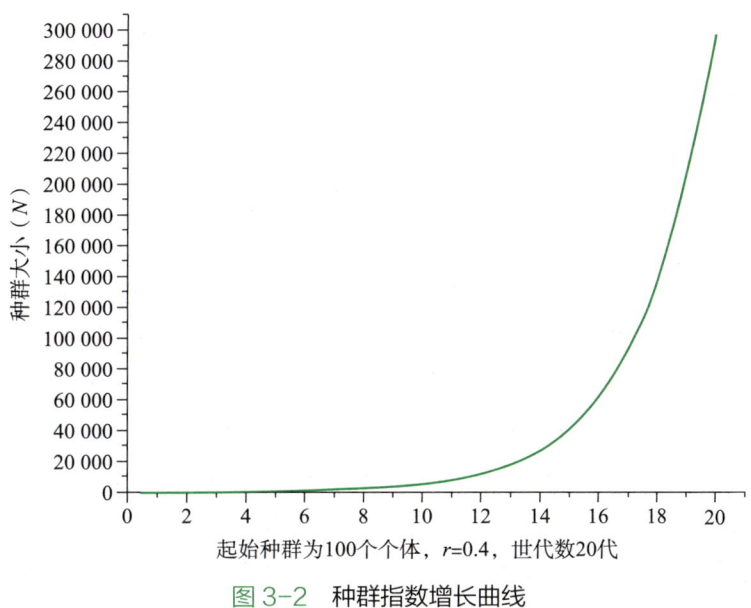

起始种群为100个个体，$r=0.4$，世代数20代

图 3-2 种群指数增长曲线

2. **种群的逻辑斯谛增长模型** 自然界中，种群常会受到空间和资源的限制或其他生物因素的制约，种群的无限增长很少发生，而且种群的出生率和死亡率都会随着种群密度的变化而变化，这种由环境资源所决定的种群限度就称为环境负荷量（carring capacity），即其某一特定环境所能维持的种群数量。我们把有限环境和与密度有关的种群增长称为逻辑斯谛增长（Logistic growth）（图 3-3）。

$$dN/dt = rN(1 - N/K)$$

其中，dN/dt 是种群的瞬时增长量，r 是种群瞬时增长率，N 是种群大小，K 是常数，是种群

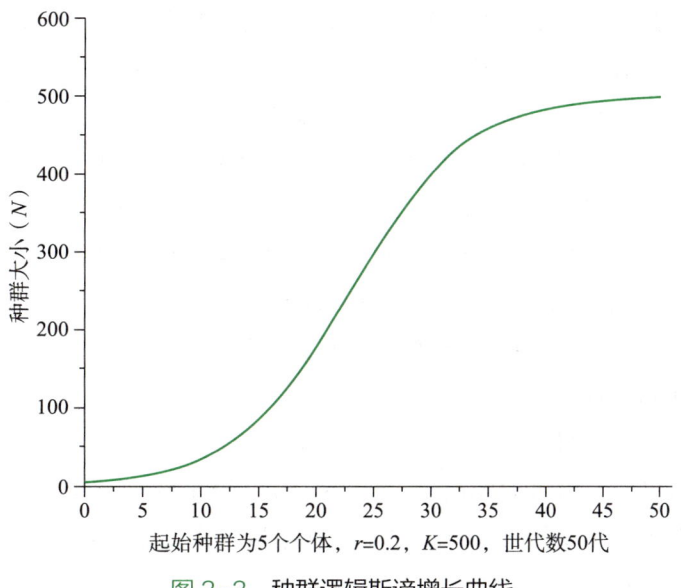

起始种群为5个个体，$r=0.2$，$K=500$，世代数50代

图 3-3 种群逻辑斯谛增长曲线

大小的上限，称为环境容纳量。种群增长早期阶段，种群大小 N 很小，每个个体占有的环境资源量 N/K 值也很小，因此剩余空间 $1-N/K$ 接近于 1，所以环境抑制效应可以忽略不计，种群增长实质上为 rN，呈几何增长。当 N 变大时，抑制效应增加，直到当 $N=K$ 时，剩余空间 $1-(N/K)$ 就变成了 $1-(K/K)$，等于 0，这时种群的增长也为零，种群达到了一个稳定的大小不变的平衡状态。

逻辑斯谛增长模型成立基于以下几个设定条件：种群中的所有个体具有相同的基因型和表型，具有相同的死亡率和生殖特征；种群的个体数量是合适的计量单位；种群内禀自然增长率 r 是常数；种群大小的上限和环境承载力固定不变。

3. 植物构件增长与个体增长　合子发育成幼体后，在其生长发育的各个阶段，可以通过其基本结构单位的反复形成而得到进一步发育的生物称为构件生物（modular organism）。植物是构件生物，植物种群的数量动态的研究，可以从基株（genet）和构件（module）两个水平进行研究。基株是一个合子发育而来的全部产物，无论是一棵幼苗还是由它经过无性生长形成的庞大的无性系，都被视为一个基株，用遗传个体的数量表示（N），基株构成植物的个体种群。而植物体上凡是具有潜在重复能力的亚单位均可视作构件，如不同年龄的小枝、叶、花、芽、种子，以及脱离母株可独立生长的无性系小株（ramet）、禾本科植物的分蘖（tiller）株等，可依据植物的特性和研究的目的，自由选择合适的构件单位。构件之间具有类似个体间相互竞争资源的现象。每一基株的构件数量用 η 表示，一个植物种群的构件总和就为 $N\eta$。植物种群数量特征的变化将由二者的变化及它们的组合效应所决定。由无性繁殖形成的构件种群也有年龄结构、种群增长、空间配置、性比等种群特征。

三、植物种群的质量与生态分化

植物种群的分布、数量和动态特征是由种群的质量，即种群内在的遗传特性和进化策略所决定的。植物种群所包含的遗传变异特性表现为多态性（即种群内所有个体所含遗传多样性的高低）和多型性（指种群间存在的遗传差异程度）。植物种群的遗传特性表现为种群的遗传结构（genetic structure），指遗传多样性（变异）在种群间和种群内的时空分布型。种群遗传结构包括种群遗传多样性、种群间遗传分化和种群间遗传距离。

1. 种群基因频率变化的影响因素　植物种群的生态适应与分化最终是由种群的遗传基础决定的，即种群的遗传分化，表现为种群的基因频率变化。引起种群基因频率变化的因素有自然选择（natural selection）、突变（mutation）、基因流和随机遗传漂变。

（1）自然选择　自然选择是达尔文和华莱士提出的进化论核心思想。达尔文的自然选择强调相互竞争形成的种群压力，是生物因素造成的选择。包括过度繁殖、生存斗争（也叫生存竞争）、遗传和变异、适者生存四点内容。华莱士的自然选择是指物理环境因素对生物的选择，外界物理环境变化所引起的局域种群的生态分化。现在理解的自然选择不仅仅是产生差别生存，更具有进化意义的是差别繁殖，即能繁殖成功的个体才是适应环境的。自然选择促使种群适应局部的特定环境，进而导致种群间的遗传分化。

（2）突变　突变是所有遗传变异的最终来源，它可以增加种群遗传变异的总量。广义的突变是指遗传重组以外的任何可遗传的变异，狭义的突变是指基因突变或点突变。基因突变是指基因组 DNA 分子水平上发生的可遗传的变异，是基因在结构上发生碱基对组成或排列顺序的改变。

基因流的影响表现在，个体或传播体从其发生地分散出去而导致不同种群之间产生基因交流，通过这一过程削弱种群间的遗传差异。而随机遗传漂变是在很小的种群内由于个体的死亡、迁入或迁出而导致基因频率的增减，这种改变对于越小的种群，其遗传漂变的作用越大，对种群的影响越大。

👥 **思考与讨论**

引起种群基因频率变化的因素中，哪些因素可以促进中药材种质资源发生遗传分化？

2. 植物种群的生态分化　植物种群的生态分化可分为有直接遗传基础的分化和没有直接遗传基础（可逆的）的分化，包括以下几种。

（1）生理生化调节　如在干旱、盐渍或低温等逆境条件下，植物细胞内会主动积累溶质，降低渗透势，从而降低水势，从水势下降的外界介质中继续吸水，以维持正常生理功能。

（2）生长发育过程的调节　如植物的趋光性、生长周期及开花期的缩短或延长。

（3）形态结构的饰变　即植物的表型可塑性，如不同环境中构件差异性的生长和发育。

（4）构件水平的种群调节　即构件出生率和死亡率的变化，表现为植株形态的改变，树冠不同部位的叶片大小、形状等的差异。

（5）遗传变异　表现为生理生化水平、染色体水平以及形态特征等方面的遗传性改变。

植物种群的生态分化既出现在种群内也出现在种群间。

3. 生态型　瑞典生态学家 Turesson 在研究了移栽于 9 个地方的风铃草属（*Campanula L.*）植物后，对植物性状与环境及遗传的关系进行了总结，认为绝大多数广布种随地理空间的差异而表现出形态学和生理学特征上的差异性，这些植物种内的变异都与特定的生境条件相联系。植物的生态变异性不仅反映了植物具有一定的环境可塑性，更重要的是这种生态变异具有遗传基础。1921 年，Turesson 提出了生态型（ecotype）一词，他把生态型看成是物种对某一特定生境发生基因型反应的产物，是与特定生境相协调的基因型集群。

生态型是指植物对特定生境适应所形成的在形态结构、生理生态、遗传特性上有显著差异的个体群。它是同一种植物的不同种群对不同环境条件发生遗传响应的产物，代表不同的基因型。不同生态型之间有特定的差异，甚至同一个生境中的不同个体群之间，也因立地生态因子的细微差异而存在生态型方面的差异；不同生态型之间也保持一定地理分布区的连续性，在特定的环境中能够发现它们的过渡类型。物种分布越广，特别是分布区内生境差异越大，分化出的生态型就越多。另外，物种系统发育的历史越久，生态型分化的机会也越多。

根据形成生态型的主导生态因子类型的不同，可以把植物生态型划分为气候生态型、土壤生态型、生物生态型及品种生态型等。如植物长期适应不同的光照、气温和降水等气候因子从而形成光照生态型、温度生态型和水分生态型等各种生态型，不同土壤生态型的药材中的微量元素种类和含量差异明显。由于气候生态因子的影响，特定药用植物种的地方生态型可在不同水平上积累不同的活性成分，进而影响药材品质。如日本学者对中麻黄（*Ephedra intermedia*）的不同生态型进行对比研究，发现栽培型中麻黄伪麻黄碱的含量为 0.97%，比野生型高 5 倍；野生型麻黄碱的含量为 0.35%，比栽培型高近 12 倍；栽培型中则不含甲基麻黄碱。

药用植物种与其共生种、病菌、寄生昆虫等不同物种间的共栖利害关系，或者在不同植物群落中，由于植物竞争关系不同，也可以导致药用植物分化成不同的生态型，从而产生药材的不同质量特征。生物共栖生态型会影响中药材的品质，如有学者曾对 11 个不同种的附主栽培的金钗石斛（*Dendrobium nobile*）所形成的不同生态型进行对比研究，发现不同附主栽培的金钗石斛的同一部位提取物的 GC–MS 色谱图、紫外光谱图、红外光谱图以及薄层色图谱均显示出显著的差异，其石斛碱的含量差异也明显。另有学者对 4 种黄芪生态型中黄芪甲苷和黄酮类成分的含量进行了分析比较，研究结果发现黄芪的质量与生态型紧密相关，4 种生态型黄芪的质量优劣顺序为：鞭杆芪 > 直根芪 > 二叉芪 > 鸡爪芪。

生态型的分化也是物种进化的基础，研究物种如何在不同生境条件下分化为不同的生态型是研究新物种形成过程的重要内容。生态型的研究也有助于药用植物的引种、育种和栽培工作，例如对广布种的生态型分类工作在中药材引种栽培利用方面极为重要，不同的生态型引种成功率不同，栽培利用的中药材品质也会不同。生态型杂交产生的后代多具有更强的适应力，是药用植物育种工作关注的新方向之一。

第二节　生物因素与中药资源品质形成

中药资源植物与其生存环境中各种生物（包括动物、植物、微生物），以及种内个体之间存在十分复杂的相互关系，如营养关系，如寄生、共生、竞争、捕食等；化学关系，如生物之间通过挥发性分泌物互相产生影响；机械关系，如附生、缠绕、绞杀、共栖等。按生态利益可分为互惠、偏利、偏害、中性等类型。按相互作用的物种是否相同又可以分为种内关系和种间关系。这些关系的建立、维持和变动必将引起药用植物代谢活动和抗性发生相应的调整，从而影响中药资源的品质。

一、种内关系与中药资源品质形成

生物在自然界长期发育与进化的过程中，出现了对空间、光照、水分、食物等的竞争，从而彼此之间形成了各种相互关系。存在于生物种群内部个体间的相互关系称为种内关系（intraspecific relationship）。生物的种内关系包括密度效应、动植物性行为（植物的性别系统和动物的婚配制度）、领域行为、社会等级、通信行为以及利他行为等。

（一）植物的密度效应

植物的密度效应（density effect）是指植物种群内部的个体间的关系，一定时间内，当种群个体数目增加时，必定会出现邻近个体之间的相互影响，即为密度效应。密度效应是由种群内个体间的相互作用决定的，这些相互作用包括出生与死亡、迁入与迁出等过程。植物种群内个体间的竞争，主要表现为个体间的密度效应，反映在个体产量和死亡率上。任何影响植物出生率、死亡率和迁移的生物或理化因子都会对植物的密度产生影响。不同生长密度对植物所造成的影响主要是因为生长密度形成一定的群体结构，从而使植株个体之间相互竞争所生长环境中的资源，如光照、水分、CO_2 浓度、氮磷钾养分等资源，导致在不同的生长密度下，植物的产量、品质及其个体的生理特性都有很大的差异。

植物密度效应有两个基本的规律。

1. **最后产量恒值法则（law of constant final yield）**　是指在一定范围内，当条件相同时，不管一个种群的密度如何，最后产量基本一样。最后产量恒值法则可用下式表示：

$$Y = \overline{W}d = K_i$$

式中，Y 表示单位面积产量，$\overline{W}$ 表示植物个体平均质量，d 表示密度，K_i 为一常数。

最后产量恒值的原因是因为在高密度情况下，植株之间的光、水、营养物的竞争十分激烈，在有限的资源中，植株的生长率降低，个体变小，因而单株产量降低，单位面积的产量恒定不变。

2. −3/2 自疏法则 生长于较高密度种群内的植物，由于密度的抑制作用，种群内个体会逐渐死亡，种群数目逐渐减少，直至达到平衡。这种种群的生长动态现象即为自然稀疏或者自疏，自疏现象普遍存在于自然和人工植物种群中。日本生态学家 Yoda 等提出了著名的 −3/2 自疏法则，其表达式为：

$$W = Kd^{-3/2}$$

式中，W 表示种群内植物的平均生物量；d 表示植物种群的密度，即单位面积上的植物数目；K 为由特定物种决定的常数。

由 −3/2 自疏法则可知，在一个空间拥挤、年龄均等、构成单一的植物种群中，随着个体植株生物量的增长，其种群密度将相应减少，且在双对数坐标系里，$\lg W$-$\lg d$ 的点运动轨迹不会超越一条斜率为 −3/2 的直线上限，而与植物的生活型、年龄大小、土壤状况及其他栖息地条件等因素无关。

🎓 **思考与讨论**

最后产量恒值法则和 −3/2 自疏法则对中药栽培有何启示？

（二）植物的密度效应与中药资源品质形成

对植物生长密度的研究结果都表明，合理的生长密度可以使植物群体内透光性好，在充分利用光照条件的同时，不影响植株个体的正常生长情况，从而达到增强个体和群体的光合作用，以提高产量和品质的目的。中药材中很多是以根为入药部位，例如丹参、地黄、三七、桔梗、党参等，合理的生长密度同样会对其产量和品质的形成过程起到重要的作用，尤其在中药的栽培中，生长（种植）密度对中药的品质有重要的影响。

1. 生长密度对药用植物生长发育及农艺性状的影响 药用植物作为一种特色经济作物，研究密度对其生长发育与农艺性状的影响有利于辅助获得药材最大经济效益。药用植物植株分为地上部和地下部两部分，地上部相关农艺性状和重量分别为叶片大小（叶长、叶宽或叶面积）、株高（趴地生长的测定主茎长）、冠幅、叶片数、分枝数、茎长、茎粗、地上部果实的大小（长度或直径）或果实个数、穗粒数、花的大小或花朵个数、地上部重量等；地下部相关农艺性状分别为主根长、根粗、分枝数（块根数）和地下部重量等。

生长密度对不同药用植物的生长发育及相关农艺性状的变化产生特定的影响。如对丹参不同生长密度的研究表明，丹参的株高、冠幅、花序数和花序长等随生长密度增大而减小，叶片大小随密度增大而减小，根长随密度增大先增大后减小，根粗随密度增大而减小，单株根重随密度增大而减小。不同种植方式配套种植密度对丹参生长性状变化的研究表明，在垄作和平作两种种植方式下，丹参的株高、冠幅与分枝数随密度增大都呈下降趋势；丹参叶长、叶宽和花序长随密度增大而增大，低密度花序数大于高密度，根长随密度增大而先增后减，根粗随密度增大而减小，单株根条数随密度增大而增多，单株根重随密度增大而减少。对乌头生长状态的研究发现，乌头的株高和茎粗在生育期内逐渐增大，而叶片数和叶面积指数在生育期内逐渐下降，乌头株高、叶片数和茎粗随生长密度增大而减小，叶面积指数随密度增大而增大。对大黄生长发育研究发现，随种植年限增加，大黄根长与根粗逐渐增大，根长与根粗随种植密度减小先增大后减小；大黄的根重随生长年限增加而增大，高密度根重小于低密度。对地黄生长发育与生长密度的研究发现，地黄株高、冠幅和叶面积在生育期内先增加后减少，地黄单株根干重在低密度最大，产量和有效成分综合分析显示，在中密度种植地黄效益最好。不同密度处理对胡黄连生育期的影响试验表明，随着密度增大，返青期逐渐缩短，盛叶期逐渐延长，增叶期、倒苗期先增加后缩短；并且随着密度的增大，胡黄连分支数越少，根茎长越短，而平均单株鲜重则呈现出明显降低的趋势。对夏枯草形态特征的研究发现，夏枯草株高随其密度增大明显增高，夏枯草的叶面积、冠幅、果穗数、果穗长和果穗宽、根、茎叶和果穗的干物质积累量随其密度增大而减小。

2. 生长密度对中药材产量和品质的影响　药用植物生长发育过程中存在三种生长状态，分别为营养生长、生殖生长、营养生长和生殖生长并列。前期，植物地上部进行光合作用制造有机物，向各器官转运以满足地上部和地下部的生长发育。进行适当采收，造成环境空间增加或密度减小，会造成植物地上部和地下部的生长发育提前或推迟。

不同药用植物根据其药用部位的差异，可分为三类：

第一类为地下部入药的根、根茎类药材。有关种植密度对中药材党参产量和品质影响的研究发现，随着种植密度增大，党参产量先上升后下降，党参优质商品率随密度增大而降低，党参种植密度与销售品质呈负相关。

第二类为地上部入药的种子、花、叶类药材。有关生长密度对菊花产量和品质影响的研究表明，收获期采摘的菊花烘干后其产量随密度增大而增大，且不同种植密度间产量差异显著，菊花中绿原酸含量、总黄酮含量、挥发油含量随密度增加而降低；不同密度条件下对红花的产量和品质特性的研究表明，红花的花和种子的产量随密度增大而减小，红花黄色素含量随密度增大而减小，当密度减小到一定程度，红花黄色素在小密度间含量差异不显著。

第三类为全草入药的药材。该类药用植物响应生长密度变化的情况各不相同。研究表明，白花蛇舌草的产量随种植密度增大先增后降，干物质积累量随密度增大而降低；金线莲随种植密度增大单株重量先增后降，金线莲中生物碱含量随种植密度增大而降低，类黄酮和多糖含量随种植密度增大先升高后下降；苗药艾纳香的产量随种植密度增大而逐渐增大，植株中挥发油含量也随种植密度增大而增大。

密度效应对每种药用植物的影响不一致，在人工栽培种植中，参考植物的生长特性设置适宜的种植密度，搭配合理的管理措施是达到药材高产优质的主要方式。

二、种间关系与中药资源品质形成

生活于同一生境中不同物种之间的关系为种间关系（interspecific relationship）。理论上讲，生物的种间关系多种多样，可以概括为两大类，即正相互作用（positive interaction）与负相互作用（negative interaction）。在生态系统的发育与进化中，正相互作用趋向于促进或加强两个作用种的存活，负相互作用趋向于抑制或减少两个作用种的存活。种群间相互作用类型在普通的生物群落中都可能见到，对于两个具体的物种而言，相互作用的类型可能会在不同的条件下或在其生命史的不同阶段中有所变化。

（一）种间关系

种间关系或称种间相互作用（interspecific interaction），包括种间竞争、互利共生、偏利共生、寄生等。影响药用植物生长及中药品质的种间关系主要包括以下几个方面。

1. 竞争与生态位 种间竞争（interspecific competition）是指两种或更多种的有机体或生物共同利用同一资源而产生的相互竞争作用。

（1）竞争类型 发生在同种个体之间的竞争为种内竞争，种内竞争可以在个体和构件两个层次上发生，即基株的竞争和构件的竞争，植株之间的竞争表现为最终生物量恒值的分摊竞争（scramble competition）和高密度下部分植株死亡的争夺竞争（contest competition）；而每个植株构件之间的竞争则主要是争夺竞争。发生在不同物种之间的竞争为种间竞争。依据竞争作用方式或性质的不同，竞争可分为利用性竞争（exploitation competition）和干涉性竞争（interference competition）。利用性竞争是对同一限制性资源的共同利用而产生的竞争，是一种间接的竞争。干涉性竞争是种间领域方面的竞争，是直接的竞争。植物种间竞争主要为前者。

（2）生态位

1）生态位理论 生态位（niche）是指一个种群在自然生态系统中，在时间、空间上所占据的位置及其与相关种群之间的功能关系的总和，是种群生态分化的具体表现之一。生态位理论包括生态位宽度、生态位重叠和生态位分离等方面的内容。生态位宽度又称生态位广度或生态位大小，是指被一个有机单位所利用的各种不同资源综合。例如，如果2个种在同一稳定的生物群落中占据了相同的生态位，1个种最终会消灭；在一个稳定的群落中，不同种具有各自不同的生态位，能避免种间的直接竞争，从而保证了群落的稳定性；由多个种组成的森林群落比单一群落能更有效地利用环境资源，长期维持较高的生产力，并有更大的稳定性。生态位窄，种内竞争强度大于种间竞争，不同物种可以共存；生态位宽，相互重叠多，种间竞争大于种内竞争，物种难以共存。

生态位重叠是指两个物种在其与生态因子联系上的相似性。生态位重叠是竞争的必要条件但并非绝对条件，取决于资源的状态。资源丰富，供应充足，生态位重叠的不同物种之间也不发生种间竞争；资源贫乏，供应不足，生态位稍有重叠即发生激烈的种间竞争。生态位分离是指在长期的系统进化过程中，由于自然选择压力总是使群落内的物种利用不同的环境资源，减少竞争，从而使得不同的物种能长期共存。生态位泛化是指在多变的环境中，植物的适应使其对资源的选择性减弱，生态位宽度增加，促进物种生态位泛化（generalization）。在稳定的环境中，植物对稳定生境的适应可导致对资源的选择性加强，而使物种的生态位宽度变窄，促使生态位特化（specialization）。

具有不同分布区的种，其生态位往往是彼此分离的，彼此之间无竞争。生态上类似，且生活在同一地区的种，常常占据不同的群落生境，某些近缘物种就这样被分隔开来，从而减少了竞争。除了地理分隔与群落分隔之外，两个物种的生态位还可因营养的选择吸收、个体大小、根系深浅和物候期等的不同，而彼此分隔开来，以减少竞争。不同的生物物种在生态系统中的营养与功能关系上各占据不同的地位，由于环境条件的影响，它们的生态位也会出现重叠与分化。

在中药资源学领域，明确生态位的概念，对于正确认识药用植物物种在自然选择进化过程中的作用，以及在运用生态位理论指导人工群落建立中种群的配置等方面具有十分重要的意义。基于生态位模型，可开展中药野生储量评估、生态适宜性评价和生产区划研究。通过预测药用植物生态适宜区，建立野生资源保护区和人工栽培基地，对药材的生境保护、合理开发和规范使用具有重要意义。野生中药材与多种与其生态位相近的物种共同生存，其种间通过化感作用也存在相生相克现象，影响药用植物的正常生长和代谢。

2）竞争排斥原理（competitive exclusion principle） 在一个稳定的环境内，两个以上受资源限制、但具有相同资源利用方式的种，不能长期共存在一起，又称或高斯原则。如果许多物种占据一个特定的环境，它们要共同生活下去，必然要发生生态位的分化，否则它们不能在相同的环境中共存。即完全的竞争者不能共存。

（3）竞争对植物分布、形态和产量的影响 当某些物种偶然进入未曾生存过的地区时，竞争对其地理分布的影响很显著。如果引进的种较当地种强壮，而且繁殖力也强，就会逐渐把当地种排挤掉。以禾本科大米草属的 *Spartina townsendi* 为例，该种在西欧沿海的大部分地区分布，可取代与其相近的种 *S. stricta*。种间竞争也会表现在植物的形态变化、繁殖力降低和数量减少等方面。例如，三叶草的无性系，在其侵入新环境时，可在一段时间里生长极其旺盛，并大量开花。当受到邻近其他种的影响时，三叶草种群则会变小。

> 🎓 思考与讨论
>
> 结合种间竞争和生态分化理论，应当如何设计药用植物的套种方案？

2. 互利共生（mutualism） 是指两种生物生活在一起互利互惠，二者分离时双方都不能独立生活的现象。互利共生体中的两种生物相互依赖，即一种生物完全地依赖于另一种生物获得营养或者其他生命所必需物质，如地衣（真菌与藻类）、菌根。菌根（mycorrhiza）是土壤中真菌与植物根系所建立的互惠共生体（symbiosome），即植物种类与有益菌类形成共生体，植物根系被菌类包围，并在土壤中形成网络，这些与根系相结合的菌类称为菌根真菌（mycorrhizal fungi）。菌根分为内生菌根（endomycorrhizae）和外生菌根（ectomycorrhizae）两大类。内生菌根真菌的菌丝体主要存在于根的皮层薄壁细胞之间，并且可以进入细胞内部，不形成菌套；具有内生菌根的植物一般都保留着根毛。外生菌根真菌的菌丝体紧密地包围植物幼嫩的根，形成菌套，有的向周围土壤伸出菌丝，代替根毛的作用。丛枝菌根真菌（arbuscular mycorrhizal fung，AMF）是球囊菌门（glomeromycota）真菌侵染植物根系形成的植物根系与真菌的互惠共生体，其菌丝侵入药用植物根部形成错综复杂的菌丝网络，影响药用植物的养分吸收、生长发育、活性物质的合成与积累以及抗逆性等。大量研究表明，接种 AMF 能够影响药用植物体内萜类、黄酮类、生物碱等次生代谢产物的含量，从而影响药材的品质。

共生固氮（symbiotic nitrogen fixation）是指能把气态氨转化为有机氨的原核生物与不具此种转化能力的真核植物的共生关系。原核生物将转化的有机氨供给共生的真核植物，并从共生植物那里获取水分、无机盐、有机酸、糖及其他高能大分子。根瘤菌与豆科药用植物共生体系研究表明，根瘤菌影响某些豆科药用植物种子的萌发，促进某些豆科药用植物的生长，增加其产量，还能提高一些豆科药用植物对干旱和盐胁迫等逆境的适应能力。此外，根瘤菌还会影响一些豆科药用植物初生代谢和次生代谢成分的积累；从光果甘草根瘤中分离出的根瘤菌和甘草也可以形成共生关系，且对甘草的生物量和甘草酸产量均有促进作用；接种根瘤能够增加苦参中的苦参碱、山豆根中的氧化苦参碱、鸡骨草中的相思子碱以及广金钱草中总黄酮的含量。

许多高等植物与土壤中的放线菌也能共生形成根瘤。某些热带和亚热带植物还能形成叶瘤这一特有的固氮共生现象。有花植物与传粉动物之间也是共生关系。兰科药用植物的种子细小如尘，无胚乳，存在萌发障碍，在自然条件下需要依赖共生真菌提供碳源、氮源、水及其他营养物质才能萌发。

3. 偏利共生（commensalism）　是指两种生物一起生长，对一种有机体有利，而对另一种则无影响的相互关系，如附生的地衣、藓类、蕨类和兰科植物，以及森林植物群落地上层乔木树种为林下的草珊瑚、人参、黄精等喜阴的药用植物起遮阴庇护作用。

4. 寄生（parasitism）　是指某一物种的个体生长在另一物种个体的体内或体表，从中吸取养分而生活的现象，前者为寄生植物（parasitic plant），后者为宿主植物。寄生植物的根系或叶片退化，或者缺乏足够的叶绿素而不能自给自足，必须从其他的植物上获取营养物质而营寄生生活。寄生药用植物主要有旋花科的菟丝子（*Cuscuta chinensis*），桑寄生科的桑寄生（*Taxillus sutchuenensis*），列当科的列当（*Orobanche coerulescens*），樟科的无根藤（*Cassytha filiformis*）等。寄主植物大多数是野生木本植物，少数为农作物或果树。

寄生植物不含叶绿素或含量很低，不能自制养分，它们从绿色的寄主植物取得其所需的全部或大部分养分和水分。寄生植物种类繁多，根据光合作用、碳素营养、吸器构造和从寄主身上获取资源的方式、生长习性等，可分为根半寄生、根全寄生、茎寄生和内寄生等4种类型。全寄生植物如无根藤、菟丝子等自身缺乏叶绿素，不能进行光合作用，其营养物质完全靠寄主植物提供。半寄生植物如桑寄生、独脚金（*Striga asiatica*）等自身具有叶绿素，能够进行光合作用，只需从寄主体内获取水分、矿物质和部分的有机物质。

中国寄生植物寄生类型主要以根半寄生为主，占中国寄生植物总数的一半以上。寄生类植物的中药从古至今都被人们所使用，如天麻、五倍子、肉苁蓉、茯苓、锁阳、菟丝子、猪苓、桑寄生、槲寄生等，具有良好的临床药用价值。寄生植物分布广泛，大多具有补益肝肾的功效，如菟丝子、槲寄生、桑寄生等分布于坡地、草原、山坡、路边等，其共性为性平，味甘，归肝、肾经，具有补肝肾，强筋骨，安胎元的功效。

寄生类中药的寄生方式和寄主的种类对其功效与品质具有一定的影响。如肉苁蓉和管花肉苁蓉两个物种自身的基因差异和生长环境不同造成了两者有效成分含量不同，同时也无法排除寄主植物对肉苁蓉品质的影响。有研究测定了3个不同物种、5株天然寄主和2个栽培寄主的肉苁蓉中，松果菊苷的含量均存在显著差异。分别对寄生在四翅滨藜与梭梭上的肉苁蓉中4种苯乙醇苷和可溶性多糖的含量测定显示，四翅滨藜寄生的肉苁蓉中松果菊苷、肉苁蓉苷A和毛蕊花糖苷含量均高于梭梭寄生肉苁蓉，而管花苷A和可溶性多糖含量低于梭梭寄生肉苁蓉。另外源于不同寄主的槲寄生样本药效活性存在差异，其中，源于桑树和枫杨树的槲寄生样本有较好的细胞毒作用，可能与其中所含的凝集素有关；源自山杨的槲寄生样本有较好的预防血栓和促进组织再生与伤口愈合活性，可能与其含有的黄酮成分种类较多，含量较高有关。

寄生植物与寄主间还存在除草剂、病毒、防御信号等物质的交流。如对具有除草剂抗性的转基因烟草喷施化学除草剂氯磺，可以杀灭寄生于其根部的寄生植物，表明除草剂可以通过寄主转移至寄生植物。研究发现，菟丝子可介导多种病毒在寄主间传播，以及可以在两种栽培烟草品种间传播马铃薯Y病毒，但自身体内病毒积累量却很低。值得一提的是，研究发现在菟丝子与多个寄主个体建立寄生关系而形成"微群落"（microcommunity）中，当某个寄主个体被害虫咬食后，该个体产生的"系统性抗虫信号"可通过菟丝子传递给"微群落"中的其他寄主个体，引发其他个体的转录组和代谢反应，进而提高其抗虫性。这表明，在"微群落"中菟丝子可能是不同寄主个体之间信息交流的"桥梁"。

此外，侵染植物体内的各种致病菌也是一种典型的寄生生物，它能够导致种群的消亡。如药用植物栽培生产中常致中药材产量下降的立枯病、根腐病等，这些致病菌多为专性寄生，在自然界中对单优种群的危害要比多优种群更大。

（二）他感作用

他感作用（allelopathy）是指一个物种或有机体的生长活动受到另一物种或有机体所释放的代谢产物的影响，包括促进和抑制。狄康多尔（De Candolle）早在1832年就指出，农作物连作会减产的原因可能是由于根部分泌有毒物质并积于土壤所致。澳大利亚植物学家莫利休（H. Molishh）于1937年首先提出了他感作用，又称植物毒素抑制作用。

任何植物在其生长发育过程中，都会通过根、茎、叶、花、果等向空气或土壤中挥发各种化学物质，或者在植株死亡腐烂后向环境释放化学物质。这些化学物质一方面可对植物自身的生长发育产生抑制或毒害作用，另一方面可对周围植物（或动物、微生物）产生促进或是抑制的作用。植物产生的化学物质（简称化感物质）具有三种作用：一是自毒作用，对自身生长产生抑制或毒害作用；二是相生作用，对他种生物（包括植物、动物和微生物）的生长产生促进作用；三是相克作用，对他种生物的生存和发展产生抑制、毒害甚至致死作用。

1. 植物与植食动物间的相互作用

（1）植物的防御功能　植物产生的相似的化学物质在植物防御植食动物方面多少具有同等的重要性。如烟草中的烟碱毒素能降低昆虫对植物的危害，可以把它当作一种杀虫剂使用；除虫菊所产生的除虫菊素具有非常快速、高效的杀虫作用，能有效地抑制植食动物对植物的广泛危害。植物对食草者的防御方式有：产生毒素降低可食性，产生单宁等物质降低适口性，产生植保素、脱皮激素等激素影响昆虫的发育。

（2）植食动物和植物的协同进化　植物和啃食它们的昆虫通常是对抗性地协同进化。昆虫在进化过程中，很早就楔入在相应植物种间的化学关系系统中，白花菜科、十字花科和金莲花科的植物含有芥子油，有些动物就专门取食这些科的植物。茄科植物的马铃薯叶中含有茄碱，烟草含有烟碱，龙葵含有阿托品。马铃薯甲虫、烟草天蛾和番茄天蛾等昆虫的食性仅限于取食该科中的一些植物。植食动物的压力也可以造成植物种群的多态现象或者在种群间化学防御的不同部署，如大多数脊椎食草动物避而不食含强心苷、生物碱或单宁的植物。但有的动物发展了专门的消化或解毒的酶，以妥善地处理有毒的植物代谢产物，如树袋熊吃食大量含萜和酚的桉树叶，小家鼠特别爱吃富含生物碱的山月桂树（月桂树属）和杜鹃花。

2. 植物与植物之间的相互关系
植物通过雨雾淋溶、挥发、根系分泌和残茬降解等方式释放次生代谢产物到环境中，影响邻近或下茬同种或异种植物的种子萌发和植株生长，这些物质称为化感物质。植物彼此之间相互作用的强烈程度不亚于昆虫与植物之间的相互作用。当化感物质的供体和受体为同种植物时，这种作用称为化感自毒作用。土壤是植物化感自毒作用的媒介，植物释放的化感物质在土壤中经滞留、转化、迁移等一系列途径逐渐被富集，并维持一定的浓度和活性，进而产生化感自毒效应和连作障碍现象。研究表明，一些药用植物的药效组分同时也是该植物的化感自毒物质，如西洋参、人参、三七等药用植物的根系分泌三萜皂苷类释放到土壤中，从而影响根际周围的土壤微生态环境，产生连作障碍，导致药材质量和产量下降。当前药用植物化感自毒作用的消减措施主要包括：选育对化感自毒作用具有较强抵抗能力且活性成分含量较高的品种、合理施用有机肥料、建立轮作套种等耕作制度等。

3. 药用植物化感作用与连作障碍的关系 药用植物的化感作用的形成有其自身独特的原因。首先，药用植物化感物质与有效成分具有"同源性"。药用植物含有特定的生理活性物质，如黄酮、蒽醌、生物碱、酚酸类等，这些化学物质往往又作为次生代谢物质分布在药用植物的各个器官。同时，植物中的化感物质也主要来源于植物的次生代谢产物，分子量较小，结构简单。这类小分子物质在药用植物栽培中很容易释放到环境中，使药用植物易于发生化感作用。其次，大多数药用植物为多年生且生长周期长，特别是栽培药材，药用植物在同一地块多年生长，随着栽培年限的增加，其不断地向环境释放化感物质，并在植物根际区逐渐积聚，使土壤微环境发生了改变，尤其是植物残体和植物根系分泌的化感物质一起影响植株代谢，对邻近植物的生长产生很大影响。随着药用植物集约化和规模化种植的扩大，使得同一地块长期种植同种药用植物，品种单一和高密度种植造成生态系统恶化。面对来自种群内外的激烈竞争，药用植物产生和释放化感物质的水平提高，影响同种或异种植物，以此调节种群密度和群落组成，减轻种内或种间的竞争压力。因此，从某种意义上说，提高栽培药材质量的同时也客观加剧了药用植物的化感作用。

基于化感作用开发植物源除草剂的研究

研究发现艾叶水提物具有强化感抑草作用，咖啡酸和异绿原酸 A 为其主要化感活性成分。在此基础上进一步研究发现，艾叶水提物化感作用是通过多靶标路径抑制受体植物的生长，相较化学除草剂更加安全，且不易产生残留，有望开发为植物源除草剂，应用于大农业和中药农业生产。

我国 40% 的药材供应主要依靠栽培品种，而占栽培品种 70% 的根及根茎类药材连作障碍问题尤为突出，化感作用为主要影响因素。连作严重危害丹参的生长，生长期枯苗率大幅度上升，地上、地下生长量下降，产量降低；同时，有效成分含量降低，根系外观畸形。通过测定，发现土壤 pH 降低，土壤中酸性物质大大增加。由此可见，根系分泌物中的酚酸在植物根际营养和植物间化感作用方面起着重要的作用。地黄根系分泌物、地黄叶、地黄块茎中均含有对地黄生长抑制的物质，其中以根系分泌物抑制作用最突出，这是造成地黄不能连作的主要因素。药用植物残体经微生物分解过程也会释放化感物质，对自身及周围生长的中药材产生化感作用，从而抑制下茬中药材的生长。如蕨类植物的枯死枝叶腐烂后释放出化感物质阿魏酸和咖啡酸，使一些草本植物在其间很难生存。

解决化感作用引起的连作障碍措施主要包括：在重茬土壤中加入活性炭，抗坏血酸处理，可有效解除连作障碍。通过品种选育，可以培育出对化感作用有较强抵抗能力的优良品种。如地黄品种"小黑英"比另一品种"金状元"更加具有抵抗由于连作导致的地黄斑枯病的能力。化感物质是植物的次生代谢产物，受多基因控制，在药用植物品种选育的过程中，除了采用传统的选育方法，还可以结合化感作用机制的研究，找出控制植物化感作用的某个或某些基因，然后对该基因序列进行修饰等技术处理，再转入该植物或其他植物，对其化感作用表达进行调控。将植物化感作用与基因工程技术相结合，是提升中药材品质很重要的一个途径。

总之，中药材忌连作，产量降低和品质变劣是中药材生产中亟待研究和解决的瓶颈问题。因此，加强中药材化感作用研究，探讨如何合理利用和克服化感作用在中药材栽培中尤为重要。

（三）生态种植

中药材的生态种植是在生态学原理的指导下，以药材质量与药性形成规律研究为基础，将现代科技成果与传统农业精华相结合，调控种植系统关键环节的生态要素，实现优质、安全、高效的药材生产方式。

狭义的中药材生态种植是指利用药用植物在自然群落或生态系统中的生态位，在尽可能少的人为干扰条件下的生产方式。如：天然林原始生态下野山参人工护育，特点是最大程度接近纯天然状态。广义的中药材生态种植是指利用不同植物种类的生态位特点，人为构建的药用植物与农林植物之间生态资源高效利用的生产方式。例如，玉米套柴胡，林下种射干，人为地构建生态系统。

基于生态位互补，开展中药材套种，能有效减少中药材纯大田种植的除草、松土等抚育成本投入，又能促进中药材良好生长，提升药材品质，使有限的土地得到充分利用。如基于生态位互补的中药材厚朴套种滇黄精的方法，是利用这两个药材生态位重叠值非常低的特性，结合土壤和气候特性，将滇黄精套种在厚朴下，有效地提高了土地、光能、水分、肥料等的利用率，节约了生产成本，提高了中药材品质和单位土地的产出率。

药用植物生态种植模式创新

药用植物生态种植模式在实践中已展现出显著成果。人参、重楼的仿野生种植，石斛、白及的拟境栽培，以及天麻的循环栽培等模式均经实践验证，成效显著。例如，白及生态种植模式体系呈现出丰富的多样性，国内学者经系统研究，归纳出29种模式。其中，4种林下仿野生种植模式充分利用自然条件，高度模拟原生环境；10种与经济林间作模式及14种间套作模式，通过优化资源配置，显著提高了种植效益；此外，1种经济林下白及-食用菌轮作模式实现了菌植共生的生态循环。天麻循环栽培以菌材循环为核心，旧菌材用于菌种生产或冬荪等食药用菌栽培。"林-麻"配套、"麻-菌"轮作等模式及配套技术，降低了生产成本、减少了资源浪费，实现了生态与经济效益的双赢。

三、微生物与中药资源品质形成

微生物（microorganism）是一类结构简单，形体微小，需要借助显微镜才能观察到的生物的统称，包括细菌、病毒、真菌等在内，涵盖了有益和有害的众多种类。微生物不仅本身是中药资源的重要成员（如很多重要的药用真菌），也是中药现代化研究中必不可少的工具。通过利用微生物的不同特性对中药品质进行调控具有广阔的研究价值和应用前景。本部分重点介绍根际微生物与内生真菌对药用植物生长及中药品质形成的影响。

（一）药用植物根际微生物影响中药资源品质形成

根际（rhizosphere）是地球上物质和能量循环、信息交换最活跃的界面之一，也是植物-微生物-土壤三者相互作用密切的一个复杂的生态系统。细菌中变形菌是药用植物根际中最为丰富的优势菌群，部分真菌如镰刀菌属和丝核菌属是药用植物重要的病原微生物，而白粉寄生菌属、盾壳霉属及木霉属等则是根际促生真菌，是生防微生物筛选的重要菌种来源。放线菌（尤其是链霉菌）能产生多种具有生物活性的代谢物，对于一些土传病虫害有较好的拮抗作用。

根际微生物可以通过直接或间接的方式影响植物的生长和抗逆性。对植物生长有益的土壤微生物通常被称为植物根际促生菌，主要包括根瘤菌属、假单胞菌属、芽孢杆菌属、菌根真菌、木霉菌属等。根际微生物对药用植物品质形成的影响主要包括以下几个方面。

1. 根际微生物增强药用植物的抗病虫害能力　我国中药材种类繁多、药用部位多样、产区跨度大、生物学特征差异明显，从而导致病虫害种类多样性高且危害严重。多年生中药材（如人参、西洋参、三七等）地下病虫害尤其普遍，常见的主要有根腐病、黑斑病、根结线虫病、白粉病、圆斑病等。有研究从 3 种药用植物根际分离出的 2 株真菌 *Aspergillus pseudocaelatus* MG772677 和盖姆斯木霉 *Trichoderma gamsii* KX685665，对 4 种病原菌（包括腐皮镰孢菌、立枯丝核菌、齐整小核菌和大丽轮枝菌）的平均抑制率分别为 77.90%、77.98%。研究发现，从姜黄根际土壤中分离到的链霉菌对植物病原菌具有较强的抗菌活性；从人参根际分离出的解淀粉芽孢杆菌 *Bacillus amyloliquefaciens* AK-0 能够抑制由人参锈腐病菌引起的根腐病；灰黄青霉菌 *Penicillium griseofulvum* CF3 能够显著抑制附子中土传根病原菌尖孢镰刀菌和齐整小核菌的生长。

2. 根际微生物增强药用植物的抗逆能力　低温、高温、干旱、盐碱、水涝、重金属等不利因子会扰乱植物的生理生化状态，影响植物的生长发育，严重的会导致植株死亡。研究表明，根际微生物通过调控植物体内与胁迫相关基因的表达，增强植物在胁迫条件下的养分吸收，提高植物的应急耐受性。研究发现，共接种中慢生根瘤菌和极端东方化假单胞菌显著缓解了甘草植株的盐胁迫，使甘草的产量和根瘤数增加；接种产脂固氮螺菌或圆褐固氮菌能显著提高小茴香种子的耐盐度，使种子的发芽率以及根、茎的长度和生物量增加。菌根真菌提高了干旱条件下小茴香的渗透调节能力，使小茴香挥发油产量、叶片和果实的养分含量增加。菌根真菌还能显著地提高铅胁迫下龙葵的根际微生物多样性和对氨基酸、糖类、脂肪酸等的代谢活性。此外，研究表明重金属如 Co、Cd 和 Zn 的存在会促进根际微生物分泌铁载体。如在 Zn^{2+} 胁迫下，人参根际真菌哈茨木霉、圆红冬孢酵母、尖孢镰刀菌会增加铁载体的分泌，以应对环境的威胁。

3. 根际微生物促进药用植物生长和药用部位发育　根际有益微生物可以促进植物对氮、磷、钾以及铁等矿质元素的吸收直接促进植物的生长。具有固氮作用的根际微生物主要包括根瘤菌属、缓生根瘤菌属、固氮螺菌属、菌根真菌等，芽孢杆菌、假单胞杆菌、沙雷菌、青霉菌、链霉菌、菌根真菌等具有解磷作用。研究发现，菌根真菌提高了滇重楼根际土壤中氮、磷、钾等营养元素的含量，使滇重楼药材对 Mg、Na、Zn、Ni 的富集能力增加，有利于其生长和品质形成。有研究从茶树根际分离了 2 株溶磷细菌贝莱斯芽孢杆菌和坚强芽孢杆菌，通过产生有机酸来溶解磷元素，显著促进花生的生长。部分根际微生物还能产生具有促生作用的植物激素，如分别从木碱蓬、甜叶菊根际中分离得到具有产吲哚 -3- 乙酸活性的根际细菌，具有增强植株的根系生长，提高株高以及根和茎生物量等作用。此外，根际有益微生物还可以通过诱导宿主的系统抗性达到拮抗病原菌和促进植株生长的目的。研究发现拟南芥根际的微杆菌、寡养单胞菌和黄单胞菌共同参与了诱导拟南芥对霜霉病的系统抗性。

4. 根际微生物促进药用植物有效成分的合成和积累　植物的次生代谢在信息交换、环境适应和协同进化中起着重要的作用，并且能吸引传粉者和传种者，防御天敌和病原体，还能参与植物之间的协同和竞争作用，有助于植物对物理化学环境改变的适应等。植物的次生代谢产物不仅是植物长期适应进化的结果，还常常作为一种植物药的有效成分而存在。根际微生物通过调控药用植物中与次生代谢产物合成相关基因的表达，合成转化植物活性成分前体的关键酶等机制促进药用植物有效成分的积累。研究发现，板蓝根际显著富集的伯克霍尔德菌参与板蓝功效物质靛蓝的合成；棘孢木霉通过上调青蒿素生物合成关键酶基因 *HMGR1*、*FPS*、*ADS*、*CYP71AV1*、*CPR*等的表达，提高了黄花蒿叶片中青蒿素浓度；接种混合的根际促生菌增加了栝楼中药用成分多糖和天花粉蛋白的积累；短小芽孢杆菌通过增加关键酶的表达来提高甘草酸的含量；圆褐固氮菌和巴西固氮螺菌共接种能使唇萼薄荷中脱落酸、可溶性糖、蛋白质、酚类、黄酮类以及含氧单萜的含量提高；假单胞菌和泛菌可能通过产生植物激素和多糖参与丹参次生代谢产物的合成，对丹参中酚类物质迷迭香酸、丹酚酸 B 的积累有显著促进。

5. 根际微生物缓解药用植物连作障碍　我国中药材栽培历史悠久，目前已经实现了 300 多种药用植物的人工种植，大约有 70% 的根及根茎类药材受到连作障碍的困扰。根际微生物能够改善土壤微环境，增加根际微生物的生物量和土壤酶活性，降低土壤中真菌、细菌的比例，缓解连作障碍。如施用有益微生物复合菌剂能够缓解太子参、三七、广藿香、滇重楼等中药材的连作障碍。研究发现，三七 – 玉米体系中土壤微生物酶活性显著高于三七单作体系，细菌和真菌数量增多，但真菌 – 细菌的比例减小，在属水平上镰刀菌和不动杆菌的相对丰度显著减少，而芽孢杆菌相对丰度显著增加。有研究从人参根际分离到 1 株解淀粉芽孢杆菌，接种后通过降低根际真菌的丰富度和多样性，提高多酚氧化酶、磷酸酶、脲酶和过氧化氢酶的活性，促进人参根系的生长。

（二）药用植物内生菌影响中药资源品质形成

植物内生菌（endophyte）是指寄生于健康植物体内，在宿主植物各组织、器官或细胞间隙完成全部或接近全部的生活周期，且对植物组织没有引起明显病害症状的微生物类群，包括内生真菌、内生放线菌、内生细菌等。本部分主要介绍内生真菌。

内生菌贯穿于药用植物的各个发育阶段，对药用植物的萌发、生长、代谢、应对胁迫、成熟与凋亡等阶段都产生重要影响。药材品质是植物基因型和环境相互作用的产物，而内生菌则是植物内环境的重要组成部分。由于内生真菌与其宿主植物在长期共进化过程中能够形成一种稳定的互利共生关系，而这种关系的物质基础是内生真菌与宿主植物共同作用产生的次生代谢产物，这些物质多具有植物生长调节活性、抗虫活性和其他生物活性等，使宿主植物具备了优良的抗逆性和生长特性。内生真菌不但自身能够产生特殊的生理活性物质，还能诱导和促进宿主植物某些代谢产物的合成与积累，甚至产生与宿主植物相同或相似的次生代谢产物，在药用植物中的作用尤其明显。其对药用植物品质的影响主要表现在以下几个方面。

1. 内生真菌对药用植物生长发育的影响　内生真菌可增加药用植物的总生物量、单株花序数量和种子数量，提高药用植物种子的饱满率和发芽率，促进幼苗存活和分蘖生长。如一些内生真菌可提高天麻、长苏石斛、细叶石斛等兰科药用植物的种子发芽率。铁皮石斛气生根可与内生真菌 *Mycena* sp. 共生形成内生型的"兰科菌根"，促进水分和营养物质的吸收，供其正常生长与发育。从兰科植物根系分离的内生真菌 *Epulorhiza* sp.（MF15 和 MF18）及 *Mycena* sp.（MF23 和 MF24）与金钗石斛共生培养能促进金钗石斛的生长。金线莲分别与开唇兰小菇、石斛小菇和兰小菇 3 种内生真菌共生培养一段时间，可以促进金线莲无菌苗的生长，增加气生根的数量，从而提高无菌苗出瓶后的成活率，使之更易适应环境。相关工作对保护、扩繁与人工栽培珍稀濒危药用植物具有重要的指导意义。

内生真菌促进药用植物生长发育的机理主要有两种：一方面，许多内生真菌可产生或促进宿主药用植物产生吲哚乙酸、细胞激动素等植物生长激素；另一方面，内生真菌可促进宿主植物对N、P等营养元素的吸收。

内生菌 – 宿主互作机制研究进展

　　中药材内生菌信号定殖机制及内生菌与宿主的互作机制尚未形成完整体系。随着科学技术的发展，基因组学、转录组学、蛋白质组学和代谢组学等技术部分或全部的联合使用，可以从基因变迁、转录、表达、次生代谢产物的积累、表观遗传学等各层次，对生命现象进行全面而系统的解释，进而加速了内生菌 – 宿主互作关系的研究进程。如通过高通量基因测序与转录组学相结合，内生菌与植物以及与其他共存内生菌的信号传导可以被追踪和量化，以全面描述它们的共生关系。

　　2. 内生真菌对药用植物抗逆性的影响　　感染内生真菌的宿主植物对环境具有很强的抗逆性，内生真菌在植物抗逆性上的作用可以分为对非生物胁迫的抗性和对生物胁迫的抗性两方面，前者主要包括干旱和高温耐性，后者主要包括阻抑昆虫和食草动物的采食、抵抗病虫害等。

　　例如，内生真菌感染的高羊茅植株生长能力在水分胁迫条件下高于未感染植株，尤其在重度胁迫条件下，当75%的未感染植株死亡时，感染植株全部存活。高羊茅 – 内生真菌共生体抗旱性试验表明，与未感染植株相比，感染植株的叶片加厚变窄，叶片卷曲现象普遍，根系生物量更大并且分布深。干旱后的恢复率带菌植株达到70%以上，而不带菌植株还不到2%，说明内生真菌提高了宿主植物的耐旱性。

　　药用植物内生真菌对植物病原细菌和病原真菌的抑制现象较为普遍，在内生真菌 – 宿主药用植物的生态系统中，植物内生真菌起着重要的生态学作用，80%的植物内生真菌在抗真菌、抗杂草等方面具有活性，如从芦竹、芦荟及茜草科药用植物中分离到的内生真菌都能够产生抑菌和杀菌的活性物质。从卫矛科药用植物雷公藤中分离到的内生真菌能产生一种新酰胺生物碱，该物质对稻瘟病菌及其他多种植物病原真菌有较强的抑杀作用。有研究从黄花蒿和蒙古蒿的茎内分离到2株能产生抗菌活性物质的内生真菌炭疽菌，并获得了3种新的抑菌物质。

　　抗虫性增强主要来源于内生真菌 – 宿主药用植物共生体中真菌产生的毒性物质。由于幼叶是真菌感染的主要部位，也是其产生有毒生物碱量最高的部位，因此该部位抗虫性最强。不同类型的内生真菌会产生不同的生物碱，其生物碱产生的种类与数量决定着植物的抗虫性能，如从杀虫植物苦皮藤中分离得到的3株内生真菌产生的代谢产物具有较强的杀虫活性，禾本科植物内生真菌 *Neotyphodium uncinatum* 代谢的黑麦草碱也是一种广谱性杀虫物质。

　　3. 内生真菌对药用植物活性成分合成和积累的影响　　内生真菌在与植物协同进化的过程中，不但自身能够产生特殊的化学物质，还能诱导宿主植物某些代谢产物的合成和积累，将内生真菌的诱导作用应用于植物生物碱、萜类、皂苷等天然药物的生产，尤其在利用植物组织或细胞生产天然药用成分方面，诱导作用有着良好的应用前景。在内生真菌与药用植物建立共生体的早期，两者之间存在一系列信号物质的交换与识别，从而引起代谢的变化。这些信号物质被称为内生真菌诱导子，是来源于内生真菌的一种确定的化学物质，在植物与内生真菌的相互作用中能快速、高度专一和选择性地诱导植物特定基因的表达，进而活化特定的植物次生代谢途径，合成和积累特定的目的次生代谢产物。

促进药用植物次生代谢产物合成和积累的内生真菌诱导子成分为多糖和寡糖，糖蛋白、蛋白不具有诱导活性。研究表明，红豆杉属中的许多种如短叶红豆杉、云南红豆杉、南方红豆杉等植物内生真菌不仅自身能够产生具有抗癌活性的紫杉醇和其他紫杉烷类化合物，还具有诱导作用，促进红豆杉细胞增殖与紫杉醇积累，产量比对照提高了 5~7 倍。分离于长春花的内生真菌可诱导长春花碱的合成和积累，产量比对照提高了 2~5 倍；黄花蒿内生真菌 Colletotrichum sp. 细胞壁寡糖提取物也可促进青蒿素的合成，青蒿素产量比对照产量提高 50% 以上。从柬埔寨龙血中分离到的红色镰刀菌对龙血树血竭形成有促进作用，可使血竭的形成量提高 0.66~1.2 倍，该内生真菌接种于死态龙血树同样可促进血脂的形成和积累。此外，将内生真菌接种于药用植物体内，也有利于药用植物次生代谢产物的提高，如用宿主植物内生真菌接种到大戟幼苗中，不仅可以加快幼苗的生长，有效缩短药材生长时间，而且通过添加内生真菌诱导子可以显著增加悬浮细胞中次生物质的积累。

因此，将内生真菌技术与植物快速繁殖技术进行有机结合是对传统植物组培技术的突破和发展，对于珍稀濒危药用植物种质资源的保护以及优良品种的选育等方面有着重要意义，对于药用植物的大规模高效优质栽培也具有很好的应用前景。将有益的内生真菌接种于某些生长缓慢、自然繁殖困难、濒危的药用植物体内，可促进其生长及其有效成分的合成和积累，提高药用植物产量及品质，也可以克服某些植物源中药材有效成分含量低和资源不足的限制，是传统中药生产向高质量、高产量的现代中药生产发展的新途径。

第三节　非生物因素与中药资源品质形成

中药资源品质形成受多种非生物因素的影响，如光照、温度、水分、地形、土壤等。这些因素都不是单一的生态因子，常常又包括了多个因子，例如，光照因素中包括光照强度、光质、光周期等；温度因素中包括年变化、日变化、极端温度等；水分因素主要包括水的形态、水量及其作用持续时间等；地形因素包括坡度、坡向、海拔、海陆位置等；土壤因素包括土壤含水量、土壤温度、土壤 pH、土壤质地、土壤结构、土壤盐碱度等。这些非生物因素共同影响药用植物的生长、发育、生殖、分布、代谢，因此与中药资源品质密切相关。特定生长环境中的非生物因素甚至主导了药用植物资源的道地性。因此，研究和关注非生物因素在中药资源品质形成中的作用与机制，对中药资源品质调控至关重要。

一、非生物因素对药用植物生长发育的作用

（一）非生物因素的作用特点

药用植物与其环境之间的关系是相互的、辩证的，各种非生物因素与药用植物有机体相互关系是复杂多样的，但其作用方式具有以下几方面特点。

1. 综合作用　药用植物的生长、发育、繁殖、分布，以及药用品质形成依赖于各种非生物因素的综合作用。每一个因素对植物的作用不是孤立的、单独的，而是相互影响、相互制约的；生态因子彼此联系、相互协同，综合地对植物起作用，个别因素的作用是在综合效应下的表现。

而且环境中任何一种生态因子的变化,必将引起其他因子发生不同程度的改变。例如,光照增强相应地会引起温度升高、大气湿度下降等。所以这也是以光照强度为主导因子时,光、温度、大气湿度等因子综合影响的结果。如阴性植物相对要求在大气和土壤含水量较多的环境中生长,这说明各种环境因子都不是单独起作用的,而是相互影响、相互制约、综合地对药用植物起作用。

2. 非等价性 各类非生物因素综合发挥作用并不等于各种因子同等重要,而是有主次轻重之分,即有主导因子、生存因子和一般生态因子之分。如光周期 / 日照长度变化和植物春化阶段的低温是决定大部分药用植物开花时间的主导因子。

3. 限制性 生物的生存和繁殖依赖于各种生态因子的综合作用,其中限制生物生存和繁殖的关键性因子是限制因子(limiting factor)。限制因子通常也是主导因子。某一因素如土壤中的某种矿质营养不足或缺乏,可以成为影响药用植物生长发育的不利因素,但若该因素过量,同样可以成为该药用植物生长和品质形成的限制因子。通常极端温度、光强、降雨量等显著影响了药用资源植物的分布界限,矿质营养条件影响了药用植物的品质。

每一种药用植物对每一种非生物因素均有其耐受范围,即有一个最低耐受值(耐受下限)和一个最高耐受值(耐受上限),其间的范围称为生态幅(ecological amplitude)或生态价(ecological value)。生态幅中存在一个适宜生存范围,在这个范围内,药用植物的生长发育最快,产量最高,繁殖最多;而在环境梯度过高和(或)过低的两个生理受抑区则生长发育受到胁迫;当环境梯度达到生理非耐受区,则不能生存。这就是著名的 Shelford 的耐受性法则(图 3-4)。

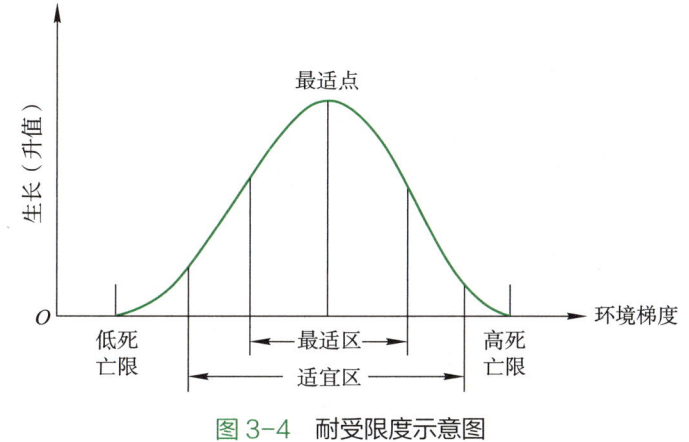

图 3-4 耐受限度示意图

🗣 **思考与讨论**

同一种药用植物的生态幅是否可以改变?

4. 阶段性 每种药用植物在其生长发育的不同阶段,往往需要不同的生态因子组合或不同强度的生态因子,由此可见生态因子对生物的作用具有阶段性。例如,低温在某些药用植物春化阶段中是必需的,但在以后的生长发育时期中,低温对植物则可能是有害的。又如植物对光的需要量也常常随着发育阶段的不同而异。如遮阴在黄连的早期栽培阶段是必需的,但随着生长年限的增长,其需光性就逐渐增强。再如,适当的弱光条件可以促进番红花开花,但长期的弱光条件不利于其光合作用和种球的发育。

（二）光照对药用植物生长发育的作用

太阳辐射是地球上几乎所有生命的能量来源。地球上生命活动的能量，绝大多数来自绿色植物接受太阳光能，通过光合作用，把光能转变为贮藏在有机物中的化学能。植物光合作用产生的有机物是植物生长发育的物质基础，不但供给自身需要，还维持着地球上生物圈中人和各种动物以及其他异养生物的生命活动。

光照因素主要包括光照强度、光质和光照时间等。这些因子的变化可以直接或间接影响药用植物的生长发育、生理生化、形态结构等。

1. 光照强度对药用植物生长发育及代谢的作用　充足的光照可以加强植物生理活动机能，有利于碳水化合物的积累，增加植物体内的有机营养，使枝叶生长健壮。光能影响细胞的分裂，促进细胞、组织和器官的分化，光照强度与植物体积的增大有密切关系，影响组织和器官的生长和发育速度，并保持正常的发育比例。

光照强度可以直接影响药用植物的初生代谢和次生代谢，从而间接影响中药材的产量、性状及活性成分的积累。但并非光照越强，药用植物的品质就越好，而是需要适宜的光强条件。如人参在20%透光棚下，根中皂苷含量最高；叶片中皂苷含量在15%透光棚下最高；光照过强时皂苷含量反而下降。绞股蓝（*Gynostemma pentaphyllum*）在相对照度为70%左右时，总皂苷含量最高；在全日照条件下穿心莲花蕾期内总内酯含量较遮阴条件下高10%～20%。说明光照条件的强弱会对药用植物的药效产生影响。此外，植物细胞中花青素的含量与光照强度有密切关系，光照强，在叶片中合成的色素原越多，花青素的形成也多。较强的光照强度还促进植物酯类等气味物质的累积。

2. 光质对药用植物生长发育及代谢的作用　光质（又称光谱成分）对中药活性成分的积累亦有影响，当提高光强度并使长波光（如红光）占优势时，碳素向糖类的转变过程加强，从而促进糖类合成，亦即碳素沿着磷酸甘油酸被还原成糖的途径转变。当使短波光（如蓝光）占优势并增加氮素营养时，则促使碳素朝向氨基酸和蛋白质的合成，亦即碳素沿着磷酸甘油酸转化成丙酮酸，进而形成氨基酸、苹果酸及其他有机酸的途径转变。有报道指出，向日葵和玉蜀黍在红光下形成糖类多，而在蓝光下则形成蛋白质增多，认为蓝光能促进蛋白质的合成，而红光则促进糖类的合成。

在陆地上，不同地区的光质成分不同。随着山体海拔的增高，高山空气稀薄、大气透明度高，紫外线较多。一些药用植物能够适应高山紫外线，形成特色的高山药用植物。如雪莲、川木香就能够适应一定强度的紫外线辐射，是高海拔山体中著名的药用植物。有研究证实，紫外光照射能促进毛地黄（*Digitalis purpurea*）叶中苷类物质积累，可提高曼陀罗（*Datura stramonium*）生物碱的含量，说明紫外线也可以影响药用资源植物的品质。

3. 光照时间对药用植物生长发育及代谢的作用　地球的公转与自转带来了地球上日照长短的周期性变化，称为光周期。光周期是一种重要的信息因子，特定地区的植物，随长期自然选择和演化形成了各自所特有的对日照长度变化的反应方式，在适当的光周期条件下，才能进入生殖生长，进行开花结实，这就是植物的光周期现象。

研究证明，在光期和暗期中，对于诱发花原基形成起决定作用的是暗期的长短，某些植物必须在超过某一临界暗期的情况下才能开花。根据植物对光照时间需求不同，可分为长日植物、短日植物和日中性植物（或限光性植物）。如牛蒡（*Arctium lappa*），紫菀（*Aster tataricus*）等长日植物在日照长度大于其所要求的临界日长（一般 12～14 h），或者暗期短于一定时数才能开花。而菊（*Chrysanthemum morifolium*）、穿心莲（*Androugraphis pamculata*）等短日植物则相反，往往要到深秋短日来临时才能开花。日中性植物开花要求昼夜长短比例接近相等（12 h 左右）。日中性植物的开花受日照长短的影响较小，只要其他条件合适，在不同的日照长度下都能开花。如蒲公英、月季、长春花等。因此，花类药材的产量与品质在较大程度上受到光周期的影响。

另外，日照长短对于许多植物的休眠、落叶与地下贮藏器官的形成等方面，也有显著的影响。短日照可以促使植物进入休眠状态，而长日照则通常促进生长。因此，了解药用资源植物的光周期现象，对于药用植物的引种、育种和驯化工作极为重要。此外，光照时间的长短对药用资源植物活性成分的合成和积累有显著影响，如长日照有利于西洋参总皂苷及麻黄生物碱的积累。在黄花蒿（*Artemisia annua*）的组织培养过程中，当每天光照为 20 h 时，其芽中青蒿素的含量最高。

光周期与植物生长发育

在邻近赤道的低纬度地带，如果栽培长日植物，由于日照时间不足，不会开花结实，不能繁殖后代；而在高纬度地带（纬度 66.5° 以上），在夏季几乎 24 h 都有日照，因此，短日植物栽培在温带和寒带也会因光照时间过长而不开花，不能在那里生长发育；而在中纬度地带，各种光周期类型的植物都可生长，只是开花的季节不同。如药用菊花为短日药用植物，安徽、河南等地为其栽培北界，秋季开花，再向北分布，日照时间相对较长，生长期延长，推迟到深秋才开花，容易冻死。短日植物在由北向南引种时，则往往出现生育期缩短、发育提前的现象，所以应引种晚熟品种。而长日植物则相反，由南向北移时，发育提前；由北向南移时，则发育延迟，甚至不能开花。

（三）温度对药用植物生长发育的作用

环境温度是植物重要的生态因子，温度空间及时间变化直接或间接影响药用植物的生长发育、开花结实、新陈代谢、数量及分布。

1. 温度影响药用植物的生长发育　生物的生长发育要求一定范围的温度，温度过低生物不能生长发育，温度达到需求的低限生物才开始生长发育，这一温度阈值称生物学零度（biological zero point）或发育起点温度。每种生物生长发育也有一个温度上限，高于这一温度，生物也不再生长发育。在发育起点温度和发育温度上限之间的范围，称为有效温度区。

一种药用植物完成一个世代所需要的总热量，称为有效积温（effective accumulated temperature）。一个药用植物的分布区必须满足有效积温条件，否则该药用植物就不可能分布于此。不同植物要求的有效积温值不同，根据栽培药用植物的有效积温和当地节令及气温资料，可以估计成熟收获期，以便制订管理措施，合理安排作物，适时适地种植，有目的地调种、引种、合理搭配品种。

2. 温度影响药用植物的新陈代谢　植物体内的生物化学过程在一定温度范围内才能正常进行，所以温度影响植物的新陈代谢。一般来说，植物体内的生理生化反应会随着温度的升高而加快，从而加快生长发育速度；反之，则减慢发育速度。这是因为在一定的温度范围内，酶催化反应的速度是随温度而增加的，但每一种酶的活性都有其最适宜温度、最低温与最高温。因此，环境温度过高或过低，植物的生长发育受阻，甚至死亡。

就植物而言，外界温度的高低直接决定机体的温度，在低温下代谢速率相对较慢，外界温度上升，体内的生理过程就加快；在一定范围内，温度每升高10℃，生物生理过程的速度就加快2~3倍，这称为范托夫定律（van't Hoff law）。另外温度的变化会导致湿度、土壤肥力等其他环境因子的变化，从而间接影响植物的生长发育。

此外，温度还会影响二氧化碳和氧气在细胞内的溶解度、蒸腾作用及根的呼吸作用，影响植物生长发育和活性成分的合成。如颠茄（*Atropa belladonna*）、秋水仙（*Colchicum autumnale*）、毛地黄（*Digitalis purpurea*）和欧薄荷（*Mentha longifolia*）等植物的活性成分含量与年平均温度呈正相关。在寒冷气候条件下，栽培欧乌头的根可渐变为无毒，而生长在温暖的地区则具有一定毒性。

3. 物候确定中药材采收的适宜时期　温度年变化深刻影响着植物的生长发育。大多数植物在春季气温开始回升时发芽，继而出现花蕾；在夏季高温下开始高效积累光合产物，果实发育成熟，在秋末低温条件下开始落叶，随后进入冬季的休眠。植物长期适应一年中温度的节律变化，而形成与之相适应的发育节律，称为物候。发芽、生长、开花、果实成熟、落叶、休眠等生长发育阶段称为物候阶段或物候期（phenological phase）。

植物物候期是确定中药材采收的适宜时期的重要依据。植物细胞内的次生代谢产物往往正是中药中有效的主要化学成分。植物体内这些成分含量的多少与其生长发育时期有着密切关系，因此可以根据物候进行适时的栽培和采收。我国在长期的中药材生产实践中积累了丰富的经验，例如，"正月茵陈二月蒿，三月四月当柴烧""五月益母六月枯""秋桔梗，冬沙参""三月开花四月朽，十月寻它它还有（贝母）""当季是药，过季是草"等等，这都是劳动人民关于采药与物候学关系的总结，也说明了在不同的时期中药资源品质的差异。

现代科学研究证实，浙贝母鳞茎中生物碱含量在四月上旬为最高，在四月以后，随着鳞茎的增加而减少，地上部分的生物碱含量则以四月下旬为最高，以后便急剧下降；薄荷的含油量在开花盛期为最高；野生白屈菜的生物碱含量在花芽形成时最高；穿心莲药用成分穿心莲内酯含量以花期为最高（100%），蕾期为90%，果期为80%，营养生长期为70%。根茎类药材如人参、党参、沙参、泽泻、黄连等一般在秋冬时节地上部分枯萎后，或春季生长前，根部积累的营养物质最丰富，有效成分的含量最高。太早，有效成分还未全部转移到根部；太晚，则植物已消耗掉一部分营养，有效成分也就降低了。还有些植物如甘草，在开花前有效成分含量最高，甘草苷含量在生长初期为6.5%，开花前为10%，开花期为4.5%，秋季（生长末期）仅为3.5%。花类药材如金银花以花蕾期产量最高，质量好；开花后，质量迅速下降。目前，在药用植物的研究中，多利用现代化学和生物学等技术与物候学结合，掌握药用植物有效成分积累的最适物候期，根据不同物候期与中药材质量的关系，适时采收，才能保证中药材的优质高产。

（四）水分对药用植物生长发育的作用

植物的生命过程离不开水。例如，水对维持细胞体积、植物正常形态和生长发育中细胞膨大是必需的。水是光合作用、呼吸作用、有机物质合成和分解的生物化学过程的反应物质，也是植物中的物质吸收、运输和化学反应的溶剂和介质。水分经过植物体表的蒸发是植物散热降温的重要途径，这一过程产生的蒸腾拉力是植物从土壤中获得矿质营养和水分的主要动力。水为水生和湿生药用植物提供了必需的生存环境。水分供给程度对药材的外观性状也有影响。丹参根的外皮在相对缺水的环境中呈鲜红色，而在水分充裕的条件下则呈暗红色。水分是中药材产量形成的基础。

　　1. 降水对药用植物生长发育的作用　降水是药用植物生长发育期间的主要水分来源。我国各地降水量与距海远近有关，以东南部地区最多，由此向大陆各方递减。根据我国降水特点，可明显地分为干旱区和湿润区两部分，其界限大致自大兴安岭走向西南，经过河套至青藏高原的东南侧，相当于 400 mm 的年降水量等值线。在东部湿润地区，降水量由南向北逐渐减少。东西两侧的药用植物分布呈现明显不同的特征，此线以东主要受夏季季风影响，降水较丰富，分布了我国绝大多数的栽培药用植物；以西的大部分地区受夏季季风影响很小，属半干旱和干旱气候，分布了许多野生干旱药用植物，如甘草、麻黄等，它们主要是其凭借很长的根系对地下水加以利用。其中甘草分布区的东部边缘就与年降水量为 400 mm 等雨线基本一致，在哈尔滨、长春和沈阳一线以西约 200 km 处。

　　雾、露、雪是特殊的降水形式，也对药用植物分布产生不同的影响。雾和露在干燥地区可被浅根系植物所利用，以补充土壤和空气中水分的不足。石斛等附生药用植物主要分布于我国南方，这与该地区气候湿润有密切关系。地表积雪可以保护药用植物越冬，而且可以提供大量的水分条件。例如，当土壤温度长时间低于 –5℃时，天麻易发生冻害，所以天麻多分布在温暖湿润的南方地区。但在东北高寒山区因为冬季有积雪覆盖，天麻也能安全越冬。

　　雨量的不同季节分配型与药用植物分布也有一定关系。我国除台湾东北角外，全国均是雨热同季，主要属于夏雨型，降水量主要集中在夏季。特别是我国东南部受夏季风控制时间最长，是世界上同纬度地区中雨量较多的地区。因此，引进地中海和美国西海岸冬雨型的树种往往不易成功，如油橄榄、月桂等。南方药用植物尤其是常绿阔叶药用植物不能在我国华北地区越冬，除该地区冬季寒冷外，与冬季干旱也有密切关系。

　　水分对药用植物分布的影响还取决于地形的变化。在山地一定高度范围内，降水量随海拔升高而递增。在新疆维吾尔自治区，由于塔城、伊犁地区降水量比周围其他地区高，因而贝母的种类较丰富，分布密度也高。在天山北坡中海拔地区（2 000 m 左右），年降水量较丰富，贝母的种类也较多；而在其他地区由于受大陆性温带干漠气候的影响，降雨较少，因此种类很少，分布密度也很低。

　　2. 大气湿度对药用植物生长发育的作用　空气中水汽含量的多少称为大气湿度。大气湿度主要来自海面，其次是来自湖泊、河流的蒸发和植物的蒸腾。通常用水汽压、绝对湿度、相对湿度与饱和差等表示。大气湿度的高低影响雨量的多少，同时影响蒸腾作用。大气湿度通过对植物细胞间隙和大气之间的蒸气压梯度的作用而影响蒸腾速度。在根系吸水充足，气孔开度不变的情况下，植物的蒸腾基本上和水分蒸发相似，水蒸气从叶内蒸发出来的程度决定于细胞间隙蒸腾表面的蒸气压和大气中蒸气压之间的饱和蒸气压差，饱和蒸气压差越大，蒸腾越强。

　　地衣、苔藓和某些蕨类植物可以直接从空气中吸收水分，如热带、亚热带的膜叶蕨属很薄的叶片和兰科植物根上的根被，都能直接吸收空气中的水分；沙漠中的某些小型浅根性一年生植物，往往依赖气态水更甚于液态水。

　　3. 土壤水分对药用植物生长发育的作用　土壤水分常常是决定植物生长和分布的限制因子，它直接影响植物的生长发育及各种生理代谢过程。

　　植物的生长依赖一定范围的土壤含水量，即存在着最高、最适、最低含水量。高于最高点，植物根系常因缺氧导致烂根；低于最低点，植物缺水萎蔫，生长停止，枯萎；只有处于最适范围内，才能维持植物体内的水分平衡，以保证植物生长有最佳的水分条件。不同植物所需的最适土壤含水量不同，植物不同生理活动的最适土壤含水量也不同。

药用植物在种子萌发过程中土壤水分是必需的，种子只有在吸收了大量的水分后，其他的生理活动才逐渐开始。有些药用植物，如古柯、柑橘、荔枝、肉桂等药用植物的种子在成熟后的数日内，必须与湿土接触，否则就会丧失发芽的能力。水可以软化种皮，增加其透性，使胚容易突破种皮；水可使种子中的凝胶物质转变为溶胶物质，加强代谢；水参与营养物质的水解；各类可溶性水解产物通过水分运输到正在生长的幼芽、幼根中，为种子的萌发创造必要条件。例如，当归（*Angelica sinensis*）在种子吸水量达到自身重量的 25% 时，种子开始萌动；而当吸水量达到 40% 时，种子萌发速率最快。人参、西洋参种子的后熟也要有水分的参与，人参种子的贮藏水分控制在 10%～15%，西洋参的控制在 12%～14%。但水分过多，种子容易霉烂。

土壤中水分含量直接影响药用植物根系的发育。在潮湿土壤上生长的多为浅根系药用植物；在土壤干燥的地方，多分布深根系药用植物。此外，根吸收面积的大小也与土壤水分的多少有关，土壤湿度过大时，根毛稀少；土壤湿度较小时，根毛发达，增加了水分吸收面积。

药用植物在不同的生长发育时期，对土壤水分的需求是不一样的。如东北龙胆（*Gentiana manshuica*）主要分布在松嫩平原的季节性积水地段的局部较高地区，这一生态条件与东北龙胆种子萌发需要一定的湿度相关。当地群众将其生境概括为"洼中岗"，极其形象地揭示了它的生存依赖足够的水分而又不耐水淹的生态特点。又如蛔蒿等在幼苗期需要充足的水分，后期对水分的要求则不严。

土壤含水量也影响药用植物的品质。碳水化合物、植物氮素和蛋白质含量与土壤水分有直接关系。据报道，当归的挥发油含量，在甘肃武都为 0.66%，云南丽江为 0.50%，四川为 0.25%。武都属半干旱气候环境，长期生长于多光干燥环境下的当归，挥发油含量高。而四川当归生长在少光潮湿的环境下，挥发油含量较低而非挥发性成分如糖、淀粉等组分高。金鸡纳（*Cinchona ledgerinana*）在高温干燥条件下，奎宁含量较高；而在土壤湿度过高的环境下，含量就显著降低，甚至不能形成。东莨菪（*Scopolia carnioliea*）在干燥条件下，阿托品的含量可高达 1% 左右，而在湿润环境中则只有 0.4% 左右。雨季中的麻黄体内生物碱含量急剧下降，而在干燥的秋季则上升到最高值。可见，对陆生药用植物来说，水分过多，对次生代谢产物的形成是不利的，尤其对生物碱的形成不利。

（五）矿质营养对药用植物生长发育的作用

植物的矿质营养是指植物生长发育所必需的、以无机离子形式从土壤中获取的氮、磷、钾等元素。植物获取和利用矿质元素称为矿质营养（mineral nutrition）。大多数药用植物产量的增加与它们吸收肥料的数量呈线性关系。

1. 药用植物必需的矿质营养　地球上只有一部分元素是植物体生命周期中不可缺少的，是植物结构或新陈代谢中的重要成分，缺乏时能引起植物严重的生长、发育或生殖异常，这些元素称为植物的必需元素（essential element）。药用植物生活中必需的元素，包括大量元素 H、C、O、N、P、K、S、Mg、Ca 等，以及微量元素 Fe、Mn、Zn、B、Cu 等。此外，还有一些元素仅为某些药用植物所必需，如豆科植物必需 Co，藜科植物必需 Na，蕨类植物必需 Al 和硅藻必需 Si 等。

必需矿质元素在药用植物体内的生理作用主要有：①构成细胞结构物质的组成成分，如 N、S、P 等是蛋白质和核酸的组成成分；②调节植物生命活动，如 K、Mn、Ca、Zn、Cu、Mg 参与构成全酶，激活酶的催化作用；③电化学作用，即参与离子浓度的平衡、氧化还原、电子传递和电荷中和，如 K^+、Fe^{2+}、Cl^-；④参与细胞信号转导，如 Ca^{2+} 是细胞信号转导的第二信使。有些大量元素同时具备上述两个或三个作用，而大多数微量元素则参与构成全酶。

虽然每种药用植物都需要各种必需元素，但不同物种对各类矿质元素的需求量和相对比例都不一样。即使同一种药用植物，其所需要的矿质元素量也因品种、土壤和栽培条件等而有差异。以果实和种子为药用器官的药用植物需要较多磷元素，利于果实和种子饱满；以根茎为药用器官的药用植物则需要较多的钾元素，利于地下部分累积糖类；以叶片或地上部分为药用器官的药用植物，需要较多的氮元素，利于叶片生长。

在不同生育时期中，药用植物对矿质元素的需求也是不一样的。在萌发期间，因种子本身贮藏养分，故不需要吸收外界养分；随着幼苗生长，需要的矿物质逐渐增多；将近开花、结实时，矿质养料摄入量达到最多；以后随着生长减缓，植物对矿质元素的吸收量逐渐下降，至成熟期则停止吸收；衰老阶段甚至有部分矿质元素排出体外。所以，不同生育期施肥对药用植物生长的影响不同，增产提质的效果也有大的差别。其中某个时期施肥的营养效果最佳，这个时期被称为最高生产效率期或营养最大效率期。

2. 土壤养分对药用植物生长发育的作用　在药用植物的必需元素中，除了 C 主要来自空气，O 和 H 来自水以外，其他元素都来自土壤。植物主要通过根系从土壤中吸收矿质元素，土壤养分状况直接影响药用植物根系营养吸收。土壤养分是评价土壤肥力的重要指标之一，包括有机质、全氮、全磷、全钾及微量元素。

在土壤中，约98%的养分呈束缚态，存在于矿物中或结合于有机碎屑、腐殖质或较难溶解的无机物中，构成了养分的贮备源。只有通过风化作用或腐殖质的矿质化，溶解在水中形成离子，才能被植物吸收，而溶解态的养分只占很小一部分，吸附在土壤胶体上。土壤微生物直接参与有机物质的腐殖质化和矿质化过程，分解动植物残体，释放无机养分，对增进土壤肥力和改善植物营养起着极重要的作用。所以，药用植物的矿质营养不仅仅和土壤本底所含有的矿质元素有关，也与土壤生物因素有关。

土壤养分对中药品质具有重要的影响。如氨态氮肥能促进颠茄生物碱的合成；土壤有机质可影响杜仲叶中绿原酸的含量；全磷、有机质可影响芦丁含量；槲皮素含量受有机质、有效磷影响；山柰酚含量则受有机质影响。施加钼、锰微肥能提高当归中挥发油、多糖、阿魏酸的含量，从而提高药材质量。

3. 根外营养对药用植物生长发育的作用　植物的叶片也可以吸收矿质元素，这个过程称为根外营养。一些气态养分和离子态的养分都可以通过扩散作用经植物气孔进入叶内，也可以通过角质层渗入叶内。虽然，角质层是多糖和角质的混合物，不易透水，但角质层有裂缝，呈细微的孔道，可以使溶液通过，并达到表皮细胞的细胞壁，后进一步经过细胞壁中的外连丝到达表皮细胞的质膜，转运到细胞内部，最后到达叶脉。

药用植物在生育后期根部吸肥能力衰退时，或营养临界时期，可通过叶面施肥以补充营养，也称为根外施肥。根外施肥的优点是某些矿质元素（如 Fe、Mn、Cu）易被土壤固定，而根外喷施无此弊病；补充植物所缺乏的微量元素，效果快，用量省。

营养元素进入叶片的数量与叶片的内外因素有关。嫩叶比成熟叶吸收营养元素更加迅速而且吸收量更大，这是由于两者的角质层厚度不同和生理活性不同的缘故。溶液在叶面上的时间越长，叶片吸收矿质的量就越多。凡是影响液体蒸发的外界环境，如风速、气温、大气湿度等，都会影响叶片对营养元素的吸收量。因此，根外施肥的时间以傍晚或下午 4 时以后较为理想，阴天则例外。此外，根外施肥的溶液浓度宜在 2.0% 以下，以免因浓度过大而灼伤植物。

要注意的是，与叶部营养相比，根部具有更大更完善的吸收系统和选择吸收性能。因此根部营养才是作物吸取养分的主要形式，叶片施肥是根部营养的一种辅助手段。

二、非生物因素胁迫对药用植物生长发育的影响

当非生物因素的影响程度超过药用植物正常生长、发育和生存的耐受范围，则会对植物产生胁迫作用，称为非生物胁迫，属于环境胁迫（environmental stress），也称为逆境，是指环境对生物体所处的生存状态产生的压力，可分为非生物胁迫和生物胁迫。药用植物常见的非生物胁迫包括冷害、冻害、高温、干旱、涝害、矿质营养缺乏、盐碱胁迫、强光照、光照不足等。

胁迫引起药用植物发生系列反应，包括相关基因表达调整、细胞代谢的改变、生理反应和形态变化等。所以，非生物胁迫对药用植物资源及其品质的影响极为密切。

（一）胁迫对药用植物生长发育的伤害

环境胁迫（逆境）是影响植物生长发育及地域分布的主要因子，胁迫会伤害药用植物，严重时会导致植株死亡。胁迫对药用植物的伤害主要集中表现在以下几个方面。

1. 水分平衡失调，细胞膜系统破坏 干旱、盐碱和冷害均能导致植物细胞的渗透势受到影响，产生渗透胁迫。明显的生理变化如叶面的气孔关闭能力明显减弱，叶片失水；根部细胞结构破坏，细胞膜磷脂排列紊乱，膜蛋白排列无序，膜的选择性透性降低甚至丧失，根的吸水能力急剧降低，体内有机物质运输减慢，影响药用植物的生长。如冷敏感药用植物经过零上低温危害后，蒸腾量大于吸水量，特别是天气转暖后气温升高速度快过地温升高，植株蒸腾过快，更加剧水分平衡失调。因此，寒潮过后药用植物的叶尖和叶片容易出现干枯。

2. 呼吸速率剧烈变化，光合速率减弱 逆境会使呼吸速率发生变化，其变化进程因胁迫种类而异。冰冻、高温、盐渍和淹水胁迫时，呼吸逐渐下降；零上低温和干旱胁迫时，呼吸先升后降。冷害对喜温药用植物呼吸作用的影响极为显著。许多药用植物在零上低温 1～2 天，冷害病征出现之前，呼吸速率加快，释放能量较多并转变为热能；随着低温的加剧或胁迫时间延长，呼吸速率又大大下降。抗寒弱的药用植株或品种呼吸迅速减弱，而抗寒性强的则缓慢减弱。细胞呼吸减弱，代谢活动低，消耗糖分少，在一定程度上有利于糖分积累，有利于药用植物对不良环境条件的抗性。

干旱、高温或低温会引起气孔关闭，叶绿体受伤，有关光合过程的酶变性失活，光合速率下降，同化物合成量减少，物质运输变慢，不利于药用植物的生长发育和品质形成。

3. 酶活性变化，代谢紊乱 逆境引起药用植物体内一系列合成酶如蛋白质合成酶、核酸合成酶、脂肪合成酶和糖类合成酶等活性降低，同时使蛋白质、核酸、糖、脂肪的水解酶活性增高，糖类和蛋白质转变的可溶性化合物增加，在一定程度上可以增加细胞的溶质势，避免细胞过度失水或生理性干旱。但是，当胁迫强度过大或持续时间过长，将对药用植物造成不可逆的伤害。

（二）不同非生物因子胁迫对药用植物生长发育的影响

1. 涝害对药用植物生长发育的影响 土壤水分过多，对陆生药用植物会造成危害。其原因

不在于水分的直接作用，主要是由于下列间接作用的影响。

（1）导致土壤缺氧　涝害使土壤空隙充满水分，会引起土壤严重缺氧，土壤中氧化还原电势下降，进而抑制了好气性细菌如硝化细菌、氨化细菌、硫细菌等的活动。其结果一方面使土壤中有机物质的分解和养分的释放变慢，影响植物对氮素等物质的吸收和利用；另一方面，嫌气细菌活动大为活跃，能把土壤中药用植物可以利用的氧化状态无机盐（硝酸盐、硫酸盐），还原成药用植物不能利用的状态，并且使有机质得不到完全的分解，产生多种有机酸（如甲酸、乙酸、草酸、乳酸）和乙醇等，或产生硫化氢、甲烷、氧化亚铁等有毒物质。这些物质的积累能阻碍根系的呼吸和养分的释放，使根部细胞色素酶和多酚氧化酶遭受破坏，呼吸窒息，以致引起药用植物的死亡。

（2）引起土壤二氧化碳积累增加　涝害引起土壤中二氧化碳积累增加，从而导致原生质渗透性减少，阻碍水分通过皮层向木质部移动，根的活动受到抑制。由于根际二氧化碳积累，根部吸收二氧化碳的量增加，当二氧化碳从根运至叶片时，可使气孔关闭，蒸腾受阻，茎叶萎蔫。

（3）土壤肥力降低　涝害能使养料失效或流失，导致土壤肥力降低。

（4）影响根系发育和药材质量　涝害导致土壤底土板结，常使药用植物根系不能伸入底土进而形成浅根系。主根不发达，侧根常盘结在接近表土层。因此，在栽种根和根茎类药用植物时，为了得到粗壮肥大的根和根茎，必须种植在排水良好、土层深厚而疏松的土壤里。

2. 干旱对药用植物生长发育的影响　药用植物常遭受到的另一个不良环境就是缺水。严重缺水的现象称为干旱，它可以分为大气干旱和土壤干旱两种。大气干旱的特征是气温高，阳光强，而大气相对湿度低（10%～20%），致使植物蒸腾消耗水分大于根系吸收水分。大气干旱虽不致引起药用植物的死亡，但会抑制茎叶的生长，降低作物的产量。土壤干旱是指土壤中缺乏植物能吸收利用的有效水分，致使药用植物生长受阻或完全停止。大气干旱如果持续的时间长，也将并发土壤干旱。这时药用植物陷入永久萎蔫状态，时间久了就会死亡。此外，土温过低，或土壤溶液渗透浓度大而妨碍药用植物根部吸水，造成药用植物水分亏缺，称为生理干旱。

（1）对原生质的影响　干旱对原生质的影响很大。它会影响原生质的胶体性质，降低原生质的水合程度，增大原生质透性，造成细胞内电解质及可溶性物质大量外渗，并使胶体亲水性和张力降低；原生质结构遭受破坏，严重者会引起细胞死亡，导致植株干枯。有时，原生质在失水过程中未发生伤害，但在细胞骤然吸水膨胀时，细胞壁吸水膨胀比原生质快，二者不相适应，原生质在细胞的牵引下被撕裂。

（2）影响药用植物产品的品质　干旱使气孔关闭，蒸腾减弱，气体交换和矿质营养的吸收与运输缓慢。同时，由于淀粉水解成糖，增加呼吸基质，使光合作用受阻而呼吸强度反而加强，干物质消耗多于积累，从而影响药用植物产品的品质。金鸡纳在缺水条件下，生物碱的总量和硫酸奎宁的含量均降低。生物碱含量的高低与蛋白质含量有相似的规律，生物碱含量高的植物多分布在大陆性气候地区。

（3）抑制生长发育　干旱使药用植物生长发育受抑制，水分亏缺影响细胞分生、延伸和分化，使分生生长及延伸生长提前结束，叶面积缩小，茎和根系生长差，生长量大为减少。薏苡等禾本科植物在幼穗分化时如果水分亏缺，则分化受阻，开花结实少。

（4）削弱抗病虫害能力　干旱还能削弱药用植物抗病虫害的能力。这是因为在土壤水分不足的条件下，由于药用植物体内氨态氮和可溶性氮（氨基酸、酰胺等）增多，使药用植物从土壤中吸收的硅酸量减少，并且还阻碍硅酸在药用植物体内的移动，导致茎、叶表皮细胞中硅酸的沉积量减少，以致病菌容易侵入。

　　干旱的气候条件也会造成部分中药材产量下降，如中国西南地区近几年的干旱造成红花减产超过 70%，当归减产 90%。蒺藜（*Tribulus terrestris*）在不同生长发育时期需水量不同，过高、过低的降水量都会影响其净光合速率、蒸腾速率、胞间二氧化碳浓度及主要次生代谢产物总皂苷及总黄酮的含量等。相对高的土壤水分含量有利于丹参地上部分茎叶的生长而对根系的物质积累不利，干旱胁迫则对丹参茎叶生长不利，根系干物质积累量减少；根系膨大期土壤适度干旱则有利于水溶性有效成分丹参素的积累，而水分过高却不利于脂溶性有效成分丹参酮 II_A 的积累。

> ## 药用植物不同发育阶段响应旱害程度差异
>
> 　　药用植物在不同发育阶段响应旱害的程度不同。如薏苡等禾本科植物幼苗期遇旱，分蘖受阻，穗数减少；拔节期遇旱，穗及小穗分化不能顺利进行，以致穗小粒少；孕穗期正是小花及雌雄蕊分化时期，缺水则妨碍花粉和子房的正常发育，使不孕小穗增多，每穗粒数减少；开花灌浆期是增加粒数和粒重的关键时期，此时干旱会使结实率锐减，粒数及千粒重下降，营养物质也会从已经形成的谷粒转移到茎叶组织内，严重影响产量。在上述发育阶段中，又以抽穗氧化期最易受干旱伤害，对干旱最敏感，可称为干旱临界期。此时期要特别保证水分供应，才能保证稳产高产。

　　可见，水分与药用植物的生产有着十分密切的关系。不同的药用植物、同一药用植物的不同发育阶段以及不同的生长季节，对水分的需要量都是不同的。药用植物和水的这种供求关系，还受环境中其他生态因子如温度、光照等的影响。在生产实践中，应根据药用植物对水分的不同需求，对其进行合理地灌、排，以保证药用植物优质高产。

　　3. 低温胁迫对药用植物生长发育的影响　　低温对植物的危害主要有冷害和冻害两种。冷害是指零上低温对植物的伤害；冻害是指零下低温引起植物体组织细胞内的水发生冰冻而造成的伤害。无论是冷敏感植物或抗寒植物均有可能遭受低温冷害或冻害。

　　（1）冷害　　冷害是由于低温造成药用植物生理活动（如光合、呼吸、蒸腾、吸收等）活性的降低和生理平衡的破坏。

　　1）水分平衡失调　　在低温胁迫下，药用植物脱落酸（ABA）的合成和运输受抑制，叶面气孔关闭能力减弱，造成水分丢失；另一方面，低温使根细胞的吸水能力急剧降低，因而导致植物萎蔫。

　　2）代谢紊乱　　冷害抑制植物的呼吸活性，降低植物细胞内 ATP 水平，从而导致原生质流动速度逐渐变慢，甚至完全停止。很多药用植物在低温初期，呼吸强度增加，随低温时间的延长，呼吸下降。低温引起的呼吸增强是寒害的开始，冷害症状出现后，呼吸显著下降。冷害初期呼吸增加一方面是由于低温引起乙烯的产生，从而刺激了呼吸作用；另一方面，低温抑制有氧呼吸，而促进无氧呼吸。另外，低温还引起氧化磷酸化解偶联，ATP 形成受阻及呼吸途径发生改变。

　　3）碳水化合物减少　　冷害引起光合作用活性迅速降低，淀粉水解，以及叶绿素的光氧化，使绿叶褪色成黄白色，导致光合作用进一步降低。

　　4）蛋白质合成受阻　　有些药用植物的幼苗受冷害后，蛋白质合成酶活性降低，蛋白质分解酶的活性加强，蛋白质的分解大于合成，植株体内蛋白质减少，水溶性氮含量随冷害天数的延长而增加，游离氨基酸量的变化和死苗之间密切相关，冷害导致蛋白质的合成受阻碍。

5）细胞膜结构的破坏 冷害引起核酸合成酶、脂类合成酶等酶的活性降低，使这些物质的水解酶活性增高。在冷害下，合成酶活性迅速降低，并相继导致 $NADP^+$ 水平的降低和活性氧的增加，造成细胞的膜结构被破坏。

（2）冻害 冻害是指当温度下降到冰点以下后，植物组织内部发生冰冻而引起的伤害。引起冻害的原因主要是植物种类的多样性和细胞、组织生理状态的多样性，以及结冰条件的多样性。

1）原生质的伤害 当温度下降到冰点以下时，植物细胞间隙以及原生质体和细胞壁之间的液体比细胞内液体的冰点温度高，因此冰核首先在细胞外形成。在相同温度条件下，冰的化学势比液态水的小，并会形成低的蒸气压，结果水从细胞内向外转移到冰晶上，随着冰晶的增大，细胞逐渐发生脱水伤害，进而引起细胞收缩，使细胞壁发生机械性的坍塌损伤。如果冷却速率快或细胞透性低，细胞失水太慢，冰晶就会在细胞内出现，细胞内结冰对细胞是致命性的，因为这种冰晶体会直接破坏细胞膜结构。

2）解冻和解冻后的冻害 解冻前后温差太大，会影响细胞恢复能力。受冻害的植物在 $0 \sim 5\,^\circ\!C$ 下解冻，具有较强的恢复能力；在室温下解冻，则恢复能力弱，受害程度大；而立即转移到高温下解冻，则会造成植株死亡。

3）蛋白质沉淀 水分由于结冰而被转移到细胞间隙内时，细胞中盐类浓度和氢离子浓度相应地增加，这将引起原生质中蛋白质失水变性而产生沉淀。秋海棠在 $-3\,^\circ\!C$ 时发生蛋白质沉淀，所以秋海棠很容易受冻害；黄连能忍受 $-8\,^\circ\!C$ 的低温；而三尖杉、红豆杉在 $-35\,^\circ\!C$ 时，毛白杨在 $-40\,^\circ\!C$ 时，蛋白质才发生沉淀，这类植物的抗冻性很强。

4. 高温胁迫对药用植物生长发育的影响 对大多数高等植物而言，耐高温的极限阈是 $35 \sim 40\,^\circ\!C$，高于这个温度阈值，植物受高温伤害，生理和生化代谢受到影响，如光合反应受抑制，光合结构被破坏，光合作用速率下降，叶片上出现死斑，叶色变褐、变黄，提前衰老；配子发生过程异常，出现雄性不育，花序或子房脱落等病态现象。高温还可以改变细胞原生质的理化特性，以致出现细胞超微结构的破坏。温度达到 $45 \sim 55\,^\circ\!C$ 时，植物就会死亡。高温对植物的伤害，可以分为间接伤害和直接伤害。

（1）间接伤害 间接伤害是指高温使一些可逆的代谢转变成为不可逆的代谢，逐渐使植物受害。温度越高，或持续时间越长，植物所受的伤害越严重。引起间接伤害的原因大致有以下几方面。

1）蛋白质的破坏 在高温胁迫下，植物体内的酶钝化，蛋白质合成速率相应下降，这与能量供应减少有密切关系。实验表明，玉米线粒体氧化磷酸化过程在 $30 \sim 35\,^\circ\!C$ 时开始解偶联，到 $40\,^\circ\!C$ 完全解偶联，丧失提供化学能量的功能，使蛋白质合成受阻而相继受害。高温还可以引起蛋白质自溶。

2）毒物的生成 高温破坏植物体内含氮化合物的合成，导致体内易积累氨及其他含氮的有害中间代谢产物，造成植物中毒。有机酸与植物抗高温能力有密切关系，用 0.05% 的硫酸锌溶液处理叶片，能够激活脱氢酶的活性，叶片有机酸含量明显增加，抗热能力也相应提高。其机理在于有机酸能与高温条件下生成的氨结合形成酰胺，从而解除氨的危害。所以，凡是在高温下呼吸系数减小、有机酸增加的植物，其抗热能力就较强。

3）饥饿 呼吸作用的最适温度比光合作用的最适温度高，呼吸作用的耐热能力要比光合作用强得多，因此植物在高温下同化产物的消耗占优势，往往使植物处于饥饿状态，饥饿是同化作用和呼吸作用之间负平衡的结果。高温对"饥饿"的效应和与此相关的对生长和产量的效应是密切相关的，作为呼吸器官的线粒体在高温胁迫下比叶绿体要稳定得多，但在接近于致死温度的高温下，也会受到不同程度的伤害而解体。另外，植物的温度补偿点因光照减弱而降低，因此，生活在荫蔽处的植物由于在温度不太高时就会因呼吸作用加强导致"饥饿"，从而容易遭受高温伤害。

4）旱害　温度的升高会使植物的蒸腾速率显著增加，其原因主要在于温度会直接影响水分扩散的快慢，同时使叶片和外界大气间的蒸气压梯度加大。

（2）直接伤害　直接伤害是指由短时间接触高温而引起的，并很快出现的伤害。高温直接伤害有以下几种原因。

1）蛋白质变性　高温逆境会直接引起植物体内蛋白质变性和凝聚。高温条件下，构成蛋白质多肽链的氢键被破坏。蛋白质大分子具有从一种结构状态转变成另一种结构状态的能力，这种构象变化常常发生在高温下，会使蛋白质失去功能或变性。最初的变性是可逆的，但如果高温持续，就会使蛋白质迅速转变成不可逆的凝聚状态，50℃左右就会使其凝固。蛋白质变性引起蛋白质合成酶变性，使酶钝化，蛋白质只分解不合成，从而导致植物体内蛋白质的损耗。

2）脂溶　生物膜主要是靠静电或疏水键将脂类和蛋白质加以联合，这些键在高温下裂解，从而使膜中的类脂物质游离出来。蛋白质内拟脂物的脂肪酸饱和程度越高，越不易被高温溶化，抗热性就越强。

5. 矿质营养亏缺对药用植物生长发育的影响　土壤矿质元素胁迫包括高盐胁迫（如 Na 和 Cl 超量）、毒性离子胁迫（如 As 和 Cd 超量）和必需矿质营养亏缺（如 Ca、Mg、N 和 P 等矿质元素的亏缺）。

在土壤溶液中盐分的过度积累称为盐化（salinization）。盐胁迫包括两个方面：非特异性渗透胁迫（osmotic stress）导致的水分损失和有毒离子的不断积累所产生的特定离子效应（specific ion effect）。盐胁迫将干扰植物的营养吸收和导致植物细胞中毒。耐盐植物可以遗传性地适应盐化，被称为"盐生植物"（halophyte），不能适应盐化的非盐生植物被称为"甜土植物"（glycophyte）。

盐土和碱土对药用植物的害处有以下几方面：①盐分浓度过大，植物的根或种子均不能在土壤盐溶液中吸取足够的水分，甚至细胞中的水分还向盐溶液中倒渗，引起植物生理干旱而枯萎死亡；②直接伤害植物组织，尤其是碳酸钠和碳酸钾，常常引起植物死亡；③盐分浓度过大，原生质受害，蛋白质合成受损，致使含氮中间产物蓄积，出现"自身中毒"现象；④高盐浓度下，气孔不能关闭，使植物枯萎死亡；⑤碱土的碱性过大，破坏了土壤结构，植物无法生存。

长期人工施肥容易导致土壤中的多种矿质营养过剩导致土壤盐化，进而引发药用资源植物连作障碍、严重的病虫害等现象。例如，偏施氮肥易造成土壤养分失衡，大棚温室中的土壤在种植植物多年后，会出现土壤盐渍化现象，并使硝酸盐增加而在植物体内积累。多年栽培的人参、黄连等药用植物容易出现严重的连作障碍，一个主要的原因就是长期施肥导致的矿质营养过剩。

（三）药用植物对逆境胁迫的适应生理

药用植物具有各种各样抵抗或适应逆境胁迫的本领。在形态上，通过形成发达的根系、产生表皮毛或蜡被等表面附属物、减小叶面积以适应干旱；通过扩大根部通气组织以适应水涝；通过暂停生长，进入休眠以应对冬季低温等。在生理活动方面，药用植物发生各种代谢变化，以适应（抵御）逆境胁迫。主要表现在以下 4 点。

1. 渗透调节 在干旱、高温、低温、盐渍、水涝等不良环境下，植物会诱导渗透调节基因的表达，形成一些渗透调节物质，提高细胞内溶质浓度，降低水势，使植物从外界吸水，维持生长，称为渗透调节（osmoregulation 或 osmotic adjustment）。

植物持续暴露在极端环境温度下，会导致细胞膜的脂质成分发生变化。例如，低温刺激下，植物脱饱和酶活性会升高，脂质中不饱和脂肪酸比例增加，这些变化降低了膜脂从流动相渐变到半晶体状态时的温度阈值，使膜在更低的温度下能保持流动性，因此能保护植物免受冷害伤害。

渗透调节物质主要包括从细胞外进入细胞内的无机离子特别是 K^+ 和 Cl^-，以及有机物如糖、氨基酸、有机酸、脯氨酸、甜菜碱等。蔗糖、多糖、渗透保护剂和一些低温诱导产生的蛋白质可以保护植物细胞在冰点以下仍然处于液态，防止原生质萎缩和蛋白质凝固。例如，鹿蹄草通过在叶细胞中大量贮存五碳糖、黏液、胶质物质来降低冰点，使其结冰温度低至 -31℃。

脯氨酸除了作为渗透调节物质，用于保持细胞与环境的渗透平衡，防止水分散失之外，还可保持膜结构的完整性。脯氨酸与蛋白质相互作用能增加蛋白质的可溶性，增强蛋白质和蛋白质间的水合作用，使得药用植物抵御逆境胁迫能力提高。

另外，寒带和高山植物能吸收更多的红外光，通过增加对不同波长可见光的吸收来适应低温。虎耳草（*Saxifraga aizoudes*）和十大功劳属（*Mahonia*）等植物的叶片在冬季时由于叶绿素破坏和花青素增加而变为红色，提高自身的吸热能力来适应低温。植物体吸收阳光就会升温，有些阳性药用植物体表面覆盖有绒毛等附属物，可防止阳光的直射，同时增加散热面积，避免植物体过热。

当环境缺水干旱时，药用植物将气孔关闭以减少水分散失。生活在不同环境的药用植物，调节气孔开闭的能力不同。生活在潮湿、弱光照环境中的植物，当轻度的失水情况下，便会减少气孔开张度，甚至主动关闭气孔和以减少失水；而阳性草本药用植物仅在相当干燥的情况下，气孔才慢慢关闭。有些药用植物的气孔深陷在叶片内，有助于减少蒸腾失水量。有些植物体表面覆盖有不透水的蜡质层，也可减少叶表面的蒸腾量。生活在干旱地区的植物一般为小叶型，这也是对减少水分损失的适应。

2. 抗氧化保护 药用植物通过各种途径产生活性氧（ROS）。高浓度的 ROS 有很强的氧化能力，对许多生物功能分子如蛋白质、核酸有破坏作用，并有膜脂过氧化作用。

在正常情况下，植物细胞内 ROS 的产生和清除处于动态平衡状态，不会伤害细胞。当植物受到高温、低温、盐渍、干旱、水涝时，该平衡被打破，ROS 积累，导致植物细胞遭受氧化胁迫，引起质膜、叶绿体膜和线粒体膜发生过氧化，积累有害的过氧化产物如丙二醛（MDA），伤害膜体系，从而使细胞功能失常。植物在长期适应胁迫的过程中形成了清除活性氧的酶促系统，如超氧化物歧化酶（SOD），可以消除活性氧产生 H_2O_2，而 H_2O_2 可被过氧化氢酶（CAT）和过氧化物酶（POD）分解，从而减少 ROS 对细胞的伤害。

叶绿体中还分布专一的抗坏血酸过氧化酶（ascorbate peroxidase，APX）、脱氢抗坏血酸还原酶（dehydroascorbate reductase，DHAR）和谷胱甘肽还原酶（glutathione reductase，GR）等，这些酶共同作用，除去细胞中的 H_2O_2，这一系列反应称为 Halliwell-Asada 途径。所以，SOD、CAT 和 APX 等酶系称为抗氧化酶系统。

维生素 E、还原型谷胱甘肽、抗坏血酸、类胡萝卜素、细胞色素 f（Cytf）、铁氧还蛋白（Fd）等都是天然的非酶类自由基清除剂，称为抗氧化物质。另外，小分子糖类、多元醇、脯氨酸、甜菜碱等也有一定的清除细胞内自由基伤害的作用。

总之，药用植物体内存在天然的抗氧化系统，能有效地清除细胞内因胁迫或伤害所产生的过多的自由基和活性氧，以此达到增加植株抗性和缓解胁迫伤害的效果。因此，抗氧化胁迫也是植物适应逆境的一种途径。

3. 逆境响应基因表达 药用植物体内存在众多响应胁迫信号的基因，如低温应答（cold-regulate）基因 *COR* 能响应低温、干旱、盐害。

一些由逆境诱导基因编码形成的新蛋白，对膜起保护和稳定作用，以抵御逆境胁迫，这些蛋白质统称为胁迫蛋白（stress protein）。如抗冻植物合成的抗冻蛋白（antifreeze protein，AFP），可进入膜内或附着于膜表面，与冰核表面结合紧密，使冰核难以变成大的冰块，从而抑制冰核的生长，降低冰点，调控胞外冰晶的增长及抑制冰的重结晶，从而减轻冰晶对类囊体膜的伤害，有效防止植物细胞在极度低温下产生冻害和凋亡。

药用植物遇到高温和热害时，体内产生大量的热激蛋白（heat shock protein，HSP）。HSP主要存在于细胞质基质以及线粒体、叶绿体、内质网等细胞器中，相对分子质量为 $1.5 \times 10^4 \sim 10.4 \times 10^4$。HSP70 和小分子量热激蛋白（sHSP）以膜外周蛋白的形式位于质膜和液泡膜上，与膜蛋白发生作用，阻止膜蛋白变性，稳定细胞膜系统。大多数 HSP 具有分子伴侣（molecular chaperone）的作用，阻止热胁迫造成的蛋白质的错误折叠，提高细胞的抗热性。其他非生物胁迫如干旱、损伤、低温和盐害等也会诱导 HSP，在细胞抵御逆境胁迫中发挥作用。

4. 植物激素的调控 药用植物对逆境的适应主要受其遗传和体内激素所调控。药用植物在逆境如低温、高温、干旱、盐渍和水涝等条件下，体内脱落酸（ABA）含量会迅速增加，ABA分布也发生变化。研究表明，干旱时，土壤缺水促进根部合成 ABA 并向地上部分转运，ABA 在叶片中积累。因此，ABA 可作为一个评价植物抵御干旱的重要指标。

ABA 提高作物的抗寒、抗冷、抗盐和抗旱能力的主要机制是：①提高膜的烃酰链（hydrocarbon acyl chain）的流动性，阻止还原型谷胱甘肽含量减少，减缓膜的伤害；②作为信号分子，调节活性氧、NO、Ca^{2+} 水平和蛋白激酶活性调控离子通道，进而调节气孔关闭，减少水分损失，抵御干旱和盐害；③增加脯氨酸、可溶性糖和可溶性蛋白质等含量；④直接或间接调控诸多相关转录因子表达，进而诱导植物体内发生各种生理生化反应，以抵御胁迫。

乙烯也参与非生物胁迫的应答反应。乙烯的生物合成与外界环境胁迫息息相关，温度胁迫、强光照、高盐、涝害、干旱等，都会促进乙烯合成。深水水稻在浸没环境中促进乙烯的合成，乙烯通过促进茎节间的细胞分裂和细胞伸长，使芽快速伸出水面以逃离浸没，从而促进气体交换。此外，乙烯可调节浸没茎节表皮细胞的死亡以及不定根的发生和伸长。

总之，脱落酸、细胞分裂素、乙烯、水杨酸、油菜素内酯、茉莉酸以及独脚金内酯等多种激素通过信号网络相互作用，相互协调，在植物抵御非生物胁迫中发挥重要作用。

三、药用植物对非生物因素的适应性及品质形成的关系

药用植物生活在一个复杂的环境中，它们通过各种各样的机制来适应现存环境，从而保证自我生存和持续繁茂生长。环境适应性是药用物种所有成员经过多代的自然选择之后形成的稳定遗传变化。与之相反，药用植物面对不同于自身生境的环境胁迫时，也可以通过直接改变其自身的生理和形态来应答环境变化，以使其在新环境中更好地生存。植物对胁迫的反应，称为应答（response）或胁迫应答（stress response）。

许多非生物环境因子如水涝、干旱、强紫外线、盐碱、重金属、高温和低温等，都会引起药

用植物的胁迫应答，称为胁迫抗性（stress resistance）与胁迫耐性（stress tolerance）。这些适应和应答能提高植物在生态环境下的生殖适应性，并且转化为稳定的产量和特定的品质。

（一）药用植物的表型可塑性与驯化

每种药用植物对每一种非生物因素都有一定的耐受限度。在这个耐受限度范围内，非生物因素发生程度上的变化，可以引起药用植物表型变化。例如，耐阴药用植物既可以在阳光充足的条件下生长，也可以耐受一定的阴蔽环境。同一物种通过叶片变厚、叶面积缩小、栅栏组织增厚、气孔减少等变化适应强光环境，而通过叶片变薄、叶面积增大、栅栏组织变薄等变化来适应弱光环境；野生藁本在无遮挡的生境中明显矮化，而在有遮挡的灌丛内可以长成高大植株。说明药用植物为适应变化的生态环境，存在一定的表型可塑性（phenotypic plasticity），即同一物种在不同环境条件下表现出不同表型的特征。

此外，药用植物对非生物因素的耐受限度也不是固定不变的。在进化过程中，植物的耐受限度和适宜生存范围都可能发生变化，可能扩大，也可能受到其他生物的竞争而被取代或移动位置。即使在较短的时间范围内，其对生态因子的耐受限度也会出现多种较小的调整，这体现了药用植物对生态环境的适应性与表型可塑性。在自然环境条件下所发生的生理补偿变化，这种变化一般需要较长的时间，称为驯化（acclimatization）。

人为地使某种药用资源植物由其原产地（种源区）进入（引入）另一地区（引种区），由于新地区的各种环境因子与原产地存在差异，药用植物经较长时间最终对新环境产生了适应，这就是人类对药用植物的引种驯化。

驯化成功包含两个要素，一是引进个体能够完成生长发育；二是引进亲本在引种区可以实现有效繁殖，产生具有生育力的后代。

驯化过程的机制涉及酶系统的改变，因为酶只能在环境条件一定范围内最有效地发挥作用，正是这一点决定着生物原来的耐受限度。驯化可以理解为生物体内决定代谢速率的酶系统的适应性改变。南药北移、北药南移、野生植物的培育、高海拔物种要实现低海拔栽培，都需要经过驯化过程。

> 📖 **思考与讨论**
>
> 根据药用植物的表型与中药品质的相关性，阐述"辨状论质"的科学原理。

（二）药用植物对光照条件的适应与品质形成

药用植物长期生活在一定的光照环境里，对光强、光质、光照时间都有一定的要求，也形成了不同的生态习性，并表现为不同的生态类型。在生产上，要考虑光对药用植物各方面的影响，并根据植物需光的不同特点，设法协调植物与光的关系，满足植物对光的需要，以充分发挥药用植物的生产潜力。

我国南北地区光照强度的差异影响了药用植物的分布。苍术属植物中的白术与北苍术的性状与分布体现了不同物种的药用资源植物对不同光照条件的适应需求。其中，白术自然分布于安徽、浙江等地海拔 800 m 以上的林下阴凉环境，而北苍术分布于华北等地的阳坡，两者的叶片分别呈现出典型的阴生叶与阳生叶性状。

1. 药用资源植物光生态类型 不同植物对光强的反应是不一样的，这是因为植物长期适应于不同的光照条件，形成了不同的生态习性。根据植物对光强适应的生态类型可分以光强为主导因子的三个生态类型：阳生药用资源植物、阴生药用资源植物、耐阴药用资源植物（中性植物）。

（1）阳生药用资源植物 这类植物对光要求比较高，只有在充足的光照条件下才能正常生长，在荫蔽和弱光条件下生长发育不良。它们的光补偿点、光饱和点都较高。光补偿点为全光照的3%～5%，对强光的利用较好，最大的光合作用是全光照。光饱和点在20～25 klx。阳性药用植物多分布在光照充足的旷野、向阳坡地、路边、草原、沙漠、平原地区等空间中没有荫蔽的地方，药用植物中如山地分布的雪莲花、红景天，荒漠草原分布的麻黄、甘草、肉苁蓉、锁阳、黄芪、蓟、芍药等，常见的松、柳、槐、蒲公英等都是阳性植物。另外，草原及沙漠药用植物，以及先花后叶的药用植物和一般的农作物也都是阳性植物。

（2）阴生药用资源植物 阴生植物是在相对较弱的光照条件下比在强光下生长发育健壮的种类，对光的需求远较阳性植物低，光饱和点和光补偿点都较低，但当光照过弱达不到阴性植物的光补偿点时，它也不能正常地生长。阴生植物的光补偿点一般为全光照的0.5%～1%，光饱和点也较低，在5～10 klx。阴生植物多生长在潮湿、背阴的地方，阴坡或林下生境，自然界中阴生环境多存在于森林内部，因此阴性药用植物多见于背阴的山涧或森林，很多药用植物属于这一类，如人参、三七、黄连、天南星、细辛、山酢浆草、连钱草、观音座莲等自然分布在林下，树木中如红豆杉等均是阴性植物。阴生药用资源植物人工栽培地常常需要搭建遮阳棚。

（3）耐阴药用资源植物 耐阴植物对光照具有较广的适应能力，对光强的需要处于阳生和阴生植物之间，但最适合在完全的光照下生长，同时也可以耐受一定程度的荫蔽，或在生育的期间需要较轻度的遮阴。不同种类的植物其耐阴程度不同，而耐阴性能的强弱又与土壤营养条件、温度、水分状况有关。耐阴药用植物既能在全光照条件下生长，也能在较荫蔽的地方生长，分布的生境比较广泛。侧柏、胡桃、桔梗、党参、沙参、黄精、肉桂、金鸡纳等都是耐阴植物。

2. 光生态类型指导药用植物栽培和引种 了解光生态类型，对药用植物的合理栽培、间作套种、引种驯化等方面非常重要。在生产上，应该根据不同药用植物种类或品种的光生态习性来调节栽培环境中的光照条件，使不同生态类型的药用植物得到正常生长，这是药用植物栽培中选地、确定种植方式和栽培措施的重要依据之一。

如要种植的药用植物是阴生植物，则要选择背阴地段，同时为了满足它们对适度荫蔽的需要，还要采用搭棚或与其他植物进行间套作等措施。有很多药用植物属于阴生植物，在野生状态下分布于阴坡和半阴坡，因此在人工栽培时，就要给予一定程度的遮阴。如栽培三七时，必须搭棚栽种，并控制棚内透光度在20%～40%，这样植株才能生长健壮，根系发达，开花结籽良好；如光照过强，则植株生长缓慢，叶色变黄，严重时叶片出现"灼斑"。

在进行药用植物引种时，必须考虑到原产地和引种地之间光照条件的不同，从而采取相应的栽培措施，才不致使引种工作失败。如药用植物向南引种时，由于纬度减低，光照强度增强，有些药用植物不能很快适应低纬地区的强光照，特别是在夏季和幼苗阶段，因此也需要采取遮荫等措施。野生的林下药用植物变家种时，同样要考虑到光照强度的改变而采取相应的措施。

（三）药用植物对温度条件的适应与品质形成

一定的环境温度是生物生存的必要条件之一，生物的每一个生命过程都存在三个基点温度，即最适温度、最低温度和最高温度。不同的药用植物类群，在地球上形成的地理分布格局与温度条件密切相关。大多数植物种能够在较宽的温度范围内进行营养生长，但是不一定能完成有性繁殖过程，因为低温不能提供种子或果实产生和成熟所必需的热能，所以喜温的热带和亚热带药用植物向寒冷的温带分布或引种扩散可能造成有性生殖障碍。

根据植物对温度的需求不同，可将药用植物分为耐寒植物、半耐寒植物、喜温植物及耐热植物。如耐寒植物人参在休眠期能够耐受 –40 ~ –35℃ 的低温，同化作用最旺盛的温度为 15 ~ 20℃；耐热植物罗汉果在 30℃ 左右时的同化作用最强。

药用植物的各种生理过程存在一个温度耐性范围。许多药用植物长期生活在一定的温度范围内，已经适应了相应的温度变幅。药用植物对温度变幅的大小适应不同，其分布区的范围有显著差异。如松属植物等能适应较大的温度变幅，分布范围广，可以分布于我国大部分地区甚至全国。高山和高纬度是接近极端低温的生境，分布了适应低温特性的一些特色药用植物，如雪莲种子在 0℃ 发芽，在 3 ~ 5℃ 生长，幼苗能经受 –21℃ 的严寒。沙漠是极端高温的环境，分布着适应严酷高温的药用植物，如麻黄、甘草等。

极限温度对广温性药用植物的作用不明显，但在一定程度上，高温与低温分别限制了一些药用植物向低纬度和高纬度分布的界限。

对耐热性药用植物而言，其分布范围常受低温的限制，主要分布于南亚热带和热带。如沉香、砂仁、诃子、儿茶、苏木、降香等，当气温降至 0℃ 时会遭受冻害，爪哇肉豆蔻、大叶丁香、胖大海等则在 3 ~ 5℃ 出现冷害，甚至死亡。广藿香在 22 ~ 28℃ 时生长正常，低于 17℃ 时生长缓慢，低于 –2℃ 时大部分植株死亡。槟榔生长温度适宜在 24 ~ 28℃，若气温降至 5 ~ 6℃ 时即出现落果，当气温降至 3℃，可以导致部分植株死亡。当低于一定温度时，有的药用植物植株不能获得充分的热能产生种子或使果实成熟。这是许多喜温暖的药用植物不能在寒冷的温带分布或引种的主要原因。如益智在开花期的适宜温度为 24 ~ 26℃，环境温度低于 22℃ 时开花少，环境温度低于 10℃ 以下则不能开花散粉，并发生落花、落果。

对耐寒性药用植物而言，其分布范围常受到高温的限制，如松萝、石蕊、石耳等药用地衣均分布于较高海拔的山体。有些药用植物为了适应一定的温度，从北向南分布的海拔越来越高。如太子参在长江与淮河之间的低山丘陵带分布于海拔 300 m 以下的林下，向南到皖南山区则分布于海拔 800 m 左右的林下。太子参的栽培也反映了类似的现象，在长江沿岸丘陵平原的安徽宣城、江苏句容等地栽培于海拔 50 m 以下的低山丘陵，向南到闽北山地的福建柘荣，则栽培于海拔 600 m 左右的山地，在贵州栽培的海拔又相应增高。

受温度影响，一些药用植物只能分布于高纬度或高海拔地区，而另一些药用植物则只能分布于低纬度或低海拔地区，形成了一些药用植物的水平替代或垂直替代分布现象。如在安徽境内的马尾松（*Pinus massoniana*）在垂直方向上，只生长在海拔 800 m 以下，超过海拔 800 m 的地区则被黄山松（*P. taiwanensis*）所替代；在水平方向上，过了淮河以北则被油松（*P. tabulaeformis*）所替代。

（四）药用植物对水分条件的适应与品质形成

水分平衡是药用植物正常生活的必要条件之一。要维持水分平衡，必须增加根系吸水能力和在干旱时减少叶片的水分蒸腾，药用植物在这方面具有一系列的适应性。

植物具备在缺水情况下，通过付出相应的代价来维持其正常生理活动的能力。这些代价包括：以积累溶质的形式来维持膨压；加强非光合器官（如根）的生长来提高植物的吸水能力；或建立木质部管道系统来承受大的负压。因此，植物对水分可利用量的生理反应，体现了一种折中，即面对多变的外界环境，植物尽量少付代价，尽可能地保证其正常的生长和生理过程。

　　陆生植物在维持水平衡方面具有一系列适应性，主要反映在增加根的吸水能力和减少叶片蒸腾方面。对于陆生植物，水主要来自土壤，根从土壤孔隙中吸水，根系生长的深度及其分支、分布的精细状况，决定了植物能否接近和吸收土壤水的程度。在土壤经常潮湿地区，植物为浅根系，根仅分布在表土下几厘米至十几厘米的土层中，有的植物根缺乏根毛。在土壤经常干燥地区，植物具有发达的深根系，主根可长达十几米，侧根范围也很广，根毛发达，能增加吸水面积。例如沙漠植物骆驼刺，地上部分只有几厘米高，地下根部却长达 15 m 深。长期干旱胁迫显著抑制了人参植株、果实、种子和根的生长，但有利于人参皂苷 Rb_1、Rb_2、Rb_3、Rc、Rf、Rg_1、PPD 型皂苷、PPT 型皂苷和总皂苷的积累；绿果期、红果期和果后参根生长期干旱胁迫处理有利于人参皂苷 Re 和 Rg_2 的积累；渍水胁迫处理既利于人参皂苷 R_1 的积累，又利于提高人参皂苷 R_1 的产量。适度的干旱胁迫能够促进甘草根干重增长及甘草酸、甘草苷等有效成分含量极显著积累。适宜种类和适宜程度的盐分胁迫也可以显著增加甘草根干重以及有效成分的极显著积累。黄芪在干旱胁迫初期根干重受到抑制，但后期这种抑制性减弱；黄芪甲苷和毛蕊异黄酮葡萄糖苷含量先降低后升高，总皂苷、总黄酮及多糖含量也显著提高。可见，药用植物对水分亏缺存在次生代谢补偿机制，适当的水分亏缺可能是调控药材质量的有效方式。

📝 开放性讨论题

　　1. 中药材种质资源形成的影响因素有哪些？

　　2. 研究植物生态型对中药资源的意义是什么？

　　3. 在中药栽培中，如何利用相关生态因素提升药材品质？

　　4. 如何利用非生物因素调控中药资源的品质？

🔍 复习思考题

　　1. 什么是原生演替和次生演替？

　　2. 简述植物间的互利共生关系。

　　3. 简述植物内生菌的概念及内生菌对中药品质的影响。

　　4. 简述非生物因素对药用植物的作用特点。

　　5. 非生物胁迫对药用植物生长发育产生哪些伤害？

　　6. 简述药用植物对逆境胁迫的适应生理表现。

🌐 数字资源详见　新形态教材网

🧑‍🤝‍🧑 学习目标　　🔗 知识图谱　　📖 推荐阅读　　💻 教学课件　　✂ 自测题

第四章

道地药材资源

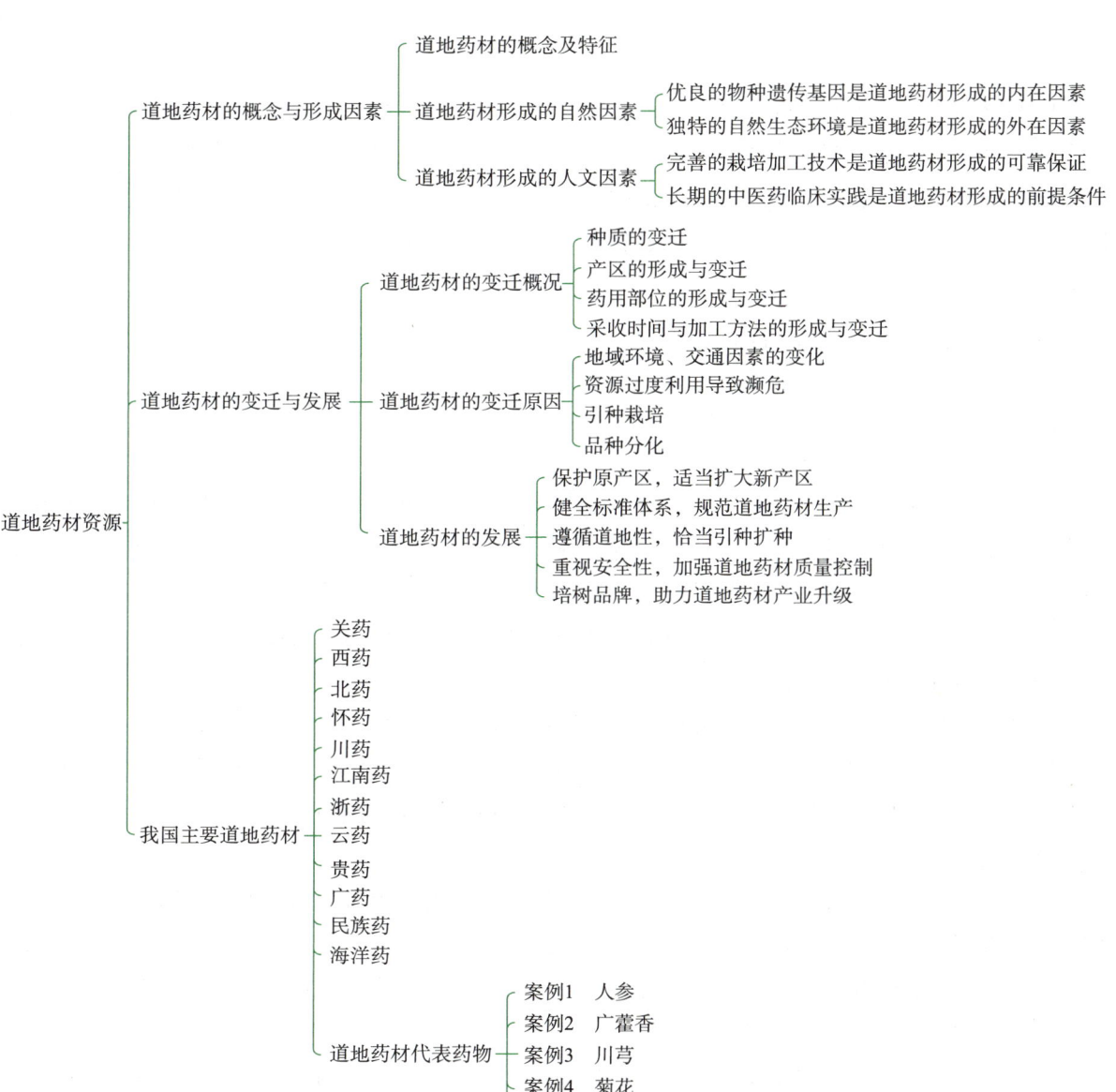

道地药材资源

- 道地药材的概念与形成因素
  - 道地药材的概念及特征
  - 道地药材形成的自然因素
    - 优良的物种遗传基因是道地药材形成的内在因素
    - 独特的自然生态环境是道地药材形成的外在因素
  - 道地药材形成的人文因素
    - 完善的栽培加工技术是道地药材形成的可靠保证
    - 长期的中医药临床实践是道地药材形成的前提条件

- 道地药材的变迁与发展
  - 道地药材的变迁概况
    - 种质的变迁
    - 产区的形成与变迁
    - 药用部位的形成与变迁
    - 采收时间与加工方法的形成与变迁
  - 道地药材的变迁原因
    - 地域环境、交通因素的变化
    - 资源过度利用导致濒危
    - 引种栽培
    - 品种分化
  - 道地药材的发展
    - 保护原产区，适当扩大新产区
    - 健全标准体系，规范道地药材生产
    - 遵循道地性，恰当引种扩种
    - 重视安全性，加强道地药材质量控制
    - 培树品牌，助力道地药材产业升级

- 我国主要道地药材
  - 关药
  - 西药
  - 北药
  - 怀药
  - 川药
  - 江南药
  - 浙药
  - 云药
  - 贵药
  - 广药
  - 民族药
  - 海洋药
  - 道地药材代表药物
    - 案例1　人参
    - 案例2　广藿香
    - 案例3　川芎
    - 案例4　菊花
    - 案例5　川贝母

中医药历史悠久，源远流长，在漫长的医疗实践活动中，人们积累了丰富的药物知识和经验，并逐渐认识到某些特定地域所产的药材品种，因其独特的地理环境、气候条件及土壤特性，使得这些药材的品质和疗效明显优于其他地区的同类药材。这些经过长期临床验证和市场推广的药材，逐渐形成了被称作"道地药材"的特殊类别。道地药材的概念体现了中医药对药材质量的深刻认识，成为古代中医选择药材和评价药材质量的重要依据。在当代，道地药材的研究和使用仍然是中药领域关注的焦点，对解析道地药材与中药资源的关系具有重要意义，并在中医药理论体系中占据了不可或缺的地位。

第一节　道地药材的概念与形成因素

中药资源道地性研究，以代表性道地药材为对象，围绕道地药材形成过程中遗传成因和环境成因等关键科学问题，在生物学、生态学、中药化学等多个层面，结合现代科学研究方法开展多学科交叉研究。它从揭示中药道地性成因入手，明确中药道地性的遗传、环境及其交互作用机制，阐释道地药材临床有效性的独特化学成分形成机理，揭示中药道地性的物质基础及其形成的科学内涵。

一、道地药材的概念及特征

（一）道地药材的概念

道地药材又称地道药材，是中医辨别优质中药材独具特色的标准，也是我国中药行业一个约定俗成的中药材标准化的概念。"道"是古代的地理行政区划单位，"地"则泛指地理、地带、地形和地貌，"道地"即是特定地理、地形、地带和地貌条件。"道地药材"指各地的特产药材，后逐渐演变成货真价实、质优可靠中药材的代名词。全国道地药材200余种，约占常用中药的2/5，而产值和产量却占80%以上。

道地药材的核心要素包括三个方面：一是经过长期临床医疗实践检验与优选，在中医药界得到肯定；二是特定产地出产，即在特定的生态环境条件下生长或生产的，若离开其适宜的生态环境则生产出的药材质量会发生改变；三是品种优良，在一定区域范围内表现出品质好、有效成分含量高等优良特性。

道地性是指中药材在特定地理环境、气候条件和土壤类型等自然因素的共同影响下，经过长期自然选择或人工培育，形成的具有独特药效和优良品质的特性。简言之，道地性是对道地药材所具有的各种优良性状的总称。道地性是评价中药材品质是否优良的重要标准，关系临床用药的安全性和有效性。

对于有多个产区的药材来说，如果特定某（几）个产区所产出的该种药材临床疗效更好，则这（几）个产区称为该种药材的道地产区，所产出的该种药材称为道地药材。例如川芎为多产区药材，其产区包括四川、云南、贵州、广西等地，大量研究及实践表明四川为川芎的道地产区，即产自四川的川芎为道地药材。此外，怀地黄、霍山石斛、广藿香、宣木瓜、祁紫菀、潞党参等也是著名的道地药材。

道地药材有明确道地产区，即药材具有道地性。例如，当归的道地产区为甘肃岷县及其周边地区，因此可以说产自甘肃岷县的当归为道地药材，或者说当归具有很强的道地性。而菟丝子尚未有明确的道地产区，可以说菟丝子的道地性不强，不是道地药材。

道地药材这一概念可追溯到我国已知最早记载本草的《神农本草经》，书中记载："土地所出，真伪新陈，并各有法"，这反映了早期对药材产地重要性的认识。药材的品质不仅取决于其物种，更受到生长土地的深刻影响。陶弘景在《本草经集注》中进一步阐述："诸药所生，皆有境界"，强调了特定地域对药材品质的决定性影响，并详细列举了多种药材的最佳生长区域和土壤条件。《新修本草》也指出："离其土，则质同而效异"，意味着即使药材种类相同，若改变其生长环境，其质和效也将发生改变。在唐代孙思邈的《千金翼方》中，首次采用当时的行政区划"道"来归纳药材产地，并强调"用药必依土地"的概念。类似道地药材含义的"道地"一词始见于南宋诸文献。明代"道地药材"作为专有名词见于《本草品汇精要》，每味药材项下专列"道地"条目，至汤显祖《牡丹亭》中有："好道地药材"。近年来人们逐渐认识到道地药材是天、地、人结合的产物，其理念受到更广泛的关注和认可。《中华人民共和国中医药法》中定义"道地中药材，是指经过中医临床长期应用优选出来的，产在特定地域，与其他地区所产同种中药材相比，品质和疗效更好，且质量稳定，具有较高知名度的中药材"。

> **思考与讨论**
> 如何理解道地药材概念的形成与演变？

（二）道地药材的特征

道地药材具有特定的质量标准及优良的临床疗效，有明确的地域性和丰富的文化内涵，也有较高的经济价值。其中特定的质量标准和优良的临床疗效，体现了道地药材最重要的价值。

1. 特定的质量标准 道地药材在道地产区生产历史悠久，长期适应当地独特的生境，并经过特定的栽培、加工和贮藏，通常在药材的外观、质地和化学成分等方面表现出一定的特异性。例如，主产于甘肃、宁夏的宁夏枸杞以粒大饱满、色红、肉厚、质润、籽少、味甜微苦的性状特征，使其有别于非道地枸杞；野生地黄植株瘦小、根细如手指，而河南省栽培的怀地黄，不仅植株粗壮、块茎肥厚、油性大、味微甜、断面呈菊花心状、产量大，而且梓醇含量高，质量上乘；安徽铜陵等地生产的凤丹皮，其加工品牡丹皮切口紧闭、肉厚粉足、亮星多、香气浓、久贮不变色、久煎不发烂，且丹皮酚的含量高，为牡丹皮优质药材。

2. 显著的临床疗效 道地药材的临床疗效显著，这一点已通过多方面的研究和临床实践得到了证实。这些药材因其独特的生长环境，表现出与非道地药材不同的品质和疗效。如历代本草对黄连道地性与临床疗效的论述中，《新修本草》载："蜀道者粗大节平，味极浓苦，疗渴为最。江东者节如连珠，疗痢大善。今澧州者更胜。"李时珍谓："今虽吴、蜀皆有，惟以雅州、眉州者为良。"明兰茂谓："滇连，一名云连。……此黄连功胜川连百倍。"分别表明了味连、雅连和云连在各时期发挥着各自独特的临床疗效。再如《本草经集注》载："当归，生陇西川谷、凉州、黑水。"强调陇西、凉州等地的当归质量上乘。《本草纲目》对道地药材的描述更为丰富，如"地黄，今怀庆府产者，为胜"，说明怀庆府（今河南焦作一带）所产地黄质量优良，是地黄的道地产区；"川芎，今关陕、蜀川、江东山中多有之，以蜀川者为胜"，强调蜀川地区的川芎品质最佳。现代研究也证明道地产区所产药材质量更优，如吉林长白山人参有效成分含量更高，宁夏枸杞的多糖含量较高，云南文山三七中的三七总皂苷含量较高，怀地黄质地柔软而黏性强，经过"九蒸九晒"加工后药性更纯和，滋阴补血的功效更佳。

3. 明确的地域性　"诸药所生，皆有境界"。道地药材一般特指原产或栽培于某一地区的某种优质正品药材，具有明确的地理性。道地药材在其道地产区往往有一定集中生产的规模，在中药材流通的领域中享有极好声誉，如《本草图经》中记载附子称："绵州彰明县（今四川江油）多种之，惟赤水乡者最佳"。因此，许多道地药材在药名前冠以地名，以示其道地产区。如宁夏枸杞、川贝母、辽细辛、怀山药、宣木瓜、浙玄参、杭白芷、苏薄荷、建泽泻、广陈皮等。但是也有少数道地药材名前面的地名，是指该药材传统的或主要的集散地或进口地，而不是指产地。如藏红花，并非西藏所产，而是最早经西藏进入我国内地；广木香原产印度，因由广州进口，故名，现我国云南已有大面积引种栽培，逐渐成为主要商品来源，因此其名称也逐渐被"云木香"取代。

4. 丰富的文化内涵　道地药材是自然与人文相结合的产物。道地药材的优良品质不仅受其遗传特征和生长环境的影响，也受到产区的生产加工技术、贮藏运输方式、中医临床选择、文化传播、社会政治等人文因素的影响。同时，道地药材由于品质优良而广受外界赞誉，提高了当地人民的自信心和自豪感，促进了传统文化的发展。近年来一些道地产区将道地药材作为地理标志产品进行宣传，也出现了以道地药材命名的各种节庆形式，极大丰富了道地药材的文化内涵。例如文山是"三七之乡"，被誉为"中药中的阿司匹林"的三七，在文山已有四百余年的栽培历史。现在当地积极进行文山三七品牌打造及市场推广，并开展非物质文化遗产申报工作。许多道地药材长期的大量出口，也促进了当地文化的对外交流。例如广东省江门市新会区是中国著名的陈皮之乡，已有近千年的陈皮生产历史。新会陈皮是新会所产茶枝柑（大红柑）的干果皮，是"广东三宝"之首和"广东十大中药材"之一，性味平和，和胃理气。每年新会区举办新会陈皮文化节，以"新会陈皮·道地臻品"为主题，围绕新会陈皮道地性保护工作，全面展示其产业价值、文化内涵、发展前景，包括药、食、茶、健康和金融、文旅六大领域，涵盖100余种"新会陈皮+"特色产品，展现新会经济与新会文化的魅力。

5. 较高的经济价值　道地药材是主产地经济的重要组成部分。"民以药为生，地以药为显，药以地为贵"，是道地药材经济的集中刻画。由于种植规模大，栽培加工技术娴熟，加之质量上乘，市场信誉高，道地药材具有良好的竞争优势。其市场价格较非道地药材高，带来较高的经济效益，加速了当地经济的良性循环。例如，道地产区贵州赤水的金钗石斛的收购价格为其他地区所产者的2倍，福建、广东、广西等地的广藿香价格高出其他地区所产者近50%。不少道地药材不仅是当地重要的经济支柱，在一定程度上也带动了当地的工业、旅游等行业和出口创汇的发展。

二、道地药材形成的自然因素

道地药材的优良品质是优良的物种基因与特定的自然环境长期作用的结果。从生物学上说，道地药材的形成是基因与生境之间相互作用的产物。特定的物种基因是药材道地性形成的内在因素；而地理条件以及土壤、气候等生态环境因子在道地药材的形成过程中是极为重要的外在因素。

（一）优良的物种基因是道地药材形成的内在因素

道地药材形成的先决条件是物种，优良的物种基因是决定道地药材品质的内在因素，亦是资源可持续利用的可靠保障。

种质（germplasm）一词，源于 1892 年德国著名遗传学家 Weismann 所提出的"种质论"。种质是指决定生物性状遗传（种性）性，并将其遗传信息从亲代传递给后代的遗传物质，也称为物种基因。生物的形态结构及化学物质的形成和积累都会受到生物基因的控制，不同物种的基因不同，所形成的药材化学成分也不同，反映在临床疗效上就会呈现出一定的差异。无论是物种之间还是物种内不同品种之间，均可能因种质的不同对药材质量的形成产生影响。

例如，《中华人民共和国药典》（简称《中国药典》）2025 年版中收载中药大黄来源于蓼科植物掌叶大黄 *Rheum palmatum* L.、唐古特大黄 *Rheum tanguticum* Maxim. ex Balf. 或药用大黄 *Rheum officinale* Baill. 的干燥根和根茎，前两种主要分布于甘肃、青海、西藏等地，习称"北大黄"，后一种主要分布于四川、湖北、贵州、云南、河南等地，习称"南大黄"。这三种大黄所含化学成分基本相似，均含有蒽醌衍生物，其中以唐古特大黄泻下活性最强，可视为道地药材的优良品种。我国大黄属共有 39 个种和 2 个变种，但载入《中国药典》可供入药的只有 3 种。非正品大黄，如藏边大黄 *R. australe*、河套大黄 *R. hotaoense*、华北大黄 *R. franzenbachii*、天山大黄 *R. wittrockii* 等，其蒽醌类成分含量较低，泻下作用弱，故不能作为药用的大黄使用，仅在部分地区或民间称"山大黄"或"土大黄"，或作兽药用或作为工业染料的原料。

同一物种有不同居群，这种差异可能源于基因的变异以及环境因素的影响。在不同的地理环境中，同一物种可能会适应不同的生长条件，从而产生出具有一定差异的生物形态和化学成分。这种地理居群的差异性也影响着道地药材的形成和品质。以大黄为例，来自不同地域的大黄虽然属于同一物种，但其生长环境、基因及生物化学成分可能存在一定的差异，因此在临床应用中也会呈现出一定的差异性。

对于栽培药材，即使是同种植物，也会形成不同的栽培品种。如药用菊花 *Chrysanthemum morifolium* Ramat. 在长期的栽培选育生产过程中形成了各具特色的亳菊、滁菊、贡菊、杭菊、怀菊等道地药材；又如北沙参（珊瑚菜 *Glehnia littoralis* Fr. Schmidt ex Miq.）的栽培品种根据叶柄色泽，分为大红袍（紫叶柄）、白条参（绿叶柄）、红条参（粉红色叶柄），其中，大红袍根粗大，粉性足，耐干旱，产量高，常作为主要栽培品种。

不同物种或是不同品种间的基因差异会导致药材化学成分和临床疗效的差异，因此种质的选择和管理对于药材质量至关重要，通过对种质的认真选择和管理，可以促进道地药材的优良品种的培育和发展，从而保障药材质量和可持续利用。

（二）独特的自然生态环境是道地药材形成的外在因素

药用植物的形态结构及其活性成分的合成积累，是植物长期适应外界环境的结果，当外界生态环境因素发生变化时，药用生物体的外部形态及活性成分均会因代谢的变化而发生变化，进而影响中药的质量与产量。不同的地理环境、气候条件、土壤类型和微生物等自然因素都会对药材的生长和化学成分产生影响。面对不同生境，植物的化学组成呈现出其独特的自适应特征。生态地理因子是影响药材道地性的重要因素，光照、温度、水分、空气、土壤等是构成生态条件的主要因子，与药用植物生长发育、药效和品质相关。

1. 地理环境　"诸药所生，皆有境界"，道地药材的形成与我国得天独厚的自然地理条件有关。我国的土地面积位于世界第三，地跨寒温带、温带、亚热带和热带，拥有复杂的气候和地理条件，由于受第四纪冰川的侵蚀较轻，生物具有丰富的多样性，使我国拥有天时地利的自然生态环境。特有的自然生态环境条件，是形成道地药材极为重要的外在因素。如三七主产于云南文山州、广西西南部等地，川芎主产于四川彭州、都江堰等地。我国古代医家对此也早有深刻认识，"凡用药必须择土地所宜者，则药力具用之有据"，可见特定的地域是道地药材产生的必要条件。

"离其本土，则效异"中的"本土"即包括土壤、水分、光照、温度、地形等生态因子，这些因子绝不是孤立地影响植物，而是在某一特定区域内构成的一种连续变化的综合环境条件中作为较强因素起作用；但并非都是同等重要，而只是某种因素在某段时间或对某种植物表现出特有的强度和影响。在诸多环境因素中，土壤和气候条件对道地药材形成具有显著的影响。"同种异地"的药材由于原植物生长的土壤、日照等条件不同而使所含的有效成分有较大差异，药材质量也有明显差异。

如果环境条件发生变化，将会改变药材的道地性特征，甚至使其品质和药效降低。例如青蒿因产地不同，南方产区青蒿素的含量较生长于北方地区更高。甘肃岷县、武都、文县等地自古为当归的道地产区，其中以岷县所产的"岷归"产量最大、质量最佳。甘肃岷山山脉，因山前、山后的地理位置和生态环境差异显著，所产当归品质迥异：产于山脉后方的岷县当归主根肥大而长，支根少且粗壮，内外质地油润，气清香，确为当归中的佳品；而山脉前方的武都、文县一带，因土层较薄，腐质土少，气温较高，所产当归主根较短，支根多而细，油性较差，故当地有"前山腿子后山王"之说。目前，有学者明确提出了道地药材形成的逆境效应，揭示了逆境条件影响道地药材次生代谢产物形成与积累的机制，对指导药用植物的种植生产具有积极意义。

2. 气候　特定的气候条件是形成道地药材的重要因素。大多数道地药材的形成对温度的需求有一定的范围，当温度达到或接近药用植物耐受的极限时，药用植物的生长、产量和质量即受到限制。如人参的适宜生长温度是 $10 \sim 34℃$，超过 $35℃$ 时茎叶会灼伤以至枯死；颠茄喜温暖、湿润气候，怕寒冷，忌高温，在 $20 \sim 25℃$ 时生长快，超过 $30℃$ 时生长缓慢。

3. 土壤　土壤是生物与非生物之间进行物质交换与能量转化的基本介质，更是形成道地药材的天然基础，土壤因素对药用植物的生长及有效成分的合成具有重要作用已在学界达成一定共识。品质优良的道地药材通常需要特有的土壤类型。有的道地药材对土壤的选择性很强而使最佳的栽培地区更为集中。如怀牛膝以河南武陟县西陶乡、大封乡最好，因该地受黄河、沁河多次泛滥和改道的影响，土层深厚，土壤肥力强，种植的牛膝根可长达 1.5 m，且侧根、须根少，油性足，成色好，受到国内外药商的长期青睐；白术为我国著名的"浙八味"之一，适宜在自然植被好，雨量充沛，保水保肥能力强，排水性能良好，有机质、氮、磷、钾及微量元素含量较多的中性偏酸土壤中生长发育，而浙江磐安、新昌、天台一带，群山连绵，素有"群山之祖，诸水之源"之称，最适宜白术生长。关于土壤微生物对道地药材道地性的研究尚缺乏系统性研究。

4. 微生态环境　药用植物的生长环境不仅仅包括外部环境，也包括植物本身的体内环境。近年来，微生物与环境的相互作用对道地药材形成的影响引起人们的重视。植物内生菌侵入寄主植物后，在特定的环境和生理条件下，能胁迫寄主，不仅能促进寄主体内次生代谢产物的形成和积累，而且也能将植物体内和外源化学物质转化为另一类化合物，产生在正常情况下不能发现的小分子抗菌物质——"植物保卫素"。因此，从植物内生菌入手来研究道地药材的形成成为新的研究方向。

微生态是自然界中普遍存在的生态关系，但由于其所涉及的微生物群具有极高的多样性、宿主差异性、时空波动性、菌群之间互作的复杂性、菌株变异性以及定植随机性，加上绝大多数菌种难以纯化培养，导致人们对中药微生态及其相关作用机制的认识与重视仍显不足。在植物根系与微生物相互作用的微生态系统中，根际微生物在物质循环和能量转换中扮演着十分重要的角色，是药用植物次生代谢产物形成中的重要因素。

新会陈皮道地性研究

新会作为广陈皮的道地产区，其中新会陈皮药材的道地性一直是研究的热点与难点。广陈皮有黄酮类和萜烯类化合物两大重要的功效成分，其中具有抗氧化、抗菌、抗炎等作用的单萜成分，是广陈皮中重要的活性成分。新会陈皮单萜成分的含量显著高于非道地产区，研究者采用多组学方法，系统地挖掘了"土壤养分－根系微生物－广陈皮品质成分"的内在关联机制，揭示了广陈皮道地产区中，土壤养分及耐盐微生物的组成能够显著促进广陈皮的活性成分——单萜的合成与积累。新会地区特殊的水土环境，形成了具有高营养元素和高盐度并存的特殊的土壤环境，造就了新会陈皮卓越的道地品质。

新会地区土壤中高浓度的盐分、镁离子、锰离子和钾离子，通过促进植物盐胁迫响应基因的表达和萜烯骨架合成酶活性，提高广陈皮中的单萜含量。进一步挖掘发现，其根际土壤和根内微生物组成与非道地产区存在显著差异，萜类合成相关的基因、盐胁迫相关基因及免疫反应相关的基因在道地产区新会地区高表达。在道地产区的根际土壤中，微生物基因组中存在大量耐盐、萜类合成相关的基因。后续研究通过合成微生物菌落验证得出，根际土壤和内共生细菌可通过触发植物免疫反应或为植物提供单萜合成中间产物，共同促进茶枝柑果实中单萜类化合物的积累，最终形成了新会陈皮的道地品质。

总之，稳定且独特的自然环境是道地药材品质的保障之一。因此，了解和保护自然生态环境对于道地药材的形成和品质保障至关重要；有效地利用生态作用机制，对提高道地药材的产量和品质具有重要的意义。研究道地药材的适宜性分布区域，可为道地药材生产的规划和布局提供科学的依据。而保护自然生态环境不仅有助于维持药用植物的生长环境和种群数量，还能保障其药用成分的稳定性和纯度，从而提高道地药材的质量和可靠性，只有在保证道地药材生产的生态系统健康的前提下，才能最终实现道地药材生产的原产地保护。

思考与讨论

道地药材形成的自然因素中，哪些因素更容易人工干预，进而提高药材品质？

三、道地药材形成的人文因素

传统中医药理论体系是中华民族灿烂文化的重要组成部分，对道地药材的形成与发展起到了推动作用，除少数道地药材是来自野生资源外，大多数均来源于栽培或驯养，其中栽培品所占比例较大，如黄连、板蓝根、天麻、三七、地黄、麦冬等。这些药用植物的栽培历史悠久，有的已经形成优良的栽培品种，具有完备的栽培技术和采收加工技术，为道地药材的形成提供了可靠保证。

（一）完善的栽培加工技术是道地药材形成的可靠保证

我国道地药材除了少数品种直接来源于野生资源外，大多数来源于人工栽培，且栽培历史悠久，技术成熟，种植地域集中，因而产量较大。千百年来，对药用植物持续不断地精心培育，尤其是运用独特的栽培技术和有效的管理措施，同时通过总结完善药用植物的良种选育、规范种植、适时采收和精细加工等关键技术，逐步形成了一套完整的药用植物栽培加工体系，为道地药材的品质奠定了坚实基础。

1. 良种的选育和积累　种子和种苗的质量好坏，直接关系药材的产量和质量。多数药用植物的栽培对种子和种苗的采收、保存、处理都有特定的要求。例如，过去浙江地区留种的白术种子，多于初冬采收，择晴天整体挖出留种植株，连同果序的茎秆扎成小把，于阴凉通风处放置20~30天，使种子充分后熟；当果序露出白色茸毛时再晒1~2天，轻击果序震落白术籽。近年来，各道地药材产区都加强了种子的提纯、复壮技术的研究，建立了药用植物种子规范化生产操作规程，从源头上把好药用植物种子种苗的质量关。

2. 成熟的栽培管理技术　系统而成熟的栽培管理和病虫害防治技术，保证了药用植物正常的生长发育和优良的品质，大多数道地药材都具有独到的种植技术。如四川江油附子，其特有的栽培要点是在温暖湿润的平坝上种植，冬至前1周栽种，年年换种，栽培过程中"打尖""拔芽""修根"等技术促进了营养物质的积累，使该地的附子得以高产优质，故有"江油附子青川苗"一说；又如在伊贝母栽培生产中，采用适当降低土壤含水量，增施氮、磷肥料以及降低光照强度等技术措施，均可不同程度地提高其鳞茎中的生物碱含量。在病虫害防治方面，千百年来，道地药材产区药农在与病虫害作斗争的过程中，积累了大量的经验。实践发现，白术采取间隔3年以上的轮作，可以有效减少病害的发生；麦冬与水稻轮作，经水田淹水，可减少病虫害对块根的危害；四川川芎主产区一直采用"平坝栽种，高山育苓"的方式，能有效减少病虫害。

3. 系统的采收加工方法　采收季节和加工方法也影响道地药材的品质与产量，经过长期实践和经验总结，道地产区药农大多摸索出了最佳采收季节和最适宜的加工方法，保证了道地药材的最大产量和最佳质量。如杭菊花的主产地浙江桐乡一带，于11月份，分3批采收的菊花，分别占产量的50%、30%、20%，采摘花瓣平直、花心散开60%~70%、花色洁白者，并选择晴天露水干后或下午进行，不采露水花，以免引起腐烂。采用蒸法加工时，锅水分次少加，以免水沸影响质量，蒸花时间4~4.5 min，过快易致生花变质，久蒸不易晒干。晒干时强调未干不翻动，晚收不叠压。晒3天翻动1次，6~7天后贮藏数天再晒1~2天，至花心变硬即可。如此特有的采收加工方法，有效地保证了杭菊花朵大瓣阔、色白芯黄、清香甘醇的道地性状。不同品种的芍药由于加工方法不同，表现出不同的药材性状，杭芍是先撞去外皮再置于水中煮透，然后捆在竹片上晒干，所以其药材根直，表面呈棕红色；川芎先刮去外皮，立即放入"种子水"（白芍须根捣碎加入玉米粉和豌豆粉的混合液）中浸泡，再煮透，所以药材较细短，表面粉白色，质坚、明亮。

> 👥 **思考与讨论**
>
> 中药材传统且复杂的手工加工技术的科学性和可替代性如何？

总之，通过科学的栽培养殖技术，可以控制药用植物、药用动物的生长环境、生长周期和生长条件，从而提高药材的产量和品质。栽培加工技术的不断改进和创新也有助于提高道地药材的生产效率和经济效益。因此，栽培加工技术的不断提升和应用是保障道地药材质量和可持续发展的重要手段。通过科学的技术手段，可以更好地保护和利用药材资源，促进道地药材的形成和发展，为人类健康和药物疗效提供可靠的保障。

（二）长期的中医药临床实践是道地药材形成的前提条件

中医与中药相辅相成，长期的中医药临床实践是道地药材形成的前提条件，也是道地药材所具有的中国特色和强大生命力所在。

仅有资源，没有医术，难以成药。中药离开中医理论的指导就不是中药，更谈不上是道地药材。从古到今，中医名家均以货真质优的药材作为提高临床疗效、提升健康服务水平的物质基础。伴随着中医药的起源和发展，道地药材的产生和形成同样经历了漫长的经验认知过程。我国古代大量的医书医案中记载了医家对道地药材的精辟论述和赞誉，我国历代本草著作更以道地药材为特色。

1. 传统典籍对道地药材效用的记载　我国现存最早的药物专著《神农本草经》序中提到："药有……采治时月、生熟、土地所出。"已隐示药物的采收时间及出自土地的道地性，在其收载的药物名称中，亦出现巴豆、蜀椒、秦椒、阿胶等带有道地色彩的一些药名，巴、蜀、秦、东阿等均是西周前后的古国名或古地名。《黄帝内经》明确指出："岁物者，天地之专精也。非司岁物则气散，质同而异等也。"《伤寒论》方中也应用道地药材，其112首方剂涉及80余种中药，其中道地药材阿胶、赭石、巴豆等广泛用于临床。梁代陶弘景所著《本草经集注》则进一步论述："诸药所生，皆有境界……自江东以来，小小杂药，多出近道，气力性理，不及本邦。假令荆、益不通，则全用历阳当归、钱塘三建，岂得相似？所以疗病不及往人，亦当缘此故也。"强调原产地药材在疗效上优于非原产地药材的观点。该书对40多种常用药材明确以何处所产为"第一""最胜""为佳""为良"等记述，明确记载了当时的道地药材，也是现今确定道地药材的最原始依据之一。唐代《新修本草》对药材道地性概括为"窃以动植形生，因方舛性……离其本土，则质同而效异"。宋代《本草图经》附图常以产地冠名，如"齐州半夏""银州柴胡"等，共144处，约250种药材。《本草衍义》中有"凡诸草木昆虫，产之有地……失其地，则性味少异"等论述。明代《本草品汇精要》明确标注道地项，以突出道地药材。《本草纲目》中记载薄荷"今人药用，多以苏州为胜"，麦冬"浙中来者甚良"，明确标注了两种药材的道地产区。典籍中对道地药材认识的记载，是对道地药材长期临床实践择优形成的概括，为道地药材"道地性"奠定了重要思想基础。

正是中医药学家长期的临床实践推动了道地药材的发展。近代涌现了一大批经营道地药材的百年老号，如北京同仁堂、杭州胡庆余堂等。道地药材逐渐走向民间，成为家喻户晓的中医药文化元素之一，为道地药材的发展提供了强大的社会、经济、文化基础。

🏮 思考与讨论
现代经济社会发展对道地药材产地有哪些方面的影响？

2. 道地药材的现代药理药效研究　道地药材的灵魂是优良的临床疗效。目前常用的道地药材化学特征表征方法较难反映中药的临床疗效和安全性，亦难以有针对性地指导临床安全合理用药。因此，道地药材药理研究应以中医药基本理论为指导，运用现代科学方法，研究道地药材的性质、性能、与机体相互作用规律及其临床运用规律。道地药材药理研究是道地药材基础研究和临床转化应用间的桥梁，对于客观描述道地药材药效作用规律，科学阐释道地药材药效机制，探索建立基于生物效应和临床疗效的道地药材标准和方法，为道地药材的药性理论、药理作用机制和临床价值提供科学依据。

现代研究应用生物检测及药理学方法，对道地药材的药效及毒性的作用规律进行研究，阐释其发挥优良药效的机制，分别从生物活性、药理药效、临床疗效及作用机制多层次多角度呈现道地药材的药理药效特征，可为道地药材科学合理的临床应用提供可借鉴的资料。

生物效应检测是指利用药物对试验体所产生的生物效应，运用特定的实验设计，反映药物有效性、安全性的一种方法，具有与中药有效性、安全性相关联的优势，是一种符合中药多成分、整体作用特点，可在一定程度上表征中药的药理药效特征。生物效应检测方法可通过药效学指标和（或）毒理学指标反映中药的有效性和安全性，并可与中药的功能主治相关，从而反映中药的优劣。目前常用于中药活性评价的生物效应检测包括抗生素微生物效价检测和免疫检测技术等，均为成熟的方法，收载于《中国药典》。

抗生素微生物效价检测法是在适宜条件下，根据量反应平行线原理设计，通过检测对照品与供试品对微生物的抑制作用，以测定供试品效价的方法。如采用管碟法、荧光测定法和酶联免疫吸附法。发现来源于安徽规范化种植基地的板蓝根对金黄色葡萄球菌的抑制作用最强，山东、甘肃、河北、河南、安徽、黑龙江和内蒙古等主产区的药材次之，市场上购买的其他产地药材较差。

免疫检测技术是基于抗原和抗体特异性反应，对抗原或抗体实现定性定量检测的方法，包括有酶联免疫吸附法（enzyme-linked immunosorbent assay，ELISA）和胶体金免疫色谱法（gold immunochromatographic assay，GICA）。例如基于单克隆抗体制备技术和 ELISA，研究建立了金银花中绿原酸和木犀草苷的免疫检测方法，并在此基础上采用 GICA 研制了绿原酸和木犀草苷胶体金免疫检测试纸条，实现了在 10 min 内对金银花药材的质量评价。

由此，有研究者提出基于疗效而非产地的道地药材标准构建新标准，其前提是基于传统产区道地药材的系统研究，通过环境、遗传、性状、化学、药理等特征的综合分析形成新的技术标准。《中国药典》2010 年版编制大纲中明确提出："中药的质量标准要逐步由单一指标性成分定性定量测定，向活性有效成分及生物测定的综合检测过渡"。并在附录中增加了《中药生物活性测定指导原则》；《中国药典》2015 年版将《中国药典》2010 年版的附录整合为通则，并沿用至《中国药典》2020 年版。《中国药典》2025 年版新增了《9309 生物活性测定方法设计、建立及验证指导原则》，修订了《9401 生物制品生物活性／效价测定方法验证指导原则》，为多组分复杂成分生物药的活性成分质控方法的建立提供指导。这说明将生物效应检测技术应用到中药品质特征的研究中已成为当前重要的发展趋势。

因此，开展对不同产地药材间生物活性的比较，可以综合评价药材的品质特征，从而保证药材的道地性，进而保障现代临床用药。目前，生物效应检测技术已成功应用于当归、大黄、丹参和黄连等道地药材的质量评价，但以上研究采用的对照品大多是化学单体，对照品与化学成分复杂的被检中药材难具"同质性"。虽有学者提出以道地优质药材作为生物活性评价的标准对照药材，从而保证对照品的均一性、稳定性、代表性和可延性。然而基原、环境生态因子和栽培方式等因素均会影响道地药材的品质，以道地药材作为标准对照药材评价生物活性的具体使用条件以及使用范围还未成熟。期待在未来，通过研究，建立更能体现道地药材药理学特征和优良临床价值的中药标准。

道地药材的"形－质－效"研究

道地药材现代研究，可通过将"优形、优质、优效"特征与基因型、环境因子和人工栽培措施相结合，深入揭示道地药材"优形－优质"的形成机制和加工技术体系。并通过现代模式生物的应用，生物活性评价药理药效等，构建"优质－优效"关系表征和质量评价的方法体系，为道地药材原植物的定向育种、规范化栽培和产地加工、提升药材质量、保障临床优效提供科学依据，为中医药事业的可持续发展注入新的活力。

道地药材资源是我国中药资源中的瑰宝，只有选用优质的道地药材，才能保证中药的临床疗效。优良的种质资源、适宜的生态环境、合理的栽培措施、科学的采收加工技术及传统的中医药理论均与道地药材的形成紧密相关，但不同道地药材的形成机制不完全相同。道地药材是在长期的物种进化、生态适应、栽培加工和临床实践过程中逐渐形成的，整个过程复杂而漫长，揭示道地药材的形成机制，是中药资源领域的重要课题。

第二节　道地药材的变迁和发展

道地性代表着药材的品质和疗效，是古今衡量药材质量的标准。随着时代的进步，科学技术以及中医药事业不断发展，人们对道地药材的研究不断深入，在道地药材品种来源、产区、栽培加工等方面的认识得以不断更新和完善。千百年来"优胜劣汰、择优而立"使得道地药材群体不断优化和发展，其"货真质优、疗效显著"的入选标准使得道地药材虽历经沧桑，却经久不衰。道地药材的变迁和发展是一个漫长而复杂的过程，整理道地药材变迁的资料，分析变迁的原因，对继承和发展道地药材，保证和提高药材质量具有重要的现实意义。

一、道地药材的变迁概况

道地药材的形成要素包括自然因素和人文因素。有的道地药材种质不变，一直延续至今，而有的道地药材的形成则经历了变迁，有的在发展过程中仅其中一个形成要素发生了变迁，而有的则是多个形成要素发生了改变，正如李时珍所说"古今药物兴废不同"。纵观历史，药材的产量、品质和疗效是道地药材形成和变迁的本质和动力。

（一）种质的变迁

道地药材形成初期，是以产地论优劣，因受当时政治、经济、文化、交通、科学技术、临床应用及植物分类水平等诸多因素的限制，历代本草著作中对同一味药的道地性记载不一致，不能全面而准确地反映它的真实情况，某些道地药材的记载常出现名称较为混乱甚至误传的现象。经过反复的临床验证和本草传播，人们逐渐发现原本草记载的不足和错误，尤其是近代科学技术的发展，使人们对道地药材本质的认识不断深化，在品种来源上进行了更为准确地更正和补充。

道地药材的种质与众多药材种质一样，有的品种代代相传，如岷当归、怀地黄、云三七、宣

121

木瓜、台乌药等。而有的道地药材种质则发生变迁，如古代早期使用的枳实基原为芸香科植物枳 *Poncirus trifoliata*（L.）Raf.，宋代以后的枳壳、枳实就改以酸橙 *Citrus aurantium* L. 及其栽培变种或甜橙 *C. sinensis* Osbeck 的干燥幼果为主。又如紫草，始载于《神农本草经》，列为中品，历代本草收载的均为硬紫草，来源于紫草科植物紫草 *Lithospermum erythrorhizon* Sieb. et Zucc.，而现今则普遍使用软紫草，来源于新疆紫草 *Arnebia euchroma*（Royle）Johnst.，其紫草萘醌色素含量高，抑菌种类和强度大于硬紫草，品质更佳，扩大了药用范围。再如古代将银柴胡列入柴胡项下，《雷公炮炙论》《本草图经》等古籍记载的银州柴胡的基原为伞形科植物红柴胡 *Bupleurum scorzonerifolium* Willd.，而从《本草纲目》《本草原始》等书开始记载的银州柴胡来源于石竹科植物银柴胡 *Stellaria dichotoma* L. var. *lanceolata* Bge.，《神农本草经疏》记载银柴胡专治劳热骨蒸，与伞形科柴胡解表发散之功有别，清《本草纲目拾遗》则将柴胡与银柴胡分条并列，现今银柴胡与古代的银州柴胡，虽然产区相同，但是已经由伞形科柴胡属植物演变为石竹科银柴胡了。

（二）产区的形成与变迁

道地药材产于特定的产区，存在着产区延续与变迁两种情况。有的道地药材的产区在历史发展中一直延续至今，如木瓜，《本草图经》记载"木瓜处处有之，而宣城者为佳"，此后历代本草均以安徽宣州为道地。但由于自然地理条件和人类生产活动等因素的变化，有些道地药材的产区也会发生变迁，如地黄，《名医别录》记载"生咸阳川泽黄土地者佳"，《本草经集注》言"今以彭城干地黄最好，次历阳，今用江宁板桥者为胜"，宋《本草图经》言"今处处有之，以同州者为上"，明代《本草蒙筌》云"江浙壤地种者，受南方阳气，质虽光润而力微；怀庆山产者，禀北方纯阴，皮有疙瘩而力大"，《本草纲目》云"今人惟以怀庆地黄为上，亦各处随时兴废不同尔"，自此，地黄以河南怀庆为道地，习称"怀地黄"，道地产区的范围缩小了，以保证其更好的疗效。

还有一些道地药材常因产区变迁，种质相应改变。如延胡索，始载于唐《本草拾遗》。据本草考证，唐宋时期延胡索以东北野生品为道地，原植物为齿瓣延胡索 *Corydalis turtschaninovii* Bess.，明代《本草品汇精要》在道地项下注明以江苏镇江产者为佳，明代《本草纲目》记载江苏茅山有延胡索栽培，根据其附图和文字描述，原植物应为延胡索 *C. yanhusuo* W. T. Wang，明代《本草原始》认为茅山延胡索为道地，明代《本草乘雅半偈》中记载，浙江杭州也产延胡索。近代以来，延胡索道地产区进一步南移，以浙江为道地。自唐以来，延胡索从东北迁至江苏，再南移至浙江，种质也由齿瓣延胡索变为延胡索，并由野生品转为栽培品。

道地药材是历史生产实践的产物，伴随着历史变迁、科技进步、社会及中医药学的发展，道地产区在承续和变迁中形成和发展，药材产地变迁具有普遍性，在不同的历史时期具有不同的产地。因为不同的原因，有的道地产区逐渐消失，而新的道地产区渐渐发展，但道地产区也具有相对的稳定性。

（三）药用部位的形成与变迁

古今道地药材的药用部位也时有变迁。如忍冬，始载于《名医别录》，曰"忍冬，十二月采，阴干"，考虑到忍冬花期在5—6月，因此当时忍冬的药用部位应为藤茎；《证类本草》引《肘后方》曰"忍冬茎、叶，锉数斛"，表明宋代以前忍冬植物的药用部位为茎和叶；至明代，《本草品汇精要》在忍冬"用"项下注为"茎、叶、花"，说明忍冬已发展为茎叶及花均可入药，《本草纲目》也记载"茎叶及花，功用皆同"，《得配本草》则强调"藤、叶皆可用，花尤佳"；《中国药典》2025年版以花、忍冬藤入药。又如香附，以"莎草"之名始载于《名医别录》，《本草图经》记载"采苗及花与根疗病"，至《本草衍义》"其根上如枣核者，又谓之香附子，今人多用"，现以根状茎入药。

（四）采收时间与加工方法的形成与变迁

道地药材的采收时间有着严格的要求，古代医者认为只有在特定的季节和时辰采摘的药材，药效才能达到最佳，过去人们依赖于经验和传统，通常会选择在春秋两季进行药材的采收，然而随着科技进步和发展，现在可以通过人工调控措施控制植物的生长环境，以保证药材产量和质量，道地药材的采收时间相应也有了变化，这也是人们对药材性质认识的深化。如艾，《本草图经》记载"三月三，五月五采叶，暴干，经陈久方可用"；《本草纲目》云"艾叶采以端午，治病灸疾，功非小补"。产于蕲州的道地药材蕲艾产区延续了端午采艾的传统，为了增加蕲艾资源，道地产区除端午以外，一年还采2~3次。再如，古代本草记载赤芝均为六月、八月采收，直至现代《中国药材学》（1996年版）记载灵芝全年采收，现行版《中国药典》记载灵芝为"全年采收"。

在常用中药中，大多数药材需要进行产地加工，以保证药材质量。有的道地药材加工方法古今也有变迁，如附子，《伤寒论》中以整枚入药，有时需"炮，去皮，破八片"；晋代《肘后备急方》载"去皮、脐"；目前道地产区四川江油则形成了"胆巴浸泡—煮制—剥皮（白附片）—切片—漂洗—蒸制—干燥"多道产地加工工序。随着社会的进步，现代产地加工方式则发生更多变化，尤其是干燥方式，如《图经本草》中记载地黄产地加工用烘焙至干，但传统烘焙火力较难控制，易出现不均匀的情况；现代多采用烘干，精准控制温度和湿度，使地黄干燥均匀。当归传统加工采用烟火慢慢熏干，现代多采用烘干与晾晒相结合的方式，减少药材的烟熏味。中药材产地加工中的"发汗"是指将药材堆积放置，使其发热、"回潮"，内部水分向外挥发的过程。如厚朴发汗处理后，厚朴酚与和厚朴酚的含量增加，增强了抗菌、抗炎等作用。"发汗"工艺的现代变迁，更注重规范化和标准化，会制定详细的发汗工艺参数，如温度、湿度、时间等，以稳定药材质量。总的来说，道地药材加工方法的变迁是一个不断发展的过程，无论是传统的手工制作还是现代机械化生产，都有其独特的优势和局限性。随着科技发展和人们对药材品质要求的提高，道地药材的加工方法也在不断地改进和创新中。在未来，需要更加注重传统加工工艺与现代技术的结合，寻找更加科学、高效的药材加工方式，以满足人们对健康的需求。

二、道地药材的变迁原因

道地药材变迁的原因有很多，常常不只是单一因素引起，在历史发展过程中地域、交通因素变化均可以导致道地药材的产地变迁，而其他如气候、资源过度利用、引种、品种分化等因素也对一些道地药材的变迁产生了影响，道地产区的形成既有历史变迁的结果，也有历史继承性因素，是变中有不变。

（一）地域环境、交通因素的变化

道地药材严格意义上属于汉民族医药文化，与中原汉文化密切相关。古代中原王朝势力圈决定了道地药材的地域分布空间。与中原汉文化密切联系的区域，道地药材记载时间相对较早，如广西的道地药材肉桂、滑石等在南北朝已经为道地药材，宋代增加珍珠、蛤蚧、山豆根等。受中原汉文化影响较弱或较晚的区域，道地药材记载时间相对较晚，内蒙古的道地药材在古代多限于中南部地区；云南的道地药材则主要在明清本草才开始出现，如云黄连、云茯苓等；新疆的道地药材主要在 20 世纪 50 年代才逐渐发现和利用，如阿魏、软紫草等。

古代诸侯割据、民族纷扰、连年征战导致正常的贸易受阻，使道地药材资源不能流通，导致道地药材变迁。如雄黄，汉魏六朝炼丹术士用的雄黄以武都（今甘肃西和）为佳，晋末武都少数民族地区发生纷扰，阻隔了武都雄黄进入中原，以致"时有三五两，其价如金。合丸皆用石门（今湖南）、始兴（今广东）石黄之好者尔"。而现在人口聚集、经济发展、工业化使得道地药材资源生存环境发生改变，质量与产量下降，从而导致产区变迁。如四川崇州是川郁金的传统道地产区，但是随着崇州城市化建设速度的加快，川郁金的主产区逐渐被广西代替。再如，自古以来浙江就是白术的道地产区，在 20 世纪 50 年代，浙江白术产量占全国总产量的 80% 以上；但随着沿海地区经济的快速发展，浙江经济产业结构有所调整，白术的种植面积也逐渐减少了。

区域内自然环境的变化也是道地药材产地变化的重要原因。如天麻产地最早的记载为魏晋时期《吴普本草》所述的山东泰山和河南嵩山，并一直以山东泰安及其周边地区为道地产区，但从民国开始天麻产地发生了较大变化，道地产区向西迁移到西南地区，其中有很大一部分原因是自然环境改变造成的。古代山东一带的气候比现今湿润，植被丰富，适宜天麻生长；而现今山东绝大部分地区较干旱，加之气候变暖和人为因素影响，导致大量的原始森林消失，已经不再适宜天麻生长。泽泻、枳壳等对气候比较敏感，其主产区或道地产区在明清时期已由北向南发生了迁移。

（二）资源过度利用导致濒危

资源过度利用导致濒危也是道地产区变迁的重要原因。最典型的例子就是人参，《名医别录》中就有人参"生上党山谷及辽东"之说，古代多部本草的描述均可说明古代人参的产地为上党、辽东并存。据史料记载，唐代即有当时的潞州上党郡、泽州高干郡、幽州港阳郡、平州北平郡、辽州乐于郡、营州柳城郡等向朝廷进贡人参，由于当时的贡品中通常不会掺假，所以可以证明当时晋冀一带为人参药材产区之一，而且原有"上党人参"一说，经多方考证确有此种情况。但是清代开始，山西上党人参逐渐消失，究其原因，森林被大量砍伐，导致人参生长环境被极大破坏，有可能是人参在上党等地绝迹的重要原因之一，原有的道地产区随之不复存在。与上党人参类似的还有舒州（今安徽省潜山市）白术，白术在宋代备受医家推崇，《本草图经》记载"凡古方云术者，乃白术也"，并附有舒州白术等图，《苏沈良方》记载"黄州山中，苍术至多，就野人买之，一斤数钱耳……舒州白术，茎叶亦皆相似，特花紫耳，然至难得，三百一两"，可见当时舒州白术资源何其濒危，明清本草再无舒州白术记载。再如，皖南山区在明代为茯苓的道地产区，但自清中期道光年间不再入贡，原因是茯苓栽培对松木的需求量较高，大量种植茯苓，过度砍伐松树，由此引发系列灾害，出于生态环境保护，茯苓生产受到限制。

> **思考与讨论**
>
> 历史上清政府封禁东北，设置衙门专人采集东北物资，与长白山人参资源变化有何关系？

道地药材因野生资源濒危，种质与产区被迫变迁。如黄连，古代长期以"宣黄连"为道地，宣黄连特指分布于安徽宣城相邻的部分皖南山区和毗邻的浙江西北山区的短萼黄连 *Coptis chinensis* Franch. var. *brevisepala* W. T. Wang et Hsiao，该地区的短萼黄连品质优异，作为道地药材使用的历史可以追溯到南北朝时期《本草经集注》，唐代《新修本草》载"江东者节如连珠，疗痢大善"，《本草图经》"今江、湖、荆、夔州郡亦有，而以宣城者为胜"，至清代《本草纲目拾遗》仍有记载。但是长期对道地药材宣黄连的需求，一直依靠对野生资源的采挖，导致资源渐渐枯竭，致使黄连道地药材在明清时期开始以四川为道地产区，种质也由短萼黄连改为黄连 *C. chinensis* Franch.。

（三）引种栽培

由于地区之间交流的增多，很多我国本来不产的药材也开始栽培并形成道地药材；同时一些我国原本不用的药材，也开始栽培使用。如红花原产于地中海地区及中亚等地，西汉张骞出使西域，将红花引入中国，最初在西北地区种植。晋时，红花种植扩展到河南、河北。唐代，红花种植范围更广，关内、河南、山南、剑南、江南、岭南等地均有生产。现在红花产区主要集中在新疆，其播种面积占全国总面积的 90% 以上。此外，四川、云南、河南、河北、浙江、山东等地也有种植。再如，西红花原产于地中海沿岸及中东等地，古时经印度传入西藏，再传入内地，被称为藏红花。西红花过去靠从国外进口，由于现代栽培技术的进步，在上海已经大量进行室内种植，形成上海的优质药材。还有一些国外的药用植物，被引进国内并逐步形成规模，如广西引种的玫瑰茄 *Hibiscus sabdariffa*，东北引种的紫锥菊 *Echinacea purpurea* 等，也成为优质药材。在国内，因异地引种也形成了一些较大规模的新产区，如陕西引种延胡索、广西引种三七、内蒙古引种牛膝等，产量均有一定规模。

生产、栽培习惯的改变也是道地药材产地变化的重要原因。随着中医药产业的发展，有些道地药材因为利润低，生产过程繁琐，药农已经不愿意栽种。如河南四大怀药之一的怀地黄因其加工繁琐，年轻一代的药农不愿生产，而造成种植面积减少，产地可能会迁移他地。另如重庆江津是枳壳和枳实的传统道地产区之一，枳壳和枳实的原植物酸橙 *Citrus aurantum* L. 就是因其产量低，药材加工较鲜品更复杂，价格低廉，药农不愿意种植酸橙；而在当地推广应用的脐橙，鲜果产量大，价格是药材的数倍，因此，江津产的枳壳、枳实明显减少。

（四）品种分化

有些道地药材最初仅有一大品种名称，而后伴随时代的变迁，也会发生品种的分化。如药材贝母，在明代以前无川、浙之分，明代张景岳《本草正》首先将川贝母与浙贝母分条论述，《本草纲目拾遗》也将浙贝母单列为一条，与现今所用一致。目前川贝母、浙贝母为两味功效有别的药材。又如芍药，始载于《神农本草经》"味苦，平。主邪气腹痛，出血痹，破坚积，寒热，疝瘕，止痛，益气"，《名医别录》"芍药，微酸，微寒，有小毒。通顺血脉，缓中，散恶血，逐贼血，去水气，利膀胱、大小肠，消痈肿"，至南北朝的《本草经集注》则开始有赤、白之分"芍药今出白山、蒋山、茅山最好，白而长大，余处亦有而多赤，赤者小利"，《备急千金要方》"凡茯苓、芍药，补药须白者，泻药须赤者"。又如山药自宋代始有栽培，明清以后药用山药主要来源于栽培品，产自河南怀庆地区，并且山药栽培出现品种分化，道地药材怀山药不是泛指所有的山药农家品种，而是特定的农家品种铁棍山药。

金银花是大宗常用中药材，近年银花类药材的品种分化较为典型。其主要内容如下：《中国药典》2000 年版收载的基原为忍冬科植物忍冬 *Lonicera japonica* Thunb.、红腺忍冬 *L. hypoglauca* Miq.、山银花 *L. confusa* DC. 或毛花柱忍冬 *L. dasystyla* Rehd. 的干燥花蕾或带初开的花。《中国药典》2005 年版将其分为金银花和山银花 2 个药材收载，其中金银花的来源与《中国药典》1963

年版一致，即忍冬科植物忍冬 *L. japonica* Thunb.，而山银花基原为忍冬科灰毡毛忍冬 *L. japonica* Hand.–Mazz.、红腺忍冬 *L. hypoglauca* Miq. 和华南忍冬 *L. confusa* DC。《中国药典》2010 年版山银花来源又新增了黄褐毛忍冬 *L. fulvotomentosa* Hsu et S. C. Cheng，总共 4 个品种。至此，后续各版《中国药典》中收载金银花和山银花药材的来源均沿用。其中山银花的来源灰毡毛忍冬 *L. japonica* Hand.–Mazz. 在湖南、四川等地均有大量栽培，为西南地区银花类药材主流商品之一。类似的还有独活与羌活、南沙参与北沙参、怀牛膝与川牛膝、白术和苍术，以及近代才出现的品种分化（如黄檗与川黄柏、葛根与粉葛等）。

三、道地药材的发展

道地药材是中医防病治病的有效武器，在"回归自然"的国际传统医药热中备受青睐，同时道地药材的发展也面临前所未有的机遇与挑战。发展道地药材既是提高中药质量的重要手段，又是解决伪劣混乱品种的根本措施，是实施健康中国战略和乡村振兴战略的时代要求，也是道地药材资源发展的必由之路。

（一）保护原产区，适当扩大新产区

中药材生产具有区域性特点，在特定区域内应大力发展特色道地药材，并注意维护道地药材的生态系统，以保证中药材的品质及人类生存的环境。由于一定区域内的道地药材资源量较少，虽然其道地性被人们承认，但不能满足临床需要，于是人们开始寻找药材新的最佳产地，如果发现新的更佳的道地药材资源产地，则扩大了道地产区的范围或形成新的道地产区，如新疆紫草。再如丹参的主要产地原在安徽、江苏等地，而现在陕西商洛地区栽培的丹参有效成分含量比原产地高，其活血调经、祛瘀止痛的作用亦强于原品种，就产生了丹参新的最佳产地。另外，东北地区的人参、刺五加、龙胆、五味子等主要道地药材也都是明清以后发现或开发的新产地。

（二）健全标准体系，规范道地药材生产

加强研究，制定完善的道地药材生产标准，建立健全生产技术、产地初加工、质量安全等标准体系，不断提升道地药材的生产水平，能够保证中药饮片和中成药的质量及其安全性、有效性和稳定性。中药材的规范化生产，能提高中药材的质量，而建立规范化种植基地是保证中药原料道地性的要求，是实现中药标准化现代化的主要途径之一。深入开展道地药材资源保育、生态种植等基础研究，推进育种创新和良种化，培育可以在生产上大规模推广应用的优良品种，促进农机农艺融合，集成组装适宜不同区域、不同品种的道地药材生产模式，提升道地药材标准化、规范化生产水平，示范带动更大范围节本增效、提质增效，打造一批种植规模化、设施现代化、生产标准化的道地药材特色生产基地，突出道地特色和产品特性，促进药材的优质生产，以确保道地药材的可持续利用。

（三）遵循道地性，恰当引种扩种

道地性是道地药材的核心，恰当地引种道地药材，成功的经验在于引种时一定要因地制宜，气候、土壤、海拔高度等均能影响药材品质的形成。如膜荚黄芪 *Astragalus membranaceus*（Fisch.）Bge. 自原产地引种到其他一些地区后，植株显著增高，根部分枝增多，质硬而有柴性，味不甜而微苦，质量低劣；又如在广西不同海拔高度进行三七 *Panax notoginseng*（Burkill）F. H.

Chen ex C. H. 的栽培，结果表明，海拔高度对三七的生长影响很大，在一定范围内，随着海拔高度的逐渐降低，植株变得矮小，三七产量和加工率也相对减少。因此，为了保证中药材的道地性，需要遵循道地药材形成的客观规律，统一规划，以保障道地药材的优势发展，维护道地药材的生存与可持续利用。

（四）重视安全性，加强道地药材质量控制

道地药材是正品优质药材的代名词。古人早有"存之于内形于外"的观点，说明了药材品质的内在和外在关系。传统中药材的"辨状论质"是古代医药学家对中药真伪优劣鉴别实践的高度概括和总结，是传统中医药文化的重要组成部分。《本草图经》称川芎"以蜀川者为胜……形块重实，作雀脑状者，谓之雀脑芎，此最有力也"。《本草纲目》载佛手"产闽广间……其实状如人手，有指，俗呼为佛手柑"。《本草纲目》载秦艽"出秦中，以根作罗纹交纠者佳，故名秦艽"。然而，中药材传统鉴别经验也还有自身的局限性，主要是因为中药品种的复杂性和多样性，单纯凭借感官很难窥察出药材的内在品质。目前，以植物化学和现代药理实验为基础的质量评价和控制模式仍然是国家制定标准的依据，如多指标成分测定方法建立，对照药材的应用，安全性控制指标增加（农药残留、重金属、有害微生物）等。加强质量追溯体系建设，不断完善道地药材质量控制体系，加强对道地药材质量和安全的监督和管理，提升道地药材质量安全水平，保证药材安全、可控、有效。

（五）培树品牌，助力道地药材产业升级

完善道地药材地理标志保护，打造道地药材区域公用品牌，整合与培育区域品牌，打造具有地域品牌优势的中药大品种，如十大云药、湘九味、浙八味等品牌建设。培育一批能带动种植、连接市场、引领产业发展的领军企业，建立以企业为主体、市场为导向、科研院所为支撑的"政产学研用"一体化的科技创新机制。开展药食同源食品和以中药材为原料的综合利用产品开发和应用，延伸特色资源产业链，对药用植物非药用部位开展再利用研究，提高药材的提取、制备和应用技术，以增加产业附加值。同时做好品牌宣传推介，组织道地药材种植基地和中药工业企业产销对接会、道地药材展销会等，促进产业链的协同发展，加强道地药材品牌市场营销，扩大市场份额，以促进道地药材产业健康持续发展。

第三节　我国主要道地药材

我国地域辽阔，不同地区环境条件变化大，经过长期的生产实践，各地区都形成了一批适合本地条件的道地药材。我国道地药材约有 208 种，道地药材与地域是不可分割的，根据我国中药资源的分布区域，将我国主要药材生产分为以下的道地产区（图 4-1）。

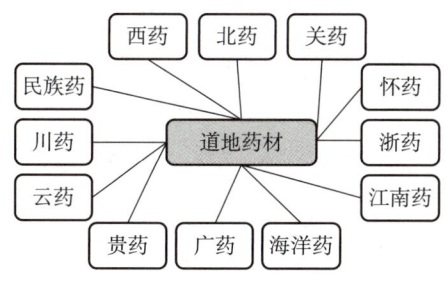

图 4-1　我国主要道地药材产区

一、关药

"关药"是指山海关以北，东北三省以及内蒙古自治区东北部出产的道地药材。其地理分布包括大小兴安岭及长白山区、东北平原，海拔绝大多数在 1 000 m 以下。气候冬夏温差大，冬季严寒，夏秋多雨。关药的药名常带有"关"或"辽"字，非常有地域特色。著名的关药有人参、辽细辛、关龙胆、刺五加、薤白、关黄柏、关木通、知母、北五味子、牛蒡子、鹿茸、哈蟆油等。其中较为著名的有吉林、黑龙江的人参，鹿茸，辽宁、吉林的北五味子、辽细辛、关黄柏。该区域所产人参占全国人参产量的 99%，其中边条红参体长、芦长、形体优美；辽细辛气味浓烈、辛香；北五味子肉厚、色鲜红、质柔润；关龙胆根条粗长、色黄淡；防风主根发达，色棕黄，被誉为"红条防风"；梅花鹿茸粗大、肥、壮、嫩、茸形美、色泽好；哈蟆油野生蕴藏量占全国总量的 99%。

二、西药

"西药"是我国西北部地区所产的道地药材，包括陕西、甘肃、宁夏、青海、新疆及内蒙古中西部所产的道地药材。本区地域辽阔，气候条件较差，是典型的干旱区。著名的秦药有秦皮、秦归、秦艽等，陕西平利绞股蓝、商洛丹参、子洲黄芪、汉中附子获得国家地理标志产品保护。甘肃主产当归、大黄、党参，甘肃大黄以凉州大黄和铨水大黄为优，甘肃已成为国内大黄规范化生产的主产区。宁夏枸杞驰名中外，目前培育出的新品种有 10 余个，如宁杞系列、扁果枸杞、先锋 1 号、0901 等。青海盛产西宁大黄，质地优良、色泽鲜亮、油性大；麝香饱满、皮薄、香气浓郁；马鹿茸茸形粗壮、饱满、质嫩、油润；冬虫夏草虫体肥大、色黄，气微腥；肉苁蓉条粗壮、体重、色棕褐、质柔润。新疆盛产新疆紫草、甘草、伊贝母、阿魏、麻黄、肉苁蓉、马鹿茸等道地药材。内蒙古中西部是黄芪的商品基地，黄芪身干、条粗长，表面皱纹少，质坚而绵，粉足味甜，年收购量占全国总量的 80% 以上；"多伦赤芍"条粗长，糟皮粉渣；呼伦贝尔草原的防风生长密集，为草原优势种，称"小蒿子防风"。甘草、麻黄、肉苁蓉、锁阳、新疆紫草、伊贝母等为本产区大宗道地药材，其中甘草年收购量占全国总量的 90%，麻黄年收购量排占全国第二位。

三、北药

"北药"指河北、北京、天津、山东、山西、内蒙古东部和中部地区所产药材。本区气候属于暖温带大陆性季风气候，春季干旱多风，夏季炎热多雨，秋季天高气爽，冬季干燥寒冷，为半湿润半干旱地区。主要道地药材有黄芪、党参、远志、黄芩、白头翁、香附、北沙参、柴胡、银柴胡、白芷、板蓝根、大青叶、青黛、知母、酸枣仁、大枣、蔓荆子、山楂、连翘、苦杏仁、桃仁、小茴香、阿胶、全蝎、土鳖虫、滑石、赭石等。产于河北的酸枣仁粒大、饱满、油润有光泽、外皮深红色；河北连翘色黄、瓣大、壳厚、身干纯净；河北易县、涞源的知母肥大、柔润、质坚、色白，嚼之发黏，称"西陵知母"；栽培于山西平顺、长治、壶关一带的党参味甜、个大、粗肥长、皮纹直、质坚韧，称"潞党"；内蒙古野生及栽培的黄芪年产量约 1.2 万吨，占全国黄芪总产量的 60% 左右；山东东阿所产的阿胶驰名中外。

四、怀药

"怀药"是指我国明清时期盛产于河南省怀庆府（今河南省焦作市、济源市和新乡市所辖地域）一带的道地药材，现泛指河南省所产的道地药材。古怀庆府所辖焦作、温县等地具有"春不过旱，夏不过热，秋不过涝，冬不过冷"的气候环境，孕育了享誉国内外的"四大怀药"，即怀地黄、怀山药、怀牛膝、怀菊花。广义的怀药即河南省所产的30多种道地药材，如白附子（禹白附）、瓜蒌、丹参、白芷、土鳖虫、全蝎等。禹州漏芦根条圆粗，色棕黄；密银花色泽纯净，清香味浓；茯苓断面粉白，表面黑褐，药效广泛，不分四季，古人称其为"四时神药"。

五、川药

"川药"指四川省、重庆市所产的药材，中药名前常冠以"川"字。该地区气候复杂多样，秦岭大巴山阻挡了寒流，冬暖夏热，霜日极少，几乎全年皆为生长期。该区为我国重要的中药材生产区，所产药材种类多，居全国第一位，常用药物有500余种，如川芎、川贝母、附子、乌头、黄连、川牛膝、丹参、白芍、麦冬、石菖蒲、姜、天麻、杜仲、黄柏、厚朴、青皮、陈皮、补骨脂、使君子、巴豆、花椒、川楝子、冬虫夏草、银耳、麝香等。四川的著名道地药材具有明显的区域性分布，高海拔地区特有品种有冬虫夏草、川贝母、麝香；岷江流域的郁金个大、皮细、体重、色鲜黄；江油的附子加工成的附片，片大均匀，油润有光泽；绵阳的麦冬皮细、色白、油润；都江堰的川芎饱满坚实、油性足、香气浓烈；遂宁的白芷富粉性，断面有菊花心；中江的丹参表皮呈红棕色，肉质呈紫褐色、木心细微，味浓。重庆地区的道地药材，如石柱的黄连粗壮坚实、形如鸡爪、味极苦，秀山的青蒿色绿、叶多、香气浓郁，巫山的淫羊藿色绿、叶整齐、质脆易折、断面黄白色。

六、江南药

"江南药"地理范围包括湘、鄂、苏、皖、赣等省区。该区地貌类型多样，山地、丘陵、岗地和平原兼备，为大陆性特征明显的亚热带季风湿润气候，气候温和，四季分明；春温多变，夏秋多旱；严寒期短，暑热期长。该区出产的著名药材有安徽的亳州亳菊、滁州滁菊、歙县贡菊、铜陵凤丹皮、霍山石斛、宣木瓜；江苏的苏薄荷、茅苍术、石斛、太子参、蟾酥等；江西的清江枳壳、宜春香薷、丰城鸡血藤、泰和乌鸡；湖北的大别山茯苓，鄂北蜈蚣，江汉平原龟甲、鳖甲，襄阳山麦冬、板桥党参、鄂西味连和紫油厚朴，长阳资丘木瓜、独活，京山半夏；湖南平江的白术、沅江枳壳、湘乡木瓜、邵东湘玉竹、零陵薄荷、零陵香、湘红莲、汝升麻等。

七、浙药

"浙药"主要指浙江省所产的道地药材。浙江地处亚热带，生态条件适宜，既有天目山、雁荡山、四名山等山地，又有浙北平原和浙东低山丘陵，土壤肥沃。"浙八味"浙贝母、浙玄参、杭麦冬、浙白术、杭白芍、杭菊花、延胡索、温郁金久负盛名，基本分布于宁（波）绍（兴）平原和北部太湖流域，尤以鄞州、磐安、嵊州、杭州、金华、东阳等处为著名产地。产于浙北平原桐兴的杭白菊"心黄边白，点茶绝佳"，除药用外，还用于茶饮，出口东南亚一带，享有盛名。临安的山茱萸肉厚、柔软、色紫红，目前以栽培品为主，且栽培面积大。产于浙东丘陵磐安的杭白芍根粗长、匀直、质坚实、粉性足、表面洁净。产于浙西山地桐庐的玄参条粗壮、质坚实、断面乌黑，资源丰富。延胡索、玉竹、桔梗、太子参、栀子、乌梅、乌梢蛇等产量大，品质佳。

新浙八味

随着我国各地方经济和产业发展，中药材道地产区发生变迁。2018 年浙江省公布铁皮石斛、衢枳壳、乌药、三叶青、覆盆子、前胡、灵芝、西红花为新"浙八味"中药材培育品种。

八、云药

"云药"指云南省所产的道地药材。云南省地处云贵高原西南部，有"十里不同天"的气候类型和复杂的"立体气候"，特殊环境是云药形成的摇篮，孕育了种类繁多、品质优良的药用植物和药用动物。滇西北高山峡谷、滇南山间河谷野生药材资源最具特色，也最为丰富。该区名贵道地药材种类多，历史上有著名的"云贵川广，道地药材"之说。滇南属于赤道季风气候，夏热多雨，冬暖干旱，终年静风。砂仁、肉豆蔻、儿茶、诃子、马钱子、血竭等云药资源丰富，品质好。西双版纳已成为全国阳春砂仁的主产地，占全国总产量的 70%；滇西南文山三七种植面积已占全国三七种植面积的 90% 以上。滇西北横断山区地形复杂多变，道地药材云茯苓、云木香、云当归、云黄连、重楼、灯盏花、天麻等久负盛名。

九、贵药

"贵药"指贵州省所产的道地药材，又称"黔药"。贵州省地处云贵高原，气候温暖湿润，全省地貌以高原山地、丘陵为主，独特的地理条件和湿润温暖的气候，孕育了种类丰富的中药资源，有"黔地无闲草，处处皆灵药"的美誉，是我国重要的中药材产地之一。该区主要道地药材有天麻、石斛、杜仲、半夏、吴茱萸、白及、何首乌、厚朴、黄柏、五倍子、朱砂、雄黄等。其中，以贵州大方、德江、雷山等地栽培的天麻为代表，个大、肥厚、质坚，有"天麻佳品出贵州"之说；杜仲皮厚且大，断面银白色橡胶丝多而长，早在《药物出产辨》中就有"杜仲产四川、贵州者最佳"的记载。天麻、杜仲、灵芝被称为"贵州三宝"。

十、广药

"广药"指产于广东、广西南部、福建南部、海南、香港、澳门、台湾的道地药材。该区域位于我国最南端，基本上沿海呈狭长带状，北部与华东药材产区和西南药材产区相邻，西部在云南境内，东南两面临海。该区域的特点是水、热资源丰富，土壤强酸性，适于热带、亚热带动植物生长，年降水量 1 800 mm 以上，年均温度 20℃以上，植物种类极为丰富，是我国热带药物的主产区。该区域产的槟榔、益智、砂仁和巴戟天是我国历史上著名的"四大南药"。广东著名的道地药材有广藿香、砂仁、高良姜、巴戟天、广陈皮、广防己、化橘红等，其中广东阳江阳春砂仁质量最佳；石牌广藿香主茎粗且结实、叶大柔软、香气浓郁、药效佳；化州橘红皮薄均匀、气味浓郁、量大质优；广西有著名的蛤蚧、肉桂、罗汉果、石斛，其中广西防城的肉桂以其皮厚、色泽光润、含油率高、味辛香偏辣的特点深受市场欢迎。此外，海南主产胡椒等，福建主产枇杷叶、青黛、太子参等，台湾的樟脑产量居世界首位。

十一、民族药

民族药医疗体系独特，用药习惯和习用药用种类与中医中药有较大不同。

1. **藏药**　主产于青藏高原。青藏高原区域野生道地药材资源丰富，著名的藏药有西藏和青海的川贝母、冬虫夏草、麝香、鹿茸、熊胆、牛黄、胡黄连、大黄、天麻、秦艽、羌活、雪上一枝蒿、甘松、红景天等。其中甘松野生蕴藏量占全国总量的96%，大黄、冬虫夏草野生蕴藏量占全国总量的80%，麝香、鹿茸资源占全国总量的60%。冬虫夏草、雪莲花、炉贝母、西红花习称"四大藏药"。冬虫夏草产于四川阿坝、松潘，青海玉树、果洛，西藏那曲、昌都等，尤以生长在海拔4 500 m以上西藏那曲地区者为虫草中的佳品；雪莲花为西藏东北部海拔3 500～5 000 m雪域的天然纯净野生产品，品质优良、功效卓著。此外，高原特有的藏药品种有雪灵芝、西藏狼牙刺、洪连、小叶莲、绵参、绿绒蒿、藏茵陈等。

2. **维吾尔药**　应用基本上在新疆维吾尔自治区范围内，该区具有光热丰富、干旱少雨的气候特点，道地药材主要在20世纪50年代以后才逐渐被发现和利用，特有、特色道地药材占较大比例，如雪莲花、甘草、孜然、菊苣、阿里红、黑种草、草红花、西红花、芫荽、海狸香、羚羊角、牛黄、鹿角、鹿茸、密陀僧、滑石等。阿魏为新疆独特药材，蒜气味强烈，纯净无杂质，品质优良；产于新疆西北部海拔1 300～1 780 m的林下或阳坡草地的伊贝母质松脆，断面白色，粉性；生于海拔2 500～4 200 m的新疆软紫草条粗大，色紫，皮厚，质松，药效卓越；新疆天山南部沙漠地区的罗布麻是一种稀有的野生植物，其茎皮是一种比较理想的天然纺织原料，被誉为"野生纤维之王"，其药用价值已有较深入的研究，且罗布麻保健茶远销海外。

3. **蒙药**　蒙医有着悠久的历史，是蒙古族人民长期同疾患作斗争的经验总结，并吸收藏医、汉医经验逐渐形成的。蒙药道地药材均来自内蒙古、青海。蒙药种类繁多，资源丰富，分布广。道地药材有乌头、紫花高乌头、香青兰、秦艽、草乌、红花、龙骨、石燕等。在众多的蒙药中有不少种药材是蒙药专用品种（即只有蒙医习惯使用的药物），如广枣，蒙医用于心悸、心绞痛；沙棘，蒙医用来止咳去痰，活血化瘀；蓝盆花，蒙医用于清肺热和治疗肝热病；文冠木，蒙医用于清热燥湿、治疗风湿、痹症。

十二、海洋药

"海洋药"是指沿海大陆架、中国海岛及河湖水网所产的道地药材。海洋药中很多都是功效独特的传统中药，为海洋所特有。道地动物药主要有牡蛎、海龙、海马、珍珠、珍珠母、石决明、海螵蛸等，还有海藻、昆布等少量道地藻类药材。

案例1　人参

人参为五加科植物人参 *Panax ginseng* C. A. Mey. 的干燥根和根茎。多于秋季采挖，洗净晒干或烘干。栽培的俗称"园参"；播种在山林野生状态下自然生长的称"林下山参"，习称"籽海"。

道地沿革　人参始载于《神农本草经》，列为上品。《名医别录》载："人参生上党山谷及辽东。"《范子·计然》载："人参，出上党。"陶弘景曰："上党在冀州西南。"李时珍云："今所用者皆是辽参。其高丽、百济、暹罗三国，今皆属朝鲜矣。其参犹来中国互市。"《药物出产辨》载："产奉天省，新开河地方为最好。"清代《本草便读》记载："人参产辽东、吉林、高丽等处，其草生山之北，背阳向阴。"综上，人参的道地产区主要涉及山西、吉林、辽宁、黑龙江，这些地区的人参均为五加科人参。

资源分布 人参主要分布在我国辽宁东部、吉林东半部和黑龙江东部及朝鲜和俄罗斯。古时我国太行山脉、长白山脉、大小兴安岭为人参的主要分布地区。野生人参分布在北纬40°~48°，东经117°~134°范围内的山林地带。在吉林、辽宁栽培甚多，河北、山西有引种。

资源保护 在我国人参主要分布在东北地区。到20世纪50年代，人参野生资源缩小到北纬40°~48°，东经117.6°~134°的有限范围内。目前人参资源还在进一步萎缩，仅局限在长白山脉，少量分布于小兴安岭。造成野生人参资源绝迹的主要原因是森林的破坏和人类的过度采挖；1992年人参已被列为国家珍稀濒危植物。

可持续发展措施 设立人参自然保护区，在适宜区进行人工撒籽种植，同时注意播种人参籽或农家品种中长脖型的线芦、竹节芦参籽，严格防护、严禁采挖。建立林下抚育人参基地，大力发展林下参，保护森林资源、减少水土流失。相关部门需依据人参产业发展现状，进行人参规范化栽培技术、农药残留控制技术、病虫害防治技术等研究与技术推广工作。提高人参繁育水平，注重高质、高产品种的选择，规范和约束人参种子市场，在不同适宜区推广适合的人参品种。

案例2 广藿香

为唇形科植物广藿香 *Pogostemon cablin* (Blanco) Benth. 的干燥地上部分。枝叶茂盛时采割，日晒夜闷，反复至干。

道地沿革 广藿香始载于汉代《异物志》"藿香交趾有之"。其后《南方草木状》载"出交趾九真诸国"，指出广藿香原产于东南亚沿海地区。《本草图经》曰："今岭南郡多有之，人家亦多种植，二月生苗，茎梗甚密，作丛，叶似桑而小薄，六月、七月采之，暴干。"《本草纲目》云："藿香方茎有节，中虚，叶微似茄叶。洁古、东垣惟用其叶，不用枝梗。今人并枝植用之，因叶多伪故耳。"对广藿香性状进行了简单的描述，《增订伪药条辨》中首次提到"广藿香"之名，且其从产地、形态、功效等方面将广藿香与藿香 *Agastache rugosa* (Fisch. et Mey.) O. Ktze. 区分。本草记载与现今所用广藿香基本一致。传统认为以广州市郊石牌产的广藿香质优，其次为高要广藿香和海南广藿香。

资源分布 广藿香为多年生芳香草本或亚灌木，原产地为现今东南亚一带，在菲律宾、印度尼西亚、马来西亚等国广泛分布。在我国主产于海南万宁、东方、琼海及广东省广州市郊、肇庆、高要、湛江、徐闻、吴川、茂名、遂溪、雷州、阳春等地。此外，广西、台湾和云南等地区亦有少量栽培。

资源保护 广藿香从海外舶来，宋代开始在两广地区有栽培，不同产地的广藿香长期栽培在不同生态环境下，在植物形态、活性成分等方面存在明显差异。其传统道地产区是广州石牌，但由于城市现代化建设的进程，石牌广藿香栽培地日趋缩减，市场上几乎无石牌广藿香的流通。优良道地品种遗传多样性的保护是保证品种复壮和资源可持续利用的重要物质基础，资源的保护迫在眉睫。

可持续发展措施 广藿香因地域气候等因素极少开花结实，故在我国引种栽培均以无性繁殖（组织培养繁殖、扦插繁殖）为主。以扩大新药源为目的，可以积极挖掘广藿香同属近缘植物。如刺蕊草属在我国有16个种，资源较多，但药用仅6种；藿香属植物藿香在我国的资源也极为丰富，对这些资源的研究，有利于扩大广藿香的新药源。

案例3 川芎

川芎为伞形科川芎 *Ligusticum chuanxiong* Hort. 的干燥根茎。夏季当茎上的节盘显著突出，并略带紫色时采挖，除去泥沙，晒后烘干，再去须根。

道地沿革 川芎原名芎藭，始载于《神农本草经》，列为上品。《图经本草》载："今关陕、蜀川、江东山中多有之，而以蜀川者为胜。其苗四、五月间生，叶似芹、胡荽、蛇床辈，作丛而茎细"，描述了川芎的产地和植物形态。魏晋芎藭多出现在陕西和山西，如《名医别录》记载芎藭生"武功、斜谷西岭（今陕西武功及终南山）"，《吴普本草》在其产地基础上增添了山东泰山。《新修本草》记载芎藭"惟出秦州"，以秦州为道地。宋代芎藭多分布在四川和甘肃，保留了唐以前芎藭的产地陕西和山西，蜀川是其主要产地。明代《本草纲目》载："出关中者，呼为京芎，亦曰西芎；出蜀中者，为川芎；出天台者，为台芎；出江南者，为抚芎。皆因地而名也。"在宋代的基础上新增了台州和江南抚郡，奠定了现今芎藭商品名称的格局。综上所述，川芎以四川都江堰产者为道地。

资源分布 川芎生于海拔 500～1 000 m 的平坝或丘陵，广泛分布于四川、云南、贵州、广西、湖北、江西、浙江等省区。川芎主产于四川，主要生产方式为栽培，产区集中分布在金马河上游以西的盆地西缘，山地与平原交错区，包括都江堰、彭州、郫都、崇州、新都等地，其中都江堰市石羊镇一带为其历史传统道地产区，彭州市敖平镇是目前全国最大的川芎产区。

资源保护 川芎是无性繁殖，生产用苓种（苓子）作为繁殖材料。经过上千年的栽种，加上缺乏品种选育，目前存在一定程度的种质退化。现生产上有山苓种和坝苓种之分，高山育苓是传统育苓方式，近年来因坝地育苓过程简单且成本较低，被种植户广泛采用。需注意加强种质资源的保护。

可持续发展措施 开展川芎生态环境、种群生态学、繁育生物学及传统利用方式等方面的调查，研究其生物学和生态学习性以及种群的再生规律，调查其资源蓄积量，充分了解资源的更新方式与更新速率。在此基础上，制定合理的抚育措施及采挖策略，建立一套在实践中可行的川芎资源采收的可持续利用方案。可采用系统选育方法进行川芎优良新品种的选育工作，加强川芎地上非药用部位的研究，提高川芎的综合利用程度，也是川芎资源可持续发展的有效措施。

案例 4　菊花

为菊科菊 *Chrysanthemum morifolium* Ramat. 的干燥头状花序。9—11 月花盛开时分批采收，阴干或焙干，或熏、蒸后晒干。药材按产地和加工方法不同，分为"亳菊""滁菊""贡菊""杭菊""怀菊"。

道地沿革 菊花始载于《神农本草经》。南北朝《名医别录》载："生雍州川泽及田野。"《本草经集注》载："南阳郦县最多，今近道处处有之，取种便得。"唐《天宝单方图》载："原生南阳山谷及田野中……"宋《本草图经》载："菊花处处有之，以南阳菊潭者为佳。"民国《增订伪药条辩》载："白菊花出安徽滁州……为最佳。"《药物出产辨》载："白者以产安徽亳州为最。"由此可知，菊花曾以河南南阳出产者为佳，民国时期以安徽所产亳菊、滁菊最负盛名，近代以贡菊和杭菊被大家所熟知。

资源分布 菊花在我国大部分地区均有分布，多栽培于温暖、湿润、阳光充足的环境，主要分布于黄海、淮海平原及长江中下游地区。亳菊为安徽亳州主产，滁菊为安徽滁州主产，贡菊为安徽歙县主产，杭菊为浙江桐乡、海宁主产，怀菊为河南沁阳、武陟主产。

资源保护 菊花种植适应性强，生长期短，栽培技术简单，产地多，生产能力强。因此，资源丰富。

可持续发展措施 由于菊花需求量大，常见很多地方盲目引种，药材品质下降，劣质品种充斥市场的现象，影响了菊花道地药材的声誉，损坏了花农利益，挫伤了药农的积极性。所以在注重各地原产地保护的同时，还应该加强宏观控制。例如应加强药菊国家地理标志产品中药材GAP基地建设，产学研一体化发展；合理区划布局，淘汰劣质品种，引进与筛选优良品种，防止品种混杂，保护药用种质。创新药菊品牌，开发菊花茶饮料、保健食品、化妆品、日用品等绿色产品，发展创汇产业等。

案例5　川贝母

川贝母为百合科川贝母 *Fritilaria cirrhosa* D. Don、暗紫贝母 *F. unibracteata* Hsiao et K. C. Hsia、甘肃贝母 *F. przewalskii* Maxim.、梭砂贝母 *F. delavayi* Franch.、太白贝母 *F. taipaiensis* P. Y. Li 或瓦布贝母 *F. unibracteata* Hsiao et K. C. Hsia var. *wabuensis*（S. Y. Tang et S. C. Yue）Z. D. Liu, S. Wang et S. C. Chen 的干燥鳞茎。按性状不同分别习称"松贝""青贝""炉贝"和"栽培品"。夏、秋二季或积雪融化后采挖，除去须根、粗皮及泥沙，晒干或低温干燥。

道地沿革　贝母始载于《神农本草经》，列为中品。历代无种的分类和功能区分，至清代才明确有川贝之名，与其他贝母分开。赵学敏《本草纲目拾遗》引《百草镜》云："出川者曰川贝，象山者名象贝。"又云："忆庚子春有友自川中归，馈予贝母，大如钱，皮细白而带黄斑，味甘，云此种出龙安（今四川平武县），乃川贝中第一，不可多得。"按其描述，当是炉贝中具虎皮斑纹之虎皮贝，其原植物主要是梭砂贝母。吴其濬《植物名实图考》载："今川中图者，一叶一茎，叶颇似荞麦叶。"由此可见，我国清代药用贝母主要有川贝（四川产）和浙贝（浙江产）等。《增订伪药条辨》载："四川灌县产者……为最佳；平潘产者……亦佳。"《药物出产辨》载："以打箭炉、松潘县等为正道地。"综上所述，川贝母原名贝母，直至明末清初始见有"川贝"的论述。以康定、松潘为道地产区。

资源分布　川贝母主要为野生，生于海拔3 500～4 000 m高寒地区阳光充足及土壤较湿润的地方，主要分布于川西南山地河谷及川西高山峡谷区南段；暗紫贝母主要为野生，亦有栽培，生于海拔3 600～4 300 m腐殖质多及土壤疏松、阳光充足的高山灌丛、草甸，主要分布于川西北高原区及川西高山峡谷区北段；甘肃贝母主要为野生，生于海拔2 800～4 400 m的灌丛中或草地上，主要分布于川西北高原区及川西高山峡谷区北段；梭砂贝母主要为野生，生于海拔3 800～4 700 m的砂石或流沙岩石的缝隙中，主要分布于川西北高原区及川西高山峡谷区；太白贝母主要为栽培，生于海拔2 400～3 100 m的山坡草丛中或水边，主产于万源。瓦布贝母主要为栽培，生于海拔2 500～3 600 m的山坡，主产于四川茂县、松潘等。

资源保护　由于过度采挖导致野生资源急剧减少，并受其生长对环境要求严苛、生物学产量低、自然条件下种子发芽率和成活率极低等方面的影响，早在1987年国务院就将川贝母基原植物中的野生品种（川贝母、暗紫贝母、甘肃贝母、梭砂贝母）列入了《国家重点保护野生药材物种名录》，在《中药材保护和发展规划（2015—2020年）》中将川贝母列入濒危稀缺中药材种植养殖基地建设专项的重点建设基地品种，并且整个贝母属植物作为国家二级保护植物已列入2021年《国家重点保护野生植物名录》。

可持续发展措施　川贝母野生资源已经濒危，对其进行必要的保育，是解决资源短缺的必要手段和有效途径。目前，野生抚育立足于在原有自然环境中增加川贝母基原植物的种群密度，保育措施主要有人工培育和野生抚育。人工培育主要包括种子繁殖、无性繁殖和引种驯化，如在四川、青海、甘肃、西藏等适宜区，发展家种川贝母生产，开展技术推广，增加人工栽培商品药源。

📝 **开放性讨论题**

现代新形成的大宗药材主产区，未来是否会成为道地产区？

🔍 **复习思考题**

1. 何为道地药材？
2. 道地药材具有哪些特点？
3. 道地药材的形成原因有哪些？

🌐 **数字资源详见　新形态教材网**

📍 学习目标　🔗 知识图谱　📖 推荐阅读　🖥 教学课件　✂ 自测题

第五章

中药资源调查、评价与管理

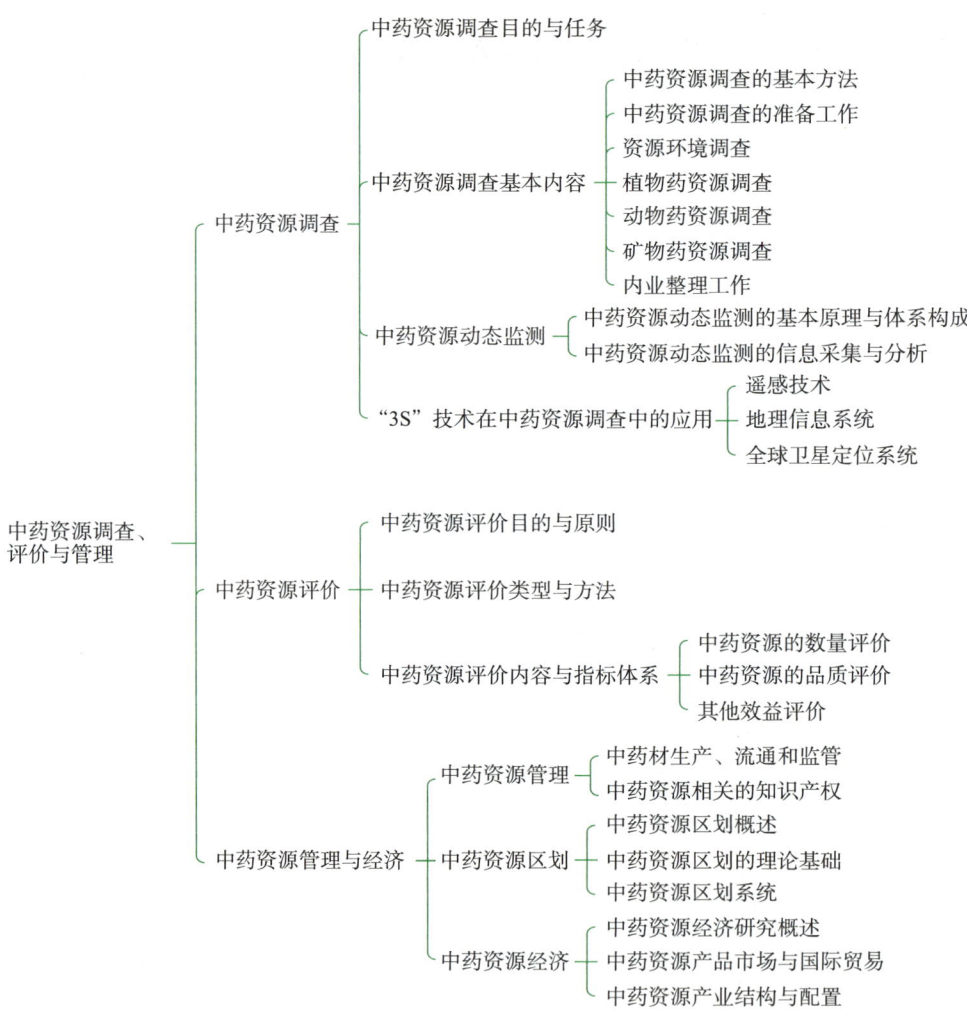

中药资源调查、评价与管理
- 中药资源调查
  - 中药资源调查目的与任务
  - 中药资源调查基本内容
    - 中药资源调查的基本方法
    - 中药资源调查的准备工作
    - 资源环境调查
    - 植物药资源调查
    - 动物药资源调查
    - 矿物药资源调查
    - 内业整理工作
  - 中药资源动态监测
    - 中药资源动态监测的基本原理与体系构成
    - 中药资源动态监测的信息采集与分析
  - "3S"技术在中药资源调查中的应用
    - 遥感技术
    - 地理信息系统
    - 全球卫星定位系统
- 中药资源评价
  - 中药资源评价目的与原则
  - 中药资源评价类型与方法
  - 中药资源评价内容与指标体系
    - 中药资源的数量评价
    - 中药资源的品质评价
    - 其他效益评价
- 中药资源管理与经济
  - 中药资源管理
    - 中药材生产、流通和监管
    - 中药资源相关的知识产权
  - 中药资源区划
    - 中药资源区划概述
    - 中药资源区划的理论基础
    - 中药资源区划系统
  - 中药资源经济
    - 中药资源经济研究概述
    - 中药资源产品市场与国际贸易
    - 中药资源产业结构与配置

我国幅员辽阔，地形地貌复杂，气候条件多样，江河湖泊众多，多变的生态环境孕育了我国丰富的中药资源。为了充分利用中药资源，变资源优势为经济优势，必须充分了解中药资源。首先需要对全国及不同地区进行中药资源调查研究，掌握调查地区中药资源的种类、蕴藏量、质量、生态地理分布规律、资源利用历史和现状，然后在资源调查的基础上对区域中药资源开发利用和保护管理做出科学评价，进而制定出中药开发利用和保护管理的计划。通过中药资源调查，明确中药资源有什么种类、数量有多少、分布在哪里、开发利用和保护情况如何等问题，再进行中药资源评价，明确现阶段的资源状况是否可持续，从而调整管理措施，服务中药产业，实现中药资源经济价值的整体管理。

第一节　中药资源调查

　　中药资源调查（survey of Chinese medicine resources）是对国家或地区中药资源的种类、蕴藏量、质量、生态条件、地理分布、利用现状、资源的消长与更新能力，以及社会生产条件等进行的调查、评价研究。通过资源调查可以更准确地掌握中药资源的具体情况，对国家或地区的中药资源现状及开发利用程度进行综合分析和客观评价，为中药资源的科学管理、有效保护和可持续利用提供科学依据，为国家宏观决策、履行国际公约或协定、开展国际合作交流及科学研究提供服务。

　　随着人类社会对自然资源使用的日益增加，如土地资源、水资源、林业资源、草业资源以及生物多样性等资源的分布和资源量均发生了巨大变化。国际上均在进行各类自然资源的专项调查评估及动态监测，以期维持其可持续发展。如全球土地资源调查监测分析评价、森林资源清查与分析、森林健康监测体系、水质联合评价、湿地状况评估、国际生物多样性计划和全球海洋生物调查计划等。

　　中华人民共和国成立前，我国没有系统开展过全国性中药资源的调查工作，仅在某些地区或对个别中药资源进行过有限的调查研究。中华人民共和国成立后，在20世纪60、70、80年代，分别开展3次全国范围的中药资源普查，相继出版了一系列著作，如《中国药用植物志》（1958年）、《东北草本植物志》（1958年—）、《中国植物志》（1959年—）、《全国中草药汇编》（1975年）、《中药大辞典》（1977年）、《中药志》（1979年—）、《新华本草纲要》（1988年）；1994年编写出版了《中国中药资源》《中国中药资源志要》《中国中药区划》《中国常用中药材》《中国药材资源地图集》和《中国民间单验方》等。

　　随着中医药相关产业蓬勃发展，对中药资源的需求量不断增加，中药资源状况发生了巨大变化。2011—2020年，国家中医药管理局组织开展了第4次全国中药资源普查，对31个省近2 800个县开展中药资源调查，普查共获取了3 345万条数据信息，采集药材样品、腊叶标本、种质资源实物310余万份，拍摄照片1 900万张。根据汇总结果，我国中药资源有18 817种，包括药用植物15 321种，药用菌物826种，药用动物2 517种，药用矿物153种。此外，第四次全国中药资源普查还分专题调查了中国特有药用植物3 151种，濒危药用植物资源464种，发现新物种196种。编纂了《中国中药资源大典》系列丛书，编制出版《中国中药区划》《中国药用植物特有种》《中国傣药志》《新资源的发现及功效研究》《中药材生产加工适宜技术》《中国中药资源大典·海南卷》《澜沧县常见药用植物》《神农架中药资源图志》《内蒙古大兴安岭中药资源图志》《中国中药材种子原色图典》《中国冷背药材清源图鉴》《中国中药资源发展报告》《中国药典动物药材研究》等 80 多部专著。

一、中药资源调查目的与任务

（一）中药资源调查的目的

中药资源调查包括外业调查和内业整理两部分工作。前者简称外业，是收集资料的过程；后者简称内业，是对资料进行整理、分析和汇总，并最终形成调查成果的过程。通过中药资源调查可以实现以下目的：①种类分布基础调查，通过中药资源调查使人们更全面深入地了解和掌握所调查地区的中药资源的种类、蕴藏量、质量、生态条件、地理分布、利用现状、资源的消长与更新能力，以及社会生产条件等情况；②资源蕴藏量及药材产量调查，掌握历史与现状，为更合理且充分开发利用中药资源提供依据和各种信息资料；③扩大药源调查，通过资源调查可以寻找新的中药资源，开发民间草药和寻找传统中药替代品，进一步丰富中药资源种类；④资源更新调查，进行中药采收期、采收方法和蕴藏量的调查，为引种驯化、扩大药源进行生物学、生态学和物候学及分布规律的调查。

（二）中药资源调查的任务

中药资源调查规模可大可小，大到全国，小到市县；调查可以是全面调查，也可以是专项调查。根据调查实现目标不同，调查任务分为五类。

1. 资源种类与分布调查　对中药资源种类和分布调查属于定性调查，其任务是调查区域内药用植物、药用动物和药用矿物的种类和分布情况。药用生物以种群形式存在于群落中。调查时应对资源种类所处的生态环境和生物群落进行调查，常包括生态环境、群落类型、群落组成、种群结构、更新及演替等方面的调查。

2. 资源蕴藏量及药材产量调查　对中药资源的蕴藏量和药材产量进行调查属于定量调查。通过对区域内特定种类的中药资源进行蕴藏量或中药材产量（药用部位的生物量）进行调查，有助于掌握中药材资源现状，并且对今后制定中药材资源保护、开发和利用策略提供重要依据。

3. 资源的更新调查　对中药资源的更新调查属于动态调查。中药资源更新调查是对药用生物在自然状态下的繁殖特性和资源更新情况进行调查，以及对于人工更新措施对资源种群的影响的调查。资源更新调查需要对资源生物的生物学和生态学特性以及群落的演替和环境变化进行调查，记录资源蕴藏量的时空动态变化等信息。

4. 资源的种质种源调查　此类调查主要是针对珍稀濒危中药资源以及大宗常用药材的基原生物的调查，其目的是调查该药用生物资源的生物种群多样性、生物遗传多样性及人工种植（养殖）的品种资源状况，为生物多样性保护和种质资源开发利用提供科学依据。珍稀濒危药用生物资源的生产环境或栖息地也属于该类调查内容。种质资源调查需要和种质资源的收集保存工作相结合，建立种质资源库，为种质资源利用奠定基础。

5. 资源的综合性调查　资源的综合性调查的目的不限于某种生产或研究，而是服务于整个中药产业的发展，需要对资源各个方面的情况进行调查，并为资源的动态监测和管理提供依据。调查内容为上述各项调查的综合，某些方面甚至更为系统和广泛。如在 20 世纪 80 年代我国开展的中药资源普查，不仅对我国中药资源的种类和分布进行了普查，还对 200 多种中药材的蕴藏量、产量及市场情况进行了调查，并对中药资源在民间的使用经验、单方、验方等进行收集整理。

二、中药资源调查基本内容

（一）中药资源调查的基本方法

中药资源调查的目的、任务、调查对象不同，调查内容、调查方法和形式会有很大差异。一般野外调查可分为线路调查和定点测定调查两类。

1. 线路调查　线路调查指在调查区域内设计数条有代表性的调查路线，沿路线布点观测资源的种类和分布情况，用于精度要求不高的区域内中药资源的定性调查，此种调查又称为踏查。

2. 定点测定调查　定点测定调查是在踏查的基础上对区域内中药资源进行种类、分布和生物量的准确调查。根据观测点布置方法不同，定点测定调查可分为抽样调查法和标准样地调查法。

> 🎓 **思考与讨论**
>
> 抽样调查主要有几种方法，每种方法的优缺点是什么？

（1）抽样调查法　对药用生物资源野外调查一般只能通过从调查群体中抽取一部分样本进行测定，不可能对调查整体中每个个体进行逐一测定。用抽取的样本对整体进行估计，这种方法称为抽样调查，被调查的群体称为总体，抽取的部分称为样本，抽取样本的过程称为抽样。抽样原则是样本应具有代表性，并能通过尽可能少的样本获得对总体的准确估计。

抽样调查法所抽取的样本在中药资源调查中称为"样地"。对于密集分布的草本植物进行种类调查时，受工作量限制，一般将区域范围较大的样地再划分成若干小的单元，只对其中部分单元做详细观测，这种观测单元称为"样方"。对木本植物调查时可以在确定样方的基础上，选择有代表性的植株（样株）进行详细观测记录。在实际调查中，样地和样方界限并不十分明确，根据所调查的生物的大小和密集程度来设置样方大小，如草本植物和木本植物的样方大小不同。

在野外调查工作实施前，首先需要根据调查目的、任务和调查对象等实际情况进行摸底调查分析，确定具体的抽样调查方法、样地数量和样地设置标准。抽样方法很多，主要有主观抽样、系统抽样、随机抽样、机械抽样和分层抽样等。中药资源调查常用的抽样方法有如下几种。

1）主观抽样　在调查区域内主观性选择有代表性的样地和样方。该方法存在主观性，获得的资料常具有一定的偏差和遗漏，因此该方法获得的数据不宜统计。

2）系统抽样　严格按照一定的规则（方向和距离）确定样地或样方。一般以某一个样方作为中心，向四个方向等距离选取若干个样方。优点是布点均匀、定址简便，缺点是对于不规则分布的中药资源的产量调查结果会产生偏差。

3）随机抽样　按照调查区域内每个样地或样方都有同等机会入选原则，把调查区域分成大小均匀的若干部分，每个部分都有编号和坐标位置，利用抽签等方式随机抽取所需要的样方数量。该方法被认为是最可靠的抽样方法，数据可进行统计分析，但工作量大，耗时费力。

4）分层抽样　分层抽样是将调查区域根据调查对象的具体分布情况划分为具有不同分布特征的等级（称为层）。调查对象在层内保持一致，层间差异较大。分别在各层中设立调查样地，样地中再设置样方进行测量记录，或直接在层中设置调查样方。将各层样地测定结果进行统计，作为每层平均观测结构，再利用各层的面积估计分层资源情况，并最终对整个调查区域的资源总量进行估计，给出估计精度，计算方法参考统计学方法。

（2）标准样地调查法 对一定区域内资源进行调查时，可以不按照系统抽样方法布置观测样地，而是根据区域资源基本特征，人为制定观测点选择标准，并根据资源分布状况布置一定面积的定点观测地块，利用调查结果估算出该区域内资源种类、数量、结构等。该方法常用于特定目的的调查，如不同生境对资源分布和蕴藏量的影响，其调查内容和方法与样地调查没有本质区别。

调查工作在人为制定的样地中进行。为保证样地具有代表性，可根据被调查群体的基本情况，选择有代表意义的地段设置样地。对于需要采用样方或样株调查的项目，根据统计学原理在样地设置样方（样株）。在线路调查中也可以设置样方进行观测，用以对资源的数量特征进行调查。对于个体较大的树木，则选择一定数量具有代表性的单株作为精确观测对象，所定植株称为样株或标准株。对于木本或草本植物混生的群落，一般采用先抽取样地再设置样方的调查方法，通常在样地的中心和四角布设样方，每个样地观测 5 个样方。

1）样方种类 样方种类很多，在药用植物资源调查中常用到两种，即记名样方和面积样方。记名样方用于统计样方内某种药用植物的株数，也在用样株法调查产量时应用。面积样方用于测定样方内某种药用植物占整体样方面积比例，一般在投影盖度法调查产量时应用。

2）样方（样地）数目 样方数目越多，调查精度越高，但工作量越大。一般满足统计学要求，样方总数不低于 30 个，但受调查对象的复杂性等因素限制，样方数目可以有变化。

思考与讨论

如何设置样方大小？

3）样方（样地）大小和形态 设置样方时需要根据调查对象的特征确定样方大小和样方形态。样方形态通常为正方形，也可为长方形、圆形。样方面积因调查对象不同而异，可根据生态学调查方法中"种 – 面积曲线法"确定样方最小面积。如药用植物资源调查中，一般草本样方面积为 $1 \sim 10 \text{ m}^2$，灌木样方 $10 \sim 50 \text{ m}^2$，乔木样方 $100 \sim 10\,000 \text{ m}^2$。

（二）中药资源调查的准备工作

1. **确定调查任务** 明确资源调查的目标，完成相应的调查任务。调查工作一般为国家或地方行政部门下达的指令性任务，也有科研、教学或生产单位为了某种目的而开展的专题调查。所以资源调查工作首先要确定调查目标，根据调查目标和要求，确定具体的调查内容和任务。

2. **组建调查队、制定调查计划** 组建具有动植物分类学、地理学、生态学、中药学等背景的专业技术人员的调查队。制定调查计划包括：调查目的和任务，调查范围、要求和具体方法，日程安排，经费计划，总结和验收，成果处理等。

3. **收集基础资料** 进行药用动植物资源野外调查前，尽可能搜集和查阅有关资料。查阅资料应包括有关调查地区的自然地理情况，农业、林业、气象、植物、动物情况，有关地方病资料，本地区植物区系资料，动物区系资料、地图资料，如植被图、农业区划图、林业区划图、地形图和行政图。

4. **制定调查路线，编制工作日程表** 调查路线的制定要参考植被图、农业区划图、林业区划图、行政区划图等，同时应考虑交通工具问题。调查路线应涵盖区域内生物群落类型，特别是要把主要药用动植物的群落类型包括进去。可以把主要群落划分成若干小区，并规定每个小区调查的主要内容和完成时间。

5. 外业调查标准制定　根据事先制定统一的中药资源外业调查技术流程进行调查操作，确保整个外业调查操作的规范统一。具体包括：数据调查采集标准化，统一数据采集表格和数据格式，通用的描述方式及规范，为中药资源普查数据库建设和网络化共享提供标准化支持；标本采集规范化，制定药用生物标本的采集、制作、运输和保管规程；资源调查照片拍照规范化，如照片格式、像素、数据量等；外业调查数据管理规范化，如原始数据的整理、保存、提交格式等。

6. 调查人员的业务培训　调查人员需进行野外调查培训。培训内容包括有关中药资源调查知识、动植物分类知识、植物地理学及植物群落学知识等、标本采集和压制方法、GPS及数码相机等仪器的使用方法等。

（三）资源环境调查

资源环境调查是对调查区域内自然环境和社会环境进行调查。自然环境包括地理位置、地形地貌、气候、土壤、植被等，社会环境包括人口、劳动力、居民生活水平、物产、经济发展状况、交通、从事医药工作人员的数量与质量、常见病和多发病等。

自然环境调查内容如下。

1. 区域地理位置　调查地区的范围所在行政区划及经纬度。对于调查地区及附近的山脉、河流、湖泊、交通干线情况均应作为地理位置相关内容予以记载。

2. 地形地貌　调查区域内的地形地貌、海拔等。对山地（相对高度在 200 m 以上）、丘陵（相对高度在 200 m 以下）、平原、高原、盆地、山谷、岛屿、湿地、湖泊、江河、海洋等进行记录。

3. 气候　参照当地气象记录资料，并走访群众，了解当地作物的播种、定植、收获情况，以及常见树木的发芽、展叶、开花、结实和常见动物的活动、生殖及迁徙等物候期情况。气候记载应包括以下几项内容。

（1）温度　周期积温、平均温度、日较差、年较差、最冷月均温、最热月均温、极端最高温、极端最低温、无霜期、初霜期和终霜期等。

（2）降水量　年平均降水量、最低月平均降水量、最高月平均降水量、冬季积雪时间及厚度。

（3）湿度（相对湿度）　年平均相对湿度、最低月平均相对湿度、最高月平均相对湿度。

（4）风　常风情况、季风情况及风力，沿海地区还应记录台风等。

（5）日照和云量　包括日照时数和不同类型的云量。

> 🌠 **思考与讨论**
>
> 气候数据定期监测的原理，及其在现代智慧农业中的应用。

4. 土壤　土壤调查的主要内容包括：土壤类型、土壤剖面的形态特征、土壤理化性质和肥力特征、土壤利用现状、药用植物和其他植物根系分布状况等。对岩石土壤母质情况只作一般了解。土壤形态特征主要通过土壤剖面调查来完成，土壤理化性质主要通过取样分析获得。

5. 植被　植被是一个地区植物区系、地形、气候、土壤和其他生态因子的综合反映。植物群落是指在一定地段上具有一定种类组成、层片结构和外貌，以及植物之间和植物与环境之间有一定相互关系的自然组合。调查范围内植被类型如森林、草原、湿地等分别记载其分布、面积和特点。在调查时，对调查范围内的各种植物群落，特别是有拟调查的药用植物种类的植物群落应作样地调查，并应分层记载。调查内容包括：植物种类的组成，优势种和建群种及其高度、盖度、频度、密度或多度等。对于植物群落的调查内容包括以下几种。

（1）名称　根据群落中优势种类来命名。优势种是指在特定生态系统中占据主导地位的物种，它们对植物群落的结构和群落环境的形成起主要作用。优势种个体数量多，投影盖度大，生物量高，体积较大，生活能力强。若群落中有成层（上、中、下三层）现象，就对各层中优势种进行命名，同层中种名与种名之间用"+"号连接，不同层种名间用"–"连接。这样的命名方法可以帮助研究者更直观地理解群落中不同物种在垂直结构上的分布和相互作用，如峨眉山白云寺"冷杉 – 箭竹 + 杜鹃花 – 草本"植物群落。如果植物群落被破坏（砍伐、放牧、开荒、火灾等），应注意标注。

（2）多度（或密度）　药用植物在群落中分布的密度。多度计算方法有以下两种。

1）记名计数法　即在样地中直接统计多种植物的个体数目，用以下公式计算：

某种植物的多度 = 该植物个体数目 / 样地中全部植物种的个体数目 × 100%

2）目测估计法　用相对概念来表示，即非常多（背景化 +++++）、多（随处可见 ++++）、中等（经常可见 +++）、少（少见 ++）、很少（个别、偶遇 +）等 5 级。这种方法有较大的主观性和经验性，准确性也较差，但是迅速，在植被概略性调查中仍可采用。

（3）盖度和郁闭度　灌木或草本覆盖地面的程度称盖度，以百分数来统计。如该样地内某种植物覆盖地面一半，其盖度为 50%。郁闭度是指乔木郁闭天空的程度，以小数表示。如该样地树冠盖度为 70%，其郁闭度则为 0.7（前者用百分比表示，后者用小数表示）。

（4）频度　指植物在群落中分布的均匀度。其统计方法是在该植物群落的不同位置设置若干个样地，统计其中出现该植物的样地数与总样地数的比值即为频度。例如调查兴安杜鹃在某"落叶松 – 兴安杜鹃 – 草类群落"中的频度，共设置 20 个样地，经调查统计有 10 个样地出现兴安杜鹃，则其频度 = 10/20 × 100% = 50%。频度可以反映该植物在群落中分布的均匀程度。测定各种植物的频度，采用小样地（面积要小于群落的最小面积），但样地的数量要多，至少 10 个。

（四）植物药资源调查

植物药资源调查是对药用植物的种类、数量、分布、生长环境、生长习性、资源利用和保护状况等方面进行的研究和调查。植物种类繁多，中药资源的主体为植物资源，资源调查对于保护和合理利用药用植物资源，保障中药材的供应等具有重要意义。不同的资源分布区域地理环境各异，且往往分布范围较广；不同植物资源入药部位各异，采收周期和成药年限各异，因此进行药用植物资源调查需要针对不同药用植物资源采取相应的调查统计方法。

> 🐾 思考与讨论
>
> 植物药资源调查与动物药资源调查内容的差异。

1. 植物药资源种类与分布调查　药用植物的种类和分布的调查是药用植物资源调查的一项重要内容，是药用植物资源研究的基础。通过采集植物标本，记录其分布地点、生长环境、群落类型及主要用途等有关资料，了解调查地区的药用植物资源种类和分布规律，并为开发利用提供科学依据。调查可以采用现场调查、路线调查、访问调查和野外样方调查方法进行。

2. 植物药资源蕴藏量调查　药用植物蕴藏量调查对于认识药用植物资源的现状，以及充分开发利用和保护药用植物资源是一个极其重要的数量指标。进行蕴藏量（产量）调查时，应进行单株产量、蕴藏量调查，并进行经济量和年允收量测算。蕴藏量调查常包括生物量、蓄积量、蕴藏量、经济量、年允收量和产量等的测量或估算，中药资源蕴藏量相关概念间的关系见图 5-1。

（1）生物量　指一地区某种药用资源所有器官的总重量，包括药用部分和非药用部分，可以是鲜重或干重。也指一株植物所有器官的干重，包括地下器官。

（2）蓄积量　指一地区某种药用资源的入药部位的总生物量，包括尚未成熟的以及不能达到药用标准的或因环境条件不能采挖的部分。

（3）蕴藏量　指一地区某一时期内某种中药资源的总蓄积量。药用植物和药用动物资源的蕴藏量一般指符合药用标准、可利用部分的总蓄积量，药用矿物资源的蕴藏量为储量。

（4）经济量　指一地区某一时期内某种中药资源能实现经济效益的蕴藏量，即不包括达不到质量规格的部分。

（5）年允收量　是指在不影响资源更新和保证可持续利用的情况下，平均每年允许采收的药材经济量。每种药用植物"年允收量"都应在不同生境、不同群落类型中进行实验性调查。调查时应该了解采挖部位、植物生活型、物种生物学特性、生境、群落类型、年自然更新速率等。并应设计不同采收年限、采收比例，从而确定其在某一群落类型中年允收量及其采收周期。

（6）产量　指某种药用资源个体药用部位的平均产量。中药资源的产量则是指家种药用植物或养殖药用动物的生产量。单株产量指一株植物药用部位（如根、根茎、全草、叶、果实或种子）的平均产量（g/株）。

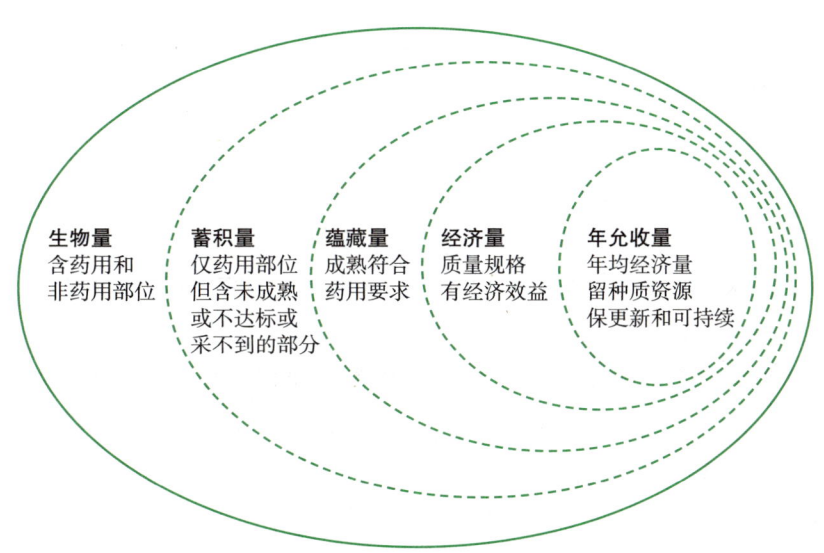

图 5-1　中药资源蕴藏量相关概念

3. 植物药资源更新调查　自然更新调查是对所采挖植物自然更新情况的调查。常采用固定样方（永久样方）进行调查。固定样方应在选定样地上设置，样方大小和蕴藏量（产量）调查时选用的样方应尽可能一致。其样方数量不少于 30 个。样方布局和产量调查时选用方法一致，如产量调查选用分层抽样法，资源更新调查也应选用分层抽样法。

地上器官自然更新调查比较容易，每年增长数量可以连续测量，如叶类、花类、地上全草等。在采收后植物仍可能继续生长。

地下器官更新调查主要是调查其根和地下茎的每年增长量。由于地下器官不能连续直接进行观察，需采用定期挖掘法和间接观察法。

定期挖掘法是在一定的时间间隔挖取底下部分，测量其生长量，经过多年观察得出其更新周期。这种方法适用于能准确判断年龄的植物。定期挖掘法需要考虑采挖强度，如果样方内株数较少就不能全部采挖，否则资源无法自然更新。采挖强度要考虑到种群密度和年龄组成。间接观察法又称为相关系数法。许多药用植物其地下器官和地上器官的生长存在着正相关，因此可以找出其相关系数。这样在调查时只需调查其地上部分的数量指标，通过有关公式，就可以推算出其地下部分的年增长量。

> **思考与讨论**
>
> 　　药用植物地下器官更新调查中，可否应用产量预测模型？

（五）动物药资源调查

动物药资源调查是对药用动物的种类、数量、分布、生长环境、繁殖习性、资源利用和保护状况等方面进行的研究和调查。这项工作对于保护和合理利用药用动物资源，保障中药材的供应等具有重要意义。

动物种类繁多，且绝大多数动物能够对外界环境的改变做出迅速反应，如逃逸、假死等。动物是以吞噬营养的方式摄取有机物，且繁殖方式多种，因此进行动物药资源调查比较复杂，需要针对不同种类动物采取相应的调查统计方法。

1. **直接调查法**　直接调查法就是对一区域内的动物计数。计数主要通过驱赶动物、空中摄影、红外线观察等方法进行。这种方法适合于大型动物和白昼活动的动物。对于一些栖息范围有限的昼行大型兽类，可直接统计其全部数量。一些群居性动物在繁殖季节常集群生活，更容易集中计数。总体计数时间要相对集中，最好在一天完成，防止因动物迁移漏计或重计。这种方法适用于生活在开阔地段或狭小地区的大、中型兽类。无脊椎动物可采取小范围内的总体计数，如在一块木头和树皮之下、植物的基部周围、墙和岩石的裂缝中、枯叶上、鸟巢中找到它们。

对于一些隐秘在森林灌丛中的兽类动物，可以采用哄赶的方法统计动物的数量。此法适用于地势平坦或坡度不大的山地，过密的草丛和树丛，如无训练有素的狗的帮助，不宜采用哄赶法。轰赶调查区域内中小型兽类样地面积为 10 hm²，大型兽类样地面积应在 50 hm²。轰赶时可用石块、响铃、锣鼓、汽车、摩托车等来惊扰动物，使其逃逸，并由轰赶人员进行计数。在进行调查时记录人员位于测定地区对面，这种方法适合于容易步行和有良好可见度的平台开阔地带。

2. **间接调查法**　间接调查法是对动物的足迹、粪堆等附属物进行调查。粪堆计数法是比较常用的方法。这种方法的原理是在一定时间内动物粪便的积累与种群密度有关。例如调查黑尾鹿时，发现每只黑尾鹿每 24 h 大约排出 13 堆粪便，因此在一定单位区域可以按每头鹿每天排 13 堆粪便计算鹿日数。用鹿日数换算动物数，这时，需要知道鹿在这个地区停留的时间，并在一定时间内（例如一周）进行计数。粪堆计数法适于森林地区，但在多雨和蜣螂多的地区不太适宜。因为雨水冲洗或动物吞食会出现较大误差。

计算公式如下：

$$PG（每平方公里的粪堆数）= 粪堆数 \times 10^6 / 样地面积；$$
$$动物数 / 平方公里 = PG / 日数 \times 每日排出粪便数$$

🎓 思考与讨论

> 动物药资源调查可否采用其他间接调查方法?

3. 线样带法 线样带法是大面积进行大、中型动物数量统计的方法。由于这种方法较少受生境条件的制约,节省人力和物力,一般一个统计人员可以在短时间内调查相当大的区域。

采用这种方法,是调查人员按照预定线路行走,一边行走,一边观察遇见的动物,并记录个体数。同时记录动物出现的距离。在进行计算时,以动物与行走路线平均垂直距离作为样带宽度。将观察到动物数除以样带宽度与路线长度的积,得出单位面积上种群数量。再乘以调查区域总面积,得到整个调查区域动物种群数量。

计算公式如下:

$$P = AZ/2XY$$

式中 P 为种群数量,A 为调查区面积,X 为调查路线长度,Y 为每侧样带垂直宽度,Z 为调查得到的动物总数。

(六)矿物药资源调查

矿物药是中药的重要组成部分,使用历史悠久,为不可再生资源,其质量几乎不发生变化,但储藏量会随着人类的开发而不断减少,因此矿物药资源调查的必要性更为突出。矿物药资源调查即对天然的具有药用功能与价值的矿物进行调查研究工作。

根据矿物药资源调查任务的不同,采用调查方法有所不同。

1. 传统知识及中药材市场调查 传统知识调查、中药材市场调查可以通过文献调查方法、走访调查方法等进行。

(1)传统知识调查 是指对矿物药的历史应用、炮制加工、功效、性味归经、常用剂量、使用方法、用药形式、毒性、用药禁忌、临床疗效、民族民间使用情况等传统知识的调查。

(2)矿物药使用单位情况调查 需要对矿物药在企业中的生产加工、制剂使用、购进销售,以及医院中的临床使用情况等进行调查。

(3)矿物药市场调查 指对市场经营品种的基原、商品名、品种性质、价格、流通量、药材去向等的调查。

2. 野外药用矿物调查 野外药用矿物调查包括种类、品质、分布、储量,以及该矿物赋存的岩石、地层、构造、伴生共生矿物、水文地质、地貌等。野外药用矿物调查相对复杂,应以传统调查方法与现代科技的统一、随机抽样与重点观测的统一、全面勘查与循序渐进的统一为原则。矿物药野外地质调查中,需对药用矿物进行取样,从药用矿物、近矿围岩或者矿石中,按一定规格和方法,采取一部分有代表性的药用矿石或岩石作为样品,以研究药用矿石质量、加工炮制性能以及采挖技术条件等。

🎓 思考与讨论

> 如何认识矿物药野外调查的实际局限性、矿区的监管和矿脉的可达性?

(七)内业整理工作

在外业工作结束之后,必须对所获调查资料进行内业整理。内业整理工作包括:标本整理和鉴定，野外调查数据的整理和统计、资源图绘制等。在整理过程中如果发现资料、数据或标本有缺失，可以就近弥补。在进行资料整理的过程中，要严格甄别资料的真实性，特别是针对调查对象的地方性名称，必须通过仔细核对实物或标本来确保能够正确匹配到其学名。在内业整理阶段，借助各种软件工具，将原始数据如点状和面状数据进行整理，并转化为空间数据格式。随后，这些数据将被输入到资源调查数据库中，并在此基础上构建数字中药的数据框架，实现数据的网络共享。这样的整理工作不仅为科学研究提供了宝贵的原始数据，而且对于政府决策制定也具有重要的支持作用。

1. 调查资料的整理　外业调查结束后，要及时对调查资料进行统计和整理，并撰写调查报告。具体包括如下内容。

（1）基础信息分类整理　对区域性调查收集到的自然条件和社会经济状况等资料进行分类整理，按地区分专题内容进行汇总制表。

（2）收集数据整理　对样方测定数据进行整理，并将同一地区内的样方按生境类型进行分类统计，计算测定数据的平均值等统计参数，最后按生境类型将统计结果填写到专门汇总表中。

（3）物种名录编写　编写资源物种名录，每个物种包括中文名称、俗名、拉丁名、生境、分布、物候期、功效等。

2. 调查报告的撰写　按调查目的和要求，依据调查结果估算资源蕴藏量，分析资源质量，对资源现状和发展趋势进行预测，提出资源保护和可持续利用的发展对策，编写调查报告。

调查报告包括工作报告和技术报告。工作报告包括组织结构、调查团队、技术方案执行情况、经费使用、调查工作中取得的成绩和存在的问题。技术报告因调查任务和内容而不同。如果是全面资源普查，内容则要广泛一些，这种总结一般称为资源普查技术报告，如涉及专门种类或专门问题时称为专题报告。技术报告内容包括：前言、调查目的和任务、调查队的组成和队员、调查的范围和路线、调查日期和方法、调查地区自然情况（包括地理位置、幅员、地形、地貌、土壤、气候、植被等）、药用生物资源情况（包括种类、名称、分布、多度、药用部分、蕴藏量等以及新发现或有重要价值的药用动植物情况）、对本地区资源开发利用及保护更新等方面的意见和建议等。

3. 中药资源地图的绘制　中药资源地图是将中药资源的种类、分布或蕴藏量等通过地图的形式反映出来。

（1）中药资源地图的类型

1）中药资源分布图　主要反映中药资源种类（或物种）的分布。这类分布图又分为地区性资源地图和单品种中药资源地图。地区性资源地图综合反映某地区中药资源情况，它对了解当地中药资源相关情况比较便利，同时也适用于研究各种药用植物混合分布与单独分布的规律。单品种中药资源地图只反映一种中药资源的分布，但这种地图对充分利用和开发某种中药资源的实用价值较大。

2）群落分布图　是在原有植被图的基础上结合广泛的中药资源调查而绘制的某种药用植物的群落图。根据这类图提供的信息，可减少资源调查的范围，并能计算出某种药用植物所占有的面积，还可为蕴藏量的计算提供参考。

3）中药资源蕴藏量图　主要反映某种资源的蕴藏量及其在不同地区的分布。它是在进行广泛的蕴藏量调查基础上绘制的。

4）中药资源区划图　是在气候区划、植被区划等自然区划的基础上，参考农业区划、林业区划等资料，依据中药资源的分布特点和生产情况而制定的专业性区划。常用的主要为适宜性区划和生产区划。适宜性区划主要是在资源的分布特点与自然环境等相结合的基础上完成的，现在经常也加上资源评价结果，在适宜性区划的基础上完成品质区划，主要适合于单品种的区划。生产区划更多是根据区域内的地形地貌及气候特点等，结合区域内中药资源特点和适宜性等选择品种，对该区域内的中药资源生产或开发利用等进行分区布局，既反映当地中药资源的生产特点，亦能反映资源合理开发利用的方向。

5）中药资源动态监测图 能够利用计算机软件系统来展示中药资源的种类分布、资源储量、商品品种、市场价格、供需量、流通量等信息在一段时期的变化动态。目前，国家已经建立了中药资源动态监测网络，对常用大宗药材周期性开展监测服务。

（2）中药资源地图的编绘

1）中药资源分布图的编绘 地区性资源地图的绘制方法是在一定比例尺（一般是1：100万或1：1万）的地图上将该地区所产的主要药用植物或动物用符号表示出来。单种药用植物资源地图是在地图上用小点或符号表示出药用植物的分布，小点的多少也可以表示蕴藏量。还可用特殊颜色或线条来标明分布区的地形、气候或有无开采价值等。调查的路线愈多，范围愈广，所绘制的资源分布图愈详尽。这些地图只能表明所调查植物的大致分布，而不能表明分布的实际面积，也不能表示量的关系。

2）群落分布图的编绘 这种分布图的编绘需借助植被图，根据中药资源调查获得的资料才能完成。编绘群落分布图时所选择的植物群落应是含有较大量的某种植物，且有采收价值，并在图例中标明这些植物群落中所调查种类的多度等级。

3）中药资源蕴藏量图的编绘 这类图的编绘需要准确调查各种群落类型中某种药用植物的蓄积量和某一地区的群落面积，然后计算出总蕴藏量。如果是省级图应以县（或主产乡镇）为单位，县级图至少要以乡镇为单位。蕴藏量大小一般是以圆圈或其他符号来表示。

4）中药资源区划图的编绘 中药资源区划的对象是不同等级的地域系统，又可分为国家、省（区）、地（市）、县等不同的行政区域范围。在编绘中药资源区划图时，要搜集有关本地区自然条件、社会经济条件的相关资料，并结合在中药资源调查中获得的各种资料数据，综合分析单品种资源的水平地带性和垂直地带性，确定不同等级的地域单元。按区内相似性和区际差异性划分不同等级的中药区，根据区划结果绘制区划图。另外，在编绘中药资源区划图时，还应参照区划地区的农业区划图、林业区划图等专业性地图，对于图面的基础性要素和分区边界，要尽可能与其一致。

5）中药资源动态监测图的编绘 在编绘中药资源动态监测图时，需要全面掌握一定周期内的中药资源种类、种类分布变化、蕴藏量变化、产量、供需变化、市场价格变化、成交量变化，进行统计学分析后，用计算机技术绘图来表示一定时期内的相关量值的动态变化并预测其变化趋势。

三、中药资源动态监测

中药资源具有随时空变化的特点，在一定时间、空间范围内会因各种因素而发生变化。中药资源动态监测可以及时掌握中药资源的动态状况及其规律，更好地实现中药资源的可持续利用。

中药资源动态监测也是国家中医药事业发展的需要，《中药材保护和发展规划（2015—2020年）》指出要建立完善的中药材资源保护与监测体系，《中华人民共和国中医药法》明确提出"对药用野生动植物资源实行动态监测和定期普查"。借助第四次全国中药资源普查，我国现已基本建成覆盖全国的中药资源动态监测体系。

（一）中药资源动态监测的基本原理与体系构成

中药资源动态监测（dynamic monitoring of Chinese medicine resources）是通过在一定时间和空间范围内，对反映中药资源状况的关键指标进行持续地跟踪、观测和分析，包括资源的蕴藏量、分布区面积、物种的种群结构特征以及适宜生长的植被群落结构等。通过收集相关数据，并进行整理和深入分析，旨在把握中药资源状况的实时变化趋势及其内在规律，揭示影响中药资源动态变化的主要因素，并对资源的发展趋势及更新能力进行预测和客观评价，为国家或区域中药资源的保护与可持续利用提供决策依据。

1. 中药资源动态监测的基本原理 中药资源动态监测基本原理归纳如下。

（1）数量变化 中药资源的数量变化是动态监测的核心指标。这些数量指标包括物种、个体、生物量和变化藏量等。物种的再生能力是影响这些资源动态的关键因素。因此，评价资源物种动态的关键参数包括与资源再生能力相关的生存率、死亡率、生育率、数量增长率等指标。

（2）种群变化 中药资源由具体的资源物种组成，种群（population）是物种总体资源构成和延续的基本单元，对整体中药资源的动态监测也必须建立在对资源各具体物种及其种群的动态监测基础之上。

1）种群动态 种群是物种再生的基础，它同样构成了资源种类动态监控的核心单元。种群动态的集合则表现为物种动态。种群动态信息可通过对固定样地调查的数据进行分析而获得。被监测的种群包括自然种群与人工种养植（殖）种群。

2）种群结构 种群结构是一个物种与环境相互作用后的产物。这种结构可以通过各种参数来描述，例如物种的数量、分布、密度、年龄结构、性别比例等。通过对这些参数的测量和分析，可以了解种群的基本情况和动态变化，进而了解影响种群动态的各种因素，如生态环境的变化、竞争关系、捕食关系等，并对种群的更新能力、动态等做出评价和预测。

（3）生态环境变化 生态环境的变化可对中药资源的生长、分布、质量、栖息地面积等产生直接影响，进而影响中药资源的蕴藏量和资源更新能力，因此要对生态环境方面指标进行监测，并通过分析生态因子与种群动态之间的内在关系，揭示影响种群动态的关键因子及其规律，探究资源物种的生态适宜性，从而服务于中药资源生产。生态环境指标信息可通过样地调查结合空间信息技术（"3S"技术）的宏观监测而获得。

（4）其他因子 一些社会经济因素可影响中药资源的开发利用水平，进而影响资源的消耗量，因此也要对相关社会经济指标进行监测。社会学因子对中药资源动态的影响可结合"3S"技术等的宏观、社会学及经济学调查等的结果进行分析做出综合评价。

通过对上述指标的监测，并对获得的指标信息进行综合分析，即可基本掌握整体中药资源的动态情况，从而为国家或区域中药资源的保护与可持续利用提供决策依据。

2. 中药资源动态监测的体系构成 中药资源动态监测是一个复杂的系统工程，需要有一套成熟有效的监测体系，保证中药资源动态监测信息和服务的时效性、科学性和实用性。中药资源动态监测体系至少包括以下三个系统：管理系统、技术系统和监督系统。

（1）管理系统 资源动态监测是一项长期的工作，需要国家与地方共同参与，建立运转迅速、高效、科学的管理系统十分必要。管理系统包括国家、省、县的三级管理机构，国家级管理机构负责领导全国的中药资源监测工作、组织专家设计实施方案、统一安排工作进度、确定监测指标、管理信息数据，并指导单品种中药资源的监测。省级、县级管理机构负责中药资源动态监测系统维护、数据更新、图像资料管理，监测分析中药资源变化情况，定期发布监测信息，并协助省级、县级监测单位开展工作。

（2）技术系统　资源动态监测的目的是通过对影响资源动态的因子信息的采集和分析以掌握和预测动态变化。因此，信息采集和数据分析的技术尤为重要。如针对野生中药资源种群数量特征和蕴藏量的监测，可以基于地面样地调查、统计抽样和"3S"技术，加强对中药资源分布面积和单位面积蕴藏量计算方法和估算精度等方面的专题研究，通过现代技术和传统方法相结合实现对中药资源蕴藏量变化情况的监测。针对中药资源栖息地环境和资源分布的变化，可引入"3S"技术方法，借鉴土地利用与土地覆被变化监测经验，加强中药资源与生态环境变化关系方面的研究，实现通过对区域内自然生态环境的监测，直接或间接地监测中药资源分布范围变化。针对海量监测数据的存储和分析问题，可采用数据库技术、网络（通信）技术和空间信息技术相结合，研究开发中药资源动态监测数据库和信息管理系统，对中药资源普查和监测站点收集的数据信息进行汇总、存储管理和共享应用。

（3）监督系统　中药资源的动态变化以地面调查的样地基本信息为基础，信息的准确性是关键。因此需要对原始信息和信息更新进行监督。建立国家级、省级监督机构，除了每年对信息的定期、及时更新进行监督外，还要进行现场核对，采用质量抽查的方法，抽取部分样地的检查信息。有条件的地方应在样地监测的同时拍摄航片或低空遥感照片，存入已建立的数据库，定期对遥感影像进行比对，发现不一致时及时找到原因并纠正。

（二）中药资源动态监测的信息采集与分析

中药资源动态监测的核心是资源物种的种群特征变化，种群为动态监测基本对象，因此，传统样地调查仍然是资源物种动态监测的基本方法。与中药资源调查不同的是，动态监测要掌握和预测资源动态变化，动态是"数量随时间的变化"的过程，故指标信息的采集应当是"在一定时期内的脉冲式的连续采集"，且在调查的指标信息的采集和分析方法上，与传统的中药资源调查方法都有所不同。

1. 监测样地的设置　单品种资源物种的动态监测以固定样地为基础，结合临时样地来实现。监测样地选择与中药资源调查中样地的选择类似，但由于动态监测需对监测对象的相关信息进行"脉冲式的连续采集"，同一物种的不同种群间所表现出的结构往往与其生境密切相关，所以在选择监测样地时，不仅应注意避免生物因素（人为、放牧等）对样地的影响，采取一定的保护措施，以保证样地可供持续采集信息；同时应在物种分布区域内具有不同生态环境类型的地区设立样地，以保证样地在反映监测目标物种动态水平上的代表性和全面性。鉴于人力、物力因素，样方数量不一定过多，因数据统计的需要，样方面积应比一般的中药资源调查样方大1~2倍。

2. 监测指标体系　能引起中药资源时空分异和变化的因素均可作为监测指标，根据影响中药资源变化的因素，监测指标可从中药资源自身、自然生态环境和社会经济环境3个方面选取。

（1）中药资源自身方面的指标　直接反映中药资源状况的指标，如分布、大小、重量、质量、数量等；反映中药资源的自然更新能力的种群特征指标，如种群大小、密度、出生死亡、迁入迁出、年龄结构等。

（2）自然生态环境方面的指标 对中药资源生长、分布、质量、产量有影响的如温度、湿度、降雨量和太阳辐射等气候因子，海拔、坡度坡向、经纬度、土壤等地理因子，中药资源栖息地群落植被状况变化、放牧、病虫害等生物因子。

（3）社会经济环境方面的指标 对中药资源开发利用水平和能力有影响的因素，如中药材使用、保护、质量标准、进出口限制等政策法规，中药材流通量、对价格有影响的供求关系等。

3. 监测指标信息采集时间 动态监测需在监测对象生命期内连续多次采集数据，对于多年生物种，采集时间可以年为单位成为1个周期进行信息采集和分析；对于一年生物种，则应以1个生命周期为单位采集和分析信息。在采集周期中需根据物种的物候期和药用特点（部位、采集期等），在不同生长阶段进行采集，如花期、果期、营养生长期、药用部位等均需进行信息采集。

4. 综合分析评价中药资源动态 首先，通过整理分析所收集的一系列统计学参数，比较、分析和评价各指标对种群动态影响，在此基础上，对所采集的信息进行综合分析，便可进一步对种群、物种动态做出分析评价。根据中药资源动态监测的目的，对物种总体资源的分析评价应着重围绕5个方面进行：①资源的数量动态，包括个体数量、生物产量及药用部位产量等指标；②自然更新能力，包括个体数量、生物产量及药用部位的年增长量等指标；③影响资源动态的因子；④环境适应性和适生环境特征分析；⑤资源动态发展趋势的预测等。

种群及物种总体资源动态是各因子综合影响的结果，在综合分析评价时，应特别注意各因子对动态的交叉影响及其影响角度和大小。如在分析评价种群个体数量变化的影响因素时，除通过种群动态模型分析获得总体评价外，还需考虑年龄结构中成年个体（已进入生殖期的个体）和幼年个体（处于营养生长期的个体）的比例、种群密度（自疏效应、植株生长状况与密度的关系）等影响。

如果种群动态处于稳定或增长状态、自然更新率高、各生长发育阶段间转移率高，表明物种对所在生态环境有着较好的适应性，并可通过比较不同种群的动态状况和生态环境差异，判断其适宜的生态特征。同样，在分析评价物种总体资源动态时，"宏观"层面监测的分布区域、生态环境特征等信息以及社会经济调查的信息都有着重要的参考价值。固定样地调查获得的"微观"层面的动态监测结果，进一步结合"3S"技术对物种资源动态的宏观分析，即能较为全面地掌握资源物种的整体动态。

四、"3S"技术在中药资源调查中的应用

"3S"技术主要是指包括遥感技术（remote sensing，RS）、地理信息系统（geographical information system，GIS）和全球卫星定位系统（global navigation satellite system，GNSS）等理论与技术的空间信息技术。该技术以其综合性、宏观性、实时性和定位性等优点在林业、农业、畜牧业等的自然资源分布、储量和生长趋势监测等方面已得到广泛应用。近年来，在药用植物资源调查、适宜性区划、蕴藏量估算、生产规划等方面逐步展开应用，虽然在中药生产中应用起步较晚，但是发展迅速，且呈现出良好的应用前景。目前，利用"3S"技术与计算机数据库等现代技术与方法相结合开展中药资源的调查和动态监测，已经成为较为成熟并应用广泛的技术。

（一）遥感技术

遥感技术（RS）是根据电磁波理论，从远距离、高空，以至外层空间的平台上，利用可见

光、红光、微波等探测仪器对目标所辐射和反射的电磁波信息进行收集、处理，并最后成像，来识别地面物质的性质和运动状态的一种综合技术系统。

在中药资源调查中，遥感技术主要用于对分布面积、产量和蕴藏量的调查和估测。对面积的估测，是根据植物不同生长期的光谱特征以及其他特性，选择合适的时间和季相，合适波段的航天遥感或航空遥感资料，进行一定的处理后，建立目标区域的解译标志，进行识别和分类，通过地面实况资料补充修正，最终确定目标植物的分布区域及分布面积。对产量或生物量的估算，首先利用地面遥感资料，建立光谱资料及植物产量的关系，建立产量和各种空间遥感资料之间的回归模型，估测出单位面积产量，结合遥感资料所提取的面积，相乘得到总的产量，也可以建立植物总产量与各种影响因子之间的回归模型直接估测产量。

遥感技术还能有效地管理具有空间属性的各种资源信息，对各种中药资源的分布及其蕴藏量进行快速和重复的动态监测，便于指导中药资源保护和中药合理种植。利用遥感技术快速监测珍稀濒危中药资源的分布面积及产量的年际变化，从而建立珍稀濒危药用物种及资源蕴藏量的预警监控系统。

（二）地理信息系统

地理信息系统（GIS）是以地理空间数据库为基础，在计算机软硬件支持下，对空间数据按照地理坐标或空间位置进行预处理、输入、存储、检索、运算、分析、显示、更新和提供应用研究，并处理各种以空间实体和空间关系为主的技术。该系统具有采集、管理、分析和输出多种地理空间信息的能力，兼具空间性和动态性。它以地理研究和地理决策为目的，以地理模型方法为手段，具有区域空间分析、多要素综合分析和动态预测能力，可产生高层次的地理信息。由计算机系统支持进行空间地理数据管理，并由计算机程序模拟常规的或专门的地理分析方法，作用于空间数据，产生有用信息，完成人类难以完成的任务。计算机系统的支持是 GIS 的重要特征，使 GIS 得以快速精确、综合地对复杂的地理系统进行空间定位和过程动态分析。

地理信息系统主要用于大面积资源调查的数据处理，还可以用于分析局部的生态环境，进行生态环境如土地适宜性、最佳生境特征的评价，在药用植物资源调查数据的处理与分析中已得到广泛应用。如"中药产地适宜性分析地理信息系统"（Geographic Information System for Traditional Chinese Medicine，TCMGIS）。该系统能科学准确、快速地分析出与药材主产区生态环境（气候、土壤）最为相近的区域，先后对人参、三七、金银花、甘草、川芎、红花、川贝母等 210 多种中药动、植物基原物种进行了全国范围内的产地适宜性区划，为中药资源的保护和可持续利用提供了新的研究思路。

近年来 GIS 与互联网技术的结合，衍生成为 WebGIS 的新技术，它可以使全社会范围内各领域、各部门之间的空间数据信息实现共享，极大地提高了空间信息的维护、发布和查询效率，通过它人们可以在广阔的互联网空间寻找所需的各种空间数据以及相关的文本数据，且可进行各种各样的空间分析。中药资源领域也已利用 WebGIS 思想，构建了中药资源网络调查及动态监测系统，利用相应的中药资源危机模型，对中药资源进行动态监测并提供预警信息和保护对策。

（三）全球卫星定位系统

全球卫星定位系统（GNSS）包括美国的 GPS、中国的 BDS、欧盟的 GALILEO、俄罗斯的GLONASS。

在中药资源调查中目前主要使用的是 GPS，同时 BDS 也正在应用于中药资源调查工作中。全球卫星定位系统可以更便捷地获取野外地理数据（如海拔高度、经纬度等）。GPS 除可用于药材野外地理位置确定外，还可以用于药材种植面积的测量，方法是将所测面积的边线用 GPS 定位所测的值用定位仪直接计算面积或在地图上描点进行面积计算。此外，应用 GPS 可以进行调查样地样方的精确定位和样地面积的确定，并可进行样地的属性数据采集，辅助 RS 进行中药资源的动态信息监测。

📖 **思考与讨论**

　　"3S" 技术在中药资源调查中如何应用？

　　现今，"3S" 技术在多个领域应用十分广泛和成熟。一般而言，遥感是快速获取数据的重要手段，全球卫星定位系统是获取资源的位置信息，而地理信息系统则是对数据进行空间管理的有效工具。具体而言，"3S" 技术针对不同药材的特性采用合适的调查统计方法。在调查部分药用植物资源蕴藏量和野生抚育药材基地时，利用了计算不同植物对光谱的贡献率的方法，通过卫星遥感平台来研究目标药材的生态环境条件及其分布的主要群落植被类型。还可以利用中高分辨率卫星遥感数据来调查植物种群的分布区域特征，并分析其光谱特征，从而划分出野生中药资源的产区分布。结合具体的实地样方调查数据，推算出药用植物的分布面积和产量，并分析其资源的蕴藏量及其变化特征、资源的最大可利用量等。在此基础上，建立野生资源濒危预警机制，以保护种质和遗传资源。总之，"3S" 技术在中药资源调查中的应用，不仅可以提高资源调查的效率和准确性，还可以为中药资源的保护和开发提供科学依据，对中药产业的发展具有重要意义。

空间信息技术演进

　　空间信息技术体系以 "3S" 技术为核心，其理论与技术体系随科技发展持续迭代，21 世纪初数字摄影测量系统（DPS）与专家系统（ES）的融入推动了 "3S" 升级为 "5S" 技术体系，显著提升空间信息处理的自动化与智能化水平；在智能化时代，无人机遥感系统（UAV-RS）凭借高分辨率影像获取能力与灵活作业优势，成为地形测绘、监测的核心装备，人工智能（AI）通过机器学习算法在遥感影像解译、数据挖掘及智能决策等方面发挥关键作用，推动传统测绘向 "智能测绘" 转型，如今这些技术已深度融入资源调查、生态环境监测等领域，构建起 "空－天－地" 一体化的数据采集处理体系；展望未来，随着物联网（IoT）、区块链（block chain）等技术融合，空间信息技术将构建更完善的智能感知网络。

第二节　中药资源评价

　　我国药用自然资源丰富，然而，随着中医药产业发展，对中药资源的利用日益增加，许多中药资源已经或正面临灭绝。因而，针对中药资源的特点对其进行客观全面地评价，并在此基础上实施有效管理，是实现中药资源可持续发展的必然举措。

一、中药资源评价目的与原则

中药资源评价（evaluation of Chinese medicine resources）是在全面深入地调查并掌握资源种类、数量及动态变化的基础上进行的。科学、系统和客观地评价中药资源是有效管理、利用和保护中药资源，促进中医药事业健康持续发展的重要工作。

（一）中药资源评价的目的

中药资源评价是中药资源开发、利用和保护及其科学管理、决策的前提和依据。其目的是从整体上揭示中药资源的优势与劣势、开发利用潜力大小、限制性及其限制强度等，为实现资源综合效益和可持续发展提供科学依据。

1. 服务国家宏观战略 中医药是国家医药卫生事业的重要组成部分，是我国传统医学的瑰宝。中药资源作为国家医疗卫生事业的战略资源，在保障人民健康，促进卫生事业发展的同时，还肩负着乡村振兴、生态建设、经济发展等方面的使命。因此，科学、准确地开展中药资源评价对服务国家宏观战略具有重要意义。

2. 支持资源经济决策 中药资源评价是从整体上揭示区域中药资源优势与劣势、开发利用潜力大小、限制性及其限制强度等。运用可量化、可测量的评价体系和方法，开展中药资源综合评价，为中药资源的合理开发利用，以及各省乃至全国中药产业的规划、建设、投资、管理等提供科学决策依据。

3. 促进资源可持续发展 中药资源可持续发展是评价工作的意义所在。针对特定中药资源类型，建立系统的中药资源评价体系，对于全面、准确地反映中药资源现状，制定科学的保护和利用措施，确保中药资源健康可持续发展意义重大。

（二）中药资源评价的原则

中药资源评价既要考虑中药资源的特点，又要体现其与生态、经济、社会和环境之间的相互影响，遵循评价方法的科学性与可操作性相结合，评价系统的层次性与系统性相结合，评价内容的可靠性与完整性相结合，评价指标体系的主观性与客观性相结合，评价指标动态适应性与稳定性相结合，定性指标与定量指标相结合等原则。同时，需要兼顾国际经验与中国需要，借鉴国际先进的资源评价理论和经验，研究中药资源特色，构建改进完善评价方法。评价指标体系中应有风险预评估的前瞻性设计，如生物多样性危机，流行疾病谱的变化，中药资源发展产需失衡，自然灾害等多因素带来的风险，以及中药材再生能力、成药周期、濒危等级、特殊价值及市场风险等方面。

二、中药资源评价类型与方法

中药资源评价的目的是为中药资源产业进行投入与产出平衡核算，扩大社会再生，加强经济与生态管理，纳入国民经济核算体系，谋求产业更大的社会效益和生态效益。

（一）中药资源评价类型

中药资源的评价工作，一般都需要对调查区域的资源状况进行较为系统的综合性评价。根据评价对象、任务和目的不同，中药资源评价可分为以下几类。

1. 区域资源评价　区域性资源评价指对某一区域内全部中药资源进行全面评价，内容包括该地区所有中药资源的种类、数量、分布、长势、多度、频度、更新情况、资源产量、质量、资源结构，以及生态效益、经济效益等。区域性中药资源评价是政府指导中药产业结构调整的依据，企业生产发展规划的前提，中药资源开发利用的基础。

2. 单项资源评价　单项（单种）或某类药物资源评价，是单独对评价对象的个体数、分布、长势、多度、频度、再生能力、产量与质量，以及可能产生的生态效益与经济效益予以评估。

3. 资源专项评价　中药资源的专项评价是对评价内容在某个方面的开展情况或某类资源的状态进行评价。如中药资源的数量、品质、经济性和生态价值等的评价，某科属的中药资源、林下中药资源等的评价。

> 🗣 **思考与讨论**
> 中药资源调查数据与中药资源评价如何衔接？

（二）中药资源评价方法

目前，我国中药资源评价方法多借鉴森林、土地、草业、农业、生态和旅游等相关行业。

1. 中药资源数量与品质评价方法

（1）定性评价法　一般是将区域内中药资源与既定标准或对象进行比较，做出好与差、高与低的定性评判结论。评价地区资源数量大（种类多、蕴藏量大、药材产量高），说明该资源的品位高，药材生产潜力大，可利用性和经济性也高。

（2）定量评价法　是在对区域内中药资源进行统计分析的基础上，依据相应的评价指标体系和量化标准，计算评价指标的等级和分值，再根据相应标准评判资源的优劣等级。

2. 中药资源经济效益评价方法　经济效益评价方法通常采用收益 – 成本法，这是衡量投资效益最直观、易懂的指标，在通用的经济评价领域被称为效益 – 费用比指标。成本 – 效益分析要求成本、收益均以货币形态计量，常用指标为收益 / 成本（B/C）。如果 $B/C > 1$，则方案经济，可以考虑使用，否则不经济，没有使用意义。在评价过程中也要考虑中药资源的社会效益和生态效益，由于社会效益和生态效益的指标难以以货币形式直接体现，因此，这里的成本特指开发利用过程中的成本。

一般情况下，同一种中药资源往往具有多种开发利用的可能性，同种资源的各种可能开发利用方式的经济合理性也会存在一定差异，资源开发所取得的经济效益亦会不同。因此，评价中药资源的经济效益时，要兼顾资源的多种用途及其可能的开发利用技术方式。

3. 中药资源价值评价方法　中药资源价值评价是中医药产业可持续发展的核心内容之一。目前资源价值评价主要有市场价值法、机会成本法和影子工程法。市场价值法先定量评价某种资源的价值效果，再根据效果的市场价格来评估其经济价值。机会成本法是用收入或收入损失评价无价格的自然资源，可以用该资源作为其他用途时可能获得的收益来表征，特别适用于对自然保护区或具有唯一性特征的自然资源开发项目的评估。影子工程法如森林涵养水分所带来的效益难以直接计算，可通过能蓄积同样水量的水库来计算，水库的建设投资运行与管理费用就成为森林涵养水分的收益。

4. 资源风险性评价方法　风险性评价的内容主要是未来可能造成中药资源数量匮乏或中药材质量安全问题的隐患和风险；评价的指标有再生能力、中药材成药周期、分布范围、濒危等级、特殊价值等方面。由于潜在风险评价过程中以定性指标为主，各指标的打分主要靠专家经验或文献查找，主观性较大。目前潜在风险评价的分析主要使用德尔菲专家咨询，通过成立项目评估小组，邀请专家（专家要求从事中药资源管理、中药资源生态学等研究领域）对潜在风险指标权重进行估值，估值结果用统计软件进行分析。

三、中药资源评价内容与指标体系

中药资源评价是按照一定的评价原则、依据和指标，对区域内中药资源进行定量或定性分析和评估，评价的内容因目的不同而异，并由相应指标构成完整的评价指标体系。

（一）中药资源的数量评价

1. 中药资源的数量特征　中药资源的种类数量及其蕴藏量或储量等数量特征是正确评价中药资源开发价值的重要依据。中药资源的数量包括资源总量、可利用量和产量。

（1）资源总量　系指区域内中药资源的种类数量和蕴藏量。

中药资源种类数量　包括资源种数和个体数量；资源种数指某区域内拥有多少种中药，是资源丰富程度的具体体现；某区域内中药资源的个体数量是某种中药个体数量的总和（也可用区域所有中药种类个体总的数量表示）。

中药资源蕴藏量　指区域内某种中药资源自然蓄积下来的生物物质总量（也可用区域内所有中药资源种类的物质总量表示），在泛指中药资源的生物物质总量的情况下，可以用生物学概念生物量来表示，在特指药材总量时，可以用药材蓄积量表示。

（2）中药资源可利用量　系指区域内野生药用动植物在其自然更新能力不受影响的前提下，可供人类利用的采收或捕捉野生药材的储藏量及药用矿物资源的储藏量。

（3）药材产量　系指区域内某种药材单位面积年度可采收获得的药材量，包括野生药材和种植、养殖药材量及药用矿物资源的开采量。一般用单位面积可获得的合格药材的重量来表示（也可用区域内所有药用种类单位面积产量表示）。

（4）药用生物的生物量　包括药用部分和非药用部分，为区域内某物种中药所有生物个体干物质的总和；药材蓄积量，仅为可用于生产药材的器官或组织部分的中药量。

2. 中药资源数量评价的类型与指标及主要内容

（1）中药资源数量评价的类型　中药资源的数量评价分为药用生物资源和药用矿物资源数量评价。药用生物资源的数量主要包括生物种群的数量、分布面积、分布密度、种群的年龄和性别结构和药用部分的蕴藏量、药材产量。药用矿物资源的数量包括探明储量、可采储量和远景储量等数量指标。

（2）中药资源数量评价的指标　主要有4类，即生物种类数量、生物个体数量、资源蕴藏量（可细化为资源生物量和药材蓄积量）和药材产量。

（3）中药资源数量评价的主要内容　包括对其区域内中药资源物种数目及名录、种群的分布面积、生物数量与蕴藏量以及种群的年龄和性别结构等进行分析，对资源的结构及可利用数量和生产潜力等实施评估和分级，如数量丰富程度、物种多度、频度、物种保护级别的参考数量阈值等。

> **思考与讨论**
>
> 中药资源评价内容与中药资源调查内容有何差异？

（二）中药资源的品质评价

1. 中药资源的品质 中药资源品质系指中药资源的结构特征、品质特征、多用途特征等多个方面。

（1）中药资源的结构特征 主要反映的是区域资源的种群特征及与环境的相互关系。构成中药资源的生物的种群密度、年龄及性别结构等种群特征与资源的蕴藏量和药材产量紧密相关，一定程度上反映中药资源的生产潜力和可持续性。种群的年龄结构系指种群中各年龄级个体数量之间所占的比例，只有达到某一年龄阶段的药用生物才具有药材生产的能力，种群增长模型是评判种群的发展动向，判定稀有濒危资源状况的重要手段。说明评价地区资源的未来可利用量的发展动态等。一些药用动物只有雄性或雌性个体才能生产某种药材，利用种群个体的性别比例关系，不仅可以评判种群的繁殖能力，还可推断资源数量的动态变化，评价资源的可利用量和可用性。

（2）中药资源的品质特征 主要反映的是中药资源的构成状况，它是由区域内个体资源品质组成的整体特征，包括区域内道地药材的种类、产量的大小、稀有濒危的种类等。

> **思考与讨论**
>
> 中药资源品质特征和药材质量特征的差异。

（3）中药资源的多用途特征 主要反映的是中药资源的多用性，它包括中药的自身应用及其民族民间的应用，新的临床功效的开发，非传统入药部位的综合开发利用，非中药产品综合开发利用及中药渣资源的开发利用。

2. 中药资源品质评价的主要内容 中药资源品质评价的内容主要包括中药资源的结构评价、品质评价和多用性评价。

（1）中药资源结构评价 评价指标包括区域中药资源种类的数量、种群特征（种群密度、年龄及性别结构等）、资源的蕴藏量和药材产量。重点从资源的潜在能力与可供可持续开发的品种及数量等指标考察中药资源结构优良程度。

（2）中药资源品质评价 评价指标包括区域中药资源中常用大宗药材及道地药材的种类和数量、各类药材的产量、珍稀濒危药材的种类。重点根据中药资源可供生产使用的情况等指标评价中药资源可提供的经济价值的能力。中药资源品质评价一般将性状、理化特征作为最基本指标，将道地性作为间接指标进行评价。

（3）中药资源的多用性评价 评价指标包括区域中药资源可应用范围及其价值；有哪些品种具有多民族应用的特点，哪些品种的非传统入药部位具有开发价值；哪些品种具有非中药产品综合开发利用的前景；哪些品种的药渣具有开发利用的潜能。重点从中药资源的综合利用等指标考察中药资源的效益最大化。

（三）其他效益评价

1. 中药资源的生态效益评价 生态效益是指人们在生产中依据生态平衡规律，使自然界的生物系统对人类的生产、生活条件和环境条件产生的有益影响和有利效果。它关系到人类生存发展的根本利益和长远利益。生态效益的基础是生态平衡和生态系统的良性、高效循环。中药资源的生态效益是指人类活动和生产对中药资源所存在的自然环境的生态系统结构和功能产生的直接或间接的生态效应。中药资源是自然环境的组成部分，在生态系统中具有自己独到的功能，资源的开发必然会对环境产生一系列的影响。中药资源的生态效益体现在多个方面，如保护环境、维护生物多样性和生态平衡以及观光旅游等功能。中药资源的生态效益评价则应依据评价目的侧重不同采用相应的评价方法。

（1）中药资源的生物多样性评价　生物多样性是指生物及其与环境形成的生态复合体以及与此相关的各种生态过程的总和。药用生物是生态系统的重要成员之一，在生物群落和生态平衡中有着重要作用；某些药用动物是生态系统食物链中的重要一员，对其过量捕获就会降低生态系统的生物多样性，影响生物食物链运行，破坏生态系统平衡。药用植物种类在生物群落中发挥作用的重要程度可以用优势种、亚优势种、建群种、伴生种和偶见种等指标来评价。中药资源的生物多样性评价主要基于对其群落物种多样性的评价，常用评价指数如物种丰富度指数、Simpson 指数和 Shannon–Wiener 指数。

（2）中药资源的生态功能评价　包括环境保护功能评价和初级生产评价。

1）环境保护功能评价　药用生物是自然界中生态系统的重要组成部分，在一些生态脆弱地区生长的药用生物，对当地的环境保护具有重要作用，如保持水土、防风固沙等，这些资源一旦遭到过度开发就会引起生态环境恶化，甚至造成短期内难以逆转的生态灾难。例如，甘草、麻黄、肉苁蓉等药用植物生长在温带草原和荒漠地区，具有重要的防风固沙作用。此类中药资源的生态效益可以采用生态价值的估算方法进行评价。此外，药用矿物资源的开采对区域环境也会产生系列影响，其环境保护功能评价的指标和方法参见地质学和矿产学方面相关书籍。

2）初级生产评价　初级生产是指植物光合作用积累物质和能量的过程，是反映生态系统内物质循环和能量流动的一个综合指标。在初级生产过程中，用于植物生长和生殖的能量称为净初生产量（或第一性生产量）。净初生产量通常用每年每平方米所固定的能量值表示，初级生产积累能量或有机物质的速度，称为初级生产力。陆地生态系统净初生产量的测定方法通常采用收获量测定法，即定期收获植被，干燥至恒重，再以每年每平方米所生产的有机物质干重表示。

思考与讨论

中药资源生态效益评价是否可以仅仅基于短期的观察和评估？

2. 中药资源的经济效益评价　中药资源的经济效益评价是指借助于经济学原理和方法，全面分析和评价中药资源所能产生的经济价值。

（1）中药资源经济效益的评价指标　中药资源的经济效益可通过资源的蕴藏量来评价。但在中药资源的蕴藏量中，受某些条件限制，本可以开发利用的部分资源却不能采收，其资源的可利用价值不能转换成经济效益。例如，为了保持药用生物资源的更新能力，维持可持续利用，采收利用量只能限制在一定数量范围内；有些药用生物的年龄没有达到收获期，其蓄积的药材资源也不能够采收利用；有些资源的药材质量低劣，达不到药用质量标准；有些野生资源分布散乱或数量较少，采收经济成本过高；有些资源分布在特殊区域，正常生产条件下难以采收；有些资源被采收后会引起生态灾害。这说明，能够采收利用的资源一般情况下要小于现存资源的蕴藏量（药材蓄积量），其中不可以采收的资源部分称为不可利用资源，可利用的资源才有可能被开发利用，由资源变为商品而产生经济效益。中药资源的"年允收量""经济量"等指标，均可用于中药资源的经济效益评价。中药资源的蕴藏量是评价中药资源经济效益的最重要指标，除此之外，药材的蓄积量或产量、药材的经济蕴藏量和年允收量等也是衡量中药资源经济效益的指标。

（2）中药资源经济效益的评价内容　中药资源的经济效益评价一般分为直接经济价值评价和间接经济价值评价。直接经济价值评价一般利用市场价值法来评估，把自然资源质量看作一种生产要素，资源质量的变化会引起生产成本及生产率的变化，从而导致产品价格和产出水平的变化，这种变化可观察，并可用货币测量。中药资源的间接经济价值是指中药资源所处生态系统及其整个开发利用活动过程中影响所及范围内，对人类有益的全部效益。它包括生态系统中发挥的间接经济价值，中医药文化价值，中医药的预防保健价值，中药生产的废弃物利用价值，中医药的科学研究价值等。中药资源间接经济价值评价方法多借鉴森林、草业、农业和旅游等行业建立的自然资源评价方法来综合评价。

3. **中药资源的社会效益评价**　中药资源的社会效益评价是指对以共同的物质生产活动为基础而相互联系的人们，在利用中药资源物质或是使用劳务时所产生的益处的核算。社会效益评价主要考察中药资源带动地区社会文化发展的程度。中药资源是国民经济建设、人民健康保障和生态环境保护不可缺少的重要自然资源，是中药产业发展的基础，对中药资源进行社会效益评价是其合理开发利用的必要保证。中药资源的社会效益主要表现为可以通过劳动投入和相关产品的生产、销售以及资源的开发利用，为社会提供就业岗位；通过资源开发利用，促进资源产区的经济发展；在人民群众健康保障和和谐社会建设等方面也能发挥积极的作用。

从中药资源的主体特征和核算内容考虑，中药资源的社会效益评价内容应包括中药资源对人类健康的保证和促进，创造工作岗位，提供就业机会，对相关文化、传统、习俗的影响等方面。中药资源对人类健康的保证和促进是指中药资源本身及其产品对健康的维护，包括疾病的预防、诊断、治疗等方面。中药资源的开发利用创造的就业机会是其社会效益核算的主要指标，也是唯一量化的指标。目前比较认同的社会效益核算方法是对其提供就业岗位的核算，它的核算方法主要采用投入产出法和提供就业机会的增值系数计算。最后使用平均工资额乘以相应的就业机会，即得到社会效益的价值。世界银行在国家财富评估方法中，把提供的就业机会当作"社会资本"来对待。这里的中药资源社会效益的价值仅仅是资源利用过程提供就业机会的价值，并没有包括中药资源其他社会效益的价值。如中药资源对人类健康保证和促进以及相关文化、传统、习俗的影响等几个方面。所以说，这是一种保守的核算方法，其实际社会效益远不止于此。

第三节　中药资源管理与经济

中药资源管理与经济是中药资源学的一项重要内容，中药资源在一定阶段的社会价值需要通过该阶段的中药资源管理与经济来实现。中药资源管理与经济涉及自然资源，中药材生产和流通，中药资源的研究开发和综合利用，信息和知识产权等多领域，关系到从中药产业源头到中药产业服务的各个方面。中药资源管理是一项受国家经济体制制约的工作，与中国的社会实际情况相适应，涉及政府部门、科研机构、企业、行业协会等各方面。

一、中药资源管理

中药资源管理（management of Chinese medicine resources）是指中药资源管理相关部门为了科学、合理地保护和开发利用中药资源所采取的行政、法制、经济、技术等手段和途径的总和。中药资源管理内容主要包括中药资源保护和开发利用管理、中药资源生产和市场流通管理、中药资源动态监测管理及中药资源相关的知识产权管理等方面。

（一）中药材生产、流通和监管

1. 中药材生产　通过《中药材生产质量管理规范》管理中药材生产。为了规范中药材生产，保证中药材质量，促进中药标准化、现代化进程，原国家食品药品监督管理局2002年颁布的《中药材生产质量管理规范（试行）》是针对中药材生产制定的专项管理规定。2022年3月，国家药监局、农业农村部、国家林草局、国家中医药局联合发布了《中药材生产质量管理规范》。实施规范化生产的企业应当按照本规范要求组织中药材生产，保护野生中药材资源和生态环境，促进中药材资源的可持续发展。

中药材的野生转家种、家养工作，受到国家多个部门的鼓励和支持，从广义来讲，也应划归中药资源管理的范畴。国家多个与医药相关的部门共同制定的中医药发展规划中都对这一工作给予了高度重视，有不少部门独立或联合发文支持其产业的发展及关键技术研究工作。

2. 中药材流通　根据国家相关规定，中药材的市场交易和流通按照农产品进行管理。中药材的流通受到农产品管理部门以及对外贸易管理部门的管理。流通环节主要采取的管理措施有：对于国家管理的中药材种类，实行以产定销限量收购。对资源较为紧张的多用途品种，在同有关部门协商后，限制非药用使用量，保证药用供应，减轻资源负荷；实行"先国内，后国外"的出口政策。对资源紧张的药材，限制或禁止出口等。

中药相关禁止出口技术

商务部、科技部2023年第57号公告《中国禁止出口限制出口技术目录》中涉及的中药相关禁止出口的技术有以下三类。

1. 中药材资源及生产技术

（1）世界珍稀、濒危保护动植物中的野生中药资源及其繁育技术。

（2）濒危、珍稀药材代用品的配方和生产技术。

（3）菌类药材的菌种、菌株、纯化、培养、发酵和生产工艺，包括下列菌种：冬虫夏草、羊肚菌、牛舌菌、云芝、树舌、灵芝（紫芝、赤芝）、雷丸、猪苓、密环菌、松茸、短裙竹荪、长裙竹荪、黄裙竹荪、大马勃、黑柄炭角菌、茯苓。

2. 中药饮片炮制技术

（1）毒性中药的炮制工艺和产地加工技术：制川乌、制草乌、制南星、胆南星、制白附子、清半夏、法半夏、姜半夏、制关白附、制附子、制商陆、制马钱子、煨肉豆蔻、制芫花、制蟾酥、制藤黄、制甘遂、制狼毒、巴豆霜、制斑蝥、制青娘子、飞雄黄、飞朱砂、制金大戟、千金子霜。

（2）常用大宗中药的炮制工艺和产地加工技术：熟大黄、熟地黄、制何首乌、制香附、鹿茸、紫河车、六神曲、建神曲、炮山甲、制肉苁蓉、制黄精、制山茱萸、制女贞子、红参、厚朴、阿胶、龙血竭。

3. 中国珍贵濒危植物药用成分提取加工技术，如紫杉醇及相关技术。

中药材流通环节的关键节点在于专业的中药材市场。目前，中药材的使用主要集中在制药企业，但是只有极少数制药企业建立有自己的原料生产基地，因而绝大部分药材都要经过市场流通环节。目前全国有大小不等的中药材市场上百家，其中由国家相关部门批准的中药材专业市场有17家，其余均为地方性中药材市场，这17家中药材专业市场在全国的分布为，北方地区6个，分别在黑龙江省哈尔滨市、河北省安国市、山东省鄄城县、河南省禹州市、陕西省西安市、甘肃省兰州市；东南及中南部地区有7个，分别在安徽省亳州市、江西省樟树市、湖北省蕲春县、湖南省邵东市和岳阳市、广东省普宁市和广州市；西南地区有4个，分别在广西壮族自治区玉林市、重庆市、四川省成都市、云南省昆明市。

3. 中药材监管

（1）中药材质量监管　通过各省（区、市）药品监管部门与相关检验机构，在全国范围内对部分生产、经营、使用等环节的药品质量开展抽查检验工作，评估上市后药品的质量状况，打击制售假劣药品行为，形成《国家药品抽检年报》，其中包括中药饮片专项抽检及中药材质量监测情况的报告。如2023年全年共抽检9个中药饮片品种2 158批次（其中配方颗粒234批次，饮片1 924批次），重点针对可能存在的染色、增重、掺伪或掺假、不规范种植等质量问题，开展检验和探索性研究。经检验，符合规定2 095批次，不符合规定63批次。2023年中药饮片专项抽检及中药材质量监测发现的主要问题有：一是混伪品掺伪问题，如硼砂蚕掺伪僵蚕（炒僵蚕），理枣仁掺伪酸枣仁；二是非法染色问题，如炒酸枣仁检出胭脂红；三是外源性有害物质残留超限问题，部分饮片存在真菌毒素残留、农药残留、重金属及有害元素超标等隐患，如部分批次麸炒薏苡仁黄曲霉毒素及玉米赤霉烯酮超标、部分批次炒酸枣仁及炒酸枣仁配方颗粒黄曲霉毒素 B_1 超标，部分批次地骨皮检出禁用农药氟虫腈，部分批次地骨皮重金属超出通则限量规定，部分批次丹参及丹参配方颗粒，甘草及甘草配方颗粒检出植物生长调节剂等；四是采收加工与加工炮制不规范问题，如酸枣仁、女贞子等存在抢青采收导致质量下降，地骨皮产地加工泥沙清洗不完全，防己存在产地趁鲜加工现象。

> 👥 **思考与讨论**
> 药材采收加工的"抢青"问题可否通过药材质量控制解决？

（2）中药数字化监管　数字化管理在中药资源动态监管领域的应用增多。中药材种类繁多，分布在全国各地，中药资源的数字化管理与应用，可以极大地提高服务的广泛性和快捷性，也是"互联网+"等国家战略发展方向之一。一是对中药资源的各种信息进行数字化管理，为中药资源的科研、保护利用提供快速、及时、准确的信息。例如，中药材市场和流通数据，可用于中药材生产的制定，对可上市的中药材商品量及市场需求进行预测，对中药材库存量分析，可为中药材生产、经营提供决策依据。二是中药资源信息数据的挖掘，可以从大量数据中提取出隐含的并有潜在价值的信息，为中药资源种类变化、蕴藏量变化、产销量的动态、资源区划、资源开发提供有力的分析和预测工具。例如，根据全国各地多年药材种植面积年平均数，可以分析各省（区、市）的植物药材蕴藏量以及蕴藏量变化趋势；通过野生药材蕴藏量与产区分布的关系研究，分析栽培药材新增产区。三是监测中药资源的动态变化，这是中药资源保护与管理工作得以长期正常维持和正确发挥作用的重要一环。主要包括监测物种和区域情况，监测市场需求量大、资源相对不足的药用物种；资源稀少且易受威胁的药用物种和国家保护的野生药材物种。监测的重点区域为中药资源开发破坏区和保护区，其他地区为一般观测区。

（3）中药资源评估　对中药类产品生产进行有效的事前管理，应正确地认识到中药工业生产可能对中药资源造成的影响，对这一影响进行正确的评估，同时采取相应的保护措施是中药资源保护和发展面临的重要问题。为此，2017年12月26日，国家食品药品监督管理总局颁布了《中药资源评估技术指导原则》，其中药资源是指专用于中成药、中药饮片等生产的植物、动物及矿物资源。明确中药资源评估是"中药生产企业对未来5年内中药资源的预计消耗量和预计可获得量之间的比较，以及中药产品生产对中药资源可持续利用可能造成的潜在影响进行的科学预估"，并要求新药注册和再注册时开展中药资源评估，目的是促进药品上市许可持有人或生产企业树立起"中药工业生产应先保证中药资源产量和质量"的理念。

《中药资源评估技术指导原则》中明确中药资源评估的基本原则包括："坚持资源保护与产业发展相结合原则""坚持药材资源的供给与消耗平衡原则""坚持动态评估原则"，充分体现出了国家开展中药资源评估中要确保中药资源"总量不减，保障供应"的总体思路。"总量不减"即通过管理手段的宏观调节促进国家中药资源总量不减少，"保障供应"即要求每一个中药生产企业均应具有保证企业自身所用中药材原料药材可持续供应的能力。两句话放在一起，即指通过每个企业自身的"保障供应"实现国家总体的"总量不减"。

> ### 思考与讨论
> 中药资源评估的具体方法有哪些？

《中药资源评估技术指导原则》中明确要求建立药材资源的供给和消耗平衡。对于中药工业生产企业而言，单位年限内中药资源的消耗量与可获得量之间平衡，才是确保新药开发、药材安全和优质，以及中药生产全程可追溯的重要抓手。因此，以中药工业生产企业为主体开展的药材资源评估是我国中药资源评估中最核心、最长期的任务，也是《中药资源评估技术指导原则》中所要求的关键内容。

中药资源评估的范围涉及用于生产中成药、中药饮片等产品的药用动、植物和药用矿物资源。评估的主体是药品上市许可持有人或生产企业（中药工业生产使用来源于种植养殖或野生的药材都需要开展中药资源评估，也包括使用来源于进口的中药材）。中药资源评估主要包括预计消耗量、预计可获得量、潜在风险及可持续利用和稳定质量措施四个方面的内容（图5-2）。

中药资源评估以保障中药资源可持续供应能力为目的，是新药开发的前提。中药资源评估以药材质量保证为核心，要求原料固定产地，多基原药材固定基原，是促进中药工业质量管理前移的重要举措。并且中药资源评估得以实现全程可追溯，是现代中药优质品牌打造的关键。尤其是近年开展古代经典名方复方制剂研究，要求进行中药资源评估，体现了中药资源保护和监管的可持续战略。

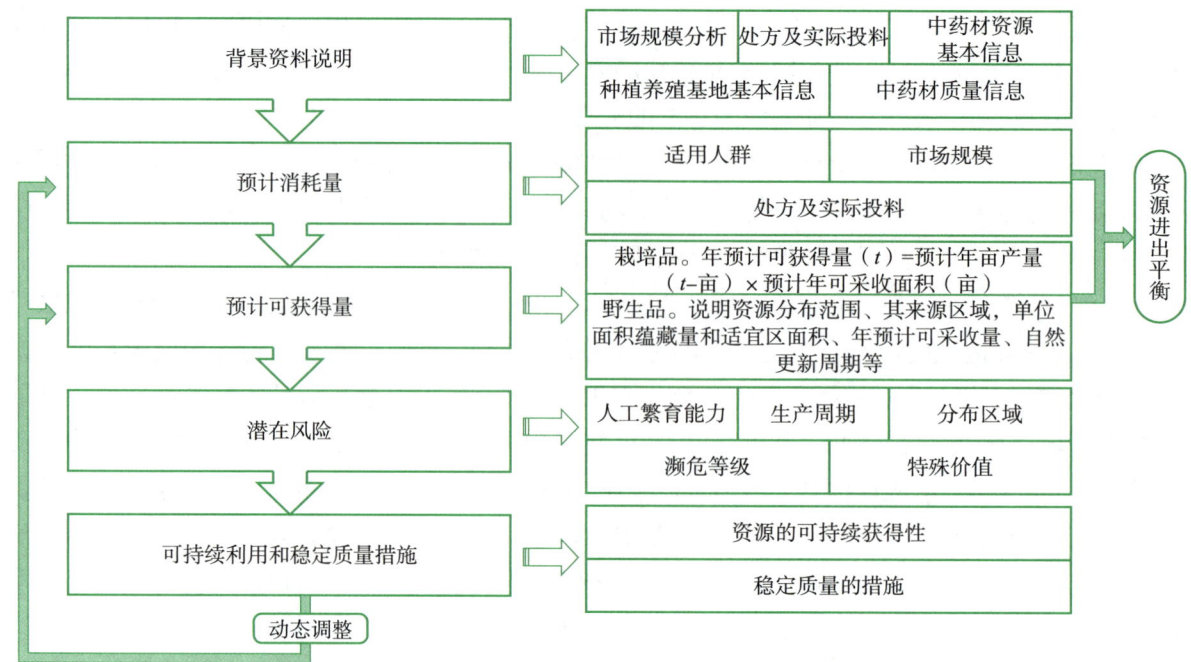

图 5-2　中药资源评估内容示意图

中药基原和产地固定的质量管控及经典名方开发实践

《中药资源评估技术指导原则》要求"应当明确并固定中药材基原、来源区域、采收时间、加工方法等。来源于人工种植养殖的，还应当说明种植养殖符合中药材生产质量管理规范要求的措施"。由于产地对质量的影响巨大，因此，对企业提出了固定产地的要求。固定产地并非要求企业一定固定在某一地域内，而是要求药品上市许可持有人或生产企业的基地必须固定在某一地域内，因为在这一地域内中药质量变异较小，相对均一。

经典名方开发过程中，业界对于一些关键信息考证结果存在争议，如国家药品监督管理局于 2022 年 7 月公布古代经典名方关键信息表（25 首），对这 25 首方剂的关键信息进行了公示，如多基原药材的基原，明确药材炮制方法，现代剂量和制剂方法等，便于产品开发，保障经方药材来源稳定，进而保障经方制剂的质量稳定。如芍药甘草汤中甘草，药典标准甘草药材有三个来源，公示信息表中固定基原为豆科植物甘草 *Glycyrrhiza uralensis* Fisch. 的根和根茎。

（二）中药资源相关的知识产权

随着中医药的国际影响日益扩大，加强中药知识产权保护已非常急迫。中药资源的知识产权是中药知识产权的重要组成部分，研究中药知识产权保护的方法和措施，对中医药事业的发展具有深远意义。

1. 中药知识产权保护的作用　对中药资源相关的知识产权进行保护，保障我国中药资源及其附属内容的合法性以及中药产品在国际市场上的竞争力。同时，可以保护发明者的合法权益，激励科技人员的工作热情，保障中药企业科技创新投入的市场回报，鼓励企业新产品开发，建立科技创新体系，提高中药科技创新水平。中药知识产权制度公开科技信息并促进交流合作，避免重复研究，有限配置人力、财力和医药资源，避免偏方、秘方、医疗经验的流失。

2. 中药知识产权保护的范围和形式

（1）中药知识产权保护的范围

1）中药材生产技术　包括中药材栽培（养殖）生产技术、药材品质鉴定技术以及新品种、中药材包装储存技术、新药用部位和新用途等多个方面。

2）中药炮制技术及中药饮片　包括传统的炮制方法与技术、新型饮片及保鲜技术。

3）中药制药工程技术　包括制药工艺技术、制剂机械设备、制剂辅料、自动化技术、新剂型、药渣的综合利用及污染处理技术等。

4）中药理论研究　包括传统的与病、症、证相对应的实验动物模型研究、复方配伍规范研究、中药作用机制研究、活性成分研究、药性理论研究以及利用现代科学技术阐明中药理论和作用机制的研究等。

5）中药包材　包括中药产品的包装材料及外观设计。

6）处方与配方　包括中成药单味药处方、单体药处方、单味药组分处方、复方组分处方等。尤其是对民间流传的一些偏方、秘方，应加强研究和产权保护，防止流失。

7）中药质量标准及其相关技术　包括标准品、检测仪器及试剂、检测方法等。

8）中药领域的著作权　包括有关中药的专著、档案、论文、文献、资料、产品说明书、计算机软件、网络、数据库等方面的内容。

（2）中药知识产权保护的形式　目前除了较为通用的专利保护、商标保护、著作权保护和商业秘密保护等保护形式以外，中药方面较为特殊的保护形式还有行政保护和原产地保护等。

1）行政保护　行政保护是指除专利、商标之外，依照中国行政机关的行政法规对药品知识产权的保护，主要包括中药品种保护和新药保护。

中药品种保护：1992年，国务院颁布了《中药品种保护条例》。该条例规定保护的对象是指在中国境内生产的或已经列入国家药品标准的品种。受保护的中药品种分两级：一级保护是指对特定疾病有特殊疗效的、相当于国家一级保护野生药材的人工制成品以及限于预防和治疗特殊疾病的品种；二级是指对特定疾病有显著疗效的品种和从天然药物中提取的有效物质及特殊制剂。其中，一级保护的时间分别为30年、20年、10年，二级保护的时间为7年。保护期满后可申请延长保护期，每次延长的期限不得超过第一次批准的期限，其中二级保护只能延长一次保护期。

中药保护品种举例

云南白药、片仔癀、参七心疏胶囊、芪参胶囊、紫龙金片、生血宁片、抗病毒颗粒、金嗓开音胶囊、降脂通络软胶囊、灯盏花素滴丸、四磨汤口服液、结肠宁、注射用红花黄色素、复方益母草胶囊、肾宝片、当归芍药颗粒、血栓通胶囊、脑心通胶囊、妇科千金胶囊、参芪健胃颗粒、救心丸、桂枝颗粒、连花清瘟胶囊、参一胶囊、橘红胶囊、小儿七星茶口服液。

新药保护：新药保护的适用对象是指在中国未生产过的药品，对新颖性的要求较专利法低。原国家药品监督管理局1994年发布的《新药保护和技术转让的规定》，规定各类新药的保护期限为：第一类新药12年；第二、三类新药8年；第四、五类新药6年。在保护期内的新药未得到新药证书持有者的技术转让，任何单位以及个人不得仿制生产，同时药品监督管理部门也不得受理审批。

随着 2020 版《药品注册管理办法》及 2022 年《中华人民共和国药品管理法实施条例》颁布，药品上市许可持有人制度的推行，相继提出"监测期""市场独占期"以及"数据保护期"等保护措施的探索。目的在于对药品生产企业生产的新药品种设立监测期。市场独占期主要用以鼓励仿制药挑战、保障儿童用药及罕见病新药市场。对创新药、罕见病治疗药品、儿童专用药以及成功挑战专利的创新治疗用生物制品的注册申请人，其提交的自行取得且未披露的试验数据和其他数据，将获得一定期限的数据保护。

药品上市许可持有人制度

《中华人民共和国药品管理法》（以下称药品管理法）已由十三届全国人大常委会第十二次会议于 2019 年 8 月 26 日修订通过，自 2019 年 12 月 1 日起施行。关于药品上市许可持有人制度，新修订的药品管理法全面实施药品上市许可持有人制度。自 2019 年 12 月 1 日起，凡持有药品注册证书（药品批准文号、进口药品注册证、医药产品注册证）的企业或者药品研制机构为药品上市许可持有人，应当严格履行药品上市许可持有人义务，依法对药品研制、生产、经营、使用全过程中药品的安全性、有效性和质量可控性负责。

2）原产地保护　原产地标记是产品或某项服务来源地的重要标准和符号。基本可分为原产国标记和地理标志两大类。原产国标记如"中国制造"。较多道地中药材申请了地理标志产品保护如 2024 年国家知识产权局新认证的南阳艾、金寨天麻、宝鸡柴胡、介休绵芪等，较早认证的如 2005 年的恩施紫油厚朴、商洛丹参、江津花椒、铁力北五味子等。根据《地理标志产品保护规定》，地理标志产品包括来自本地区的种植、养殖产品，原材料全部来自本地区或部分来自其他地区，并在本地区按照特定工艺生产加工的产品。

目前我国地理标志保护包括产品保护和商标注册两种方式。在产品保护方面，主要依据《关于国务院机构改革涉及行政法规规定的行政机关职责调整问题的决定》和《地理标志产品保护规定》，由产品所在地县级以上人民政府指定的申请机构或认定的协会和企业提出，经省级知识产权管理部门初审和国家知识产权局审查批准予以保护。在商标注册方面，主要依据《中华人民共和国商标法》《商标法实施条例》和《集体商标、证明商标注册和管理办法》，由管辖该地理标志所示地区的人民政府或行业主管部门批准的具体资格的团体、协会或其他组织提出，经国家知识产权局审查核准予以注册集体商标或证明商标。

2018 年十三届全国人大一次会议通过的《国务院机构改革方案》，明确规定由国家知识产权局负责原产地地理标志登记注册和行政裁决，拟定统一认定制度并组织实施，为有效保护地理标志奠定了体制机制基础。国家知识产权局积极推进统一受理渠道、统一专用标志、统一发布公告、统一保护监管、统一对外合作等各项工作。截至 2021 年 4 月底，已累计批准地理标志保护产品 2 475 个，地理标志作为集体商标、证明商标注册 6 295 件，核准专用标志使用市场主体 11 497 家，建设国家地理标志产品保护示范区 24 个。

二、中药资源区划

中药资源区划（division of Chinese medicine resources）以中药资源与重要生产地域系统为研

究对象，通过分析一定时期中药资源区域分布与中药资源生产特征，根据区域的自然环境、经济环境、社会条件相似性与差异性等进行不同区域功能的阶段划分，因地制宜地指导和规划该时期的中药材生产，为中药资源管理服务。

（一）中药资源区划概述

1. 中药资源区划的含义及意义　中药资源区划是以中药为对象，以产业发展为目标的一类专业规划。中药资源区划是不同区域中药资源的地域分异规律、中药产业发展地域分工在地图上的反映，也是中药生产历史演进过程在空间上的表现形式。因此，中药资源区划是以中药资源及其所在的自然环境为研究对象，以地域分异规律、区位理论、投入产出理论、道地药材和生态学的相关理论，研究中药及其地域系统的空间分异规律，并按空间差异和规律对其进行区域划分，用以指导和发展中药资源生产为目的的专项规划。

中药资源区划的目的在于揭示中药资源生产的地域分异规律，因地制宜，合理规划和进行中药材生产基地布局，充分发挥区域中药资源优势，正确选建优质药材商品生产基地，实现资源的合理配置，为我国区域性中药资源保护与开发利用提供科学依据。

2. 中药资源区划的原则　不同类型的区划在编制时遵循的原则有所差异。

（1）依据自然因素区划　药用生物变化受到气候、地貌、土壤等其他环境因素的制约。因此，气候、地貌、土壤等因素直接或间接地影响着中药资源的形成和分布，应作为区域划分的重要依据。首先气候条件相似性原则是以不同气候带（温带、亚热带和热带），以及同一气候带中不同气候特点，应作为区划的重要依据。其次是地形、地貌的一致性原则，因为地貌影响土壤和植被构成和演替，制约农、林、牧业用地的分布及土地利用方式和生产水平，直接影响到药材的生产。因此，在气候条件相似的区域内，地形、地貌条件也应作为区划的重要依据，特别是划分二级区域的主要依据。再次是地带性土壤类型相同的原则，不同土壤种类肥力特征不同，适宜生长的药用植物各异。土壤结构和酸碱度常常直接影响药材的生长和分布，不同药用植物对土壤质地的要求不同，因此，在划分的同一个区域内，地带性土壤应尽量保持基本相同。

（2）依据社会经济因素区划　中药资源是一种自然资源，但当人工种植、养殖、采集、捕猎、收购、加工中药，以及将中药用于防病治病时，也就进入了社会经济范畴。因此，社会经济因素也作为区域划分的重要依据。依据社会经济因素，遵循生产力水平一致性原则、中药生产特点相对一致性原则、中药生产发展方向相对一致性原则、与农业区划相协调的原则，以及不同等级的中药资源区划相互衔接的原则。

（3）依据中药资源类别区划　中药资源分为动物、植物和矿物资源。矿物资源的形成主要受地质作用影响。从中药材生产角度看，药用动物养殖和药用植物的种植以及野生资源的保护，主要与动、植物药用资源以及其生存所在的自然环境相关。因此，在进行区划时，应以动物药和植物药用资源作为区划的主体进行考虑。

3. 中药资源区划的类型

（1）区域地理型区划　是依据中药资源的地域分异规律，以中药资源所在地的自然和社会经济条件地域分异规律为参考，对中药资源进行区域划分。按照地域大小，可分为全国、省域、县域和跨区域的中药资源区划。

（2）资源品种型区划　是研究特定区域内一种（或多种）中药材的分异规律，在调查的基础上，依据中药材的地域分异规律对其进行区域划分，明确区域之间资源的有无、多少等空间差异，以及重要分布特征。

（3）生态型区划　是以药用动物、植物所在的自然生态系统的空间分异规律作为研究对象，以药用动植物的生态特征、药用动植物与自然条件之间的关系作为依据，对其生存适宜性及有效活性物质累积影响的自然条件进行区域划分。

（二）中药资源区划的理论基础

1. 中药资源分布的地域分布差异基础　中药资源的突出特点是具有明显的地域性。纬度、经度及海拔高度的差异，导致我国中药资源从北到南，从东到西，不同海拔高度中药资源分布差异明显，反映了明显的纬度地带性和经度地带性分布规律，以及中药资源垂直分布的差异。中药资源的地域性是进行种群繁殖、扩大分布区和提高品种质量的主要因素，也是做好中药生产区划和生产布局的重要依据。根据中药资源的地域分布差异，做到因地制宜、合理布局，在不同地域内发展优势品种。

2. 品种选择的生态基础　按照遗传学观点，物种经过漫长的自然演化生存下来，是因为本身具备了适应生存环境的能力，同时积累了各自独有的遗传特征，即形成了具备不同遗传特征的不同种质。如有些种类具有抗病、抗虫及抗逆的能力。这些固有的种质特性对于培育优良品种极为重要。中药资源的分布具有生态规律性，中药的生产就具有生态依从性。所以，在选择区划品种时，首先需要考虑不同品种的生态差异，明确区域内拟选择资源的有无、多少、空间差异性及分布特征。再按照这种空间分异规律对其进行区块划分，确定不同区块品种的选择。

3. 品质保障的道地性基础　我国地域广袤，同种中药多地分布，但品质各异。中药资源的不少种类在生长过程中为适应当地的自然环境，逐渐形成了对当地气候和地理条件的特殊要求。中药历来讲求道地性，道地性的体现是同一品种在不同的生态空间分布形成的结果。因此，中药资源区划时应遵循中药的道地性原则。根据品种的品质指标在其分布区的空间分异规律，明确其质量的空间差异性，根据药材生产需求，对其进行区域划分。

4. 经济空间区位发展基础　我国地域辽阔，各地的自然、经济、社会条件和生产力发展水平差异较大，形成了不同的特色道地药材和不同层次的产业基础。各地应从实际出发，立足区位优势，突出区域特点，发展优势产业和道地药材。按照经济发展一致性进行区划，按一定时期内各区域药材生产专业发展趋势，在国家主体区划背景下，按经济空间区位进行中药资源区划。

（三）中药资源区划系统

区划系统作为中药资源管理的重要方式，为中药资源生产利用提供区位基础。随着社会的发展，中药资源的来源、种类、数量以及生产方式逐渐发生变化，区划系统具有一定的阶段性。如，第三次全国中药资源普查后，将中国中药资源进行区划，采用二级分区系统，分为9个一级区和28个二级区。一级区主要反映各区不同的自然、经济条件和中药资源开发利用与中药生产的地域差异；在一级区内根据中药资源优势种类、组合特征以及生产发展方向与途径的不同划分二级区。一级区、二级区均采用三段命名法命名：一级区为地理方位＋热量带＋药材发展方向，二级区为地理位置＋地貌类型＋优势中药资源名称。一、二级区划的组成如下。

Ⅰ　东北寒温带、中温带野生和家生中药区

Ⅰ$_1$大兴安岭山地：赤芍、防风、满山红、熊胆区。

Ⅰ$_2$小兴安岭与长白山山地：人参、五味子、细辛、鹿茸、哈蟆油区。

Ⅱ 华北暖温带野生、家生中药区

 Ⅱ₁ 黄淮海辽平原：金银花、地黄、白芍、牛膝、酸枣仁、槐米、北沙参、板蓝根、全蝎区。

 Ⅱ₂ 黄土高原：党参、连翘、大黄、沙棘、龙骨区。

Ⅲ 华东北亚热带、中亚热带野生和家生中药区

 Ⅲ₁ 钱塘江、长江下游山地平原：浙贝母、延胡索、菊花、白术、西红花、蟾酥、珍珠、蕲蛇区。

 Ⅲ₂ 江南低山丘陵：厚朴、辛夷、郁金、玄参、泽泻、莲子、金钱白花蛇区。

 Ⅲ₃ 江淮丘陵山地：茯苓、辛夷、山茱萸、猫爪草、蜈蚣区。

 Ⅲ₄ 长江中游丘陵平原及湖泊：牡丹皮、枳壳、龟甲、鳖甲区。

Ⅳ 西南北亚热带、中亚热带野生和家生中药区

 Ⅳ₁ 秦巴山地、汉中盆地：当归、天麻、杜仲、独活区。

 Ⅳ₂ 川黔湘鄂山原山地：黄连、杜仲、黄柏、厚朴、吴茱萸、茯苓、款冬花、木香、朱砂区。

 Ⅳ₃ 滇黔桂山原丘陵：三七、石斛、木蝴蝶、穿山甲区。

 Ⅳ₄ 四川盆地：川芎、麦冬、附子、郁金、白芷、白芍、枳壳、泽泻、红花区。

 Ⅳ₅ 云贵高原：黄连、木香、茯苓、天麻、半夏、川牛膝、续断、龙胆区。

 Ⅳ₆ 横断山、东喜马拉雅山南麓：川贝母、当归、大黄、羌活、重楼、麝香区。

Ⅴ 华南亚热带、北亚热带野生和家生中药区

 Ⅴ₁ 岭南沿海、台湾北部山地丘陵：砂仁、巴戟天、化橘红、广藿香、安息香、血竭、蛤蚧、穿山甲区。

 Ⅴ₂ 雷州半岛、海南岛、台湾南部山地丘陵：槟榔、益智、高良姜、白豆蔻、樟脑区。

 Ⅴ₃ 滇西南山原：砂仁、苏木、儿茶、千年健区。

Ⅵ 内蒙古中温带野生中药区

 Ⅵ₁ 松嫩及西辽河平原：防风、桔梗、黄芩、麻黄、甘草、龙胆区。

 Ⅵ₂ 阴山山地及坝上高原：黄芪、黄芩、远志、知母、郁李仁区。

 Ⅵ₃ 内蒙古高原：赤芍、黄芪、地榆、草乌区。

Ⅶ 西北中温带、暖温带野生中药区

 Ⅶ₁ 阿尔泰、天山山地及准噶尔盆地：伊贝母、红花、阿魏、雪莲花、马鹿茸区。

 Ⅶ₂ 塔里木、柴达木盆地及阿拉善、西鄂尔多斯高原：甘草、麻黄、枸杞子、肉苁蓉、锁阳、紫草区。

 Ⅶ₃ 祁连山山地：秦艽、羌活、麝香、鹿茸区。

Ⅷ 青藏高原野生中药区

 Ⅷ₁ 川青藏高山峡谷：冬虫夏草、川贝母、大黄、羌活、甘松、藏茵陈、麝香区。

 Ⅷ₂ 雅鲁藏布江中游山原坡地：胡黄连、山莨菪、绿绒蒿、角蒿区。

 Ⅷ₃ 羌塘高原：马勃、冬虫夏草、水母雪莲花、熊胆、鹿角区。

Ⅸ 海洋中药区

 Ⅸ₁ 渤海、黄海、东海：昆布、海藻、石决明、海螵蛸、牡蛎区。

 Ⅸ₂ 南海：海马、珍珠母、浮海石、贝齿、玳瑁区。

全国道地药材生产基地建设规划

　　于 2018 年 12 月发布的《全国道地药材生产基地建设规划（2018—2025 年）》中道地药材生产区域的划分也是阶段性区划的一个案例。规划对全国道地药材建设进行布局，以品种为纲，产地为目，定品种、定产地和定标准相结合，优化道地药材生产布局。其中定产区方面，将重点县较为集中的区域，划定为道地药材重点产区。按照因地制宜、分类指导、突出重点的思路，将全国道地药材基地划分为 7 大区域，即分为东北、华北、华东、华中、华南、西南和西北道地药材产区。对每个区域的特点进行总结，区域主要发展品种以及规划周期内主攻方向的品种进行梳理，规划建设生产规模等目标的确定，为道地药材生产管理服务。

三、中药资源经济

　　随着中药资源的栖息环境遭到破坏，中药资源逐渐成为稀缺性资源。为了实现其在时间和空间上的合理配置与持续利用，缓和中药资源的总量、中药产业的发展与社会的需求之间的矛盾，中药资源经济研究应运而生。近年中药农业逐渐发展，人工栽培中药资源产量已占中药资源总产量的 80% 以上，但需求与供应之间的矛盾时有发生，导致市场波动较大，并且较多品种生长周期长，栽培投资大，但收益风险较高，进一步使得市场不稳定，低价伤农事件时有发生，不利产业稳定发展。所以，在经济社会高速发展的现在，中药资源经济的研究更为重要。

（一）中药资源经济研究概述

　　中药资源经济（economy of Chinese medicine resources）是以中药资源为对象，用资源经济学的原理与方法，研究中药资源的形成、生产、消费及管理等环节与社会、经济、环境之间的可持续关系。因此，如何公平、合理、高效地配置中药资源，并实现对资源的可持续利用是中药资源经济研究的主要任务。

　　1. 中药资源经济的研究内容　中药资源经济的研究涉及中药资源的保护、栽培与养殖、生产与加工、物流与仓储、贸易与产业等各个环节，目的是将稀缺的中药资源在时间和空间上合理配置，同时与人口、环境相协调，达到中药资源可持续利用。

　　中药资源经济的研究内容包括所有与中药资源相关的经济现象，主要包括中药资源与人类健康、环境保护及经济增长的关系，中药资源市场形成与竞争，中药资源的供给与需求，中药资源价值评估与价格的形成，中药资源流通与国际贸易，中药资源生产要素与微观经济组织，中药质量与安全，中药资源的产业研究，中药资源的管理制度以及中药资源保护和持续利用等。

　　2. 中药资源经济的研究方法　中药资源经济是综合性强、应用性强且跨度大的边缘交叉领域，须遵循中药资源自身发展规律，运用多层次、多种类的方法体系来进行研究，包括中药资源在形成过程中的自然资源相关理论。其研究方法体系分为三个层次：首先，是中药资源经济的基本方法论，讨论中药资源经济的价值观、真理观和科学观之类的根本性问题；其次，中药资源经济的思维原理和方法，如归纳法、抽象法、分析和综合法等；再次，中药资源经济的技术性方法，如数学方法、统计方法、投入产出分析法、成本收益分析法等。经济学方法并不能独立解决中药资源经济问题，还需要配合政策、制度以及技术方法才能共同发挥作用。

（二）中药资源产品市场与国际贸易

中药资源产品为一类特殊的商品。中药资源产品是指我国各种中药资源（包括民族药和民间药等中药资源），经开发生产出来用以满足人类医疗保健消费需求的中药类产品，与其他资源产品一样，具有使用价值和固有的市场属性。但中药资源产品又是极特殊的产品，它的生产、市场流通、交换和经营均受国家相关法律、法规的严格约束。

1. 中药资源产品市场　我国已成为世界上中药资源产品最大的生产和消费国家。随着中药资源综合利用的开展，中药资源产品的用途和产品形式不断扩大和延伸，现已形成了包括中药材、饮片、中药配方颗粒（单味中药浓缩颗粒）、中成药、中药提取物、中药保健食品、中药化妆品、中药日用品、中药饲料添加剂等中药资源系列衍生产品。

（1）中药材　中药材属于中药资源利用的初级产品，中药材产业集群发展明显。1996年国家有关部门重新批准和保留了17个国家级中药材专业市场，目前交易市场中药材流通量已经占全国中药材交易总量的70%以上。截至2019年，已有270余种常用植物类中药材实现了规模化种植，全国中药材种植面积有了大幅度增加。

1）国内中药材市场流通数据汇总重点品种销售、价格及未来走势。为引导中药材产销衔接，推动产业结构优化，商务部于2012年初建立了中药材重点品种流通分析系统，数据来源于100余个中药材产地的地方商务主管部门、17家中药材市场、7家中药材网站及中国海关。统计发布过2011—2015年度中药材重点品种流通分析报告，汇总中药材重点品种市场销售情况、中药材价格及走势预测、中药材出口情况等内容。也发布过2016—2017年度中药材流通市场分析报告，分析中药材国内市场行情和进出口贸易行情，展望中药材流通发展趋势。

2）现代化中药材仓储物流及配送系统的建设推进交易标准化和现代化。我国规划和建设现代化中药材仓储物流中心，配套电子商务交易平台及现代物流配送系统，引导中药材产销双方无缝对接，推进中药材流通体系向标准化、现代化发展，形成从中药材种植（养殖）到中药材初加工、包装、仓储和运输一体化的现代市场物流体系。截至2021年底，全国中药材物流基地建设布局已基本完成，布局了88家中的86家物流基地，总仓储面积达336.4万平方米，可储存中药材达417万吨，并配套建设470个初加工基地，总投资额达140.4亿元；已建成的19家中药材物流基地，已累计收储中药材48 639吨，中药材交易2亿元，取得阶段性成果。

3）系列政策法规的出台促进和保障中药产业发展。2017年我国中医药新政密集出台，尤其是《中华人民共和国中医药法》的实施及《中药材产业扶贫行动计划（2017—2020年）》的发布，为中药材产业发展带来新机遇。在此背景下，全国中药材供给规模继续扩大，流通环节资源优化提升，集约化产地加工方式凸显，"互联网＋"新型贸易方式兴起，中药材流通市场加快转型升级。尤其重要的是，2019年国务院发布的《关于促进中医药传承创新发展的意见》及重点任务分工方案的通知，提出要加强中药材质量控制，促进中药饮片和中成药质量提升，改革完善中药注册管理，加强中药质量安全监管。

国家药品监督管理局〔2023〕1号文件《关于进一步加强中药科学监管促进中药传承创新发展的若干措施》中明确加强中药材质量管理，包括：规范中药材产地加工，推进实施《中药材生产质量管理规范》（GAP），完善中药材注册管理，建立中药材质量监测工作机制，以及改进中药材进口管理。

进口药材的申请、审批及备案管理

《进口药材管理办法》（以下简称《办法》）已于 2019 年 5 月 16 日发布，自 2020 年 1 月 1 日起施行。关于首次进口药材的申请与审批：首次进口药材，申请人应当登录国家药品监督管理局网站网上办事大厅，通过"法人服务"项下办理首次进口药材申请，并按《办法》要求向所在地省级药品监督管理部门报送有关资料，取得《进口药材批件》。各省级药品监督管理部门通过国家药品监管专网受理首次进口药材申请，并按《办法》规定实施审批。

关于进口药材的备案：药材进口单位和口岸药品监督管理部门按照《国家药监局关于启用新版药品和药材进口备案管理系统的公告》（2019 年第 107 号）提示，登录备案系统相应窗口在线办理进口药材备案。国家药品监督管理局已对 2006 年、2011 年发布的两批《非首次进口药材品种目录》进行了修订、合并，原有目录予以废止。凡申请进口列入目录中的药材品种，申请人无须取得《进口药材批件》，直接按照《办法》规定向口岸药品监督管理部门进行非首次进口药材备案，各口岸药品监督管理部门应按非首次进口药材进行形式审查。

（2）中药饮片　中药饮片是我国中药产业的三大支柱之一。传统中药饮片的现代化、标准化和规范化程度低，同时缺少龙头企业，规模化和集约化经营有待提高等问题严重影响中药饮片产业的发展。近年，在国家相关政策法规的推动下，我国中药饮片产业正在逐步规范和有序发展。中药饮片产业在传统饮片基础上，以中药配方颗粒和超微饮片（破壁饮片）为代表的新型饮片适应消费需求，解决了传统中药饮片汤剂存在使用和携带不便的问题，迎来高速发展。2022 年中药饮片加工市场规模超过 2 100 亿元，同比增长 5.5%。随着饮片市场持续增长，让更多的消费者见证了中药饮片的潜力，从而推动市场需求。

🏆 **思考与讨论**

中药超微饮片（饮片粒径 1~75 μm）与传统饮片比较的优劣势。

我国对于中药饮片市场的监管和整治工作更加严苛。2020 年 2 月，国家药监局再度印发《中药饮片专项整治工作方案》，各省市药品监管部门进行当地的中药饮片专项整治工作，坚决查处行业违法违规行为。2020 年版《中国药典》针对中药饮片质量标准存在的问题，完善了中药饮片质量标准，涉及的内容包括增收部分中药饮片品种和规格、规范中药饮片名称、重点完善和规范中药饮片炮制方法等 7 大内容。2022 年底，由国家药监局组织国家药典委员会制定并颁布了《国家中药饮片炮制规范》，该规范属于中药饮片的国家药品标准。2023 年，国家药监局 1 号文件《关于进一步加强中药科学监管促进中药传承创新发展的若干措施》中明确强化中药饮片、中药配方颗粒监管，包括：加强中药饮片审批管理，国家药监局会同国家中医药管理局制定《实施审批管理的中药饮片目录》及配套文件，依法对符合规定情形的中药饮片实施审批管理；完善中药饮片炮制规范；规范中药饮片生产和质量追溯；推动改进中药饮片生产经营模式；强化中药配方颗粒生产过程管理等。

《中国药典》2025 年版中，对于中药材及饮片的安全性控制要求进一步提高。对于中药材及饮片禁用农药残留控制由原 33 种（55 个单体化合物）增加至 47 种（72 个单体化合物）；新增枸杞子、人参、三七、百合、菊花、铁皮石斛、延胡索、金银花、浙贝母、川贝母、湖北贝母、伊贝母、平贝母、白术等 14 种中药材品种相应的农药残留限量标准；增加 54 个（包括药材和饮片检定通则 52 个品种、各论 2 个品种）中药材与饮片品种的重金属及有害元素限量要求；黄芪、槟榔药材增加了赭曲霉毒素 A 检查项；麸炒薏苡仁饮片项下增加黄曲霉毒素、玉米赤霉烯酮检查项；增订中药材植物生长调节剂测定方法，制定了麦冬中多效唑的限量要求；新增《9261 辐照中药的光释光检查法指导原则》，以指导中药辐照灭菌检测。

（3）中成药　随着国民经济的快速发展，市场对中成药的需求不断增大，中成药产业快速增长，出现一大批现代中药制药企业。在各类别中药资源产品中，中成药目前已经占到整个中药行业总产值的 80%，且呈现出速度快、效益好的良好发展前景。

国内中成药市场主要由医院市场和社会零售市场两大部分组成。统计显示，中成药涵盖 13 个治疗大类，在医院中成药市场中，2022 年中国公立医疗机构终端中成药产品累计销售额达 2 507 亿元，同比增长 0.24%。在社会零售市场中，2022 年中国零售药店终端中成药销售规模突破 1 400 亿元，同比增长 16.8%。

中医药行业同时面临着医保目录谈判降价和集中采购的挑战。2018 年 11 月，中央全面深化改革委员会审议通过了《国家组织药品集中采购试点方案》，拉开了药品集中带量采购的序幕。药品集采的一个突出特点是以降价换存量，药品价格降幅在 50% 以上。2023 年新版国家医保药品目录新增 111 个药品，谈判和竞价新准入的药品价格平均降幅达 60.1%。最新版国家医保药品目录内药品总数达到 2 967 种，其中西药 1 586 种，中成药 1 381 种，中药饮片仍为 892 种，其中中成药的比例接近一半。2022 年 9 月 8 日，全国中成药联合采购办公室正式成立并发布了《全国中成药联盟采购公告》，这是国家药品集采自 2018 年启动以来，首次开展大范围中成药集采。行业预测中成药集采或将成为常态化，中药行业竞争格局面临洗牌。

思考与讨论

全国中成药集采开启，对中药资源影响有多大？

（4）中药提取物　中药提取物是以中药材或饮片经过提取、浓缩、纯化后含有有效成分或有效部位的中药资源产品，属中药原料药或中药制剂中间体的范畴，不能直接应用于临床，仅是中药制剂产品、功能性食品、饮料、食品添加剂、化妆品等的原料或辅料。中药提取物主要包含 4 种产品形式。①纯化中药提取物：活性成分单一，纯度在 95% 以上；②标准化中药提取物：含有多组分的活性成分；③单味中药提取物；④复方中药提取物。按产品性状，中药提取物又可分为植物油脂、浸膏、流浸膏、颗粒、粉末、晶状体等。

《中国药典》2020 年版收载植物油脂和提取物 47 种，如灯盏花素、岩白菜素、穿心莲内酯等纯化中药提取物，丹参水提物、八角茴香油、人参总皂苷等标准化中药提取物。《中国药典》2025 版植物油脂和提取物质量标准继续修订提高，规范了植物油脂和提取物的名称，全面提高植物油脂和提取物标准。由于中药提取物是中药资源利用的新产品，符合当代国际天然药物产品的发展方向，国内外市场的需求十分旺盛，是中药资源开发利用过程中发展潜力最大的产品类别。如越橘提取物、银杏叶提取物、积雪草提取物等都是出口比重较大的品种，并由我国制定了相应的国际商务标准。其他如红景天提取物、罗汉果提取物等也是我国出口较多的中药商品。目前，我国生产的中药提取物主要销往国际市场，出口额接近我国所有中药资源产品出口份额的一半，而且呈连续增长态势。

（5）中药保健食品　目前中药保健食品（纯中药及含中药成分）中，中药为主的组方保健食品占比超过 50%，且有增长趋势。随着我国居民健康意识的提升和收入与消费能力的提高，中药保健食品高端产品增多，整体价格走高，市场潜力大。

随着整个中药行业监管力度的增加，对保健食品的监管、市场、原料以及安全性管理在逐渐完善。2019 年，国家市场监督管理总局公布了《保健食品标注警示用语指南》。另外，《保健食品原料目录与保健功能目录管理办法》自 2019 年 10 月 1 日起正式开始实施，其中第 17 条规定，保健食品功能描述中将不得涉及疾病的预防、治疗和诊断作用。并且将定期调整并公布保健食品原料目录和保健功能目录，建立保健食品注册备案双轨制，建立开放多元的保健食品管理制度。国家市场监督管理总局《药品、医疗器械、保健食品、特殊医学用途配方食品广告审查管理暂行办法》于 2020 年 3 月 1 日起施行。要求保健食品广告应当显著标明"保健食品不是药物，不能代替药物治疗疾病"，声明保健食品不能代替药物，并显著标明保健食品标志、适宜人群和不适宜人群。

2. 中药资源国际贸易　我国中药资源的进出口贸易源远流长，官方记载较早的可以追溯到汉朝。近年，中医药承担国际义务，坚持向发展中国家提供力所能及的援助，中药资源进出口贸易规模在不断扩大。

（1）中医药国际化　中药在国际上有不同的归类和习称，如植物药、草药或膳食补充剂等。中药类产品包括草药药品、草药原料、草药制品（调味品、草药化妆品、洗涤用品、药酒、药茶）、营养保健食品等。在全球化的今天，中药现代化和国际化取得了突出进展，作为天然药物的中药资源被更多的国家或地区认可，如以中医药为主体的传统医学被纳入《国际疾病分类第十一次修订本（ICD-11）》《中医药"一带一路"发展规划（2016—2020 年）》。中医药已传播至 183 个国家和地区，中国同外国政府、地区主管机构和国际组织签署了 86 个中医药合作协议，建设了 43 个中医药国际合作基地。"一带一路"共建国家对进口中药均制定了相应的法律，在一定程度上保障了我国中药资源对外贸易的合法性。

例如，新加坡卫生部于 1998 年颁布《新加坡中成药管理法规》，对中成药的定义、进口等做了详细的规定。美国是全球消耗动植物提取物最大的国家之一，1994 年美国通过《膳食补充剂健康与教育法案》，以膳食补充剂确定了草药的合法地位；英国草药协会 1996 年发布的《英国草药典》收载植物药 169 种；2000 年《美国药典》又收载提取物、植物油、芳香油在内的 45 种植物药。《欧洲药典》收载植物药材约 60 种，收载植物提取物、植物油、芳香油等 23 种。2004 年欧盟颁布 2004/24/EC 指令，为中药材及药品的销售开辟了新路径，称为"简化注册"。德国联邦卫生部批准使用的植物药约有 300 种，《药品法》还允许应用更多植物药，且德国还成立了植物药专家委员会。法国政府医疗保险销售前 10 名的药品中有两个为天然药物衍生物，临床使用的植物药达 174 种。

（2）中药资源国际贸易情况　我国出口的中药资源产品包括中药材、饮片、中成药、提取物、保健食品等类别。但在出口产品结构上，长期以来，是以粗加工、低附加值的中药材及饮片为主。出口量较大的主要有人参、枸杞、茯苓、冬虫夏草、菊花、地黄、半夏、白术、甘草、白芍等常用中药材。近年具有较高附加值的提取物成出口的新热点，2016 年占比达到 46.48%，并且以年均约 17% 的速度增长，稳居各类中药资源类产品出口额首位。但知识产权保护意识淡薄、国际贸易壁垒以及"洋中药"的冲击均降低中药的出口额。我国应增强对中医药的文化传播，注重中药知识产权的保护，进一步优化出口产品结构，提高产品质量并加强剂型和终端产品的开发。

从中药产品出口地域分布上看，国际上四大植物药市场有东南亚及华裔市场、日韩市场、欧美市场和非洲、阿拉伯市场。中药材、饮片及中成药的主要出口市场为亚洲，日本、越南、新加坡、马来西亚、韩国为我国传统中药资源产品的主要市场。植物提取物出口到国外主要用作膳食补充剂、化妆品和保健食品原料。此外，在"一带一路"倡议助力下，对共建国家中药材出口大幅增长，我国的中药资源产品正在逐步开拓拉美、西亚及北非国际市场，南美与非洲已成为我国中药资源产品的新兴市场。

（3）中药质量标准影响国际贸易　推动中药资源国际贸易，促进中药国际化是我国中药发展的战略目标之一。中药质量标准是制约中药国际化、影响中药国际贸易的关键。中药国际标准在建立中还存在药品理念、法律法规、文化差异等诸多挑战。中药标准建立在学科医疗、教学、科研和产业的研究成果之上，所以中药的标准化工作基础的支撑还需强化。国际市场对植物药及其原料的重金属含量、农药残留量、微生物及外生性毒素等指标进行了严格的规定。因此中药国际化面临着国际上的法律阻碍和贸易壁垒。

近年，中医药"走出去"步入快车道，迈出新步伐。我国推动国际标准化组织成立中医药技术委员会（ISO/TC249），ISO/TC 249用现代科学的语言向世界解释中医药。截至2022年9月，已陆续制定颁布89项中医药国际标准。国际标准化组织（ISO）是世界上最大、最具权威的非政府性国际标准化组织，其认证的标准对加强产品的质量安全、打破技术壁垒、促进国际贸易起到至关重要的作用。目前针灸针、煎药机、三七、艾叶、板蓝根、川芎、西红花等中药材、器械相继有了"标准化"的标签，不仅提振了中医药界的信心，也为中医药在全球市场的推广扫除了障碍，为人类的健康作出了更多的"中国贡献"。

ISO标准助推国际贸易

人参ISO国际标准（《ISO 21316:2019》）的制定为全球人参贸易建立了权威的品质基准，从原材料种植、加工工艺到成品检测等环节形成了统一的规范体系。该标准不仅通过明确质量等级、安全指标（如农残限量、重金属含量）降低了国际市场的技术壁垒，还简化了跨境贸易的认证流程，助力各国人参产品高效进入目标市场。对中国、韩国等主产国而言，统一标准既提升了消费者对产品安全性的信赖，又促进了供应链透明度，使中小出口商在国际竞标中享有平等的话语权。同时，标准化生产推动产业技术升级，有效避免因品质争议引发的贸易摩擦。据国际商会统计，实施ISO标准后人参贸易纠纷发生率下降逾30%，新兴产区通过标准化认证实现出口额年均增长15%以上，标志着传统中药材在全球价值链中迈向了更规范、可持续的贸易新阶段。

（三）中药资源产业结构与配置

随着野生中药资源逐渐减少，栽培资源成为中药产业原料主体。中药农业已经成为整个中药资源产业的主体，而中药农业起步晚，比起中国上千年的农耕历史，中药农业产业的滞后严重制约中药行业发展。

1. 中药资源产业以中药农业为主　目前中药农业涉及中药种业、中药栽培、中药采收加工、中药材储藏和中药农业服务五大环节。以培育中药新资源为主的如人工牛黄、植物细胞工厂等现代新兴中药资源产业也在逐渐发展。

中药种业是中药农业的源头，以农艺性状稳定、均一、药材高产优质为目标的现代种业需求，对于目前仅处于"选多育少"的中药种业来说，未来之路还很长。中药栽培，除了少部分栽培历史悠久的品种外，"野生－栽培－出产量－出质量"的总趋势中，大部分处于种出产量的阶段，因为对其生长习性或生物学特性的不甚清楚而限制了栽培药材质量；有些新近栽培品种还停留在"能存活"的阶段，后续种出产量和质量的目标还在努力中（图5-3）。中药采收加工方面，"传统方法与现代方法""小农手工与机械化加工""效率与成本"等等的问题一直存在。中药材储藏对中药材安全性和有效性的影响更是重要的一环，为减少硫黄熏蒸而进行药材的二氧化硫限量控制，对磷化铝等有毒物质的禁用，对黄曲霉素、玉米赤霉烯酮等真菌污染物的控制，均是中药储藏环节中的质控点。中药农业服务包括肥料、农药、农业设施和农业机械等，专业人才和中药农业知识服务也属于中药农业服务，未来农业正朝着科技化、技术化及智慧化的管理趋势，此类服务的落后、缺少甚至缺失也严重影响着中药农业的发展。

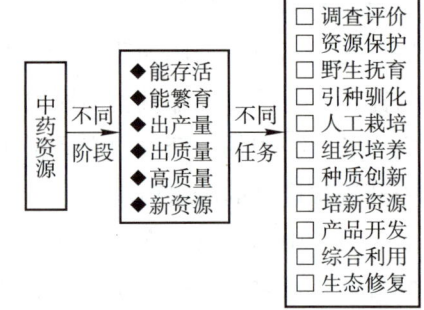

图 5-3　中药资源发展阶段需求

2. 我国中药资源产业的现状与问题

（1）中药种业亟待创新　种业创新是中药农业永不枯竭的原动力。重点围绕中药材良种体系建设，建立国家级道地药材种质资源保护区，建立中药种质资源保藏中心，建立区域性或省级良种选育工程技术研究中心，开展中药材种质资源与新品种选育，建设一批示范性种子种苗基地。农业农村部、国家中医药管理局拟定的《中药材种子管理办法》草案，目前已完成意见征集，以便依法规范中药材种子管理的品种登记、生产经营许可等，促进中药材种业转型升级。目前，中药种业处于"选多育少"的现状，传统育种周期长，尤其对多年生药用植物而言，中药种业创新大有可为。

（2）栽培技术不成熟　在生产中大量使用化肥、农药、植物膨大剂等，达到不断增产的目的。化肥农药的滥用造成中药材的农残和重金属含量超标，不仅影响中药材质量安全，还对生态环境造成了破坏。而且许多中药材是多年生的宿根植物，往往具有连作障碍问题，病虫害多发，极端情况下甚至绝收。对近年野生变家种（养殖）药材生长及成药习性研究不深入，药材性状不佳或品质不稳定等问题非常普遍。特定生境是药材品质形成的重要保障，我国中药资源产业应积极探索"不向农田抢地，不与草虫为敌，不惧山高林暗，不负山水常绿"的中药生态农业以及"拟境栽培""逆境栽培"等栽培方式。

（3）采收加工不规范　各地药农根据自己的加工习惯和销售需求，形成了各地独有的产地加工方法，造成了中药材产地加工的"一药多法"现象，进而使得中药材质量参差不齐。并且存在不规范的产地超加工，即超过产地初加工的现象较多。近年，为了规范中药材趁鲜切片、干燥的产地加工方式，解决部分中药材传统采收加工方法落后，药材难以干燥，或长时间干燥过程易霉变或成分下降的问题，以及对传统硫黄熏蒸改用产地无硫加工方法的中药材，各省出台指导原则及可以产地趁鲜加工的具体药材品种及标准规范。且对生长年限要求严格的中药材，应该要明确采收期和采收年限。

（4）仓储条件待优化　国家鼓励发展中药材现代流通体系，提高中药材包装、仓储等技术水平，建立中药材流通追溯体系。中药材在储藏过程中易变色、走油、生虫、发霉甚至挥发性成分降低等问题一直存在。各大中药材生产或集散地均已有建设大型仓储基地，低温库或气调保存技术也已有建设，但往往由于建设成本高，使用耗能多，仅在一些价格稍高的中药材中使用；对于一些低值的中药材，投入的成本问题限制了其使用，传统落后低成本的毒气熏蒸的情况仍然存在。

（5）机械化程度低　随着中药农业的快速发展，许多常用中药材已不再依靠野生资源，实现了规模种植养殖，但仅有部分中药材大品种在栽培、采收和加工上相对集中，部分北方地区规模化栽培的根或根茎类中药大品种在逐步实现半机械化。我国常用中药材分布区域地理环境各异，大部分中药材生长在林下、丘陵、山地或坡地，栽培地块小，分散不连片，以家庭式小农经济为主，难规模化发展。加之中药材品种多，规模小，不同中药材采收年限各异，入药部位不同，配套适用的小农机需定向研发，比如果实类和花类药材采收耗时费力，机械化之路还较为漫长。

3. 中药资源产业配置　中药农业作为整个中药资源产业的主体，其涉及的中药种业、中药栽培、中药采收加工、中药材储藏和中药农业服务五大环节，均不可或缺，其发展程度差异也不大，需要齐头并进，共同发展。虽然中药栽培、采收加工、储藏和农业服务可以依托我国大农业的基础，逐渐发展出中药农业的特色分支。中药农业的核心还是在于中药种业的特色发展，保障中药农业的源头。

案例 1　石菖蒲资源调查及品质评价

近年来石菖蒲的野生资源正在不断减少，产量也呈下降趋势，且市售石菖蒲的质量参差不齐，混淆品较多，严重制约了石菖蒲的进一步开发利用。因此，迫切需要对石菖蒲的资源及品质评价方面进行研究，为石菖蒲资源的合理开发利用，临床用药的安全有效及石菖蒲质量标准的制定提供参考。

（1）方法　通过本草考证及现代文献研究，厘清其古今关系；其次，通过专家同行访查，野外资源调查和市场调查等对石菖蒲进行资源调查，以查明石菖蒲的资源状况，分布特征及规格等级划分现状；最后，通过外观性状评价，含油率测定，GC-MS指纹图谱研究和α-细辛醚，β-细辛醚的含量测定来对石菖蒲进行品质评价。

（2）结果　石菖蒲本草考证，石菖蒲最早以"昌本"之名出现于《周礼·仪礼》，"石菖蒲"之名最早出现在五代时期的《日华子本草》；石菖蒲的来源，临床应用古今基本一致，但易与同属植物菖蒲混淆；石菖蒲的主产区，古代以陕西、四川为主、现代以四川、江苏和浙江为主。

资源调查方面，石菖蒲主要分布在我国黄河流域以南的各省区，目前的主产区为四川，福建省蕴藏量较大；石菖蒲以野生为主，暂未实现规模化的栽培，近年来石菖蒲的野生资源正在减少，质量和产量也在下降；市售石菖蒲的规格以饮片为主，均无等级划分，价格波动大，质量参差不齐，存在混淆品。

品质评价方面，外观性状的评价结果为石菖蒲以条粗壮、质坚实者为佳；不同批次石菖蒲的质量存在明显差异；福建闽侯石菖蒲的含油率及α-细辛醚、β-细辛醚的含量均在7月份达最高值；石菖蒲和水菖蒲无论是在外观性状上还是化学成分的组成上均有明显差异。

案例 2　基于"3S"技术的独一味生长适宜区研究

独一味 *Lamiophlomis rotate*（Benth.）Kudo，藏语又叫巴拉努努、吉布孜，为唇形科植物独一味的根及根茎或全草，多年生无茎矮小草本，主要分布于甘肃、青海、四川、云南、西藏等地。长期以来野生独一味受到无序、过度采挖，造成野生独一味资源量大幅度减少，加上受各种自然、人类活动等因素影响，独一味生长环境发生改变，野生独一味的分布也发生了显著变化，因此独一味被列为一级濒危藏药品种。目前，对野生独一味的资源调查和动态监测成为研究独一味的热点问题。研究者运用"3S"技术对四川省野生独一味的生长适宜区进行研究，找出四川省野生独一味生长适宜区分布，统计适宜区面积，为野生独一味资源的合理开发和保护提供依据。

（1）方法　利用 ArcGIS10.3 软件对地理背景数据进行数据预处理、环境因子提取、空间叠加分析，找出四川省独一味生长适宜区分布，剔除适宜区内的建设用地、耕地和水体，利用区域分析工具中的面积制表工具进行适宜区面积统计。通过野外实地考察的方式，结合四川省中医药研究院提供资料，对研究结果进行验证。

（2）结果与分析　利用 ArcGIS10.3 对环境因子进行提取，如适宜区高程、坡度与坡向、温度与降水量、土壤信息、植被类型、地貌类型提取，最后利用 ArcGIS10.3 Spatial Analyst 工具对上述各个环境因子适宜范围进行空间叠加分析，找出四川省独一味生长适宜区。结果发现四川省独一味生长适宜区主要分布在阿坝县、理塘县、红原县、壤塘县、若尔盖县、稻城县、德格县、新龙县、松潘县、甘孜县、巴塘县、白玉县、色达县、石渠县等地区，适宜区总面积约 135 200 hm^2。

（3）野外验证　研究采用野外实地调查的方式对研究结果进行了验证，由于四川省野生独一味生长适宜区多分布在四川西部高海拔地区，平均海拔达 3 000 m，野外实地考察难度大。所以，研究者实地考察选取了独一味生长信息报道较少，但适宜区面积较大的 10 个县，包括阿坝县、红原县、壤塘县、若尔盖县、稻城县、新龙县、松潘县、甘孜县、道孚县和炉霍县。走访了县城及县城周边的部分乡镇、村庄，访问了当地的村民和中药材收购商，实地考察了独一味生长周边环境，了解当地是否有野生独一味分布以及野生独一味采挖、利用、保护等情况，并在每一个访问地点用 GPS 记录点位。验证结果表明，阿坝县、红原县、若尔盖县、稻城县、新龙县、甘孜县均有独一味分布，并且较为常见，壤塘县、松潘县、道孚县和炉霍县走访的地方未获取到野生独一味信息。

（4）结论　运用"3S"技术提取的独一味生长适宜区与实际独一味生长分布基本吻合。四川省独一味适宜区主要分布在阿坝县、壤塘县等 10 个县范围内，适宜区总面积约 135 200 hm^2。在适宜区范围内进行独一味种植和保护，将有利于独一味资源的合理开发与持续利用；该研究方法具有科学性、准确性等特点，可以将其推广到其他中药材适宜区研究领域。

案例3　甘草资源评估基础信息

《中国药典》2025 年版一部项下收载的甘草基原为甘草属的三种植物——甘草 *Glycyrrhiza uralensis* Fisch.、胀果甘草 *G. inflata* Bat. 或光果甘草 *G. glabra* L. 的干燥根和根茎。春、秋二季采挖，除去须根，晒干。经考证，史载甘草基原与《中国药典》2025 年版一部甘草中的（乌拉尔）甘草 *G. uralensis* 一致。甘草市场流通及自然分布以甘草 *G. uralensis* 的根和根茎为主，本报告仅对（乌拉尔）甘草资源情况进行评估。

（1）评估结论　甘草为世界范围内的大品种，年消耗量大，野生资源严重破坏，随着栽培甘草发展，基本能满足药用需求。秉持"生产应以保障中药资源产量和质量为前提"的理念，采用基于"保障供应"的中药资源"供需平衡评估"的评估方法，进行文献资料调研、道地产区和主产区的实地调研数据为基础的中药资源评估。对所收集甘草批次进行鉴定及质量分析基础上，比较内蒙古杭锦旗产地甘草药材可获得量与本企业预计消耗量，综合考虑各风险因素与可持续利用措施的有效性，得出评估结果为：内蒙古杭锦旗产甘草 *G. uralensis*，属于传统道地产区优质甘草，在规定栽培规程、采收年限、采收期与初加工方式下，质量符合要求且相对稳定，可持续利用措施能够有效防范潜在风险，预计消耗量远小于预计可获得量，建议进行该方剂的下一步研究生产，并在后续研究阶段、上市阶段及上市后不同阶段进行动态资源评估。甘草资源评估信息简表见表 5-1。

表 5-1 甘草资源评估信息简表

产品名称	XXX		
药材名	甘草		
基原	甘草	拉丁学名	*Glycyrrhiza uralensis* Fisch.
药用部位	☑植物（□根 □果实和种子 □全草 ☑根及根茎 □花 □皮 □叶 □茎木 □树脂 □生理或病理产物） □动物（□全体 □器官 □生理或病理产物 □组织 □角骨 □贝壳） □矿物 □菌 □藻 □地衣 □其他：＿＿＿＿＿＿		

风险特征评估	人工繁育	□不可 □不成熟 ☑成熟		
	分布区域	□1—2 省 □3—6 省 ☑6 省以上		
	中药材成药周期（参看注 3）	成药年限	□1—2 年 ☑3—5 年 □5 年以上 □其他：＿＿＿＿＿＿	
		采收周期	□1—2 年 ☑3—5 年 □5 年以上 □其他：＿＿＿＿＿＿	
	中国特有种	□是 ☑否		
	野生珍稀濒危	☑是 □否（参看注 4）备注：＿＿＿＿＿＿		
	具有特殊价值	☑是 □否（参看注 4）备注：＿＿＿＿＿＿		
	需要提示风险	无		

种植中药材	产地位置	地区（精确到县）内蒙古自治区杭锦旗 道地产区（☑是□否□其他：＿＿＿＿＿＿）		
	面积	共 10 000 亩，2 000 亩育苗；		
	基地位置	经度：	纬度：	地区：内蒙古杭锦旗
	生产组织方式	□公司自建 ☑合作基地 □其他：＿＿＿＿＿＿		
	是否规范化种植	☑是（GAP 基地□是 ☑否） □否　　　　　其他：＿＿＿＿＿＿		
	产地初加工方式	采收后除去须根，晒干。		

评估结论	资源量	预计可获得量≥预计消耗量 ☑确认		
	资源质量	质量稳定 ☑确认		

决策等级	√ A 决策（风险较低）；B 决策（风险适中）； C 决策（风险较大）；D 决策（风险大）			

（2）结论说明　经多方面查阅甘草资料，结合实地调研评估分析，内蒙古杭锦旗甘草，属于历史上著名的"梁外甘草"道地产区，由某中药材开发有限责任公司提供，甘草药材基原已归属 *G. uralensis* Fisch.，基原正确，供应量充足，能持续为 ×× 公司研发和生产提供质量合格且相对稳定的甘草药材。产地采取计划栽培、半野生抚育，规范种子种苗来源，分区域轮采等措施有效降低资源潜在风险。合作种子种苗基地，保证种源，规范化采收加工规程实现持续生产稳定的甘

草药材；××处方中甘草处方量较小，预计消耗量远小于预计可获得量，说明其开发对甘草资源可持续利用带来的风险较低，可以开发利用。

开放性讨论题

1. 分组开放讨论，设定目标，每组设计一个中药资源专项调查表。
2. 针对你所熟悉的中药资源，查阅资料，梳理其资源评估基础信息简表。

复习思考题

1. 药用植物资源调查的方法有哪些？
2. 中药资源动态监测的内涵是什么？
3. 试述中药资源评估的基本原则。
4. 详述中药资源管理的基本内容。

数字资源详见 新形态教材网

学习目标　　知识图谱　　推荐阅读　　教学课件　　自测题

第六章

中药资源更新与保护

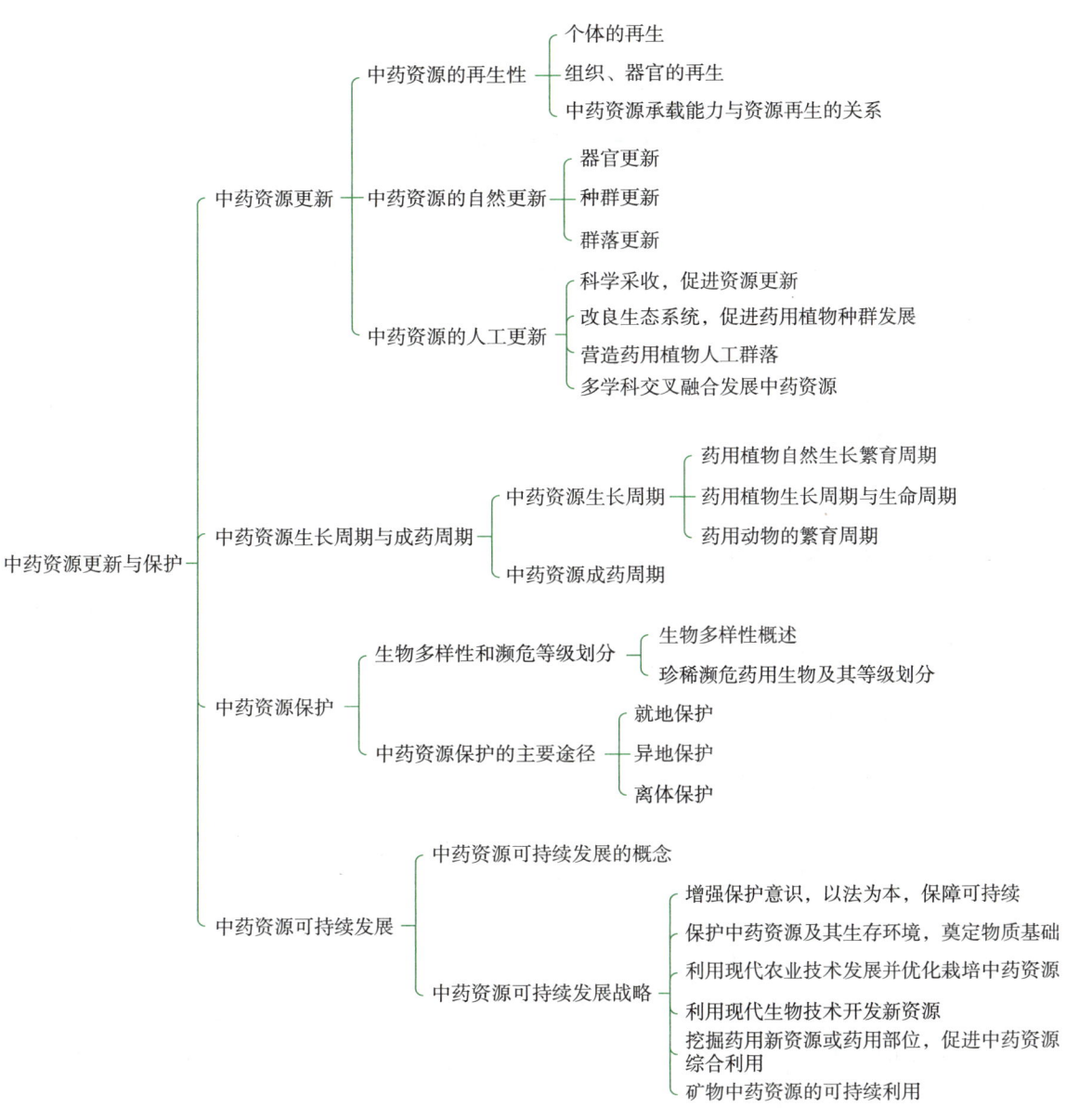

中药资源更新与保护
- 中药资源更新
  - 中药资源的再生性
    - 个体的再生
    - 组织、器官的再生
    - 中药资源承载能力与资源再生的关系
  - 中药资源的自然更新
    - 器官更新
    - 种群更新
    - 群落更新
  - 中药资源的人工更新
    - 科学采收，促进资源更新
    - 改良生态系统，促进药用植物种群发展
    - 营造药用植物人工群落
    - 多学科交叉融合发展中药资源
- 中药资源生长周期与成药周期
  - 中药资源生长周期
    - 药用植物自然生长繁育周期
    - 药用植物生长周期与生命周期
    - 药用动物的繁育周期
  - 中药资源成药周期
- 中药资源保护
  - 生物多样性和濒危等级划分
    - 生物多样性概述
    - 珍稀濒危药用生物及其等级划分
  - 中药资源保护的主要途径
    - 就地保护
    - 异地保护
    - 离体保护
- 中药资源可持续发展
  - 中药资源可持续发展的概念
  - 中药资源可持续发展战略
    - 增强保护意识，以法为本，保障可持续
    - 保护中药资源及其生存环境，奠定物质基础
    - 利用现代农业技术发展并优化栽培中药资源
    - 利用现代生物技术开发新资源
    - 挖掘药用新资源或药用部位，促进中药资源综合利用
    - 矿物中药资源的可持续利用

中药资源更新是实现中药资源可持续发展的有效途径，药用植物和药用动物资源属于可更新资源，再生性是中药资源更新的理论基础，中医药产业应充分利用药用生物资源的再生性以及人工技术促进中药资源更新。深入了解药用植物生长与发育规律及其影响因素，有助于在栽培过程中合理调节栽培技术措施，有效控制药用植物生长发育过程，达到提高药材产量与质量的目的。随着世界经济和人类医疗保健事业的快速发展，中药资源的社会需求总量急剧增加，给环境和资源造成巨大压力，中药资源的利用合理与否直接影响整个中药产业的未来走向。实现中药资源的可持续发展和利用，特别是濒危和紧缺中药材资源的修复和再生，防止流失退化和灭绝，对保障中药资源的可持续发展起着至关重要的作用（图6-1）。

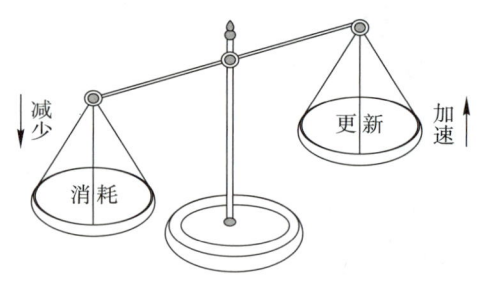

图 6-1　资源消耗与更新

第一节　中药资源更新

中药资源更新（regeneration of Chinese medicine resources）是指药用生物通过自身繁殖、生长来实现个体数量的增加及种群的更新与恢复，是实现中药资源可持续发展的有效途径。遵循药用生物的自然更新规律，充分利用药用生物资源的再生性以及人工技术等手段可促使中药资源更新。药用植物和动物资源属于可更新资源，其更新的方式有自然更新和人工更新两种，前者是指药用动植物的自我更新和繁殖，后者是根据生物的特性，采用人工技术促使药用动植物的更新和繁殖。

一、中药资源的再生性

药用生物资源是一类可再生资源，再生性是药用生物的生物学特性之一，是中药资源更新的理论基础，其再生的方式可通过以下途径完成。

（一）个体的再生

生物可通过有性繁殖或无性繁殖方式产生新个体。有性繁殖是指通过雌雄配子结合，经受精作用，产生后代。如动物的自然繁殖方式；种子植物产生种子，利用种子进行繁殖产生后代，亦为有性繁殖。无性繁殖包括营养繁殖和孢子繁殖两种。营养繁殖是指药用植物体的营养器官，如根、茎、叶的一部分与母体分离或不分离，直接形成新个体的繁殖方式，其原理是营养器官多具有能形成不定根、不定芽的潜在能力，在一定条件下能生长发育为具有独立生活能力的植株。营养繁殖是一些多年生高等植物常见的生物属性。药用植物中以根茎繁殖的有黄精、玉竹、黄连等，以块茎繁殖的有天麻、天南星、半夏等，以鳞茎繁殖的有贝母、百合等，以块根繁殖的有地黄、乌头、麦冬等，以地上匍匐茎繁殖的有金钱草、虎耳草等，通过茎的扦插、压条等方式繁殖的有金银花、石斛、广藿香等。孢子繁殖是指藻类、苔藓、蕨类等通过产生无性生殖细胞（孢子），与母体分离后，发育成为新个体的繁殖方式。

（二）组织、器官的再生

药用植物的组织和器官在受到损伤后，由于植物细胞具有全能性，能够通过细胞分裂和分化等生理过程，恢复或再生出失去的部分。这种再生性不仅限于简单的伤口愈合，还包括复杂器官的再生，如根、茎、叶等营养器官的再生，甚至在某些情况下，能够再生出完整的植株。

药用植物组织的再生是指植物体在受到损伤后，通过细胞分裂和分化，使受损组织得到恢复或再生的过程。这种再生性广泛存在于药用植物的各种组织中，如杜仲、黄柏、厚朴等采用环状剥皮后，将剥皮的部分包扎起来，第二年可再生出新的树皮。药用植物器官的再生是指植物体在失去部分器官后，通过特定的生理机制和外部条件刺激，重新生长出缺失器官的过程。器官再生通常比组织再生更为复杂，需要更多的细胞分裂、分化和形态建成等生理过程。如花类（金银花、辛夷、槐花等）、果实（陈皮、五味子、山楂等）、种子（苦杏仁、马钱子、槟榔等）类药材，采收花、果实或种子后不影响药用植物生长，来年可继续采收。

药用动物组织的再生是指药用动物在受到损伤或失去部分组织后，通过自身的生理机制重新生长和修复这些受损组织的过程。这个过程通常涉及细胞增殖、分化、迁移以及血管生成等生物学活动，旨在恢复受损部位的结构和功能。例如鹿茸、鹿角、羚羊角。还有许多药用动物组织或器官的分泌物可持续再生，如麝香、珍珠、蜂蜜等。需要注意的是，药用动物的组织再生能力是有限的，并且受到多种因素的影响，如遗传背景、环境条件和年龄等。因此，在利用药用动物进行组织再生研究或开发相关药物时，需要充分考虑这些因素，并遵循科学、合理和可持续的原则。

（三）中药资源承载能力与资源再生的关系

中药资源承载能力（carrying capacity of Chinese medicine resources）是指某一地区或区域的中药资源，在某一历史发展阶段，以可预见的技术、经济和社会发展水平为依据，以可持续发展为原则，维持生态系统良性循环，中药资源和生态环境所能承载的社会经济总量的能力。中药资源的承载能力直接影响到中药资源的再生与可持续发展。

> 👥 **思考与讨论**
> 中药资源承载能力与资源再生存在什么样的关系？

中药资源承载能力的主体是中药资源，客体是人类及其生存的社会经济系统和环境系统，或更广泛的其他生物群体及其生存需求。中药资源承载能力就是要满足客体对主体的需求或压力，即中药资源对经济发展的支撑规模。

中药资源承载能力具有时空的属性。它是针对某一区域而言的，因为不同区域的中药资源量、可利用量、需求量以及社会发展水平、经济结构与条件、生态、环境等方面不同，其承载能力也可能不同。同时在不同时段内，社会发展水平、科技水平、中药资源利用效率、中药资源人工培育能力、资源使用量及人均对中药资源的需求量等均有不同（图6-2）。

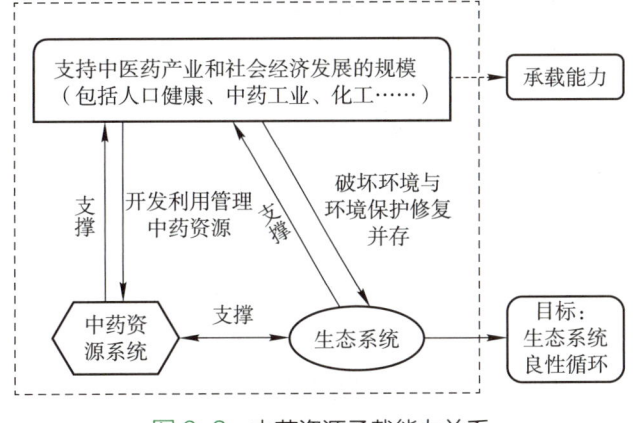

图6-2　中药资源承载能力关系

中药资源承载能力是资源再生的前提和基础。中药资源的再生能力依赖于其所在环境的承载能力。只有当环境承载能力足够强时，中药资源才能在自然条件下进行再生、增殖和更新。资源再生是资源承载能力可持续的重要保障。资源再生是指中药资源在经过开发利用后，能够通过自然过程或人工干预恢复到一定水平，从而保持其持续利用的能力。这对于维持中药资源的稳定性和可持续性具有重要意义。通过合理的资源再生措施，可以延长中药资源的利用周期，减少对环境的压力，提高资源承载能力。例如，通过人工栽培、组织培养等技术手段，可以实现名贵中药材的规模化生产，从而减少对野生资源的依赖和破坏。

中药资源承载能力与资源再生相互促进，两者间需要保持平衡关系。一方面，要合理控制中药资源的开发利用强度，避免超过环境承载能力；另一方面，要积极推进资源再生工作，提高中药资源的再生能力。在中药资源的管理和开发过程中，应注重资源承载能力与资源再生的协同发展。通过加强资源调查、监测和评估工作，科学制定资源开发利用规划和管理措施；同时加强科技创新和人才培养工作，推动中药资源的可持续利用和产业发展。

二、中药资源的自然更新

自然更新（natural regeneration）是指生物体的部分有机体丢失或损伤的再生长，广义还包括由于自然或人类活动造成生物种群破坏后的再生。自然更新影响着群落的物种组成、结构和动态变化，是种群得以增殖、扩散、延续和维持群落稳定的一个重要生态过程。药用生物的自然更新包括器官更新、种群更新和群落更新三个层次。

（一）器官更新

器官更新指植物药用器官经过采收后，未被采收或未被毁坏的器官的生长过程。各种植物不同器官的发育过程和发育所需要的环境条件不同，不同药用植物器官的生长发育与更新遵循其自身规律。如根和根茎类更新起来比较困难，而全草、叶类则比较快，花和果实类一般不会引起植物的衰退和死亡。器官的发生部位、数量、时间、方式，器官的形态和内部构造，苗的分枝方式——二歧、假轴、合轴等，器官形成时所需要的环境条件——温度、湿度、光照等，植物的生活型、生态型、开花结果习性、营养条件等对中药资源的更新均有影响。有些药用植物可利用无性器官进行繁殖和复壮，例如更新芽、小块茎、小鳞茎、小球茎、块根及莲座状的苗等，这种方法对于在自然环境中失去种子繁殖能力的植物显得更为重要。如百合、卷丹等可在叶腋形成小鳞茎，延胡索的腋芽可形成小块茎，这些小鳞茎、小块茎落地后，可产生收缩根，利用收缩根的力量，逐渐将小的繁殖体拉入土壤中，使其生长发育形成新个体。植物的器官更新不仅可以促进中药资源产量的增加，还可以为确定适宜采收期和时间提供依据。

（二）种群更新

种群更新指群体内个体的更新与增殖，种群（population）是在一定时间内占据一定空间的同种生物的所有个体的总和，或指生活在同一地区中，属于同一物种个体的集合。任何生物都是以种群形式存在的。种群有自己独特的性质、结构，同时种群个体间以及种群与外界环境间存在一定关系。种群有许多特征，如年龄结构（age structure），性别比例（sex ratio），数量特征即密度（density）、多度（abundance）、盖度（overage）、频度（frequency）等。通常年龄结构与种群更新关系最为密切。

1. **年龄结构** 指种群中各年龄期个体数在种群中所占的比例，种群的年龄结构反映了一个种群的发展动态和趋势，也表明它可能更新的程度，其对植物的种群更新尤为重要。故在研究种群更新时，需着重调查种群的年龄结构，采取相应策略，促使其更新。年龄结构的调查方法一般是在样地里选择若干样方，统计其中各个体的年龄。木本植物的年龄可用年轮或茎枝上的芽鳞痕等特征来判断，多年生草本年龄则要根据它们个体的发育形态变化来测算。如人参的实生苗的形态随生长年限而呈异形叶性，一年生者具1片三出复叶（俗称三花子），二年生者具1片五出掌状复叶（俗称巴掌），三年生者具2片五出掌状复叶（俗称二甲子），以后每年增加一片掌状复叶直至6片（最多6片复叶），再往后则可根据地上茎残迹（俗称"芦碗"）的多少来推算年龄。又如半夏一年生的实生苗仅具1片单叶，二年及以上的半夏苗则为1片三出复叶。

在一个群落中，组成一个种群的个体可以是同龄的，也可以是异龄的。在栽培植物或一年生植物中，种群内个体通常是同龄的；但在天然群落或多年生植物种群中，种群内个体通常是异龄的。异龄种群中的个体根据年龄的不同分为不同龄级，分析一个种群的年龄结构可以间接判断出该种群的发展趋势。如一个种群中幼龄个体占的比例大，说明它是增长型种群（growing population）；一个种群中幼龄个体和老龄个体比例相当，说明它是一个稳定型种群（stable population）；幼龄个体较少而老龄个体占的比例大，说明它是一个衰退型种群（declining population），这类种群更新困难，如果不及时给予人工干预，会导致种群最终灭亡。

2. **性别比例** 即性比，指种群中雌性和雄性个体、数目之比，是种群结构的另一个重要特征。这对单性花、雌雄异株、以有性繁殖为主的种群尤为重要。如果雌雄个体的比例相差悬殊，会直接阻碍种群增长。例如，杜仲是雌雄异株植物，其在栽培种群中应注意雌雄比例，由于雌株在药效成分含量上通常具有优势，因此保持适当的性别比例有助于提高杜仲药材品质；但如果雄株较少，会对杜仲雄花生产和杜仲资源更新不利。因此有必要对这些药用植物种群进行性别比例调查和调整，充分了解药用植物正常的性比关系，才能利用这一特性，采取人工措施来促进种群更新。

（三）群落更新

群落更新指群落内某种群的个体死亡后，由同一种群的新个体所替代的过程。如由枯倒木和间伐、择伐等引起的林隙内新个体的生长，均属于群落的更新。群落的更新速度取决于植物繁殖体的数量和质量，同时也取决于周围环境是否有利于繁殖体的传播、发芽、生长和定居。在自然界中，植物群落的结构总是在不断地更新。广义的群落更新包括群落变化和群落演替。

1. **群落变化** 研究植物群落的动态变化，必须首先研究群落内种群的变化。各种植物在群落中所起的作用是不同的，对群落结构和群落环境形成有明显控制作用的物种称为优势种，而优势种中的最优者，即盖度最大、多度也大的物种称为建群种，其中建群种是群落的主导，决定整个群落的内部结构和特殊环境。

要使群落稳定，发展新的药用植物种群，首先要保护好建群种。一般情况下，野生药用植物很少是建群种，绝大多数以附属种或偶见种的形式存在，如果被去除，对群落亦不会产生重大影响。因此，要发展药用植物种群，使其在群落中保持相对稳定的数量，必须注意研究植物群落的变化规律。例如林下种植黄连、重楼、黄精等药用植物，这种种植模式可以节约林地空间，实现经济效益，然而需要注意不同阴生药用植物对光照、水分等环境条件的适应性差异。

植物群落变化的三种形式

一是季相变化，即群落外貌的季节性变化；二是年际变化，即群落的每年变化；三是群落更新变化，指的是内部更新，即某些个体死亡（或人为采集），被另一些个体所替补。以上三种都不是群落类型的变化，只是外貌或种群个体上的更新，这种更新有利于群落的稳定性。

2. 群落演替　指一个植物群落的更迭，即一个植物群落被另一个植物群落所代替的过程，是不同群落类型间的更替，也是群落动态的一个重要特征，其结果会引起群落总体结构和性质的改变。药用植物群落中植物种类的更替，以及非药用植物群落中药用植物的迁移和定居，均可理解为药用植物群落的演替。

自然植物群落的演替是有规律、有顺序地进行的，它对植物种群的改变影响不大。但是在其演替过程中往往会受到外界因子，尤其是人为因素的干扰，而发生无规律的演替，如采伐演替、放牧演替及弃耕演替等。

采伐演替取决于森林群落的性质（如阔叶林、针叶林、针阔叶混交林等）、采伐强度、采伐森林环境的破坏程度等。例如，在采收厚朴、杜仲等皮类药材时采用采伐的方式，没有及时进行再栽培，造成原本以厚朴、杜仲为群落优势种演变成以其他小灌木为群落优势种，这样在该土地上就发生了一次群落演替。

放牧演替取决于放牧的强度，过度放牧会使植物群落发生更替。例如甘草、麻黄等植物常与其他草原植物种类一起构成草原植物群落，过度的放牧和采挖，使原植物群落退化，不利于甘草、麻黄种群的更新和发展。

弃耕演替取决于人的活动，原本种植农作物的农田，如果改弃耕作，就会逐渐长出草本植物、小灌木、乔木，农田的植物种类越来越多，发育为一个完整的群落，即完成了一次演替。

三、中药资源的人工更新

中药资源的人工更新（artificial regeneration of Chinese medicine resources）是指中药资源中，特别是因大量采收而导致自然更新速率较慢的物种，通过人工手段进行恢复和增加其种群数量的过程。这一过程旨在保障中药资源的可持续利用，避免过度开采导致资源枯竭。主要的措施包括以下几个方面。

（一）科学采收，促进资源更新

中药资源的采收是可持续利用的重要环节之一，处理好采收与更新的关系，对可持续利用具有重要意义。根据药用植物生物学特性和自然更新特点，制定采收与更新相结合的技术措施。根据采收器官的不同，采取如下技术原则：在采收全草和枝叶类药材时，尽量在果实成熟后进行，便于利用种子，维持种群的自然繁衍。采收地下器官时，坚持"挖大留小，挖老留幼"的原则。采收树皮类药材时，选择形成层活动能力旺盛的季节进行，采取分段剥取的方法。对于多年生草本植物群落，生长茂密时宜重采，反之宜轻采。在采集整株植物时，均匀选留具有良好繁殖能力的健壮植株，以保证群落得到良好更新。对于药用植物分布不均匀、数量少的群落，采收后及时进行人工播种、栽植幼苗或加强人工抚育措施，保证群落及时得到恢复。

（二）改良生态系统，促进药用植物种群发展

每一种生物群落都是一个生态系统，因生态环境的变化或人为因素的影响，生态系统会向不同的方向发展。对于过度采挖，造成资源种群数量急剧减少的地区，实行围栏保护并进行人工补植，改善生态条件，促进药用植物种群迅速恢复。在具有一定数量药用植物的群落中，可以对非药用种群进行人工控制，使药用种群得到迅速发展。在药用植物丰富的林区，可以适当采伐部分非药用树木，为处于劣势地位的药用植物提供优越的繁殖和生长环境，促进其种群发展，也可以适当引进部分药用植物，扩大其种群数量，增强其生存竞争能力。

（三）营造药用植物人工群落

在适宜药用植物生长的地区，特别是一些道地药材产区，营造以一种或几种药用植物为主的人工植物群落，是扩大中药资源，保证其可持续利用的重要手段。对拟培育种类的生物学特性和该地区的生态环境深入了解，选择适宜的种类并进行种群间的科学搭配是营造药用植物人工群落的重要研究内容。在地域选择上，提倡在原生种群分布的地区进行。如果异地引种，则要根据所引种类的生长习性和适生环境，在试验研究成功的基础上，逐步改造人工群落，严禁盲目引种。

（四）多学科交叉融合发展中药资源

当今社会的科学技术发展迅速，为中药资源的保护和可持续利用提供了技术支持。在中药栽培上，现代农业技术大量应用，如黄连与玉米、柴胡与玉米的套作栽培，山茱萸幼林中套种豆类或小麦，利用马尾松树枝和树蔸培育茯苓等。在荒山绿化或防沙治沙工程中，利用生态环境建设理念，选择当地生长的木本药用植物进行造林，或栽种枸杞、梭梭等药用植物，既可防沙治沙，又可发展药材生产。另外，基因组学与分子生物学相关原理和技术已经全方位应用到中药资源研究中，解决了诸多抗病虫害、抗干旱、高产、失衡，以及优良品种选育等迫切问题，应用前景广阔。

人工智能在中药资源更新中的实践

利用人工智能的图像识别技术，可以对药用植物进行快速、准确地识别与分类。通过对药用植物的外观特征进行深度学习分析，能够自动识别出物种、适宜生境、物候期、生长状态等信息，通过机器学习算法对这些数据进行处理，可以实现对药用植物的实时动态监测，或对药材产量与质量的预测。人工智能还可以用于药用植物生长环境的生态监测，评估生态环境对中药材品质的影响。通过数据分析，提出合理的生态保护措施，促进中药材的可持续利用。

 **第二节　中药资源生长周期与成药周期**

在药用植物的栽培与利用过程中，生长周期（growth cycle）与成药周期（production cycle）

是两个至关重要的概念。它们不仅决定了植物的生长节律和药材品质的形成，还直接影响到药材的产量、经济效益以及临床应用的安全性和有效性。因此，深入探讨药用植物的生长周期与成药周期，对于优化栽培管理、提高药材质量、促进中医药事业的健康发展具有重要意义（图6-3）。

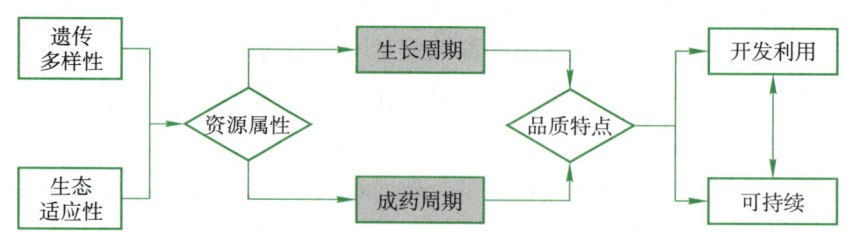

图6-3　生长周期与成药周期在中药资源中的关键性

一、中药资源生长周期

（一）药用植物自然生长繁育周期

药用植物的生长与发育是其生命活动中重要的生理阶段，是一个从量变到质变的过程，是由其体内细胞在一定的外界条件下同化外界物质和能量，按照自身固有的遗传模式和顺序进行分生、分化的结果。

了解药用植物生长发育规律，有助于把握其生长发育进程，便于在植株生长或发育的关键环节采取有效栽培措施，对植株生长或发育进行调控，达到提高药材产量与质量的目的。

1. 药用植物生长　植物体的生长以细胞的生长为基础，即通过植物细胞分裂增加细胞数目，通过细胞的伸展（或伸长）增大细胞的体积，通过细胞的分化形成各类细胞、组织和器官。实质上是一个量的变化过程，其结果是植物体积和重量的增加。

（1）药用植物生长的概念　药用植物通过细胞分裂、细胞伸长以及原生质体、细胞壁的增长，引起植物体由小变大，从幼苗长成植株，这种体积和质量的不可逆的增加过程，称为生长。药用植物的生长包括营养器官的生长和生殖器官的生长，存在于整个生命活动过程中。

（2）药用植物生长的进程　是由细胞生长分化主导而来，细胞生长一般可分为分裂期、伸长期和分化期三个时期。

1）分裂期　存在于根、茎分生组织中的分生细胞具有强烈的分生能力。当分生细胞增大到一定程度时，细胞就分裂为两个新细胞。新生的细胞长大后，再分裂成两个子细胞，这样使得植物体细胞数目不断地增多。

2）伸长期　在根和茎的分生区中，只有顶部的一些分生组织细胞始终保持强烈的分裂机能，而其下端的一些细胞，逐渐过渡到细胞伸长期。在细胞伸长生长时，细胞壁增厚，原生质的含量也显著增加，核酸、蛋白质等的合成加强。由分生组织细胞分裂形成的细胞，最初细胞内原生质浓，细胞核大，没有液泡，进入伸长生长阶段，细胞质内先出现小液泡，然后小液泡增大且合并成大液泡。在成熟的植物细胞中，含有一个或多个液泡。增大的液泡将细胞核等细胞器和原生质体挤压到细胞壁的内侧。细胞形成液泡后，可进行渗透性吸水，随着水分的渗入，细胞体积显著增大，此时是细胞生长最快的时期。

> **思考与讨论**
>
> 思考药用植物生长进程对其各入药部位的影响。

3）分化期 细胞分化是指由分生组织的幼嫩细胞转变为形态结构和生理代谢功能不同的成形细胞的过程。伸长期细胞生长到一定时期，其形态结构、生理功能上会发生变化，即细胞分化。细胞通过分化后，形成不同组织即薄壁组织、输导组织、保护组织、机械组织和分泌组织。这些组织紧密地相结合形成植物的各种器官。分生组织细胞分化发育成不同的组织，是植物基因在时间和空间上顺序表达的结果。

2. 生长曲线 由于植物体是由细胞构成的，所以植物的任何一个组织、器官或整个植物体的正常生长都与细胞一样，有着相同的生长变化。当植物生长到一定阶段后，由于内部和外部环境的限制，使植物生长的总体变化呈现"慢－快－慢"的"S"形变化曲线，这种曲线称为药用植物生长曲线。单位时间生长速率所显示的生长曲线，则近似钟形。从药用植物生长曲线可看出：植物生长速度起初慢，这是由于组织中的各细胞处于分裂期，细胞数量虽增多，但细胞体积增加不显著；后来生长越来越快，是细胞体积增大的结果；到了后半段，由于细胞生长逐渐进入分化期，生长速度减慢；最后进入成熟期，生长趋于停止。所以，药用植物组织、器官和一年生药用植株在整个生长过程中，其生长速率都呈现"慢－快－慢"的现象。这种生长速率周期性变化所经历的三个阶段过程称为生长大周期，或称为大生长周期。

药用植物生长过程中，每一时期的长短或生长速度受两方面因素的影响，一是受该器官生理机能的控制，二是受外界环境的影响。在药用植物栽培过程中可采取适时、合理的技术措施，有效地控制植物生长进程和速度，以达到预期的生产目的。

（二）药用植物生长周期与生命周期

1. 药用植物生长周期

（1）季节周期 药用植物的生长随着一年四季的变化而发生有规律的变化，称为药用植物生长的季节周期性。一年四季中，自然界的光照、温度、水分等环境条件不尽相同，这些环境因素又是影响植物生长的主要因子。所以外界环境发生变化，药用植物的生长也会发生变化。在温带地区，春季温度回升，日照延长，植株上的休眠芽开始萌发生长，继而呈现花蕾；夏秋季温度和日照进一步升高和延长，水分充足，植物进入旺盛生长阶段，开花结实及果实成熟；秋末冬初气温逐渐下降，日照逐渐缩短，植物生长速率下降或停止，进入休眠状态。

（2）昼夜周期 自然条件下，有日温较高、夜温较低的周期性变化。药用植物的生长对昼夜温度周期性变化的反应，称为药用植物生长的昼夜周期。通常情况下，在夏季，白天温度高，光照强，植物蒸腾量大，植物因而缺水，强光抑制植物细胞的伸长；晚上温度降低，呼吸作用减弱，物质消耗减少，植物的生长速率白天较慢，夜晚较快。较低的夜温还有利于根系的生长以及细胞分裂素的合成，从而有利于植物的生长。在冬季，由于夜晚温度太低，植物的生长受阻，故与夏季相反，即白天较快，夜晚较慢。

2. 药用植物生命周期 一个植物体从合子开始，经历种子发芽、幼年期、生长期、成熟期，形成新合子的过程，称为药用植物生命周期。根据生命周期的差异，可以将药用植物划分为以下几类。

（1）一年生药用植物 一年内完成种子萌发、生长、开花、结实、植株衰老死亡过程的药用植物，如决明子、荆芥、红花、紫苏等。

（2）二年生药用植物 第一年种子萌发后进行营养生长，第二年抽薹、开花、结实至衰老死亡的药用植物，如当归、菘蓝等。

（3）多年生药用植物 指每完成一个从营养生长到生殖生长的生命周期需三年或三年以上时间的药用植物。大部分多年生草本药用植物的地上部分每年在开花结实之后枯萎而死，而地下部分的根、根茎等则能存活多年，如人参、葛根、黄精、丹参等。但也有一部分多年生草本药用植物能保持四季常青，如麦冬、万年青等。木本药用植物均属于多年生植物，每年通过枝端和根尖的生长锥或形成层生长（或二者兼有）而连续增大体积或生物量。多年生植物大多数一生可多次开花结实，少数植物一生只开花结实一次如天麻、肉苁蓉等，个别种类一年多次开花如月季、忍冬等。

3. 药用植物生理钟 药用植物存在昼夜或季节周期变化，主要是由于外界环境变化而引起的。但是，有些植物不受外界环境条件的影响，在体内依然存在内源性节奏变化。如菜豆叶白天伸展晚上下垂的感夜性反应。药用植物因对昼夜的适应而产生生理上有周期性波动的内在节奏，称为生理钟。豆科植物的叶子夜合昼展，牵牛花破晓开放，夜合欢夜晚闭合等现象，均是在外界环境条件恒定的情况下发生的，是由物种本身生物特性决定的。生理钟现象对植物适应环境具有重要意义。如果生态节奏与植物内部节奏不同步，那么会引起植物体内代谢发生紊乱，则导致生理障碍。

（三）药用动物的繁育周期

药用动物繁育周期是指动物种群在生物学上繁育的周期。不同的药用动物有不同的繁育方式和繁育周期，这是由它们的生理结构、生活习性、适应环境等因素决定的。药用动物是地球上丰富多样的生物群体，它们通过繁殖和发育来延续物种的存在。

1. 药用动物的繁殖 繁殖（reproduction）是生物用来维持种族生命延续的一种手段。自然界中，每个物种的繁殖与死亡之间是相对平衡的，如果打破这一平衡，繁殖小于死亡，则该物种会陷入濒临灭绝的处境。人类各种社会活动对生物种群数量变化及分布影响巨大，如毁林开荒造成的生态环境破坏使得很多的动物栖息地丧失和片段化。环境污染及大肆捕杀，已经使动物野生种群数急剧下降，许多物种徘徊在灭绝的边缘。对野生动物保护的同时，进行人工驯化，实施人工繁殖，才有可能对动物资源进行持续地保护与利用。

动物因进化的水平和生活环境的不同，导致动物繁殖后代的能力存在差异，繁殖后代的方法也多种多样。药用动物的繁殖分为无性生殖、有性生殖和孤雌生殖。

（1）无性生殖（asexual reproduction） 简单直接且快速产生后代的方式，只有一个亲本，没有特殊的生殖细胞或器官，是亲本机体的直接延续。无性生殖只在简单的生命类型中存在，如原生动物与低等的多细胞动物，不会出现在较高等的无脊椎动物及所有的脊椎动物中。无性生殖主要包括：裂殖（fission），与细胞有丝分裂的过程相同，即单独个体直接分成两个或两个以上子代的繁殖方式；出芽生殖（budding），是由充分生长的个体生出与亲代拥有相同形态且构造相同的小芽体，小芽体与亲体分离后长成新的个体，或者是不与亲体分离，形成群体；芽球生殖（gemmulation）由大量细胞集合成球块状，外层包绕着密厚的体壁，当亲体崩解时，某个芽球就会长成一个新个体。孢子生殖是指母体产生的大量子孢子（sporozoite）成熟后通过裂殖方式形成新个体的一种繁殖方式，是原生动物中孢子虫和部分低等藻类、细菌等独有的繁殖方式。

（2）有性生殖（sexual reproduction） 生物界繁殖后代的基本方式，过程较复杂，两个亲本各产生一个特殊的性细胞即配子（gametes），亲本的两个配子相遇结合为合子（zygote）即受精卵，预示着新生命的开始，并且受精卵具有重新分化发育的潜能。因此，有性生殖产生的子代将亲本两方的基因重组，获得新的变异（variation），变异个体可更好地适应环境；有性生殖产生的合子经过发育形成新的子代，不是简单的亲本直接延续，而是经过了更新的复壮，所以它的生命力很强。高等动物则通过有性生殖来保持种族延续，原生动物连续多代的无性生殖后也常常会通过一次有性生殖来恢复生命活力。

有性生殖包括以下 2 种。

1）接合生殖（conjugation） 在动物界领域，与其他动物繁殖方式不同，只有纤毛虫类才具有的繁殖方式，接合生殖不产生配子，仅是两个亲体互相紧密对接，交换亲本双方的部分核物质，然后亲本分开，各自再通过横裂方式进行无性生殖。

2）配子生殖（gametogony） 由雌雄亲本生殖腺（gonad）产生的配子精子（sperm）与卵子（ovum）结合，产生精子的是雄性精巢（testis），产生卵子的是雌性卵巢（ovary）。这是一种绝大多数动物类群繁殖后代的基本方式。有些动物可以是雌雄同体（hermaphroditism），即一个亲体能分别产生不同的雌配子与雄配子。如无脊椎动物中涡虫、蚯蚓、田螺等，一般情况下它们不会自体受精，从进化的角度来观察，雌雄同体的状态是比较原始的，后来则进化发展为雌雄配子，分别由不同的个体来产生的雌雄异体（gonochorism）。

（3）孤雌生殖（parthenogenesis） 也称单性生殖，只存在于少数的动物种类中，一般在春末夏初或者是环境适宜的条件下进行，是一种卵子的发育不需要精子的参与，即卵子不受精而可以发育成子代的生殖方式，如蚜虫、水蚤等，到秋末或者环境不适时，才会出现有性生殖，并形成周期性的世代交替现象；群体的蜜蜂中，未受精的卵发育为雄蜂，由受精卵发育来的工蜂是不育的，这对保持蜂群的稳定性有着重要的适应意义。

2. 药用动物的胚胎发育 发育（development）的过程是生物体的结构与功能在生长发育中从简单到复杂的一种变化，以机体遗传信息作为基础进行自我构建与组织是机体发育的实质，动物界的进化关系在发育过程中较大程度得到反映。个体的发育是以有性生殖为基础的，如多细胞动物，可将发育分为胚前发育（pre-embryonic development）、胚胎发育（embryonic development）及胚后发育（post-embryonic development）3 个阶段。胚前发育是亲本体内的生殖细胞发育成熟阶段，胚胎发育则是由精子和卵子结合成受精卵开始的，经过卵裂、囊胚、原肠胚等复杂的过程，最后发育成个体，新个体生长、变态、繁殖、衰老、死亡是生物个体胚后发育的过程。不同种类的动物胚胎发育情况上是不同的，这是因为动物类群具有多样性，但动物种群的早期胚胎发育基本上是相似的。

总之，药用动物的繁育周期受多种因素影响，包括物种的特性、生活环境、气候等。每个物种的繁育周期都有其独特之处，这也是生物多样性的表现。对于生态环境的保护和物种的繁行，我们应该更加了解药用动物的繁育周期，为其提供合适的生活条件和保护措施，以保护药用动物的种群数量和多样性。

二、中药资源成药周期

中药资源从幼苗生长到繁殖器官成熟所需要的时间和生产符合药品标准的中药材所需要的时间，即中药资源成药周期。中药资源成药周期因中药材种类、生长条件、采收时间等因素的不同而有所不同，一般为数月至数年。植物类中药材如当归，秋季直播苗于第2年，育苗移栽苗于当年10月下旬植株枯黄时采挖即可成药；黄精，根茎繁殖在栽后2~3年，种子繁殖的在栽苗后3~4年成药；黄连一般在移栽后5年成药；人工栽培人参，在适宜的土壤和气候条件下，需要4~6年甚至6年以上才能收获。动物类中药材如麝香，公麝从1岁以后开始泌香，香呈乳白色，无香味，为不成熟麝香；3岁以上公麝分泌的麝香呈深咖啡色或黑褐色，香气浓烈，量多质好；土鳖虫养殖当年长成，雌虫成熟需9~11个月，大部分雌虫成熟并开始产卵，可以连续产卵5~6个月。如此一个完整的周期一般为一年半左右。

中药资源成药周期在5年以上（含5年）的中药材从繁殖体种植养殖开始计算，生长成为达到药用标准中药材的时间超过5年，生产周期长往往导致产量波动大，供需动态匹配困难。中药资源生产、开发、利用过程中，应根据其中药材种类、生长条件、采收时间等因素，合理安排、规划年限、调整播期，保障中药资源成药周期，为中药资源更新、保护与可持续利用奠定基础。

> **思考与讨论**
> 1. 中药资源的生长周期如何影响成药周期？
> 2. 能否通过改变中药资源的生长条件或种植技术来缩短其生长周期，进而加速成药进程？

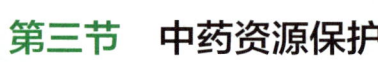

第三节 中药资源保护

中药资源保护（conservation of Chinese medicine resources）是指保护中药资源及其密切相关的自然环境和生态系统，以保证中药资源的可持续利用，以及药用动植物的生物多样性，挽救珍稀濒危的药用动植物物种。是国家和社会为确保中药资源的合理开发和可持续利用而采取的各种保护行动的总称，也是自然资源保护以及生态环境保护的一个重要组成成分。

随着世界经济和人类医疗保健事业的快速发展，中药资源的社会需求总量急剧增加，给环境和资源造成巨大压力，中药资源的利用合理与否直接影响整个中药产业的未来走向，既是中医药事业可持续发展的基础，也是中药现代化发展过程中需要建设的一项基础性系统工程。长期以来，对野生药材资源的过度采猎已经成为中药资源严重下降甚至濒危的重要原因。近年来中药生产的工业化，改变了传统的中药使用方式，中药资源需求量明显增加，致使生物资源遭到不同程度的破坏，甚至导致某些生物物种濒临灭绝，影响中药资源和中药产业化的可持续发展。

一、生物多样性和濒危等级划分

（一）生物多样性概述

生物多样性（biodiversity）是指生物及其环境形成的生态复合体以及与之相关的各种生态过程的总和，包括数以万计的动物、植物、微生物及其所拥有的基因，以及它们与环境相互作用所形成的生态系统和生态过程。生物多样性包含四个层次，分别是物种多样性、遗传多样性、生态系统多样性及景观多样性。物种多样性是生物多样性的核心，遗传多样性是物种多样性的基础，而生态系统多样性则是维系物种多样性的保证。

1. **物种多样性**　物种（species）是生物分类学的基本单位，指一类遗传特征十分相似、能够交配繁殖出具有可育后代能力的有机体。具体来讲，物种指具有共同基因库的、与其他类群有生殖隔离的一个类群，生殖隔离指亲缘关系相近的不能交配或者交配过后不能产生具有可育后代能力的类群。

物种多样性是指某一范围内物种类别的丰富程度和数目多少。物种数目最为丰富的环境是热带雨林、热带落叶林、珊瑚礁、深海和大型热带湖泊。世界上生物多样性特别丰富的国家包括巴西、哥伦比亚、厄瓜多尔、秘鲁、墨西哥、扎伊尔、马达加斯加、澳大利亚、中国、印度、印度尼西亚、马来西亚，这些国家拥有全世界 60% ~ 70% 的生物多样性。

2. **遗传多样性**　遗传多样性的广义概念是指地球上所有生物携带的遗传信息的总和，也就是各种生物所拥有的多种多样的遗传信息。狭义的概念主要是指种内个体之间或一个群体内不同个体的遗传变异总和。一个物种内部有不同的变种、品种甚至品系等，这些个体之间在结构和形态上的差异就是遗传多样性引起的。

一个物种遗传多样性越高或者遗传变异越丰富，对环境变化的适应能力就越强，其分布范围越容易扩展。研究遗传多样性可以揭示物种进化历史，如起源的时间、地点、方式等，为进一步分析物种的进化潜力和未来命运提供重要的资料；同时有益于正确制定生物遗传资源收集、应用和保护的策略。遗传多样性是多层次的，可在种群水平、个体水平、组织和细胞水平、分子水平体现。研究遗传多样性常用的标记有形态学标记、细胞学标记、生化标记和分子标记等。

3. **生态系统多样性**　生态系统多样性指在特定区域内生境、生物群落和生态过程的多样化以及生态系统内生境差异、生态过程变化的多样性。

生态系统由植物群落、动物群落、微生物群落及其栖息地环境的非生命因子（光、空气、水、土壤等）所组成。群落内部、群落之间以及与栖息环境之间存在着极其复杂的相互关系，主要的生态过程包括能量流动、水分循环、养分循环、土壤形成、生物之间的相互关系，如竞争、捕食、共生、寄生等。常见的生态系统有农田生态系统、鱼塘生态系统、草原生态系统、荒漠生态系统、湿地生态系统、森林生态系统等。中国是世界上生态系统多样性最高的国家之一，具有非常丰富的生态类型，如具有 343 个森林生态系统、146 个湿地生态系统、122 个草地生态系统、48 个荒漠生态系统、15 个冻原和高山垫状生态系统。

4. **景观多样性**　景观是指一些相互作用的景观要素组成的具有高度空间异质性的区域。景观具有一定的结构和功能，并且呈动态变化。

景观多样性指在特定区域内景观的多样化，如农业梯田景观、观光农业景观、城市绿化景观、森林景观、草地景观、荒漠景观等。景观多样性有很大的人为性，如人造林景观常有防火隔离带和传输线，农田景观经常有防护林带和绿篱。

自然干扰、人类活动和植被的全球演替或波动是景观发生动态变化的主要原因。自 20 世纪 70 年代以来，全球森林被大规模破坏，造成生态环境片段化，大面积出现结构单一的人工林，形成了极为多样的变化模式，结果是增加了景观的多样性，却给物种多样性的保护造成了严重的障碍。

🔲 **思考与讨论**

中药资源保护与生物多样性保护的关系。

（二）珍稀濒危药用生物及其等级划分

1. 珍稀濒危药用生物及其致危因素　珍稀濒危药用生物（rare and endangered medicinal organism）通常是指那些数量极少，分布区狭小，处于衰竭状态或目前尚未达到枯竭状态，但预计在一段时间后其数量将会减少的野生药用动植物类群。在我国，珍稀濒危药用生物通常特指《中国稀有濒危植物名录》《野生药材资源保护管理条例》《国家重点保护野生动物名录》中规定重点保护的药用动植物类群。

目前，我国野生药用生物资源已经出现了严重的危机，有些种类已处于濒临灭绝的险境，有些种类已经出现了野生灭绝。导致这些现象发生的原因是多方面的，如国际社会对天然药物的认可与开发，以药用生物为原料的医疗、保健、轻工、化工等行业的迅速发展，药材的掠夺式乱采乱挖，采收加工各环节的资源浪费，以及生态环境的不断恶化和动植物的生物学特性等。最为直接的原因可以概括为以下三个方面。

（1）过度采挖和捕猎　由于市场需要，加之经济利益的驱动，过去人们对野生药用资源的保护很少关注，"靠山吃山，靠水吃水"的观念严重，只管利用资源，不管资源保护。总的趋势是沿着"越贵越挖—越挖越少—越少越贵"的恶性循环方向发展，致使野生资源日渐枯竭，尤其是人参、川贝母、冬虫夏草等名贵药材更是如此。有些药用动物，过去被认为是"害兽"，为保护人民的生命财产，而遭到大力捕杀；有些则被认为是"野味"而被大量食用。上述因素导致某些野生药用生物种群数量锐减，甚至使某些种类趋于灭绝。

（2）生境破坏或被侵占　生态环境是药用生物资源分布和药材质量形成的决定性条件，生态环境一旦遭到破坏，药用生物的生存将会受到直接威胁。人类社会的经济活动和文明发展对药用生物生存环境破坏日趋严重，且越来越多地侵占着原本属于野生动植物生活的场所。大面积的森林砍伐、烧山和农田垦殖、围湖造田、填湖建房等，破坏了自然环境和天然植被，使生态环境日益恶化，使很多药用动植物失去了栖息场所。例如，我国热带地区森林曾大量砍伐，把一些热带药用植物种类推向面临绝灭的境地；甘草资源的锐减与草地开垦为农田有关。工业化、矿山开发和城市化发展使大面积的山林、土地改变了原来的面貌，不仅在一定程度上破坏了森林植被，而且工业污染引起的生态环境恶化对药用生物的生存也带来很大威胁。如杭州笕桥和广州石牌地区过去分别为麦冬和广藿香道地药材的栽培基地，现已成为工业区，不仅失去了栽培土地，其特有种质也不知踪迹。

（3）生物自身的原因　生物的生存繁衍都需要合适的生态环境，生境的改变和破坏直接影响了药用生物种群的大小或存亡，并会导致一些适应能力差的物种数量骤减或消失。少数药用生物种类，因其对自然灾害、环境变化的适应能力差或自身生殖力较弱，致使其种群日趋濒危，甚至灭绝。例如，熊类的生殖能力与其他哺乳动物相比较弱，幼仔在母体内发育时间甚短，硕大的母体所产幼仔体重仅 200～300 g，幼仔出生时正值冬季，全靠冬眠期的母熊体能支撑喂养，野生母熊需 2～3 年乃至更长时间才能繁殖一胎。这些特点在很大程度上制约着熊类种群数量的增长。

2. 濒危物种的等级划分　关于濒危生物物种的分级及其标准，不同的国际组织和国家均不一致。1996 年起，国际自然及自然资源保护联盟（International Union for Conservation of Nature and Natural Resource，简称 IUCN）出版了濒危物种红皮书和红色名录，得到国际社会的广泛承认。此外，我国于 1987 年也制定了濒危物种等级划分标准。

IUCN 濒危物种红皮书（等级划分）将濒危物种分为八个等级。

（1）灭绝（extinct，EX） 如果一个生物分类单元的最后一个个体已经死亡（在野外50年未被肯定地发现），列为灭绝。

（2）野生灭绝（extinct in the wild，EW） 如果一个生物分类单元的个体仅生活在人工栽培和人工圈养状态下，列为野生灭绝。

（3）极危（critically endangered，CR） 野外状态下一个生物分类单元灭绝概率很高时，列为极危。

（4）濒危（endangered，EN） 一个生物分类单元，虽未达到极危，但在可预见的不久将来，其野生状态下灭绝的概率很高，列为濒危。

（5）易危（vulnerable，VU） 一个生物分类单元，虽未达到极危或濒危标准，但在未来一段时间内，其在野生状态下灭绝的概率很高，列为易危。

（6）低危（low risk，LR） 一个生物分类单元，经评估不符合列为极危、濒危或易危任一等级标准，列为低危。其又分为3个亚等级：①依赖保护（conservation dependent，CD），该分类单元，其生存依赖对该分类类群的保护，若停止这种保护，将导致该分类单元数量下降，在5年内达到受威胁的等级。②接近受危（near threatened，NT），该分类单元未达到依赖保护，但其种群数量接近易危类群。③略需关注（least concern，LC），该分类单元未达到依赖保护，但其种群数量接近受危类群。

（7）数据不足（data deficient，DD） 对于一个生物分类单元，若无足够的资料，对其灭绝风险进行直接或间接的评估时，可列为数据不足。

（8）未评估（not evaluated，NE） 未应用由IUCN濒危物种标准评估的分类单元，列为未评估。

3. 中国濒危物种等级划分 参照IUCN濒危物种等级标准，我国的濒危物种有几种不同的分法。

（1）我国珍稀濒危植物物种分类法 《中国珍稀、濒危保护植物名录》（第一册）（简称中国植物红皮书）将我国珍稀濒危植物物种分为三类。

1）濒危物种 是指那些在其整个分布区域或分布区的重要地带，处于灭绝危险中的物种。这些物种居群不多，种类稀少，地理分布有很大的局限性，仅生存在特殊的生境或有限的地方；它们濒临灭绝的原因，可能是由于生殖能力很弱，或是它们所要求的特殊环境被破坏或退化到不再适宜它们的生长，或是由于毁灭性的开发和病虫害所致。

2）稀有种类 是指那些并不是立即有灭绝的危险，但属我国特有的单种属（每属仅1种）或少种属（每属有2~10种，而我国仅2~5种）的代表物种；它们分布区有限，居群不多，种类也较稀少，或者虽有较大的分布范围，但只是零星存在。

3）渐危种类 是指那些由于人为或自然的原因，在可以预见的将来很可能成为濒危的物种；它们的分布范围和居群、数量正随着森林被砍伐，草地被破坏，生境的恶化或过度开发而日益缩减。

中国植物红皮书中共列物种388种，其中濒危的121种，稀有的110种，渐危的157种。

（2）我国珍稀濒危动物物种分类法 中国濒危动物红皮书将我国珍稀濒危动物物种分为以下几种。

1）濒危种（endangered species） 野生个体数量已降到濒临灭绝的临界程度，致危因素仍在起作用，数量仍在下降，若不采取措施，在不远的将来，这个物种可能会灭绝。

2）渐危种（vulnerable species） 野生种群在整个分布区或绝大部分分布区内，数量明显下降，在可预见的将来，极有可能变为濒危种。

3）灭绝种（extinct species） 某种动物，曾在地球上出现过（一般指在过去50年前），但现在世界上已不再见到任何活着的个体。

4）产地灭绝种（extirpated species） 该种动物，历史上原产于某地区或某个国家，由于人类的活动，现在该地区中这种动物已不复存在，而在原产地以外的地方依然存在，甚至数量较多或者在动物园中尚饲养着许多个体，如麋鹿。

5）受特别关注的种（species of special concern） 该物种由于下列原因受到特别关注：由于栖息地的急剧改变，严重缩小或遭到破坏，它们可能会成为渐危种；某些特殊的需要使得它具有特别的价值；由野生动物学家提出的其他理由等。

6）外缘种（peripheral species） 某种动物分布区很大，数量很多，但在某个国家，由于处在分布区的边缘，数量很少，在这个国家中属濒危或渐危种，为了确保这个物种在该国不至灭绝，同样需要特别保护，如新疆河狸。

7）未定种（species of undetermined status） 有些动物学家提出该物种可能是濒危种或渐危种，但对它的分布区的种数量缺乏足够的数学统计，暂定为未定种，以做一步的调查研究。

也有的将濒危物种划分为灭绝（EX）、濒危（E）、易危（V）、稀有（R）、未知（I）、资料不足（K），受危（T）、贸易致危（CT）等8个等级。

4. 我国药用生物保护等级的划分 1987年10月30日，国务院发布了《野生药材资源保护管理条例》对药用野生动植物资源进行保护管理，并发布了《国家重点保护野生药材物种名录》，其中共收载了野生药材物种76种。该条例将国家重点保护的野生药材物种分为三级：一级保护野生药材物种禁止采猎，二、三级保护野生药材物种必须持采药证和采伐证后方能进行采猎。具体标准如下：

一级：为濒临绝灭状态的稀有珍贵药材物种（一级保护野生药材物种），这些物种的野生资源极为稀缺，面临极高的灭绝风险，通常具有极高的药用价值和生态价值。如藏羚羊、野生人参、金花茶、苏铁蕨、霍山石斛等。

二级：为分布区域缩小，资源处于衰竭状态的重要野生药材物种（二级保护野生药材物种），这些物种的野生资源虽然尚未达到灭绝的边缘，但分布范围已经显著缩小，资源量也在逐渐减少，同样具有重要的药用和生态价值。如马鹿、金钱白花蛇、蕲蛇、野生雪莲、野生枸杞、野生甘草等。

三级：资源严重减少的主要常用野生药材物种（三级保护野生药材物种），这些物种在野生状态下虽然资源量有所减少，但仍然是常用药材，具有一定的药用价值。如野生龙胆、野生川贝母、肉苁蓉、刺五加。

生物资源保护的国际公约和国内法规

国际公约：《濒危野生动植物种国际贸易公约》（CITES），1973年，华盛顿；《生物多样性公约》，1992年，里约热内卢。

国内法规：《野生资源保护管理条例》《国家重点保护野生药材物种名录》《中华人民共和国野生动物保护法》《国家重点保护野生动物名录》《国务院关于禁止犀牛角和虎骨贸易

的通知》《中国珍稀濒危保护植物名录》。其中，2021 年公布的《国家重点保护野生植物名录》，对保护级别及名录做了大范围调整，增加了大量保护植物。

二、中药资源保护的主要途径

中药资源保护的途径和方式有多种，一般分为就地保护、异地保护和离体保护三种方式。

（一）就地保护

就地保护（*in situ* conservation）是将药用动、植物资源及其生存的自然环境就地加以维护，从而达到保护药用动、植物资源的目的。

1. 建立自然保护区和中药资源保护区　自然保护区指对有代表性的自然生态系统、珍稀濒危野生动植物的天然集中分布区、有特殊意义的自然遗迹等保护对象所在的陆地、水体或者海域，依法划出一定面积予以特殊保护和管理的区域。建立自然保护区不仅可以保护自然环境与自然资源，还有利于开展各种科学研究，有利于更有效地实施保护、开发和利用。同时，自然保护区也是科普及教育宣传基地，担任着珍稀濒危野生动植物的培养繁育任务。大多数生态系统类保护区和野生生物类自然保护区都分布有野生中药资源，有的专门针对珍稀濒危药用植物资源及其生态环境进行保护。

2. 采取有效的生产性保护手段

（1）就地抚育　在药材产地恢复和发展药用动、植物资源。常见的方式有封山育林，保护林药，在原生地播种或将药用动物放归山林，控制某地药材的采猎季节等。就地抚育与保护区的主要区别在于它没有明显的保护区界，要求也没有保护区严格。如新疆、宁夏等地通过大力营造寄主植物红柳林和梭梭林从而发展肉苁蓉的生产。西藏将川贝母种子撒播在贝母原生地，任其自然生长等。黑龙江将林蛙放归山林，进行半野生饲养。江西在盐肤木生长区人工释放五倍子蚜虫，促进五倍子药材的生产。

（2）合理采收　表现在采收方法、采收季节和采收量三个方面。采收方法，一般采取边挖边育、挖大留小、挖密留疏的方法。如吉林省在采收刺五加时，留幼株并保留部分根茎在土内继续生长，从而保护了刺五加资源。20 世纪 70—80 年代，我国对皮类药材黄檗、杜仲、肉桂、厚朴等的收获方法进行了改良，采取环状剥皮技术可以避免植物死亡，从而起到了保护这些药用植物资源的作用。此外，采取活熊引流取胆汁、活麝取香、活蚌植珠和牛黄埋核等技术对保护药用动物资源也起到了很好的作用。采收季节，重点是避开药用动、植物的繁殖期，在药用部位主要活性成分积累到最高时采收。采收量要控制在资源再生量之内，以保证药材常采常生，永续利用。

（二）异地保护

异地保护（*ex situ* conservation）又称迁地保护，即将珍稀濒危药用种类迁出其自然生长地，保存在动物园、植物园、种植园内，进行引种驯化研究。主要包括建立中药资源种质圃、中药资源植物园、动物园或者家养家种基地。

目前，我国已建立了许多植物园，保护了许多药用植物资源，如中国科学院北京植物园、武汉植物园、江苏省中国科学院植物研究所、华南国家植物园（中国科学院华南植物园）等。同时，建立动物园，人工养殖东北虎、华南虎、麋鹿、长臂猿、梅花鹿、云豹、猕猴、海狸鼠等几十种珍稀濒危野生动物，也实现了药用动物的异地保护。建立家养家种基地方面也取得了很大成就，如华南热带作物研究所成功引种沉香和海南龙血树，四川省实现了天麻、川贝母、天冬、麝香等20多种药材野生变为家种家养，南方沿海地区成功引种了著名的南药如儿茶、千年健、诃子、安息香、血竭、槟榔等。

（三）离体保护

离体保护（*in vitro* conservation）即充分利用现代生物技术来保存药用动、植物体的整体、器官、组织、细胞或原生质体等。其目的主要是长期保留药用动、植物的种质基因，巩固和发展中药资源。

离体保存主要采用延缓生长或者超低温保存，前者主要采用降低培养温度或者在培养基中添加生长调节物质；后者主要指超低温冷冻保存，一般以液氮为冷源，使温度维持在 −196℃。

1. 建立中药资源种质资源库　种质资源是人类生存、生产力发展与国民经济可持续进步的物质基础，也是国家基础战略资源，其表现形式有生物物种、品种、植株、种子、器官、组织、细胞、DNA 片段、遗传信息等。中药种质资源是我国发展优势中医药的独有战略资源，包括中药材栽培（养殖）种、野生种、野生和半野生近缘种、人工培育的创新种质材料等。种质资源库是利用现代化制冷调控设备与技术，保持恒温恒湿的贮藏环境，将生物种质预处理后进行长期贮藏的仓库，也称"种子银行""基因库"等。

中药种质资源库的建设一方面可以保存大量中药材种质资源，避免优良种质尤其是濒危、贵细、道地性中药材种质的流失，维护其生物遗传多样性；另一方面，种质资源库为中药材种质的保存技术、遗传特性、道地内涵研究提供了丰富的材料基础，同时为中药材新品种的创新培育和研究提供了平台。目前，我国的生物种质资源库有 30 余个，而专门性的中药种质资源库不多。2007 年，中国医学科学院药用植物研究所建设首个现代化"国家药用植物种质资源库"，2012 年，伴随着全国最大规模的第四次中药资源普查，四川省与海南省分别配套建设国家级中药种质资源库，对我国中药种质资源保存、药用资源可持续发展及国家药用生物安全发挥重要而深远的作用。

动物种质细胞包括动物精子、卵细胞和胚胎，动物种质库俗称动物"细胞银行"，主要采取超低温冷冻保存法，将种质细胞保存在液氮中，需要时再于常温下"复苏"，然后通过培养成为完整个体。在药用动物研究方面，麝的精液保存已获成功，为实行麝的人工授精、发展优良麝的种群打下了良好的基础。

2. 组织培养与快速繁殖　组织培养是采用植物某一器官、组织、细胞或原生质体，通过人工无菌离体培养，产生愈伤组织，诱导分化成完整的植株或产生活性物质的一种技术方法。

采用组织培养的方法可以快速繁殖药用植物，从而扩大种苗的供给，目前，许多药用植物用组织培养可以获得试管苗，如当归、白及、党参、菊花、延胡索、浙贝母、番红花、龙胆、川芎、绞股蓝、人参、厚朴、枸杞、罗汉果、三七、西洋参、桔梗、半夏、地黄、玄参、云南萝芙木、红景天、黄连等都可以实现人工繁殖。

采用组织培养的方法，实现了许多珍稀濒危中药材资源的人工繁殖，同时，结合超低温保存技术，对组织培养所需要的离体细胞、组织等也进行了很好的保存。如对中国红豆杉悬浮培养细胞进行超低温保存、对铁皮石斛原生质体进行玻璃化超低温保存、对金钗石斛原球茎进行超低温保存等研究都取得了显著成果。

第四节　中药资源可持续发展

国内外市场对中药资源及其产品的需求不断增加，中药资源的社会需求总量呈现快速增长趋势；中药资源的可持续发展有利于现有野生药用资源的保护，特别是珍稀名贵及紧缺中药材资源的保护，有利于中药农业、中药工业与中药商业的有序发展，有利于资源节约和环境保护，有利于实现中药资源的经济效益、社会效益和生态效益的协调发展，对推动和促进大健康产业及中医药事业的健康、快速发展具有重要意义。

一、中药资源可持续发展的概念

中药资源可持续发展（sustainable development of Chinese medicine resources）就是在可持续发展思想指引下，从实际出发，依靠富有远见的宏观调控政策、先进的经营管理机制，因地制宜确立中药资源发展战略与发展模式，合理利用中药资源，保护生态环境，增强发展后劲，确保当代人及其后代对中药资源的需求得到满足的发展。

我国虽然是中药资源大国，但由于国内外对中药资源及其产品的需求快速增长，导致野生中药资源被过度采挖利用，资源量逐年减少，珍稀药用资源濒于枯竭，生态环境受到不同程度的破坏。此外，盲目引种栽培品种，任意扩大种植规模，导致中药资源生产供需不平衡，以及中药材种植与加工过程的不规范等现象，都将直接影响到中药资源的可持续发展与利用。

二、中药资源可持续发展战略

在中药资源中，药用植物和药用动物为可再生资源，是中药资源的主体，药用矿物为不可再生资源。中药资源的可持续发展需要合理掌握资源的稀缺性、可再生性、动态性、地域性与多用性等特点，保护资源不断更新的能力。策略具体有以下几个方面。

（一）增强保护意识，以法为本，保障可持续

自然资源是有限的，不科学保护利用，会出现资源枯竭、物种灭绝的局面。应加强全民对资源保护方面的教育，增强资源保护和合理利用的意识，普及相关法律常识教育。为了实现重要资源的可持续利用的目的，近年来国家有关主管部门和各地方人民政府十分重视，除了制定各项法规和条例，如《野生药材资源保护管理条例》《中药材生产质量管理规范》《国家重点保护野生植物名录》等。还建立了许多自然保护区和研究机构。

（二）保护中药资源及其生存环境，奠定物质基础

1. 建立原生地保护区与种质基因库　保护中药资源原生地，建设药用动植物自然保护区，促进中药资源可持续利用。药用植物、药用动物都需要有其特定的生长环境，生长环境若被破坏，从而导致种类和数量的减少，必然加速资源的减少或濒危的程度。在管理好现有自然保护区的基础上，各地应根据具体情况，逐步建立更多的药用植物、药用动物自然保护区。在药用动植物的原生环境中，实行保护封育和采收控制。对现有野生中药资源，可利用生物资源具有再生性

的特点，促进自然更新，逐步恢复或增加种群数量，也可实行野外抚育，将繁育的良种种植或放养于野生环境中，通过野化人工培育的中药资源，科学营造野生药用动植物种群，实现中药野生资源的快速恢复。保护好现有野生资源及其生存环境，是实现中药资源可持续利用的前提。

建立国家级大型药用动植物种质基因库，与中药资源野生转家种、引种栽培研究实验基地相结合，收集、保存并运用现代技术研究药用种质基因，夯实中药资源可持续利用的基础。保护我国现有野生、栽培或养殖资源，建立野生药用动植物种质基因库与常用栽培或养殖药用动植物种质基因库是中药资源可持续利用的物质基础。

2. 科学合理采收，加强野生抚育　植物类中药资源的药用部位有根（根状茎）、茎、叶、花、果实、种子、树皮、全草等，不同药用部位的采收对中药资源的可再生性影响不同。可以根据可再生性将不同采收方式划分成不同的等级，以便采取相应的采收和保护措施，对于严重影响再生的采收方式，可通过资源恢复实验（生长恢复、繁殖特性等）测算"年最大允收量"。"年最大允收量"的经验数值：根和根茎类药材为 0.1，即每年可采收 1/10，茎叶类药材为 0.3 ~ 0.4，花和果实类药材为 0.5，对于不同的植物，其生活习性、繁殖方式、繁殖效率和药用部位的形成过程等各不相同，因而它们的资源恢复特性存在不同程度的差异，相应的"年最大允收量"和特定的采收控制方式也有不同。

在合理采收药材的同时要加强野生抚育。中药资源的野生抚育是指根据动植物药材生长特性及对生态环境条件的要求，在其原生或相类似的环境中，人为或自然增加一定程度的种群数量，引发群落结构和功能的量变，使中药资源量达到能为人们采集利用，并能继续保持群落平衡的一种药材生产方式，包括了药用植物野生抚育和药用动物野生抚育。野生抚育尤其适合那些生长发育特性和生态条件认识尚不深入、生长条件苛刻、种植（养殖）成本较高或者栽培（养殖）药材与野生类型质量差别较大的药用动植物。

3. 进行中药资源普查，建立监测预警体系　进行中药资源普查和监测，掌握资源种类与蕴藏量及其动态变化是中药资源可持续利用的重要内容。中药资源普查的主要任务是对中药资源种类、分布、蕴藏量、栽培或养殖情况、收购量、需求量、质量等中药资源本底资料作定期或长期观察和综合统计与分析。中药资源监测系统指根据中国中药区划设立中药资源信息采集点和中药资源监测点，对珍稀濒危、大宗常用、市场需求变化量大的重点品种（分布范围、资源数量、供求等）与品种资源比较集中地区的中药资源的综合（种类、分布范围、资源数量、供求等）变化情况进行监测。在中药资源普查与监测基础上，建立中药资源预警系统，对市场需求大、资源相对不足的药用物种和资源稀少且易受威胁的药用物种以及国家保护的野生药材物种进行监测，监测的重点区域为中药资源开发破坏区和保护区，其他区域为一般观测区。中药资源监测与预警体系建设涵盖了野生中药资源监测与栽培或养殖药材生产基地监控，能够随时掌握中药资源的数量、质量、动态情况及变化规律，协调产、供、销关系，实现中药资源可持续利用的宏观动态管理。

（三）利用现代农业技术发展并优化栽培中药资源

现存中药资源的蕴藏量有限，其生物资源的更新能力也是有限的，远远不能满足日益增长的社会需要。因此，要大力发展中药农业。中药农业与中药资源可持续发展是整个中医药事业发展的基础，其根本目标是保证优质药材持续稳定地供应国内外市场，实现资源开发、利用与环境的协调发展。

1. **促进野生资源家种或家养**　对野生药用动植物进行引种栽培或驯养是保证中药资源增加数量和提高质量的有效措施。过去在野生条件下属于濒危或稀少的中药资源，如人参、三七、黄连、梅花鹿等，通过引种驯化，现在人工栽培或养殖产品已基本满足医疗、保健、外贸等市场的需求。

2. **建立药材规范化生产基地**　我国是中药资源利用最早、最多的国家之一，早在 3000 多年前就已开始进行中药的栽培或养殖，目前我国已形成了规模最大、体系最完整的中药农业生产体系。近 10 年来，我国的中药农业取得了重要进展，以中药材生产为主体的中药农业与中药工业、中药商业、中药知识产业共同形成了完整的中药产业链。中药材 GAP 是对中药材生产全过程实施有效质量控制，保证药材质量稳定、可控、安全、有效的重要措施，也是有效推进中药 GMP、GLP、GCP 的基础。

3. **良种选育，建立繁育基地**　在中药资源可持续利用过程中，种质资源的良种选育十分重要，药用动植物的野生亲缘种和古老地方种是长期自然选择和人工选择的产物，由于天然杂交、基因重组与分离、基因漂变或突变，这些种质中可能蕴藏着丰富的已知或未知有用基因，具有独特的优良性状和抵御自然灾害的特性，是进行优良品种选育的物质基础，也是品种改良的源泉。高产优质是药用植物资源育种的基本要求，优良品种是生产优质高产药材的基础，只有经过选育的良种才能实现品种的生物性状整齐、基因稳定、药用成分含量高且稳定可靠。因此，开展药用动植物良种选育是实现中药资源农业现代化与产业化的客观要求。

（四）利用现代生物技术开发新资源

利用生物技术开发新资源，是一种具有巨大潜力的中药资源开发技术途径，对中药资源可持续发展具有重要意义。生物技术（biotechnology）是在分子生物学和细胞生物学基础上发展起来的一种新兴技术，包括细胞工程、基因工程、酶工程和发酵工程等，是利用生物有机体或其组成部分（包括器官、组织、细胞、细胞器和遗传物质）开发新产品的一种技术体系。如脱毒快繁技术，可通过无性繁殖用于濒危药用植物资源的保护。细胞培养技术，可以直接快速获得药用动植物药效成分，节约对原料药材的使用。

> **思考与讨论**
>
> 科技创新在促进中药资源可持续利用中扮演了什么角色？请列举几项具体的技术或方法。

（五）挖掘药用新资源或药用部位，促进中药资源综合利用

1. **挖掘珍稀濒危中药资源替代品**　供需矛盾突出、价格昂贵的药材多来源于珍稀濒危药用生物。该类生物多存在生物种群数量少、生长周期长、繁殖困难或难以用常规技术进行药材的规模化生产等问题。加强此类中药材的替用品是缓解药材资源紧缺，满足市场需求的一项技术途径。替代品生产方面，我国已开发出虫草菌丝发酵物，其作为冬虫夏草的替代产品在市场上已经占有一定份额，例如有用人工牛黄代替天然牛黄，人工牛黄是由牛胆粉、胆酸、猪去氧胆酸、牛磺酸、胆红素、胆固醇、微量元素等加工制成。实现牛黄的人工制造缓解了资源的紧张，满足市场的需求。

2. **扩大药用部位，减少资源浪费**　同一基原的植物或动物，药用部位不同，化学成分与功能主治可能不同，传统方法往往仅择其某一个或几个部位药用，其余部分则作为废物弃之。这实

际上是对中药资源的一种浪费。同基原植物的不同生长部位在主要次生代谢成分的组成方面很可能相似，这种相似性为扩大药用部位，开展资源综合利用提供了依据。如人参、三七传统药用部位为根和根茎，但其茎、叶和花均含人参皂苷，也可用于提取皂苷。药用部位的扩大，有利于充分利用中药资源，满足临床及社会需求，减少了对原动植物的破坏。

3. 再提取"药渣"，促进中药资源的综合利用　综合利用"药渣"对资源的节约和利用具有重要的意义。药渣主要来源于单味药提取、中成药复方提取以及医院复方提取。单味药来源单一明确，经提取后的药渣中仍然含有多糖、生物碱等生理活性组分，如从三七总皂苷提取后的药渣中纯化三七多糖，质量分数可达 50%。黄芩药渣中黄芩苷含量是黄芩药材中黄芩苷总量的 70%。被再次提取后的药渣一般还含有大量的粗纤维、粗脂肪、淀粉、粗多糖、粗蛋白、矿物质、氨基酸及微量元素等，可用于生产无公害有机肥料、饲料添加剂及食用菌栽培等。

（六）矿物中药资源的可持续利用

矿物中药资源属于非再生性资源，随着社会需求量的增长，数量有限与需求无限的矛盾日益突出，要求人们必须加快替代品的研究步伐，减少浪费。对于那些易探、易采的优质矿物，特别是那些古生物类化石、晶体类矿物资源，更应该实施有效保护，减少资源浪费。除此之外要积极寻找和开发替代品，切实加强矿物资源的保护。

> **❧ 思考与讨论**
>
> 请思考可从哪些方面入手制订中药资源的可持续利用策略？（提示：可从政策法规、科技创新、生态种植／养殖、市场调节等方面考虑）

📝 开放性讨论题

1. 利用所学专业知识，阐述如何开展中药资源更新与保护，促进中药产业健康可持续发展。
2. 如何科学合理地缩短中药资源的成药周期？
3. 资源形势严峻，为确保中药资源可持续利用，有哪些策略？
4. 为挖掘新的药用资源或药用部位，促进中药资源可持续利用，我们应该怎么做？

🔍 复习思考题

1. 简述中药资源自然更新的三个层次。
2. 简述中药资源人工更新的措施。
3. 简述药用植物生长周期与生命周期
4. 简述中药资源保护的概念和内容。
5. 简述中药资源离体保护的办法。

🌐 数字资源详见　新形态教材网

🗺学习目标　🔗知识图谱　📖推荐阅读　🖥教学课件　✖自测题

第七章

中药资源人工培育

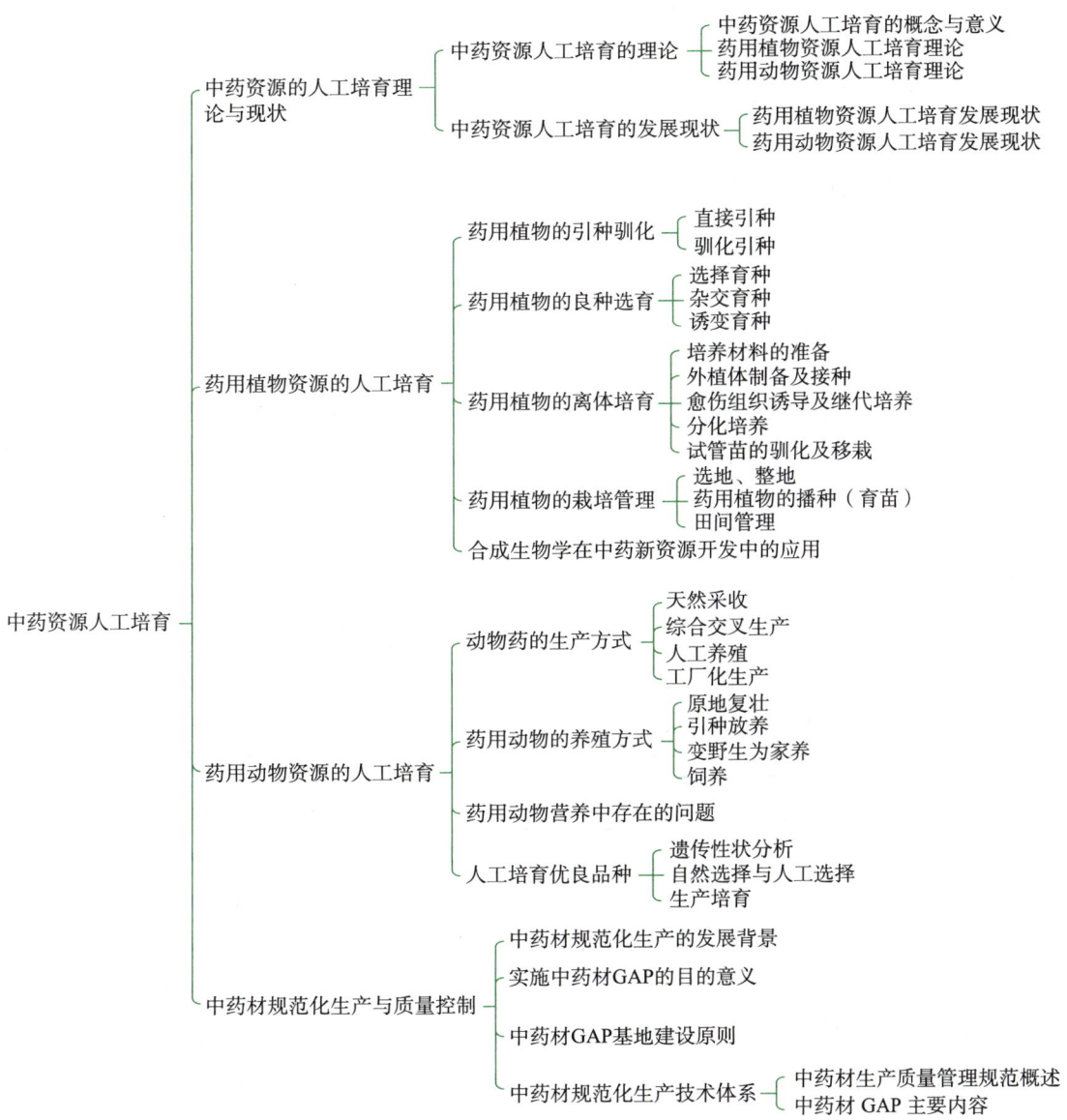

中药资源人工培育

- 中药资源的人工培育理论与现状
  - 中药资源人工培育的理论
    - 中药资源人工培育的概念与意义
    - 药用植物资源人工培育理论
    - 药用动物资源人工培育理论
  - 中药资源人工培育的发展现状
    - 药用植物资源人工培育发展现状
    - 药用动物资源人工培育发展现状
- 药用植物资源的人工培育
  - 药用植物的引种驯化
    - 直接引种
    - 驯化引种
  - 药用植物的良种选育
    - 选择育种
    - 杂交育种
    - 诱变育种
  - 药用植物的离体培养
    - 培养材料的准备
    - 外植体制备及接种
    - 愈伤组织诱导及继代培养
    - 分化培养
    - 试管苗的驯化及移栽
  - 药用植物的栽培管理
    - 选地、整地
    - 药用植物的播种（育苗）
    - 田间管理
  - 合成生物学在中药新资源开发中的应用
- 药用动物资源的人工培育
  - 动物药的生产方式
    - 天然采收
    - 综合交叉生产
    - 人工养殖
    - 工厂化生产
  - 药用动物的养殖方式
    - 原地复壮
    - 引种放养
    - 变野生为家养
    - 饲养
  - 药用动物营养中存在的问题
  - 人工培育优良品种
    - 遗传性状分析
    - 自然选择与人工选择
    - 生产培育
- 中药材规范化生产与质量控制
  - 中药材规范化生产的发展背景
  - 实施中药材GAP的目的意义
  - 中药材GAP基地建设原则
  - 中药材规范化生产技术体系
    - 中药材生产质量管理规范概述
    - 中药材 GAP 主要内容

随着中医药事业的快速发展导致对中药资源的需求日益增长，而野生中药资源的有限性成为制约中医药可持续发展的瓶颈。因此，中药资源的人工培育显得尤为重要。通过人工培育，不仅可以减少对野生中药资源的过度采挖和猎捕，保护其生态环境和生物多样性；还能控制药材的生长环境，保障药材的质量和产量。近年来，随着生物技术的快速发展，中药资源的人工培育技术取得了显著进步。组织培养、基因工程等技术的应用为中药资源的人工培育提供了新的途径。

第一节　中药资源的人工培育理论与现状

中药资源的人工培育（artificial cultivation of Chinese medicine resources）是中药资源学领域中至关重要的一环，涉及药用植物的引种驯化、良种选育、离体培育、人工栽培以及药用植物资源的人工合成等方面。同时，药用动物资源的人工培育也日益受到关注，包括药用动物的引种驯化、良种选育、饲养和离体培养等。这些研究领域有助于保障中药资源的稳定供应，提高药材的安全性与有效性，推动中药产业的持续高质量发展。

一、中药资源人工培育的理论

（一）中药资源人工培育的概念与意义

中药资源人工培育是指通过人工技术手段对中药材植物和动物的生长繁殖环境进行控制和管理，以及通过生物技术改良其遗传特性，以达到提高产量、质量和药效的目的。利用中药资源再生性与地域性特点，采取人工培育措施，促进种群恢复和个体生长，提高中药资源数量与质量，对中医药及相关产业的可持续发展具有重要意义（图7-1）。

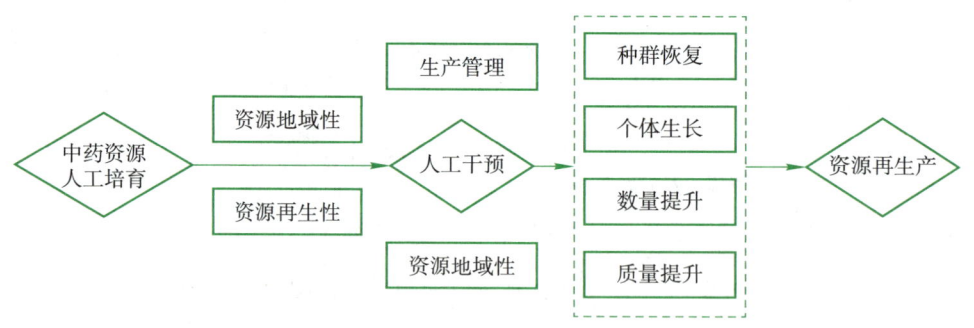

图 7-1　中药资源人工培育

（二）药用植物资源人工培育理论

1. 引种驯化　药用植物引种驯化是指将药用植物从其原生生态环境转移到新的地理环境中，并通过科学的栽培管理技术使其适应新环境的过程。这一过程涉及对植物生长习性、生理需求和遗传特性的深入研究，以确保植物在新环境中能够生存，并保持或提升其药用价值。引种驯化的最终目标是实现植物的可持续生产和商业化利用，同时减少对野生资源的依赖。主要研究内容包括：生态适应性研究、遗传资源评估、栽培技术优化、生理和生化研究、驯化过程中的分子辅助选择。

2. 良种选育　药用植物良种选育是基于对药用植物遗传多样性的深入了解，通过科学方法筛选并培育出适应特定生态环境、具有优良性状和高遗传稳定性的植物群体，以满足医疗需求。这些性状包括有效成分含量高、生长周期短、抗病虫害能力强、耐逆境（如干旱、盐碱等）等。优良品种的培育对于保障中药材的质量稳定和产量提升至关重要，是中药材种植现代化和标准化的基础。我国药用植物育种以选择育种为主，同时应用杂交育种、诱变育种、植物组织培养、多倍体育种和分子育种等方法。

3. 离体培育　药用植物离体培育是将药用植物的细胞、组织或器官在人工控制的环境下进行培养，以获得大量植物材料或生产特定的次生代谢产物的技术。这种方法具有繁殖速度快、遗传稳定性好等优点，已经成为中药资源人工培育的重要手段之一。目前，关于药用植物离体培育的研究主要集中在培养基配方、植物生长调节剂使用和环境条件控制等方面。通过优化这些条件，研究人员成功实现了多种药用植物的离体繁殖和培育，如人参、三七、黄芪等。药用植物离体培育主要包括组织培养和细胞悬浮培养两种方式。

4. 人工栽培　由于环境恶化和滥采滥挖，现有药用植物野生资源已大幅度减少，因此，药用植物资源处于濒危状态，人工栽培的药用植物已在中药材市场占据主导地位。提升药用植物栽培技术和改良种植模式，已成为中医药产业可持续发展的关键环节。

药用植物的种植模式可以从多个角度进行划分：①根据种植地域划分为大田种植模式、庭院种植模式和山地种植模式等；②根据人工干预程度划分为野生抚育、仿生栽培、无土栽培、设施栽培、露地栽培和精准调控一体化种植模式等；③根据总体理念划分为规范化种植模式、无公害种植模式、绿色种植模式、有机种植模式、生态种植模式及定向培育模式等。

目前，我国中药材仍以传统种植模式为主，但生态种植（ecological planting）越来越受到重视且发展迅速。生态种植是指应用生态系统的整体性、协调性、循环性、再生性原理，结合系统工程方法设计，综合考虑社会、经济和生态效益，充分应用能量的多级利用和物质的循环再生，实现生态与经济良性循环的农业种植方式。未来中药生态种植的研究主要包括以下三个方面内容。

（1）影响中药材生态种植的核心技术　如各类中药材生态种植模式及相关参数的细化和优化；病虫害综合防控技术开发及应用；生物肥料及生物农药的开发及施用；各类投入品的研究及管控；菌根真菌及土壤核心微生物研究及应用；中药生态农业生产中的土壤管理等。

（2）影响中药农业长期发展及前景的科学问题　如中药生态种植对中药材品质及安全的影响及其机制；中药生态农业对土壤理化性质、微生物、养分及矿质元素的影响及其机制；中药生态种植模式的实用性及经济效应评估；中药生态农业中药用植物与根际微生物的互作等。

（3）中药生态农业示范推广相关技术　由于自然环境条件、社会经济条件、科学技术、文化传统等因素的差异，中药材生态种植模式必然存在差异。每种生态农业模式都具有一定的空间限制性和时间限制性，只有明确中药材生态种植最适宜规模或尺度，了解各种模式在不同区域的"时空弹性"，并明确其变化依据及规律，才能有效推进中药材生态种植。

5. 生物合成　药用植物资源的生物合成是指在实验室条件下，利用微生物（如细菌、酵母、真菌）、植物细胞培养或转基因生物作为生物反应器，通过生物学途径生产药用植物中的活性成分或其类似物。这种技术旨在绕过传统农业种植的限制，通过控制的生物合成途径高效、可持续地获取药用化合物，对于保障中药资源的稳定供应、减少对野生资源的依赖、提高产品质量和降低成本具有重要意义。

人工合成主要涉及以下三方面：①代谢工程：通过改造生物体的代谢途径，增加目标产物的合成量并减少副产品。②合成生物学：结合工程学与生物学，设计新生物系统，实现对生物合成路径的精准控制和优化。③系统生物学：利用高通量测序等技术，解析药用植物的生物合成途径及其调控网络，为人工合成提供数据支持。

主要的生产方法包括：①微生物发酵：利用改造后的微生物通过发酵生产目标药用化合物；②植物细胞培养：在无菌条件下培养特定组织或细胞生产药用成分；③基因工程：将编码目标药物成分的基因转入易于培养的微生物或植物细胞中，利用宿主细胞的生物合成机制生产药物；④酶催化反应：分离纯化或通过基因工程表达特定酶，催化生产药用化合物。

（三）药用动物资源人工培育理论

在动物药资源的开发与利用中，人工培育扮演着至关重要的角色。通过人工培育，可以有效地提高动物药资源的产量和质量，同时保护野生种群，实现资源的可持续利用。动物药资源人工培育的理论与途径主要包括原地复壮、引种放养、野生变家养和工程化生产动物药等。

1. 原地复壮　原地复壮是指在动物药资源原产地进行恢复和增强种群数量的过程。这种方法的核心在于保护和恢复原有的生态环境，为动物提供适宜的生存条件。具体操作包括：①生态环境修复：针对生态环境受损的区域，进行植被恢复和水源保护等工作，为动物提供食物和栖息地；②种群保护：通过设立自然保护区和禁渔期等措施，减少人为干扰，保护野生动物的生存空间；③种群补充：在种群数量较少的地区，通过引入或释放同种动物，增加种群数量，促进种群复壮。

2. 引种放养　引种放养是指将动物药资源从原产地或其他适宜地区引入新的地区进行放养，以扩大动物药资源的分布范围，增加产量。在引种放养过程中，需要注意：①适应性评估：在引种前，对目标地区的生态环境和气候条件等进行充分调查，评估动物在该地区的适应性；②疫病防控：加强动物疫病的监测和防控工作，防止疾病传播和蔓延；③饲养管理：根据动物的习性和需求，制定合理的饲养管理方案，保证动物的健康生长。

3. 野生变家养　野生变家养是指将野生动物驯化为家养动物，通过人工饲养的方式生产动物药资源。这种方法可以大幅度提高产量，降低采集成本，同时减少对野生资源的依赖。在野生变家养的过程中，需要注意：①驯化技术：采用科学的驯化技术，逐步改变野生动物的野性，使其适应家养环境；②饲养管理：根据家养动物的特点和需求，制定合理的饲养管理方案，包括饲料配比、饲养密度和环境控制等；③繁殖技术：掌握家养动物的繁殖规律，采用人工繁殖技术，提高繁殖效率和幼仔成活率。

4. 工程化生产动物药　工程化生产动物药是指利用现代生物技术、化学合成技术等手段，生产具有药用价值的动物药资源。这种方法可以实现动物药资源的规模化、标准化生产，提高产量和品质。在工程化生产动物药的过程中，主要涉及以下技术方法：动物细胞培养技术（悬浮细胞培养、贴壁细胞培养、三维细胞培养），基因工程与重组蛋白生产（重组 DNA 技术、基因编辑技术、连续细胞系建立），代谢工程与合成生物学（代谢途径工程、合成生物学平台），蛋白质表达系统（原核表达系统、真核表达系统），下游处理与纯化技术（细胞破碎、分离纯化、灭活与去病毒处理），生物反应器与工艺优化（生物反应器设计、工艺控制与优化），质量控制与分析（生物活性测定、理化性质分析、安全性评估）。

林麝的人工培育

林麝（又称香獐、麝鹿）是我国重要的药用动物之一，主要分布于我国西部海拔较高的地区。雄性个体香囊腺所产的分泌物——麝香，在中医药领域具有极高的药用价值，并被广泛应用。然而，由于过度猎捕及人类活动扩张导致的栖息地减少，我国野生林麝资源曾一度严重衰减。

为了应对野生林麝资源的减少，保护这一珍稀物种并满足市场对麝香的需求，我国自20 世纪 50 年代起便开始积极探索林麝的人工培育技术。根据林麝的生活习性，建立了规范的圈舍，如大圈、单圈、笼舍圈等。圈内应保持清洁、安静，并具备良好的通风和采光条件。提供多样化的饲料，包括植物性饲料、动物性饲料、矿物性饲料及饲料添加剂。实施合理的饲养管理，如分群饲养、按时饲喂、定期清扫等。同时保持圈舍的安静和稳定，避免惊扰林麝。研究林麝的繁殖习性，掌握其发情期、交配期等关键时期。并通过人工授精等技术手段提高林麝的繁殖率和幼麝的存活率。此外，建立完善的疾病防控体系，定期对林麝进行健康检查，及时发现并治疗疾病。同时加强饲养环境的卫生管理，减少疾病的发生和传播。

通过人工培育，不仅复壮了野生林麝资源，还能为中药材市场提供了稳定的麝香来源。同时，人工养殖林麝也为当地经济发展提供了新的增长点，带动了相关产业的发展。

二、中药资源人工培育的发展现状

近年来，我国在中药资源人工培育领域的科研投入不断加大，中药资源保障相关研究取得显著成效，研究成果实现示范推广，道地中药材规模化种植及精准扶贫示范推动了传统种植与现代技术深度融合，促进了中药资源的可持续利用。

（一）药用植物资源人工培育发展现状

1. 药用植物资源人工培育发展动态　20 世纪 50 年代至今，我国野生变家种成功的药用植物主要有防风、龙胆、柴胡、细辛、甘草、半夏、丹参、天麻、山茱萸、黄芩、知母、何首乌、绞股蓝、钩藤、紫草、猫爪草、雷公藤、罗汉果、麻黄、川贝母等 200 多个品种。从国外引进的颠茄、西红花、西洋参、豆蔻、儿茶、丁香、檀香、马钱子、狭叶洋地黄、狭叶番泻叶、安息香、大风子、南天仙子、水飞蓟、胖大海等 30 余种已在我国成功栽培。野生变家种或从国外引进品种的种植，无论在规模上或品种上都达到了历史上未有的水平。

中药资源人工培育已成为中医药事业的重要组成部分。据调查，我国中药材的占地面积超过 10 万 km^2，人工生产的中药材占整个药材消耗量的约 70%。我国现有药材基地 600 余个，东部地区主要有人参、五味子、党参、浙贝母等大宗药材基地；西部地区则有诸如甘草、麻黄、黄芪、当归、枸杞、防风、三七、大黄、红花、黄连、附子等大宗药材的种植基地。

近十年来，中药材品种选育工作在国家大力扶持下已积累了一定基础。目前已开展种质选育的中药材物种发展到百余个，包括北柴胡、丹参、枸杞、人参、荆芥、桔梗、远志、当归等，人工选育优良新品种约 200 多个。

2. 药用植物资源人工培育面临的主要问题

（1）种子种苗质量标准和优良品种选育工作滞后　我国中药材新品种选育研究尚停留在种质资源评价的初级阶段，良种选育刚刚起步，育种手段和方法落后，新品种选育体系、评价体系、繁育体系尚未建立，导致多数药用植物缺乏种子种苗质量标准，出苗、生长、发育参差不齐。以"选多育少"形式获得的优良品种，引种栽培历史较短，保留有许多野生性状，种质混杂，表现为种内变异的多样性，如栽培的山茱萸果型有石磙枣、马牙枣、珍珠红等类型，形态特征的差异导致产量和质量的不同。因此，我国药用植物的优良品种选育与种子种苗质量标准亟须加强。

（2）中药材的栽培、加工技术不规范　对道地药材的开发和利用尚不充分，大宗药材栽培技术研究推广力度不足，中药材种植缺乏严格的规程，生产管理粗放，单产低、质量差的现象较为普遍。有些优良的栽培、加工技术和措施被抛弃，如党参加工中揉搓的步骤现已很少采用。

（3）病虫害防治研究比较薄弱　药用植物培育过程中病虫害种类多、危害严重，防治知识缺乏，滥用和误用农药问题突出。对药用植物病虫害发生和发展规律研究不够深入，防治工作存在盲目性，生物防治措施相对薄弱。这些问题导致药用植物产品中农药残留量和有害重金属含量超标，不仅损害人体健康，污染环境，破坏生态平衡，而且严重影响中药在国际市场上的竞争力。

（4）基础性研究不足，影响后续发展　在药用植物人工培育过程中，需要依据药用植物生物学特性、生理特性、生态学原理来制定具体培育措施，但目前这方面的研究相对薄弱，许多问题得不到妥善解决，如地黄、人参等的重茬问题。中药用植物盲目引种现象严重，有些药用植物经过长期种植，在形态、产量、有效成分含量等方面发生了变异，形成了不同的种质，但生产中缺乏对各种种质的收集评价研究，使人工培育药材的质量参差不齐。

（5）缺乏共性和特性质量评价标准　中药材规范化种植的目的是稳定中药材的产量和质量。产量的问题相对容易解决，但质量问题难以确定和衡量。在药材生产管理的全过程中，栽培技术和措施都应以产量和质量为核心进行衡量和确定，但由于有效成分不能确定，中药化学对照品难以获得，对质量评价方法学问题缺乏深入探讨，缺乏无共用技术平台，因此缺乏相应的评价标准。

（二）药用动物资源人工培育发展现状

1. 药用动物资源人工培育发展动态　我国野生动物驯养历史悠久，在药用动物的人工培育方面积累了丰富的经验，许多药用动物已经实现了从猎杀到人工养殖，从分散养殖到规范化、规模化养殖的转变。目前，我国已成功进行鹿、麝、熊、银环蛇、乌梢蛇、尖吻蝮蛇、全蝎、土鳖虫、蜈蚣、蚯蚓、中国林蛙、海马、甲鱼、珍珠、贝类等药用动物的人工养殖。在许多地区建立了专门的药用动物养殖场，如在熊科动物的饲养、繁育方面，发展了无痛自体引流技术，这不仅从根本上解决了熊胆资源利用问题，还为熊胆产品的规模化、产业化、现代化、大生产提供了充足的原料。人工养殖不但保护了濒危的黑熊，还显著降低了熊胆的价格，为保护野生动物和药用动物普及奠定了坚实的基础。

药用动物的引种驯化、饲料生产以及动物药工程化生产等方面都取得了重大进展，特别是动物药工程化生产工艺的发展，可以大幅度提高动物药产量，如珍珠、僵蚕的人工培养，蝎、蜈蚣、蛇类的电刺激采毒技术，鹿的控光增茸技术，麝的激素增香技术，鹿茸细胞和麝香腺细胞的组织培养技术等。

2. 药用动物资源人工培育面临的问题 随着动物药临床上的广泛应用，药用动物资源的应用与研究面临不少挑战。野生药用动物资源，尤其是某些珍稀药用动物资源，数量大幅减少，甚至濒临灭绝。国际社会对我国使用动物药的高度关注也制约了动物药类中药的出口。药用动物资源基础研究相对薄弱，种质资源保护、规范化养殖、野生品种驯化、品种选育等工作进展缓慢。从事药用动物资源研究的人才匮乏，特别是交叉复合型人才缺乏。我国药用动物资源研究水平仍需进一步提高。

第二节 药用植物资源的人工培育

由于气候变化、环境污染、生态恶化及对动植物资源的过度采捕，野生中药资源正不断萎缩。人工培育药用植物资源，不仅可以缓解对野生资源的压力，保护生态环境，还能提高中药材的产量和质量，满足市场需求。药用植物资源的人工培育是实现中药资源可持续利用的重要途径，是保护和利用药用植物资源的关键手段。

一、药用植物的引种驯化

引种驯化是将外国和外地药用物种以及本地的药用野生种通过人为方法引入本地或将本地的药用野生种变为家种或家养，经过三年以上的自然选择和人工选择，使其适应本地的自然环境和栽培条件，成为满足生产需要的本地种或品种的过程。它主要包括两个方面：一是将野生种变为家种，二是将外地栽培的植物引入本地栽培。

引种驯化的步骤主要包括准备阶段、试验阶段和繁殖推广阶段。在准备阶段，首先需要调查和选择引种的种类。由于中药材种类繁多，存在同名异物和同物异名的情况，因此在引种前需要详细的调查研究。其次，要调查和搜集引种所必需的有关资料，如原产地的气候、土壤、地形等自然条件等。试验阶段包括小区试验和大田试验。小区试验主要监测环境对植物生长发育的影响，大田试验则主要对田间管理措施、试验年限、预期效果等进行监测和管理。繁殖推广包括小范围试点推广和大面积推广。经过田间试验研究之后，可进行小范围试点推广。在试点栽培中，如果证明其能适应本地区的自然条件，并且确有增产作用，可进行大面积推广。

引种驯化的方法有直接引种和驯化引种。

1. 直接引种 是指从外地或原产地直接引进药用植物栽培到引种地的方法。该方法主要适用于在相同的气候带内，或两地的气候条件相似，或植物本身适应性较强的条件下，以下几种情况可采用此法。

南方山地的药用植物引种到北方平原或北方平原的药用植物引种到南方山地，可采用直接引种法，如人参从东北海拔 800～1 000 m 的地区，引种到重庆南川金佛山海拔 1 700～2 100 m 的地区栽培，就是一个成功案例，但引种后的人参皂苷含量低于东北产区的人参。

将越南、老挝、印度尼西亚等热带地区的一些药用植物，直接引种到我国广东、海南岛等地区，也较易成功。如原产于印度尼西亚的肉豆蔻，引种到我国的广东、广西等地区栽培，获得了成功。

长江流域各省之间的气候条件相似，很多药用植物可直接引种。如四川从浙江引种白术、延胡索、杭菊花等；江苏从河南引进怀地黄、怀牛膝等，均获成功，并实现了大面积生产。

2. 驯化引种 是指经过驯化，使被引种植物产生新的适应性的引种方法。对于气候条件差异很大的地区之间，或适应性差的药用植物，宜采用此法引种。驯化引种主要有下述方法。

（1）实生苗的多世代选择 根据植物个体发育的理论，由种子产生的实生苗可塑性大，在植物幼苗发育阶段进行定向培育最容易动摇其遗传性，而产生与新的生态条件相适应的遗传变异性，以获得适应引种地区环境条件的新类型。依据此法，可从原产地采收引种植物的种子，在引种地区进行连续播种，经过几代的选择，选出既适应新环境又能保持该品种优良特性的个体。

（2）逐步驯化法 就是将所要引种的种子，分阶段逐步移向所要引种的地区。包括两种方法：一是将引种植物的实生苗从原产地分阶段逐步向新的地区移植，使植物逐步接受新环境条件的锻炼，动摇其遗传保守性，而获得新的适应性；另一种是将引种植物的种子，分阶段播种到过渡地区，培育出下一代，连续播种几代，从中选出适应能力最强的植株，采收种子，再向另一过渡区种植。比如南药北移时，可用种子逐步引种驯化，成功的可能性比较大。但是此法要较长时间，因此，亦可采用无性杂交、有性杂交等方法进行驯化。

二、药用植物的良种选育

所谓优良品种，是指在一定区域范围内表现出有效成分含量高、品质好、抗逆性强、适应性广、遗传稳定等优良特性的品种。选育良种是药用植物栽培中的一项重要增产措施，多年来，在长期的生产实践中，人们培育出了很多药用植物优良品种，如人参的大马牙、二马牙，浙贝母的铁杆型、细叶种、轮叶种、大叶种和多子种，地黄的金状元、小黑英、白状元等。优良品种大面积推广可充分发挥其优良种性，实现不增加劳动成本也可获得较高收益的目的，这对于促进药用植物生产发展具有十分重要的意义。

在栽培条件下，药用植物品种不断发生变化，良种也在不断地更新。因此，良种选育是药用植物栽培生产中一项长期工作。目前，大多数药用植物品种没有经过严格、科学的选育，所谓品种大多是地方品种、农家品种、生态型、化学型等，且普遍存在品种混杂、种性不纯等问题，严重影响着中药材的质量和产量。

良种选育的方法主要包括选择育种、杂交育种、诱变育种等。

1. 选择育种 从现有的天然或人工群体出现的自然变异类型中，选择优异植株进行繁殖，进而育成新品种的方法，称为选择育种。选择育种是药用植物育种中最简易、快速、有效的方法之一。常用的有个体选择法和混合选择法。

（1）个体选择法 根据育种目标，从原始群体中选择优良单株，分别留种、播种，经过鉴定比较而育成新品种（品系）。只经过一次选择的称为一次个体选择法；如果在一次个体选择的后代中，性状还不一致，需要经过两次以上的选择，称为多次个体选择法。个体选择法简单易行，见效快，便于群选群育，能准确选择最好类型，且性状较一致，但周期长，费力、费时。

（2）混合选择法 从天然或人工栽培群体中，选择性状相对一致的优良单株，混合采集繁殖材料、混合种植，并与原品种或对照品种进行比较的一种选择方法。例如，我国学者利用 3 000 株人参种质资源，经连续四代自交纯化，不断淘汰不良品种并进行品系比较，最终选育出人参新品种"边条 1 号"，其抗逆性、产量和总皂苷含量均大幅度提高。经过一次选择的称为一次混合选择法；要经过两次以上选择的，称为多次混合选择法。混合选择法简单易行，能迅速分离出优良类型，但易使性状不纯。

2. 杂交育种　是由两个不同类型或基因型品种杂交，将不同亲本的优良性状组合到杂种中，进行定向培育和选择以育成新品种的方法。杂交育种的关键是亲本的选择，应尽可能选用优点多且双方优缺点又能互补的亲本。杂交育种在中药育种中应用也较为广泛。

（1）单交　即将两个遗传性状不同的品种进行杂交。如甲和乙两个品种杂交，甲作母本，乙作父本，可写成甲（♀）× 乙（♂），一般常写成甲 × 乙。

（2）复交　是指两个以上品种的杂交，即甲 × 乙杂交获得杂种一代后，再与丙杂交，该方法所得种质可综合多数亲本的优良性状。

（3）回交　由杂交获得的杂交种，再与亲本之一进行杂交，称为回交。用作回交的亲本类型称为轮回亲本。通常为了克服优良杂种的个别缺点，更好发挥它的经济效益时，采用回交是容易见效的。杂种后代的处理是杂交育种的关键，目前较常用的方法有系谱法和混合法。当杂种稳定后，开展品种比较试验，从而选育出理想的新品种。

3. 诱变育种　是指利用物理或化学因素诱发药用植物产生变异，并从中选育新品种的方法。该技术在一定程度上提高了突变频率，扩大了变异范围，从而加快了育种速度，已被广泛地应用于作物育种实践中。

（1）化学诱变　就是利用化学诱变剂处理药用植物的种子、花粉、营养器官及愈伤组织等，诱发植物遗传物质的突变，从而创造新的种质。常用的化学诱变剂有烷化剂、叠氮化钠、核酸碱基类似物等。例如，利用甲基磺酸乙酯处理长春花愈伤组织，发现处理组比对照组生长得更快，吲哚总碱含量更高。诱变处理方法有浸渍法、涂抹或滴液法、注入法、熏蒸法、施入法等。影响化学诱变效应的因素有诱变剂种类、材料的遗传类型和生理状态、处理浓度、时间、温度、溶液pH 值及是否使用缓冲液等。

（2）物理诱变　就是利用 X 射线、γ 射线、β 射线、中子流等高能电离辐射或紫外线、激光等非电离辐射处理植物的种子、植株、器官或花粉，使植物体产生遗传性变异，再从变异中选择培育出新品种的一种方法，分为辐射诱变育种和激光诱变育种等。例如，利用 ^{60}Co γ 射线辐照金荞麦的幼嫩根茎，可以获得表儿茶素含量高于对照组的红茎突变株。

（3）空间诱变　又称为太空育种或航天育种，是将植物种子或器官放到返回式航天器上，利用宇宙的强辐射、高真空、微重力、超洁净、大温差和交变磁场，诱导植物发生变异，返回地面后，进行培育、筛选以获得优良品种的方法。与常规育种方法相比，空间诱变育种具有诱变频率高、变异幅度大、有益变异多、育种程序简单、变异稳定快等特点。变异性状主要表现为株形、分蘖、穗形、化学成分变异，以及抗病、抗旱、抗涝能力变异等。例如，对经过太空搭载的灵芝进行扩增片段长度多态性分析，结果表明飞行组材料与地面组及对照组材料之间存在基因组多态性；太空搭载的乌拉尔甘草种子的可溶性蛋白含量及过氧化物酶活性与对照组相比均有所增加，且基因组发生了改变，可为甘草品种的选育提供参考。

此外，现代育种技术还有倍性育种、体细胞杂交育种和分子标记辅助育种等。从整体来看，目前药用植物的品种选育技术仍多以传统的、常规的育种方法为主。而在中药品种选育中，还需要突出其品质特征与要求，以保持其外观性状和改善其内在品质为主要目的，开展"中药品质育种"研究。这包括对中药种质资源进行系统地采集和保存，筛选核心种质，建立核心种质库；利用分子生物学手段，从多层次探索中药材质量性状的形成机理；在此基础上，结合农业科学中的先进分子育种方法，进行"中药质量改良"研究，推动中药产业更好地发展。

破解黄花蒿基因组图谱助力良种选育

　　黄花蒿（*Artemisia annua* L.）是青蒿素的主要生产原料。业界迫切需要破解青蒿素生物合成的基因机制，以培育高产优质的品种。然而，黄花蒿基因组的高杂合度和重复度一直是该领域的瓶颈。中国学者领导的团队首次公布了黄花蒿的染色体级别分型基因组图谱，并发现关键酶编码基因 ADS 的数量与青蒿素含量高度相关。这项研究深入解析了青蒿素的生物合成和调控机制，识别出与优良性状相关的关键基因，并开发了分子标记，为快速选育优良品种奠定了基础，对保障全球优质廉价青蒿素原料供应具有重要意义。

三、药用植物的离体培育

　　药用植物的离体培养主要通过植物组织培养技术实现。植物组织培养（plant tissue culture）是指在无菌条件下，将植物器官、组织、细胞等离体材料放置在培养基上进行培养，通过提供适宜的培养条件，诱发这些材料形成愈伤组织，并进一步进行细胞悬浮培养或分化出器官，最终培育成新植株的方法。植物组织培养具有经济高效、管理方便，利于集约化生产；技术含量高，试验误差小，人工控制能力强；生长周期短，生长速度快，试验重复性好；试验材料经济、来源单一等优点。

　　外植体（explant）是指从植物体上切取下来用于组织培养的离体材料，可以是植物器官（如根、茎尖、叶、花、未成熟的果实、种子等）、组织（如形成层、花药组织、胚乳、皮层等）、细胞（如体细胞、生殖细胞等）和原生质体等。愈伤组织是原植物受伤后，在伤口表面形成的一团无特定结构的薄壁细胞。它们没有明显的极性，也没有明显的组织或器官上的分化特征。在培养基上生长一段时间后，由于营养枯竭、水分散失、代谢产物积累等原因，愈伤组织需要转移到新的培养基上继续生长，这种转移称为继代培养。

　　组织培养的基本程序包括培养材料的准备、外植体制备及接种、愈伤组织诱导及继代培养、分化培养、生根培养和试管苗的驯化及移栽。

　　1. 培养材料的准备　植物组织培养的成功与否，除与培养基的组分有关外，另一个重要因素就是外植体的选择。在选择外植体时，需要考虑的因素包括取材部位、取材季节、外植体的大小及外植体的生理状态和年龄。适宜作为外植体材料的有幼胚、发育中的分生组织细胞（根尖、嫩茎、幼叶等）等。

　　在组织培养过程中，培养材料必须保持无菌状态。先将材料用大量自来水冲洗干净，然后将材料放入适当的灭菌剂中（如 70%～75% 乙醇、0.1%～0.2% 升汞、漂白粉等）进行浸泡灭菌，灭菌后用无菌水冲洗，最后用无菌滤纸吸干材料表面的水分备用。灭菌剂的种类选择、浓度和处理时间需根据材料对灭菌剂的敏感性及实验目的来决定，一方面，要考虑试剂对各种微生物的杀灭效果，选择高效的杀菌剂，另一方面，还要考虑植物材料对杀菌剂的耐受力，避免组织和细胞受到破坏。

　　2. 外植体制备及接种　在无菌条件下，用无菌刀、剪、镊等剥去芽的鳞片、嫩枝的外皮、种子的种皮及胚乳，并将材料切成小段或小片。将切好的外植体立即接种到愈伤组织诱导的培养基上，并用棉签或封口膜封口。

3. 愈伤组织诱导及继代培养　在黑暗条件下，25℃左右培养约1个月可获得愈伤组织。在无菌条件下取出愈伤组织，用解剖刀剔除附着在愈伤块上的培养基以及颜色较深、活性较差的部分，并切割成数个小块，再转接到新鲜培养基上进行继代培养。

4. 分化培养　在无菌条件下取出愈伤组织，切成小块接种到装有分化培养基的三角瓶中，一般30~50天后，可分化出芽并继续长出叶片。当分化出的幼苗长到一定高度或分化出一定数量后，可进行生根培养。在无菌条件下取出分化培养的幼苗，接入装有生根培养基的三角瓶中培养，大约半个月后，幼苗即可生根。

5. 试管苗的驯化及移栽　当幼苗的根长到一定长度，幼苗形体较为健壮时，将幼苗取出并在清水中冲洗，以去除附着在根上的培养基。将洗净的幼苗排好，用清水喷湿，在15~25℃、60%~80%湿度条件下，炼苗24 h，也可视情况缩短12 h，然后将幼苗移栽到由蛭石组成的基质中进行驯化，定期喷施稀释的培养液，一般15~20天后可移栽到室外培养。

驯化的目的是提高试管苗对外界环境条件的适应性，提高光合能力，使试管苗更健壮，提高试管苗移栽成活率。驯化应遵循逐步调节温、湿、光、无菌等环境要素，循序渐进。常见的试管苗移栽方法包括常规移栽法和嫁接移栽法。常规移栽法是指将已诱导出大量根的试管苗，驯化3~5天，移到无菌混合土中，当长出2~3片新叶时，栽到田间。嫁接移栽法是指用试管苗做接穗嫁接在同一植物的实生苗上。嫁接移栽成活率高，适用范围广，所需时间短植株生长发育较快。

四、药用植物的栽培管理

药用植物栽培过程中，土壤配肥与抚育管理是一项十分重要的工作。不同的药用植物对生长环境条件（如土壤、温度、湿度、光照等）的要求有所不同，给药用植物的生长发育创造一个良好的环境是栽培的前提和关键。

（一）选地、整地

1. 栽培的选地要求　栽培药用植物应选择土层深厚的地块，土层深度应在1 m以上，耕层深度应在25 mm以上。耕层土壤应松紧适宜，稳定，以保证水、肥、气、热等资源的有效储存，并为植物根系提供良好的伸展和活动空间。土壤需富含有机质，质地应砂黏适中，且具有良好的团粒结构或团聚体。土壤的pH应适度，地下水位值适宜，且土壤中不应含有过量的重金属等有毒物质。

2. 整地　整地的目的是改变土壤的物理性状，增强土壤的保水保肥能力，消除杂草，并预防病虫害。首先要翻耕土壤，一般在春秋季进行，但以秋季翻耕为好，应在前作收获后及时进行。草本植物宜浅耕，而深根药用植物及有地下块茎、球茎的药用植物则宜深耕。深耕时，要确保熟土在上层，不打乱土层结构，并结合施肥提高土壤肥力和改善土壤结构。

3. 表土耕作　平整土地和混合肥料是农业耕作中的重要步骤，它们有助于减少水分蒸发。耱地糖随土壤，使耕层上再形成一个平整的略松薄层，利于保墒，为播种和出苗提供良好条件。垄作是一种在高于地面的垄台上种植作物的方法。其优点是土壤空隙大，不易板结，利于排水防涝和集中施肥等。

整地作畦，其主要目的是为了方便排灌水、田间操作。畦的种类包括高畦（畦面比畦间步道高 10 ~ 20 cm）：能提高土温、加厚耕层，便于排水防涝，适宜栽培根及根茎、块茎类药用植物；平畦（畦面高度与步道相平，在畦周围筑成稍高于畦面的小梗）：便于浇水、保水，出苗率高，但表土易板结；低畦（畦面比步道低 10 ~ 15 cm）：在地下水位低、降雨少、容易干旱的地区或种植喜湿药用植物时宜采用。畦的方向多为南北向，这样阳光均匀。在坡地作畦，畦的方向应与坡向垂直或做成梯田，以减缓坡度，减少雨水冲刷。

（二）药用植物的播种（育苗）

1. 播种前种子的处理　为了预防病虫害和促进种子萌发，大部分药用植物的种子必须进行播前处理。消毒处理对于携带病虫害的种源，可以采用药浸、拌种等方式，在播种前消灭病虫害。催芽处理通过人工处理种子，可提高种子的发芽率、发芽速度与成功率，常用的方法包括浸种处理：使种子充分吸水、种皮变软，从而达到出苗整齐的目的；沙藏处理：适用于外壳或种皮坚硬的种子，如人参、酸枣等不易发芽的种子；机械损伤法：适用于种皮坚硬且被覆蜡状物质的种子（如甘草），通过破皮处理，以提高发芽率；药剂处理：适用于休眠期较长的种子，选用合适的药剂处理可缩短发芽周期，提高发芽率，保证高产稳产。

2. 播种时间　播种时间分春播（4—5 月）和秋播（9—10 月）。在北方，由于冬季气候寒冷，一般以春播为主。秋播的时间应控制在播种后种子不萌发，土壤即刻上冻为宜。

（三）田间管理

1. 间苗与补苗　主要目的是为了矫正植株的间距，达到合理密植的目的。同时，去除弱小、染病的不良幼苗。间苗工作应视具体情况分一次或多次进行，间苗期一般宜早不宜晚，过晚易造成幼苗徒长，生长柔弱，抗性降低。由于气候条件或病虫害的影响常常造成缺苗，因此在间苗的同时，还应及时补栽缺苗、死亡或过稀的地方。

2. 中耕与除草　中耕可以达到疏松土壤、保持土壤水分、增加土壤透气性、加强有机质分解、消灭杂草，从而促进药用植物自身和根系生长的目的。中耕的深度依药用植物的种类及土壤质地以及当地的气候条件而异。如深根类药用植物易深耕，而对根分布较浅的药用植物宜浅松土，总之，不能伤害植物根系。潮湿而无结构、易板结的土壤宜深耕，干旱地区、灌溉不好的地区宜浅耕。除草可防止杂草与药用植物争水、争光、争肥，并减少病虫害的发生。对杂草易早除、除尽，除草过晚则易损伤邻近药用植物的根系，并造成养分、水分、光照的无谓消耗，增加病虫害发生率。

3. 灌溉与排水　许多药用植物有其特定的需水范围，超过这一范围，就不能正常生长发育。灌溉种类主要有种前灌水、催苗灌水、生长期灌水和冬季灌水等。灌溉方法包括沟灌、畦灌、喷灌和滴灌等。草本药用植物幼苗根系很小，吸水量少，最易受旱害，应适时灌水。

排水可排除多余的地表及地下水，防止耕地盐碱化和沼泽化。由于自然环境和生产条件存在差异，不同地区的排水任务也不同。在湿润和半湿润地区需严格监控地表及地下水位，防止形成涝浸。在土壤含盐量高或地下水矿化度高的地区，需利用排水促进土壤脱盐，防止土壤盐碱化。

4. 整形与修剪　修枝可防止植物的无益徒长，构成一定的树型以利通风透光，促进药用植物用药部位的生长并减少病虫害的发生，便于采收。如枸杞栽培时，都要剪除残老枝条和病枝条，促进分枝。摘心，指摘除顶芽或侧芽。可以避免药用植物的盲目生长而空耗营养，促进营养物质向药用部位积累。摘除顶芽还有促进分枝的作用。摘去花芽一般来说可以促进营养器官的生长。对于以地下部分块茎等入药的植物，当地上部分长到一定时期就要摘心。摘心宜选晴天进行，这样可以促进伤口迅速愈合、避免病原微生物侵染而引发病害。

5. **施肥**　合理施肥，不但能给植物提供养分，还可以改善土壤结构，从而促进药用植物的生长发育，提高药用植物的抗性。药用植物施肥要遵循以下几项原则：多施有机肥并配合施化肥，这样可使肥效迅速而持久，尤其是农家肥，对土壤质地的改善有良好的作用；多施基肥，适当追肥，基肥以农家肥为主，追肥以化肥为主；根据气候特点施肥，如在高温多雨季节和地区，追肥应少量多次，以免肥料流失；根据药用植物的特点，合理配合施用各种肥料。

一般来说，非豆科植物要多施氮肥，如草本植物在营养生长期要多施氮肥。多年生木本植物在晚秋和早春都要大量施用有机肥与少量化肥。不同的化肥化学性质不一样，配合施用时要注意防止不利的化学反应、降低肥效。根据不同情况采用撒施、穴施、根外追肥以及拌种、浸种等方法施入。此外，还要考虑土层深度、不同药用植物的生长习性、前作植物等因素来决定施肥。

五、合成生物学在中药新资源开发中的应用

中药活性成分不仅是中药资源的药效物质基础，也是创新药物开发的源泉。随着分子生物学、基因组测序、生物化学等技术的不断发展，药用植物活性成分的生物合成途径逐渐被解析，通过挖掘其生物合成的相关元件，利用合成生物学的方法可以对植物中现有的天然生物系统进行改造，实现药用植物的定向遗传育种。同时，采用生物系统优化整合在微生物体内重建药用植物活性成分的生物合成模块，可以实现中药活性成分的异源高效合成。

中药药效成分多来源于药用植物次生代谢产物，如黄花蒿中的抗疟疾成分青蒿素，麻黄中具有发汗、平喘作用的麻黄碱等。当前，药用植物有效成分的获取主要通过从药用植物中直接提取分离，例如，从野生或栽培的红豆杉树皮中提取紫杉醇（含量约 0.02% 干重）；在栽培的长春花中提取长春新碱（含量约 0.000 3% 干重）。然而，受限于次生代谢产物含量低，植物生长周期长，化合物纯化难度大，这些方法难以满足日益增长的用药需求。少数结构简单的天然产物，如奎宁、肉桂酸等能用全化学合成法进行直接合成。然而大部分天然产物结构复杂，化学全合成难度极大。同时，植物组织细胞培养法操作较复杂，周期长，且生产成本过高，不易实现工业化，目前只能用于高附加值的化合物生产。

近年来，通过发掘药用活性成分生物合成关键基因，采用合成生物学策略设计和改造微生物菌株来生产天然产物，已被国际研究认为是一种极有潜力的资源获取方法。合成生物学研究对适用于生物合成的基础微生物（如大肠杆菌、酿酒酵母、芽孢杆菌、米曲霉等）进行改造与优化，以实现对中药活性成分的异源定向合成，并将其与代谢工程相结合，构建能够高效合成目标成分的细胞工厂，再对其发酵过程及分离纯化过程进行优化，最终实现单一中药活性成分的规模化、高纯度制备。例如，研究人员在大肠杆菌中生产紫杉醇前体紫杉二烯达到 1 020 mg/L，生产银杏内酯类前体左旋海松二烯达到 700 mg/L。此外，2014 年我国学者获得同时合成齐墩果酸、原人参二醇和原人参三醇的第一代"人参酵母"细胞。

从中药资源可持续利用的角度来看，中药合成生物学策略通过阐明并模拟生物体中药用活性成分生物合成的基本规律，获取基因元件并通过人工设计构建新的、具有特定生理功能的生物系统（植物或微生物系统），是一种实现中药活性成分高效、定向生产的有效方法。目前，国外国内都正在发展先进的生物元件库，如美国的标准生物元件登记库以及我国的合成生物学元件与数据库，生物元件库包含启动子、转录单元、质粒、转座子等元件信息，尤其是对功能性元件异戊

烯基转移酶、甲基转移酶、糖基转移酶、萜烯合酶、氧化酶、还原酶等元件的大量挖掘和功能解析，为解析更多中药活性成分的生物合成途径奠定了坚实的基础。在这些研究的基础上，越来越多的中药活性成分得以实现基于合成生物学技术的高效制备。中药合成生物策略生产中药活性成分的优势包括具有易于控制、生产周期短、不受原料限制、发酵产物成分单一、易于分离纯化等，并且比较容易实现大规模工业化生产，特别是对于珍稀濒危药用植物中药用成分的可持续利用具有重要意义。

甘草三萜在酿酒酵母中的高效合成

甘草次酸等甘草三萜在植物中含量低且结构复杂，难以通过化学合成法直接制备。为解决这些问题，实现甘草三萜的高效异源合成，研究人员首先对甘草三萜途径中的第一个限速酶 Uni25647 进行了改造，以提高其在酵母体内的催化活性。通过重塑其底物通道的疏水微环境，使其催化活性提高了两倍。同时结合过表达 MVA 途径限速酶 tHMG1，使 11-氧-β-香树脂醇产量达到（$1\,598.53 \pm 98.81$）mg/L。

在代谢途径优化过程中，该研究进一步发现，敲除转录因子 SIP4 会促进碳源的分解代谢，使代谢流更多地流向三萜的合成，进一步促进了酵母与异源三萜合成途径的适配及甘草三萜的产量。

在酿酒酵母中，甘草三萜合成途径的关键 P450 酶均定位在内质网膜上，该研究发现过表达 GPP1 能够重塑内质网膜的组成，这种改变显著促进了胞内微环境与高 P450 酶的催化活性的适配性，使甘草三萜产量显著提高的同时，显著降低了中间产物鲨烯以及竞争途径产物的合成。通过进一步的发酵工艺优化，在降低培养基成本的同时，在 5 L 发酵罐中甘草三萜产量达到 4.92 g/L，其中包含 2.94 g/L 的甘草次醛以及 1.02 g/L 的甘草次酸。

第三节　药用动物资源的人工培育

药用动物资源作为中医药学的重要组成部分，具有悠久的历史和广泛的应用价值。自古以来，我国人民在与疾病斗争的过程中，积累了丰富的药用动物养殖和利用经验。从《本草经》到《本草纲目》，再到现代的《中国药用动物志》，大量医药典籍详细记载了药用动物的种类、功效及应用方法，为后世的研究与利用提供了宝贵的资料。现代研究应用遗传学、生态学、分子生物学和基因工程等技术，推动了当代药用动物资源研究的深入与拓展。

一、动物药的生产方式

动物药来源于动物体，属于天然药。从动物体上产生药物的部位划分，可分为全身入药和部分入药两类。全身入药（去除内脏或不去除内脏），如全蝎、地龙等。动物体某一部分入药，如脏器类入药（鸡内金）、衍生物入药（鹿茸）、分泌物入药（麝香）、排泄物入药（五灵脂）、病理产物入药（牛黄）等。

1. **天然采收** 动物药的天然采收依赖于自然资源，应合理采收以实现永续利用。当前，由于掠夺式采收，多种药用动物资源量急剧下降，有的甚至已处于濒危状态或已绝灭。因此，建立珍贵的药用动物保护区显得非常必要，以防止失去更多的天然基因库，避免造成种质资源的绝灭，其损失是巨大的。

2. **综合交叉生产** 动物药的交叉性生产主要分为两类：一是原动物利用价值上的交叉性，如养牛不仅可肉用、乳用，同时又可培植牛黄；养鳖可生产鳖肉，又可获得鳖甲；养鲍可生产鲍肉，又可获得石决明等。二是动物产品利用价值上的交叉性，如珍珠既是美丽的装饰品，又是重要的动物药；麝香既是重要的动物香料，又是名贵的动物药。采用这种交叉方式，综合利用资源，可以带来更大的经济效益，同时使生产更为稳定。

黑龙江省鹿业产业综合交叉发展实例

2020年5月正式公布的《国家畜禽遗传资源目录》中收录了家养畜禽及其杂交后代。其中，梅花鹿、马鹿等列入特种畜禽，将遵照畜牧法管理。黑龙江省作为我国养鹿大省之一，经过60余年的发展，鹿业目前已经形成了稳定、健康发展的特色产业。鹿茸作为黑龙江省道地药材"龙九味"之一、人工饲养的鹿类产品作为黑龙江省"九珍十八品"之一享誉全国。《本草纲目》中记载："鹿之一身皆益人，或煮或蒸或脯，同酒食之良。大抵鹿乃仙兽，纯阳多寿之物，能通督脉，又食良草，故其肉、角有益无损。"除鹿茸外，鹿的多个部位如鹿血、鹿肉、鹿胎、鹿骨和鹿鞭等均可入药，亦可食用，具有独特的营养价值和经济价值。黑龙江省鹿业企业通过GAP（良好农业规范）规范化养殖，利用传统工艺加工，到生物鹿药研发，保健品开发和食品深加工等环节，实现了鹿的综合性开发，以鹿茸、角、心、鞭、血、骨、皮、肉、胎、尾、筋等为主要原料，研究开发了一系列精深加工的鹿业产品。

3. **人工养殖** 从三大虫类（蜜蜂、蚕、紫胶虫）人工养殖历史算起，药用动物的人工养殖可追溯到商周时代，在现代化科学技术武装之后有了很大发展。

（1）驯化技术的发展 药用动物多属于野生动物，变野生为家养的重要环节是驯化。以生产为目的的驯化，我国在理化和应用技术上均走在世界的前列，并具有中国特色。驯化可有效地提高动物生产性能和产品的质量，并对动物饲养、繁殖、疾病防治和产品采收都带来很多方便。

（2）饲料生产技术的发展 药用动物种类繁多，食性复杂。在野生状态下，它们可主动选择食物，而在家养条件下，则依赖人类供应饲料。如对动物食性了解不够，导致饲料营养不全面，往往会造成动物的繁殖障碍，使生长发育受阻，体质衰弱，影响产品质量。

（3）饲养技术的进展 如乌骨鸡等克服就巢性以提高产蛋量；土鳖、蝎、龟、蛇类等温室化饲养，打破休眠以加速生长发育；鱼类与龟鳖等混养以增加经济效益；以食物链为基础的土鳖虫——钳蝎的系列饲养等。

（4）繁育技术的进展 在高等药用动物中应用繁殖新技术很多，如超数排卵，人工授精乃至胚胎切割、移植等都在研究应用。利用外源激素调整动物家养条件下内分、电刺激采精，发情鉴定和妊娠，在良种繁育工作方面，可以人工进行提纯复壮和杂交选育。

4. **工厂化生产** 动物药工厂化生产工艺的发展可以大幅度提高产量，从珍珠、蚕、虫草的人工培养，到蛇、蝎、蜈蚣的电刺激采毒；从鹿的控光增茸到麝的激素增香，特别是活麝取香、人工培植牛黄、活熊取胆汁，胆素提取工艺的发展使产量得到提升，鹿茸的细胞培养和麝香腺细胞培养已进入生物工程水平。所以，动物药的工程化生产理论与技术已在我国形成一个独具特色的专门学科——动物药的生产工程学。

牛黄的人工培植

天然来源的牛黄是活牛体内因病产生胆结石而形成，来源稀缺。为应对该问题，早在20世纪70年代，我国就提出"培植牛黄"的解决思路。

培植牛黄是通过现代生物科技，在活牛胆囊内培植致病因子，从而促进其自然产生结石，并在活牛胆囊内自然生长。但由于技术培植成功率不高，产黄量偏低，使得培植牛黄成本居高不下，培植牛黄近30年来无法被广泛使用。直到2019年，培植牛黄工作取得重大进展，牛黄培植成功率达到100%，牛黄的产量显著提升，且对牛的生长没有不良影响。

人工培植的牛黄品质稳定，关键检测指标性成分含量高。天然牛黄由于来源不明，形成的致病因素不确定，导致品质差异很大，而培植牛黄促进产生胆结石的致病因素清晰，安全可靠，品质稳定。从牛黄关键检测指标胆红素含量来看，国家药典规定药用牛黄的胆红素含量不得低于25%，而培植牛黄的胆红素含量稳定在38%～45%。

目前培植牛黄已成功实现量产，优质牛黄稀少的千年难题终于得到破解，众多使用牛黄的名贵中成药原料供不应求的现状有望得到缓解。

二、药用动物的养殖方式

1. **原地复壮**　发展地道药材是中药生产的一项基本原则，动物药的生产也是如此。各种药用动物在长期的物种进化过程中，能够通过自然选择，生存竞争，繁衍后代，是因为该种动物对其存在环境的适应，即所谓"适者生存"。每种药用动物的个体或种群都有其最佳生境条件。环境条件对动物的形态结构、生理机能和遗传性状都存在着紧密的联系和深刻的影响。环境的变化导致物种的遗传性状发生改变，为了避免生境隔离，对动物（特别是珍稀濒危药用动物）生境和原种的保护是一项非常重要和意义深远的工作。建立自然保护区，采取各种措施，促进种群复壮，在保持生态平衡的基础上，进行药用动物的调查，实行有计划地发掘利用，防止超限掠夺而导致生产量下降和资源枯竭是非常必要的。如长白山地区建立保护区以来，马鹿及原麝的数量都在不断地增加。

2. **引种放养**　引种是对动物的人工迁移。自然迁移是由于地质、气候等环境条件的改变所引起的。在迁移过程中往往会形成动物的大量死亡，甚至种群的灭绝，所以对药用动物的引种放养，必须对放养环境进行深入的调查研究，使引入种在新环境中能够发展成为优势种，才能有较高的生产量，以达到投资少、见效快、收益大的目的。如梅花鹿引种到沿海各省，获得成功，而对马鹿和白唇鹿的引种却失败，其原因主要是由于水、热条件的不适应而致。

3. **变野生为家养**　与散养不同，家养主要是在人工条件下进行，动物野生的全部生活条件很难在人工条件下完全满足，所以，家养方式比散养要复杂得多。归纳起来，大体可以分为五个环节：引种—驯化—饲养—繁殖—育种。驯化是变野生为家养的重要环节，如野生梅花鹿的特点是易惊恐，大脑皮层长期处于兴奋状态，易形成内分泌失调，性腺发育不全，生殖机能紊乱，如卵巢脓肿等而失去生殖能力，通过驯化动物可避免这些现象。梅花鹿的家养，都是首先通过人工驯化才能繁殖后代。动物的行为与其生产性能也存在着紧密的关系，按照人类的要求，通过定向驯化来控制动物的行为，提高其生产性能，可以获得高质量的产品和更大的经济效益。对药用动物定向驯化，应在动物个体的早期发育阶段进行，利用幼龄机体可塑性大的特点，可以收到比较大的驯化效果，对药用动物在家养条件下因内分泌系统失调而造成繁殖力下降的现象，可以通过补充外源激素来提高繁殖力。

4. **饲养**　药用动物的饲养，不能生搬硬套家畜、家禽等动物的饲养方式方法，必须走出一条适应药用动物生物学规律的新道路。药用动物的饲养方式大体上分为散放饲养和控制饲养。散放饲养又分为全散放饲养和半散放饲养，全散放饲养药用动物基本处于野生状态，多为本地固有的或从外地引入的重要药用动物；半散放型饲养在自然基础上配合人工隔离等方式改善药用动物的生存环境。控制饲养是将药用动物基本完全置于人工环境下，如圈养（鹿）、池养（龟）、箱养（蜜蜂）等，人工改善药用动物对自然的适应性。生态学研究在药用动物饲养上十分重要，想要获得更多的药用动物产量，必须实行密集生产。在饲养药用动物时，要充分考虑到种群的组成和结构，年龄比例和性别比例等。此外，药用动物的生存环境，如气候、食物供应、场舍布局、生存环境等都需要在人为控制下进行调节。在确定了饲养方式和恰当的饲养制度之后，要根据具体物种制定细节管理制度，解决饲养药用动物存在的一些问题，例如逃跑、患病等。

🐾 **思考与讨论**

在药用动物的饲养中，怎样预防传染病？

三、药用动物营养中存在的问题

药用动物食性复杂，包括肉食性、草食性、杂食性；在食物范围上，有广食性、狭食性及单食性之分；大部分药用动物独立生活，但也包括寄生动物和共生动物。药用动物种类繁多，人工饲养的多属于能生产珍贵、高效和紧缺动物药材的原动物，目前，对这些动物的饲养基本上没有达到标准化，存在很多的问题。

1. **不同生长发育阶段饲料的研制**　缺少针对不同生长发育阶段（幼龄期、育成期、成年期等），不同生物学时期（配种期、妊娠期、产仔哺乳期，冬眠前后和蜕皮前后等）的饲料配方。

2. **活饵生产及其代替饲料的研制**　如钳蝎、蜈蚣吸吮小动物的体内液质，蛤蚧和蛤什蟆变态成蛙之后都以活虫为主要食物。一方面要筛选、培育如丰年虫、黄粉岬（面包虫）等活饵，另一方面要研制代替饲料（假活饵）。

3. **开食饲料研究**　对虾、药用蛇类、龟鳖等均需要研制开食饲料。

4. **高产饲料的配方研究**　肉、蛋、奶、毛等畜、禽产品的高产饲料配方已有深入研究。毛皮动物（如水貂）等也有了一定的研究水平，但绝大部分药用动物尚未研制出有效的、高质量的饲料配方。如提高鹿茸、麝香和熊胆汁分泌量的高产配方，以及在育成期加速生长发育、促进早熟的饲料配方；克服繁殖障碍、提高繁殖成活率的饲料配方（全身入药的动物）。

5. **特殊营养配方**　动物饲料特殊营养配方旨在通过添加特定的营养成分或添加剂，以提高动物的生长速度、健康状况以及饲料利用率。这些配方通常包括各种营养性添加剂和非营养性添加剂，以满足动物的特定营养需求，促进其健康成长。

四、人工培育优良品种

我国已经成功培育出多种优良品种的药用动物，如乌鸡（单一品种）、鹌鹑（日本鹌鹑、朝鲜鹌鹑、中国鹌鹑）、蜜蜂（中国蜜蜂、意大利蜜蜂和高加索蜜蜂等）、家蚕（多个品种）等；通过对野外药用动物基因筛选，发现了优良野生种群并进行了引种驯养，如吉林省长白山地区体大油多的哈士蟆（中国林蛙）种群和内蒙古阿尔山地区鹿茸较大的马鹿种群。

但在药用动物养殖业中，多数尚未有明确的育种目标、实施计划、组织机构和育种谱系等安排。目前的育种工作主要是为了增加产品和提高动物生活力而进行个体或群体的选育。科学的育种工作应是有目标、有计划、有组织、有步骤地进行，从工作内容上大体包括遗传性状分析、选种和选配、交配产仔、培育（驯化与饲养等）等步骤。

（一）遗传性状分析

动物品种的形成，除了遗传因素为决定性因素之外，生态条件和人工选育都具有重要作用。中国幅员辽阔，地形、植被及气候类型复杂多样，环境条件和营养条件差异很大。由于人类对动物选育目标不同，驯养动物出现了具有不同遗传特点和生产性能的各种品种、品系或类群。所以，动物品种的形成是在有目标、有计划的人工选择和精心培育下实现的。选择的目的是保存和发展优良的性状，淘汰不良的性状。这包括对动物基因的分析、组合和对环境条件的控制、运用，以使动物产生符合人类要求的性状，即：基因型 + 环境 = 表型，构成动物表型的各种性状共分为两大类，即质量性状和数量性状。

1. 质量性状　多由一对或少数几对基因所决定，每对基因都在表型上有明显的可见效应。各质量性状之间有明显的质的区别，不易混淆。所出现的变异多是不连续性变异，即使出现有不完全显性杂合体的中间类型也可以区别归类，这一类性状称之为质量性状，孟德尔的三个遗传基本规律就是根据质量性状的遗传动态总结出来的。质量性状包括的种类很多，如野生动物的毛色、耳型、血型、畸形及各种遗传疾病等。

2. 数量性状　往往由多数基因所控制，每个基因只有较小的效应，在表型上并不明显可见，因而在实际研究中很难确定每对基因的作用。对这样的性状只能用数量遗传的理论、数理统计的方法进行分析和研究，并用来指导育种工作。数量性状包括动物的体型大小、体重、毛的长短和密度、毛色的深浅、产仔力、抗病力、生活力和生长速度等。这些都是生产上很重要的经济性状，也是动物育种的主要选择性状，数量性状的遗传虽然与质量性状的遗传有共同之处，但也有根本性差异，所用的育种方法也不同。

在一个群体中，数量性状往往表现为一些没有明确界线的类型。在群体中，这些表型是呈连续变异而不是间隔中断的。如动物体重的由轻到重可以出现许多中间类型。在一个数量性状有明显差异的两个群体交配时，所产生的子代其数量性状的差异常常表现出介于两个群体之间的中间型。

数量性状的遗传基础是由多基因控制。数量性状对环境条件的反应敏感，它的表型往往受到环境条件的影响，同样的遗传性和基因型会因环境条件的差别而表现不同。

（二）自然选择与人工选择

选择是人类改良物种的手段。通过选择可以保存和发展动物的某些优良基因，也可以淘汰某些不良基因，从而改变了群体的基因频率和基因组合，并导致动物体产生变异。

作为育种手段的人工选择，包括选种、选择配种和交配三个方面。

1. 选种　选种是对参加配种的动物，不论雄性还是雌性，进行种质优劣、生产力高低、性状好坏的有计划选择，目的是不断地提高其后裔的质量，并使其朝着人类需要的方向发展。选种的方法首先是对动物的体质、外形和生产力进行综合评定。但如果仅依据这些标准去选种，可能会出现不分主次的问题。选种应以全面鉴定为基础，在各方面都达到标准的前提下，集中力量选择几个主要生产性状，这样才能加速遗传进展和提高选种效果。选种的方法大致有个体选择、系谱选择、后裔测验和同胞选择等。

（1）个体选择（大群选择）　这是一种较古老且常用的选种方法。

（2）系谱选择　从遗传规律的角度来分析动物祖先和后代的关系，认为优秀的祖先会产生优秀的后代。系谱选择在育种学上占有重要地位。

（3）后裔测验　根据后代的表现来确定亲本的优劣，并作为依据来确定对亲本的保留和淘汰。如雄性亲本经后裔测验确定为优秀者，可以通过人工授精方法扩大其配种范围，把它的优良性状遗传给更多的后代。

（4）同胞选择或家系选择　根据动物的旁系亲属的表现来估计其育种价值，评价其优劣。有的必须在杀死动物后才能取得性状（如皮张面积），因此只能用同胞选择和家系选择。同胞选择不受世代间距的影响，在一定时间内取得的遗传进展快，特别对于遗传力低的性状的选择是很有效的。

2. 选择配种　选择配种（简称选配）就是对动物配对进行人工控制，使优秀个体获得更多的交配机会，并使优良基因更好地重新组合，以促进动物的改良和提高。选配时要对参加配种的动物个体或群体在年龄、体质、雌雄比例、配种方式和方法上进行优选，充分发掘动物的生产潜力，发挥最大的繁殖效能。选配大体可分为个体选配和群体选配。个体选配主要考虑配偶双方的品质对比和亲缘关系；群体选配则主要考虑配偶双方所属种群的特性，以及它们的异同在后代中可能产生的作用。选配是改良动物种群和创造新种群的有力手段。

在药用动物人工饲养条件下，为了进行良种繁殖和不断提高种群生产力，必须进行选种和选配，大型动物可以进行大体选种和选配，而小型动物则只能进行群体选种和选配。

3. 交配　交配是动物的有性繁殖过程，这种繁殖方式有三种：①随机交配，即在一个种群中，一个性别的任何个体都有相等的概率同另一个性别的个体交配。②表型组合交配，这类交配是以表型选择为基础的，又可分为两种：凡表型相似的个体间进行的交配，称为同质交配；凡表型不相似的个体间进行的交配称为异质交配。③基因型组合交配，这是根据雄体与雌体之间的亲缘关系进行的一种交配方式。其中，亲缘关系更接近的个体之间的交配，称为近亲交配；亲缘关系超过了平均群体关系的交配，通称为远缘交配。

基因型组合交配是最科学的有性繁殖方式，它对子代性状的遗传可以作出科学的分析和判断。是系统育种的最快速有效的方式。

（三）生产培育

在育种工作中，除了选择（选种和选配）的作用之外，对子代的后天培育也是非常重要的，如果培育工作跟不上，则优良性状在子代中也不一定能显示出来。前面谈到很重要的数量性状，如产仔力、抗病力、生活力和生长速度等都对环境条件的优劣反应敏感。营养状况可以直接影响子代发育的体形和体重大小，同样基因型的表型也可因营养条件的不同而变化。所以在育种工作中，要切实掌握基因型、环境和表型三者之间的关系，使选择和培育工作有效地结合起来，达到药用动物育种的目的。

第四节　中药材规范化生产与质量控制

中药材 GAP（good agricultural practice）是《中药材生产质量管理规范》（Good Agricultural Practice for Chinese Crude Drugs）的简称，是一项从保证中药材品质出发，控制中药材生产和品质的各种影响因子，规范中药材生产全过程，以保证中药材真实、安全、有效及品质稳定可控的基本准则。

中药材 GAP 所指的中药材是广义的概念，涵盖传统中药、草药、民族药及引进的植物药，包括栽培、养殖、野生和外来种。GAP 不仅适用于药用植物，也适用于药用动物，这一点与 WHO 和欧盟的药用植物种植和采集的生产质量管理规范（GACP）仅包括药用植物和芳香植物不同。矿物药因来源于非生物，其自然属性和生产过程与生物类药差异较大，因此不适用 GAP。

所谓中药材的生产全过程，以植物药为例，即指从种子开始经过不同的生长发育阶段到形成商品药材（经初加工）为止的过程。此过程一般不包括饮片炮制。但根据中药材生产企业发展趋势和就地加工饮片的有利因素，国家鼓励中药材生产企业按相关法规要求，在产地发展趁鲜加工。GAP 是中药材规范化生产和质量管理的基本要求，适用于中药材生产企业采用种植、养殖方式规范生产中药材的全过程管理，同 GLP、GCP、GMP 和 GSP 共同构成了药品管理的 5 个配套规范。

一、中药材规范化生产的发展背景

自新中国成立以来，我国制定并颁布了发展中药材生产的一系列方针政策。1955 年，我国把中药材生产列入农业生产规划。1958 年，提出了发展中药材生产、解决中药供应的三个根本性的方针。直到 2002 年，试行版中药材 GAP 才发布，国家药品监督管理部门经研究决定采取认证管理的方式实施中药材 GAP。自 2003 年 11 月 1 日起，由国家药品监督管理局正式受理中药材 GAP 的认证申请，并组织认证试点工作。

2016 年，为适应国家政府职能转变的改革，国家食品药品监督管理总局发布公告，主要内容有：正式取消了中药材 GAP 的认证工作；对中药材 GAP 实施方式拟改为备案管理；并不废止试行版中药材 GAP，原有认证的基地继续管理。截至 2016 年认证工作取消，先后共认证中药材 GAP 基地 177 个，涉及全国 26 个省份的 110 家企业 71 种中药材。

2018 年，在取消了中药材 GAP 认证工作后，国家药品监督管理部门研究过中药材 GAP 的实施方式拟采用备案管理方式，不过实施方式也未确定。至 2023 年，我国发布了关于《中药材 GAP 实施技术指导原则》和《中药材 GAP 检查指南》的通告。

二、实施中药材 GAP 的目的意义

实施中药材 GAP 旨在从源头上控制中药饮片和中成药的质量，促进中医药产业的健康发展。

实施中药材 GAP，有利于对中药材生产全过程进行有效的品质控制，是保证中药材品质"稳定、可控"，保障中医临床用药"安全、有效"的重要措施。

1. 实施中药材 GAP 的目的

（1）规范中药材生产全过程 GAP 中一系列标准和管理规范，对中药材的种植、养殖、采收、加工、贮藏、运输等各个环节进行严格控制提供了根本遵循，以确保中药材生产的规范化和标准化。

（2）保证药材质量 GAP 的核心在于保证药材质量的均一、可控，并尽可能达到优质、高产、稳产和高效。通过科学的管理和质量控制手段，提高中药材的品质和稳定性。

（3）保护生态环境 GAP 的实施有助于实现中药材生产的可持续发展，通过合理利用资源、保护生态环境，减少农药残留和重金属超标等问题，确保中药材的安全性和有效性。

2. 实施中药材 GAP 的意义 促进中药标准化、集约化、现代化和国际化，提高中药材质量和市场竞争力；促进中药制药企业、中药商业规模化健康发展；促进农业生产结构调整和中药农业产业化；改善生态环境以获取生态效益，走可持续发展道路；增加农民收入，促进地方经济发展。

（1）保障源头 中药材 GAP 是中药药品研制、生产、开发和应用整个过程的源头，只有首先抓住源头，才能得到质量稳定、均一、可控的药材，才能彻底改变当前中药落后的现状，最终从根本上解决中药的质量问题和现代化问题。

（2）解决问题 实施 GAP 不仅能解决现实存在的药材种质、种养、加工、重金属、农药残留等一系列中药材生产的问题，还能够合理开发野生药材资源，走可持续发展的道路。

（3）顺应实时需求 顺应国家的"三农"政策。实施中药材 GAP 是促进农业产业化建设的重要措施。结合农村退耕还林、还草等农业产业结构的调整，采用"公司＋农户"等模式，向企业化管理、规模化种植的方向发展。

（4）规范中药农业 逐步改变落后、分散的药材种植和采集形式，组成以市场为导向，企业为主体，科技为依托，政府协调，并充分调动广大药农的积极性，建立规范化、现代化的中药精细农业。

（5）市场品牌需要 建立品牌，树立名牌意识，占领市场。创建中药材品牌，要以规范的种植、科学的量化指标创建现代优质中药品牌，提高中药的整体形象和国际地位。

（6）高标准原则 遵循高科技、高起点、高标准的原则，建设优质、无公害的中药材 GAP 生产基地。

三、中药材 GAP 基地建设原则

GAP 内容广泛、复杂，涉及中药学、生物学、农学及管理学等，其核心是"规范生产过程以保证药材的质量稳定、可控"，各条款围绕药材质量及可能影响药材质量的内在因素和外在因素的调控而制定。GAP 的制定要认真吸取国外先进经验，与国际接轨，与中国实际情况相结合，GAP 概念中除了栽培的药用植物、家养药用动物，还有野生药用动植物。处理好继承和发扬的关系，既要选用新技术、新工艺，又要符合安全、有效的原则。因此在建设中药材 GAP 基地需要遵循以下原则。

1. 生态环境保护 选择适宜中药材生长的自然生态环境，避免对环境的破坏。保护生物多样性，防止土壤、水源和空气污染。

2. 科学选地选种 根据中药材的生长需求，选择土壤、水源、气候等条件适宜的地区进行种植。选择优良的药材品种，确保种源的纯正和质量。

3. 规范化生产管理 制定并严格执行生产管理规范，包括种植、施肥、灌溉、病虫害防治等各个环节，确保生产过程的规范化和标准化。

4. 质量控制 从种子、种苗、生产、采收、加工到储存等各个环节进行全程质量控制，确保中药材的质量和安全。

5. 科技支撑 依托科技进步，应用先进的农业技术和管理方法，提高生产效率和产品质量。加强科技培训，提高从业人员的技术水平。

6. 可追溯性 建立完善的追溯体系，从种植到销售的全过程都要有记录，确保产品的可追溯性，保障消费者的权益。

7. 经济效益与社会效益 在保证生态环境和产品质量的前提下，注重提高生产的经济效益和社会效益，促进农民增收和农村经济发展。

这些原则旨在确保中药材生产的规范化、标准化和可持续性，从而提高中药材的质量和安全性，促进中药产业的健康发展。

> **思考与讨论**
> 1. 建设中药材 GAP 基地有哪些需要考虑的因素？
> 2. 药材生产基地运营模式有哪些？

四、中药材规范化生产技术体系

（一）中药材生产质量管理规范概述

《中药材生产质量管理规范》简称中药材 GAP，是由我国国家药品监督管理局组织制定，并负责组织实施的行业管理法规。中药材 GAP 研究对象是生活的药用植物、药用动物及其赖以生存的环境，它既包括栽培、饲养物种，也包括野生物种。同时包括人的干预，如栽培技术、野生药材的抚育保护等。就植物药来说，中药材的生产全过程，是种子经过不同阶段的生长发育到形成商品药材（产地加工或加工的产物）为止。一般不包括饮片炮制，除非在产地连续生产中已形成饮片（如附子加工成黑顺片、白附片）。一般炮制可看作是中药药剂的前处理。

（二）中药材 GAP 主要内容

中药材 GAP 是对中药材生产中各主要环节提出的要求。关注"关键环节"是新版中药材 GAP 贯穿始终的核心理念，为此，新版中药材 GAP 对影响中药材质量的关键环节尽可能地进行了细化和明确，要求中药材生产全过程关键环节必须做到"六统一"+"可追溯"，这也成为新版中药材 GAP 管控关键措施理念的集中体现，并要求中药材 GAP 基地必须遵循。

"六统一"为：统一规划生产基地；统一供应种子种苗或其他繁殖材料；统一肥料、农药或者饲料、兽药等投入品管理措施；统一种植或者养殖技术规程；统一采收与产地加工技术规程；统一包装与贮存技术规程。

"可追溯"：中药材 GAP 基地生产的产品必须"可追溯"，是指对中药材在该基地的整个生产周期进行全面、细致且不间断地追踪和记录，要求中药材生产全过程中，对影响中药材质量的关键环节必须实现可追溯。

2023年6月29日，我国关于发布《中药材GAP实施技术指导原则》和《中药材GAP检查指南》的通告。共分两节，分别介绍了检查标准和检查要点；其中检查要点共分为13章，其主要内容如下。

第一章 总则。中药材生产企业（简称企业）是否有营业执照，国家有特殊管理要求的中药材生产、经营是否符合要求。中药材生产基地是否未破坏资源与环境。企业是否有可持续发展评估报告，包括对环境的双向保护，不破坏环境措施，可持续发展规划等。企业是否存在虚假、欺骗行为。

第二章 种源鉴定结果。文献资料，如道地性——资料（如县志）是否有记载、已发表的研究文献、适宜生长条件等；是否有成熟的种植（养殖）技术；是否有种植史；轮种方案、长期发展规划、大气评估、土壤、水质分析、适宜性分析（光照、海拔、经纬度、温度、成熟的种植技术）等；繁殖方式、包装方式、运输方式等；基地模式；制定突发性病虫害等的防治预案。企业是否制定了有效的生产管理与质量控制、预防措施。企业是否对基地生产单元主体建立了有效的监督管理机制。企业是否对基地生产单元主体实现了关键环节的现场指导、监督和记录。

第三章 企业是否做到了"六统一"。人员、设施、设备等配备是否与生产基地规模相适应。是否按批管理。是否建立了中药材生产质量追溯体系，并规定追溯方式。企业是否建立了包括生产基地选址、种子种苗或其他繁殖材料要求、种植或养殖、采收与产地加工、包装、放行与储运等关键环节的生产技术规程。企业是否制定了中药材质量标准，并且标准不低于现行法定标准。企业是否制定了中药材种子种苗或其他繁殖材料的标准，包括但不限于发芽率和发芽势。企业是否制定了种子种苗鉴定制度。企业是否制定了种子种苗筛选制度。

机构与人员。企业是否明确了基地的生产组织模式。企业是否建立了中药材生产和质量管理机构，并明确各级机构和人员职责。企业是否配备了能够行使质量保证和控制职能的条件。企业是否配备了足够数量并具有和岗位职责相对应资质的生产和质量管理人员。生产、质量的管理负责人是否有中药学、药学或者农学等相关专业大专及以上学历并有中药材生产、质量管理三年以上实践经验，或者有中药材生产、质量管理五年以上的实践经验，且须经过本规范的培训。生产管理负责人职责是否包括但不仅限于：种子种苗或其他繁殖材料繁育、田间管理或者药用动物饲养、农业投入品使用、采收与加工、包装与贮存等生产活动。质量管理负责人职责是否包括但不仅限于：质量标准与技术规程制定及监督执行、检验和产品放行。企业是否制定了培训总计划，制定培训方式、考核标准等，并建立培训档案。企业是否对直接从事中药材生产活动的人员进行了培训，包括但不仅限于：中药材的生长发育习性，对环境条件的要求，以及田间管理或者饲养管理、肥料和农药或者饲料和兽药使用、采收、产地加工、贮存养护等的基本要求。企业对培训是否进行了考核并记录考核结果，考核结果是否归档管理。企业是否建立了健康管理制度。

第四章 设施、设备与工具。企业是否建设了必要的设施，包括但不限于种植或者养殖设施、产地。加工设施、中药材贮存仓库、包装设施等。存放农药、肥料和种子种苗，兽药、饲料和饲料添加剂等的设施是否能够保持存放物品质量稳定和安全。并不得污染中药材及种植种苗等繁殖材料。是否制定产地加工设施的卫生标准，以达到不污染中药材的目的。贮存中药材的仓库是否符合贮存条件要求，是否根据需要建设控温、避光、通风、防潮和防虫、防鼠禽畜等设施。如自建了质量检验室，其功能布局是否满足中药材的检验条件要求，是否设置了检验、仪器、标本、留样等工作室（柜）。如委托检验，是否对被委托单位进行评估，并给出评估结果。生产设备、工具的选用与配置是否符合预定用途，便于操作、清洁、维护。肥料、农药施用的设备、工具使用前是否仔细检查，并且使用后及时清洁。采收和清洁、干燥及特殊加工等设备不得污染中药材。大型生产设备是否有明显的状态标识，并建立维护保养制度。

第五章　基地选址。生产基地选址和建设是否符合国家和地方生态环境保护要求。企业是否根据种植或养殖中药材的生长发育习性和对环境条件的要求，制定了产地和种植地块或者养殖场所的选址标准。中药材生产基地是否选址于道地产区，如在非道地产区选址，是否提供了充分文献或者科学数据证明其适宜性。种植地块是否能满足药用植物对气候、土壤、光照、水分、前茬作物、轮作等要求；养殖场所是否能满足药用动物对环境条件的各项要求。生产基地周围是否无污染源。生产基地所在地空气是否符合国家《环境空气质量标准》二类区要求。生产基地选址范围内土壤是否符合国家《土壤环境质量农用地污染风险管控标准（试行）》的要求。是否对土地施用过禁用农药等进行过调查。灌溉水是否符合国家《农田灌溉水质标准》，产地加工用水和药用动物饮用水是否符合国家《生活饮用水卫生标准》，水生药用动物养殖水质是否符合农业农村部有关水产养殖有关规定（《绿色食品产地环境质量中华人民共和国农业行业标准 NY/T 391—2021》）。基地选址范围内，企业是否至少完成一个生产周期中药材种植或者养殖，并有两个收获期中药材质量检测数据且符合企业内控质量标准。企业是否按照生产基地选址标准进行环境评估，确定产地，明确生产基地规模、种植地块或者养殖场所布局。生产基地是否规模化。产地地址是否明确至乡级行政区划。每一个种植地块或者养殖场所是否有明确记载和边界定位。应有明确的基地分布图。

第六章　种子种苗或其他繁殖材料。企业是否明确使用种子种苗或其他繁殖材料的基原及种质，包括种、亚种、变种或者变型、农家品种或者选育品种。企业是否在一个中药材生产基地一种药材只使用了一种经鉴定符合要求的物种，使用的种植或者养殖物种的基原是否符合相关标准、法规。企业是否鉴定了每批种子种苗或其他繁殖材料的基原和种质。使用列入《国家重点保护野生植物名录》的药用野生植物资源的，是否符合国家相关法律法规规定等。

第七章　种植与养殖。企业是否制定了种植或养殖技术规程。企业是否制定了肥料使用技术规程，所使用的化肥品种是否适当；如使用绿肥、厩肥等有机肥，是否制定了有机肥制作及使用技术规程，包括投入品配比、发酵时间、堆积方式、腐熟判断以及无害化卫生标准等。

第八章　采收与产地加工。企业是否制定了种植、养殖、野生抚育或仿野生栽培中药材的采收与产地加工技术规程，明确采收的部位、采收过程中需除去的部分、采收规格等质量要求。企业是否参照传统采收经验、依据现代研究数据，明确采收年限范围，确定基于物候期的适宜采收时间，并明确规定采收期等。

第九章　包装、放行与储运。企业是否制定包装、放行和储运技术规程等。

第十章　文件。企业是否建立文件管理系统，以保证全过程关键环节记录完整。是否制定规程，规范文件的起草、修订、变更、审核、批准、替换或撤销、保存和存档、发放和使用等。

第十一章　质量检验。企业是否建立质量控制系统，包括相应的组织机构、文件系统以及取样、检验等，确保中药材质量符合要求等。

第十二章　内审。企业是否定期组织对本规范实施情况的内审，对影响中药材质量的关键数据定期进行趋势分析和风险评估，确认是否符合本规范要求，采取必要改进措施等。

第十三章　投诉、退货与召回。企业是否建立投诉处理、退货处理和召回制度等。

思考与讨论

中药材 GAP 项目的研究应注意哪些主要内容?

中药材 GAP 关键环节的追溯系统

中药材 GAP 追溯系统,对中药材生产的关键环节,实现"可追溯"的具体方式通常包括以下几种。

1. 信息化记录:利用电子表格、数据库软件或专门的追溯系统软件,对中药材生产的各个环节进行详细记录,包括种植地信息、种苗来源、农事操作、采收加工、质量检测等数据。

2. 标识与编码:为每一批中药材、种植地块、种苗等赋予唯一的标识编码,如二维码、条形码或电子标签。这些标识可以包含丰富的信息,通过扫描或读取能够获取相关追溯数据。

3. 物联网技术:应用传感器、智能设备等物联网技术,实时采集环境参数(如温度、湿度、光照等)、土壤状况以及农事操作的相关数据,并自动上传至追溯系统。

4. 卫星定位与地理信息系统(GIS):通过卫星定位确定种植基地的地理位置和范围,结合 GIS 技术记录种植区域的地形、地貌等信息,有助于监控产地环境和土地使用情况。

5. 图像与视频记录:在关键环节,如采收、加工等,拍摄图像或视频资料,并与追溯数据关联,提供直观的证据。

6. 质量检测数据整合:将中药材的质量检测报告和结果纳入追溯系统,使消费者和监管部门能够了解产品的质量状况。

7. 区块链技术:利用区块链的去中心化、不可篡改等特性,确保追溯数据的真实性和安全性,防止数据被篡改或伪造。

8. 移动应用程序:开发手机 APP,方便种植户、企业员工等在现场进行数据录入和查询,提高数据采集的及时性和便捷性。

9. 数据接口与集成:与其他相关系统(如企业的企业资源计划系统 ERP、监管部门的平台等)进行数据接口对接,实现数据的共享和交互。

10. 培训与教育:对参与中药材生产的人员进行培训,使其了解追溯系统的操作方法和重要性,确保数据的准确录入和有效使用。

开放性讨论题

1. 药用植物的引种驯化过程中可能遇到哪些挑战?如何克服这些挑战以实现药用植物资源的有效利用?

2. 比较药用植物的良种选育与传统农作物育种的不同之处,分析在药用植物育种中应特别关注哪些因素。

3. 分析药用植物资源人工合成技术的最新进展,并讨论其在中药资源人工培育中的潜力与应用前景。

4. 中药材规范化生产的质量控制涉及哪些方面?如何确保中药材的质量稳定性和安全性?

复习思考题

1. 中药资源人工培育的概念。

2. 药用植物引种驯化涉及哪些技术与方法研究？

3. 什么是中药材生态种植？其核心技术问题主要有哪些？

数字资源详见　新形态教材网

🔎 学习目标　　🔗 知识图谱　　📖 推荐阅读　　🖥 教学课件　　✂ 自测题

第八章

中药资源开发与利用

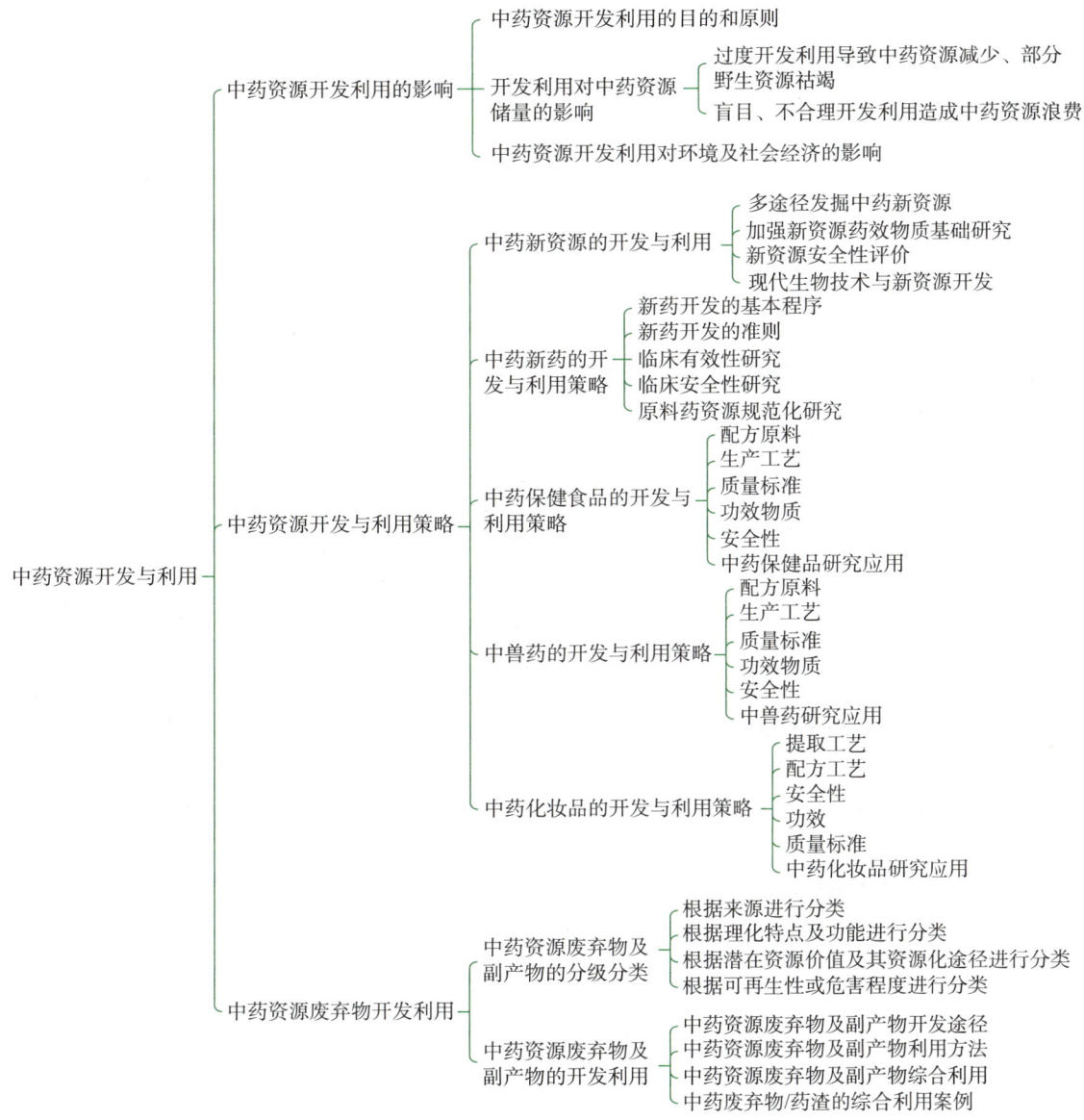

当前，中药资源作为国家战略性资源，在中医药事业和健康服务业发展中的基础地位愈发凸显。中药资源的开发与利用，以中药资源为主要原料进行多层次产品的开发与合理利用，旨在实现中药资源社会效益、生态效益及循环经济效益最大化，这对中药产业可持续健康发展具有十分重要的意义。

随着大健康产业的发展，中药资源开发与利用的途径越来越广泛，已经从以生产药材为主的初级开发，扩大到了中药新药开发、新资源开发、食品保健品开发以及传统资源再开发与综合利用等方面，取得了明显的经济效益和社会效益，为中药行业的发展、提高民众生活质量和健康水平发挥了重要作用。中药资源开发与利用在迎来前所未有的发展机遇的同时，也面临着极大挑战，存在诸如野生资源破坏严重，资源利用效率低下，废弃物处理和排放过程中造成的资源浪费与环境污染等诸多问题。

第一节　中药资源开发利用的影响

我国中药资源种类丰富、蕴藏量大，但目前面临着资源保护意识不强、掠夺性采挖、利用效率低下、监管实施不到位等诸多问题。如何合理开发利用中药资源是中药资源学领域广泛关注和亟待解决的关键问题之一。

一、中药资源开发利用的目的和原则

中药资源作为自然资源的一部分，具有自然资源的基本属性和特点，其开发和利用的价值随着社会、经济、文化的发展和人们生活水平的不断提高而逐渐显现出来。在社会生产力发展水平低下的情况下，中药资源开发与利用的程度较低，资源储量相对丰富。但随着社会经济的不断发展，人们的生活需求日益广泛，中药资源开发与利用研究的深度和广度明显增加。由于过度开发、环境破坏等因素，资源紧缺已成为社会经济持续、稳定、协调发展的重要制约因素。因此，在中药资源的开发利用过程中应遵循一定的目的和原则以保障其可持续发展。

（一）中药资源开发利用的目的

中药资源开发与利用的主要目的是推动中药资源可持续发展，保护中药资源的多样性，提高中药资源的利用效率和产业效益，减少资源的消耗和浪费，促进中医药事业的现代化发展。

1. 促进中药资源的保护　中药资源的开发利用建立在资源保护的基础上。中药资源大多来源于药用动、植物，每一种药用生物对其生态环境都有特定的要求，并在其生长发育过程中不断地适应和改变着生态环境。生态环境是中药资源分布和质量优劣的决定因素，一旦遭到破坏，药用动植物的生存将会受到直接威胁。应科学合理地开发中药资源，加强中药资源保护、改善中药资源生态环境，以实现中药资源与中药经济、生态环境的协调发展。

> 📖 **思考与讨论**
> 如何在开发利用的同时，有效保护和恢复中药资源？

2. 推动中药资源绿色可持续发展　中药资源是自然资源的一部分，其可持续发展是整个自然资源可持续发展的重要部分。中药资源的开发利用是以绿色可持续发展为战略目标，旨在保护生态环境，增强发展后劲，并确保当代人及其后代对中药资源的需求得到满足。这不仅是我国深入实施可持续发展战略和高质量推进生态文明建设的重要内容，也是我们的重要愿景。在保障中药产业快速发展的同时，需要科学合理地开发利用中药资源，不断提高中药资源开发与利用的水平及能力，形成科学合理的中药资源开发体系，推动中药资源绿色可持续发展。

3. 提高中药资源利用率和效益　近年来，随着大健康产业的发展，中药资源开发与利用已由传统医药产品开发转变为健康食品、功能性日化产品、中兽药及饲用产品、中药农药等"大中药产业"开发，其开发与利用的途径渐趋多元化和系统化。此外，中药农业、工业生产过程中产生大量废弃物及副产物，通过构建多途径利用策略和技术体系对中药资源进行综合开发，可以提高资源的有效利用率，为中药资源产业提质增效和绿色发展开辟新路。

（二）中药资源开发利用的原则

从资源科学研究的角度分析，人类社会的发展是自然资源的认知史与开发利用史的具体体现，中药资源的开发亦不例外。应正确地评价影响中药资源开发利用的自然条件及社会经济条件，明确开发中药资源的优势及其地域性特点，因地制宜地提出生产发展方向和建设途径，为建立"道地药材"的商品基地奠定基础。因此，在进行中药资源可持续开发过程中应注意以下基本原则：

1. 经济、社会和生态效益相结合的原则　中药资源开发与利用是一种社会经济现象，因此必须考虑社会经济效益等问题。中药资源开发的重点首先是社会急需的、影响国计民生的资源。在资源开发与利用中，应尽量以最少的劳动和物化劳动消耗为社会提供更多的具有应用价值的产品。除了要考虑经济效益外，还要注意社会与生态效益的统筹，才能取得经济、社会、生态效益的协调发展。

2. 绿色可持续发展的原则　中药资源的开发量要与资源蕴藏量、生长量相适应，遵循绿色可持续发展的原则。在现代科学技术的支撑下，当前的社会以前所未有的速度和规模开发利用资源，导致资源的种类不断减少，储量逐渐下降，质量日趋降低。红豆杉、川贝母、铁皮石斛、麝香等中药资源曾经遭遇掠夺式开发，自然资源存有量锐减。目前，我国大力发展濒危中药材人工种植以及替代品研究，保障了药用资源的需求。因此，要走中药资源绿色可持续发展道路，树立自然资源是社会发展的物质基础的观念。

3. 遵循中药资源区域分布规律的原则　中药资源的种类、数量、质量具有明显的地域性。土壤资源的适宜性和限制性不同是因为野生动植物和农作物、林木、牧畜都要求不同的适生条件。地域分布差异是道地药材形成的重要原因，也是导致目前中药质量复杂多变的重要原因之一。同一物种因产地不同，质量有明显差异，如当归、地黄、天麻、人参、杜仲、巴戟天等具有鲜明的地域分布特点。因此，在进行中药资源开发与利用时，需要根据本地区资源的种类、性质、数量、质量等实际情况，采取最适宜的发展方向和措施，重点发展与本地区的资源优势相适宜的生产部门和产品，使其成为地区经济的主导部门和拳头产品，并以此带动地区经济的发展。

4. 统筹兼顾、综合利用的原则　一个国家或地区的资源在一定的范围内组成互相促进、互相制约的综合体。在开发某地区的土地资源时，我们不仅要考虑耕地资源的作用，还要考虑林地、草地以及其他土地资源的开发，实现以一业为主，农林牧多种经营的全面发展。中药资源作为农业或林业的一部分，对其开发利用也需统筹兼顾。如在广东肇庆、高要地区种植肉桂林，为中药行业提供药用原料桂皮的同时，也为当地的工业发展提供原料肉桂叶以提取肉桂油，还作为巴戟天药材的遮阴植物，两者间作配套种植，实现了中药资源种植土地的综合利用。

二、开发利用对中药资源储量的影响

中药资源合理的开发利用中存在一些问题，如过度开发导致中药资源匮乏、不合理的开发利用造成中药资源浪费，这些问题对中药资源的储量产生了较大影响。

（一）过度开发利用导致中药资源减少、部分野生资源枯竭

近年来，中医药产业快速发展导致我国中药资源的需求量、蕴藏量及主要分布区域等发生了重大变化。人们对中药资源的需求量不断增加，同时对资源可持续利用的认识尚不完善，导致对药用植物和动物进行了掠夺式的采挖和捕杀，致使中药资源的蕴藏量迅速减少，部分中药资源面临枯竭的风险。

1. 需求快速攀升导致中药资源蕴藏量锐减　随着中医药产业的迅速发展，中药资源需求量快速攀升；同时，农业、畜牧业等行业的迅速发展破坏了大自然原有的生态环境，影响了种群的更新，导致野生药材面积不断缩小，资源蕴藏量锐减，许多中药资源从丰富到濒危，直至枯竭。

2. 长期无计划的过度开采导致部分野生资源枯竭　目前，我国常用中药材品种供应仍然主要依赖于野生资源。在中药资源开发过程中，保护与利用的关系未能平衡。在经济利益的驱动下，药材采挖速度远远超出药材正常生长和繁衍速度，部分中药材因为被过度开采而无法正常生长和发育，造成中药资源枯竭。

常用植物类药材中野生资源蕴藏量和产量大幅度下降的种类有100余种，其中30余种已经无法稳定保证商品供应，如人参、当归、三七、川贝母等野生植物濒临灭绝。除了药用植物资源遭到大量破坏以外，药用动物和药用矿物资源也面临巨大的压力，中国境内的药用动物如林麝、马鹿等40个种类的资源已经显著减少，影响了近30种动物药材的市场供应；有的动物种类如赛加羚羊等，野生资源几近灭绝。药用矿物资源如自然铜、辰砂、龙骨等由于滥采乱挖，也在日益减少。

（二）盲目、不合理开发利用造成中药资源浪费

开发利用对中药资源储量的影响还表现在对中药资源的浪费上。中药资源产业仍处于大量生产、大量消耗、大量浪费的粗放式线性经济发展模式。鉴于目前非药用部位及中药渣的回收处理成本较高，其处置方式仍以掩埋、焚烧为主，对环境已造成较大影响，其妥善处置已成为大型中药生产企业面临的迫切问题。

1. 大量非药用部位未利用而浪费　通常情况下，中药材往往是取自植物或动物体的某一部分，如仅用植物的根、根茎、叶、花或果实，或仅用动物的角、壳、甲（壳），非药用部位常被作为废料丢弃。事实上，中药非药用部位中也可能含有药用部位的有效成分。以五味子为例，五味子植株的果梗和藤茎虽然均为非药用部位，但它们都含有大量的木脂素及多种活性成分，这导致了在被剪掉的果柄和藤茎中所包含的化学成分没有被充分地利用，造成了资源的浪费；在黄芪药材的种植加工过程中，采摘下的花所含蛋白质含量较高，茎叶具有抗炎、保肝、抗衰老等药理活性。因此，在发展新药物、扩大药用部位、综合利用药材资源时，应加强对中药非药用部位的

应用与开发，减少非药用部位的资源浪费。

2. 药渣等废弃物及副产物中可利用物质及有效成分浪费 据不完全统计，中药制药等深加工产业化过程每年产生药渣等固体废弃物及副产物高达数亿吨。这些巨量的废弃物及副产物，除少量用作堆肥等低值应用外，大多未实现资源化利用而被废弃，造成极大的资源浪费。如果处理不当，还会对环境产生很大压力。在药厂采用单一提取法（如水提法）情况下，中药材经提取后的药渣中还残留着丰富的营养物质及部分活性物质。一般而言，植物药渣中富含纤维素、蛋白质、糖类，以及钙、镁、铁、磷等多种元素。药用成分在药渣中的残留量也相当大，例如淫羊藿药渣中的黄酮类物质剩余量高于40%。合理开发利用药渣等废弃物及副产物，不仅能避免资源的浪费，增加种植户的收益，同时也促进了中药产业的良性发展。

> 🎓 **思考与讨论**
>
> 中药资源如何循环利用，实现绿色发展？

三、中药资源开发利用对环境及社会经济的影响

中药资源开发利用会对环境产生了一系列的影响。同时，中药资源也是社会发展的重要生物资源，是中医药事业可持续发展的基础，在推动经济发展、保障人民群众健康与建设和谐社会等方面也发挥着重要作用。

（一）中药资源开发利用对环境的影响

中药资源开发利用对环境的影响主要体现在对环境承载力的影响，过度开发和利用中药资源会导致生态环境遭受破坏。中药资源再生环境承载力是指可再生的中药资源在人类活动和自然条件的综合作用下，在不破坏生态环境的条件下对水、土壤等生态环境要素的可承受能力。长期以来，掠夺式开发造成生态环境破坏，中药资源蕴藏量严重下降，并导致一些道地药材品质退化。如在新疆、内蒙古等地，滥采滥挖甘草、麻黄、黄芪等固沙植物，导致土地沙化，直接破坏了中药的生长环境，使这些地区中药资源再生环境承载力直线下降。因此，合理开发利用中药资源，可以维持或提升中药资源再生环境承载力，为中药资源的可持续利用打下坚实基础。

同时，过度开发利用中药资源会破坏物种多样性。我国年均中药材消耗量极大，在被开发利用的药用植物资源中，70%以上种类为野生药材，只有不到30%种类的药材为人工栽培。长期以来，由于认识不足和无序开发利用，大量中药材资源濒危，如今被列入国家重点保护名录、红皮书、限制进出口名录等的珍稀濒危中药材资源已多达280多种（部分物种见表8-1）。

表 8-1 珍稀濒危野生药用植物、动物保护部分物种名录

名录	保护等级	保护物种
《濒危野生动植物种国际贸易公约》（2023）	濒危	人参、肉苁蓉、红豆杉、大戟等
《中国药用植物红皮书》（2022）	野外灭绝	三七等
	濒危	雪莲花、大花红景天等
	易危	芍药、刺五加等
	保护关注	川赤芍等

续表

名录	保护等级	保护物种
《国家重点保护野生植物名录》（2021）	Ⅰ级	霍山石斛、荷叶铁线蕨、红豆杉等
	Ⅱ级	川贝母、暗紫贝母、大花红景天、人参、甘草、白及、肉苁蓉、明党参等
《国家重点保护野生动物名录》（2021）	Ⅰ级	林麝、马麝、原麝、梅花鹿等
	Ⅱ级	马鹿等
《中国生物多样性红色名录—高等植物卷》（2020）	野外灭绝	三七、杜仲等
	极危	人参、巴戟天等
	濒危	银杏、当归、浙贝母、太白贝母、暗紫贝母、霍山石斛、大花红景天等
	易危	汉城细辛、知母、淫羊藿、蒙古黄芪、滇重楼等
	近危	草麻黄、中麻黄、白术、川木香、山茱萸等
《中国生物多样性红色名录—脊椎动物卷》（2020）	极危	林麝、马麝、原麝等
	濒危	马鹿、梅花鹿等

（二）中药资源开发利用对社会经济的影响

中药资源开发利用为社会发展提供了医药经济动力。自"十四五"规划实施以来，中药产业规模不断扩大，供应保障能力不断增强，已成为我国医药产业的重要组成部分。截至2022年底，中药产业营业收入达到6 919亿元，利润总额为1 005亿元。其中，中成药营业收入为4 862亿元，利润总额为755亿元；中药饮片营业收入为2 057亿元，利润总额为249亿元。

通过对中药资源开发利用，可以促进资源产区的经济发展，提供更多就业机会。社会主义新农村建设的大力推进，为特色农业的发展提供了良好的环境，很多地区都以此为契机发展特色中药产业，提供了大量就业岗位，增加了当地农民收入，并带动了地方经济发展。如黑龙江多地进行了五味子、防风、人参、龙胆等多种中药材的人工栽培，有效促进了黑龙江省中草药加工业的发展；四川省、山西省等部分地区将中药材产业作为扶贫主导产业，并开展中药材规模化种植，促进农民脱贫。

中药产业的发展不仅能创造经济收益，还具有巨大的社会价值。得益于国家对中医药产业的大力支持及人民对健康的日益重视，中医药在我国医疗卫生保健体系中发挥着十分重要的作用。自古以来，人类依赖药用动植物来治病，经过数千年的发展，药用植物不仅没有从人类的生活中减退或消失，反而占据了愈来愈重要的地位，从植物药中开发新药已成为目前药物研究的热点。中医药不仅在满足人们健康需求方面发挥着重要作用，还在重大的疫情防控和突发公共卫生事件中显示出极其重要的医疗价值。在新冠病毒感染防治中，中药得到了广泛运用，显示出良好的治疗效果。

但是，中药资源带动经济发展的同时，也产生了一些问题。有限的中药资源被市场资金争相抢购，其他人跟风炒作，使本就稀缺的货源更显紧张，价格大幅上涨，激化了供需矛盾；有的甚至采取恶意毁苗等非法手段哄抬价格，从中谋取暴利。由于中药资源开发利用缺乏科学性，过度采挖野生中药资源，严重破坏了当地的物种多样性和生态系统平衡，同时，中药行业的需求剧增，又加剧了中药资源保护与开发利用之间的矛盾。

第二节 中药资源开发与利用策略

中药资源作为中华民族的瑰宝，其开发与利用策略是推动中医药产业多元化发展的重要基石。本节从新资源探索、新药开发、保健食品、中兽药及化妆品研制等五个方面，深入剖析中药资源的转化与应用路径。这不仅有助于挖掘中药的潜在价值，促进健康产业升级，还为实现中药现代化、国际化提供了丰富的策略支持，对保障人类健康、促进生态平衡具有深远意义。

中药资源开发与利用是中药资源学领域的重要内容，对于中药资源保护与可持续利用具有重要意义。中药资源不仅应用于中药领域，也为食品、保健品、中兽药、化妆品、生物农药等诸多行业提供原料，具有多方面、多途径、多产品等特性，特别是随着现代人们对大健康产品需求日益增长，对中药资源开发与利用研究提出了更高的要求。

一、中药新资源的开发与利用

中药新资源，是指新发现的具有药用价值的物种、以前未作药物使用的物种、新的药用部位、新的临床用途等能满足中医治疗、预防疾病的新药用物质。广义的"新资源"还包括提取物、化学组分及单体，以及采用生物技术获得的药用动植物新品种、组织培养物及其提取物等来源于植物、动物、矿物的药用物质。

我国药品监管的各版法规十分重视中药新资源的开发，如 2007 年版《药品注册管理办法》规定了中药新资源包括新的中药材代用品、新发现的药材及其制剂、药材新的药用部位及其制剂。2020 年版《药品注册管理办法》则规定新药材及其制剂包括"未被国家药品标准或省、自治区、直辖市地方药材标准收载的药材及其制剂"及"具有国家药品标准或省、自治区、直辖市地方药材标准的药材原动、植物新的药用部位及其制剂"。2020 年版《中药注册分类及申报资料要求》规定"新药材及其制剂，即未被国家药品标准、药品注册标准以及省、自治区、直辖市药材标准收载的药材及其制剂，以及具有上述标准药材的原动、植物新的药用部位及其制剂"。

（一）多途径发掘中药新资源

通过查阅古籍文献、根据植物亲缘关系、扩大药用部位、发展中药替代品或类同品、从民族药和民间药中挖掘、从海外药用资源中拓展等途径丰富中药新资源来源。

1. 通过查阅古籍发掘 由于现今对中药的划分主要遵循了生物分类原则，与古代本草分类体系有所不同，加之语言与发音的变化，利用古籍文献进行中药新资源研究的首要环节是将古籍文献中记载的药物名称与现代命名相对接，这依赖于本草考证、原药材的性状鉴定以及对民间传承的药物名称、形态认知与古籍文献进行对比研究等。

2. 根据植物亲缘关系发掘 "相似的植物具有类似的化学成分和生理活性"，利用现代生物学技术，如分子标记、基因组学、转录组学和代谢组学等手段，对中药材及其近缘种进行遗传多样性和生物活性成分相关研究，寻找具有新活性的品种或变种。

3. 扩大药用部位 随着科学技术的进步，我们发现了新的药用部位，从而推动了新品种中药的出现。如蟾蜍在其生长发育过程中可定期蜕下完整的角质衣膜，经观察和考证，这一现象从未被古今本草文献收载，因此，蟾蜕被确认为是蟾蜍的一个新的药用部位，研究表明具有抗肿瘤、增强免疫能力的功效。

4. 发展中药替代品或类同品　以替代性为主要目的出现的中药新药材、动物药走在前面，以人工干预为特色，由于地理分布的局限性、竞争能力的弱质性、天然更新的缓慢性、生境变化的无限性及掠夺性的开发使用，许多动物药都濒临灭绝，麝香、虎骨、牛黄等传统动物药都出现了人工培育或人工合成的替代品。

5. 从民族药和民间药中挖掘　挖掘民族药和民间验方，从中筛选具有临床价值的新资源。如藏族习用药材红景天，享有"高原人参"的美誉，藏医文献记载"可治肺脏热疾"，现代医学研究证明其有效成分为红景天苷。红景天苷通过提高血液携氧能力、清除自由基、增强机体免疫功能、预防辐射等作用，达到抗疲劳、抗应激反应、抗衰老、防治心血管疾病与老年痴呆以及提高脑力和体力机能等多方面的作用。

6. 从海外药用资源中拓展　自古中药就有外来品种，如乳香、丁香、阿魏、胡椒、西洋参、血竭、水飞蓟等。2016年2月，我国发布了《中医药发展战略规划纲要（2016—2030年）》，明确提出积极推动中医药海外发展，扶持中药材海外资源开拓。新时代的"一带一路"倡议涉及65个国家和地区，涵盖欧亚大陆，从热带到寒带，从平原到高山，生物多样性和资源蕴藏量异常丰富。例如，俄罗斯和我国东北有相当长的边境接壤，其在远东地区和西伯利亚地区的植物区系和我国大小兴安岭植物区系相同，有许多相同的药用植物种，如细辛、独活、五味子等，在2023年9月，俄罗斯宣布与中国共同开发远东地区，为海外资源的引入注入活力。

（二）加强新资源药效物质基础研究

中药是一个复杂整体，具有其相应的物质基础。中药化学成分的结构特性决定了其药效或药理作用的表现形式。如已被大量实验证实的蒽醌和蒽醌苷类化合物有显著的泻下作用，多酚类具有抗氧化作用，多糖类具有提高免疫力的作用。

中药的整体作用可能归因于一种或几种活性成分，或归因于这些成分的协同作用。相似的成分按照特定的比例构成组分，不同的组分又按照一定的比例构成中药的整体，组分的不同比例可能会产生强度不一或截然不同的药理活性。如牡丹皮、赤芍、白芍中各组分的配比及组分中各成分的"量比结构"差异可能是导致其疗效差异的本质原因。以生物活性为导向辨识中药组分的代表性成分，再以药效贡献率为权重系数，将各代表性成分的个体性质进行拟合，或许可表征中药组分的整体性质。有学者比较了丹酚酸组分中3个代表性成分的药效活性差异，并利用CRITIC权重法评价代表性成分的药效贡献率，结果表明丹酚酸组分中代表性成分丹酚酸B、迷迭香酸、丹参素的贡献率分别为28.85%，30.11%，41.04%。因此，在全面掌握化学成分-构效规律的基础上，通过解析新资源药物的化学成分结构或构成信息，是可以实现对其功能活性及功效特点的预测和推断。

（三）新资源安全性评价

目前，中药新资源安全性研究主要从遗传毒性、急性毒性、亚慢性毒性、长期毒性试验，以及致突变、致畸、致癌试验等方面开展。如外来中药奇亚籽，是唇形科鼠尾草属植物芡欧鼠尾草的种子，原产于墨西哥北部等地区，富含蛋白质和不饱和脂肪酸，既可药用又可食用，对于肥胖、高血压、血脂异常、高血糖等常见疾病均有一定的疗效，研究表明，在以小鼠为实验对象的急性毒性、遗传毒性及"三致"试验中，奇亚籽属于无毒级物质，亦不具有遗传毒性。民间习用草药溪黄草，药用部位为干燥地上部分，具有清热利湿的功效，常用于治疗急性胆囊炎，急性黄疸型肝炎，湿热泻痢等疾病，通过最大给药量方法进行急性毒性试验显示，14天后动物的脏器未出现明显病变，无显著毒性反应。

随着网络药理学的蓬勃发展，网络毒理学也应运而生。中药毒性预测的一般过程包括中药成分获取，毒性成分的比对与鉴定，毒性成分靶点预测与可视化网络构建，毒性机制与通路分析，网络毒理学已在中药安全性研究中取得了广泛应用。

（四）现代生物技术与新资源开发

生物技术是一个将生命科学与多种现代科学理论与研究手段相结合的新兴技术领域，目前已经被越来越多地应用于中药新资源研究中，如基因工程、细胞工程、发酵工程技术以及合成生物学。

1. **基因工程**　近年来植物基因工程的研究进展十分迅速，在植物抗病、抗虫、抗除草剂和改变植物的某些成分方面都已获得了不少转基因植株，有的已建成了品系。利用基因工程技术加大药用植物品种改良，进而培育出优质、高产及高抗性的优良新品种。

2. **细胞工程**　目前全世界 80% 生物技术药物都是在细胞工程技术下完成的，在中药领域，细胞工程已应用于药用植物的快速繁殖、细胞培养生产次生代谢产物作为天然药物原料等方面。据不完全统计，现已有 400 余种药用植物进行了细胞培养研究，分离到的次生代谢物有 600 余种，许多重要的药用植物如人参、紫草、长春花、黄连等细胞培养十分成功，正逐步迈向工业化生产。

3. **发酵工程**　传统发酵中药在扩大药源方面中具有重要作用，如六神曲、半夏曲，随着现代科学技术的发展，出现了益生菌发酵、双向发酵等新型中药发酵技术。如新研究提出"发酵配伍"理论，即具有药用功能的发酵菌株和发酵基质，二者可单独看作一味药，经过合理的组合（不是简单的加和），可形成配伍，在发酵过程中存在物质成分的转化和微生物代谢的变化，产生药性变化和药效的增强，从而在机体内共同发挥药效功能，实现多通路、多靶点的综合调节。如用灵芝发酵雷公藤，发酵后雷公藤内酯甲含量减少，肝毒性降低，雷公藤甲素增加，抗炎活性增强。麦角硫是只能从细菌和真菌中合成的物质，具有强大的抗氧化特性，是一种天然的抗氧化剂，采用麦角硫因工程菌株进行发酵是生物合成法中最具潜力的生产方式。

4. **合成生物学**　合成生物学是一门新兴的学科，它基于生物科学，汇聚化学、物理、信息等学科知识，融合工程学原理来设计改造天然的或合成新的生物体。这一学科旨在揭示生命运行规律、并变革生物体系工程化应用，因此也被称为工程生物学，被认为是认识生命的"钥匙"。目前，中药活性成分的异源仿生合成是一个热门研究方向，这一方法通过构建微生物仿生细胞的方式，在异种生物中模拟药用动植物中活性成分的合成方式，通过科学设计和系统重建与优化将从药用动植物获得的关键酶在微生物中实现活性成分的异源合成，这种方法不仅节约资源，而且可以实现工业化生产，目前包括青蒿素、紫杉醇前体、人参皂苷、阿片类等在内的多种中药活性成分都已经实现了异源生物合成。2024 年 1 月，国际顶级学术期刊《科学（Science）》在线发表了研究成果，发现了紫杉醇生物合成途径中的两个缺失的关键酶"T9αH""TOT"，阐明了关键结构分子——紫杉烷氧杂环丁烷的形成机制，打通了紫杉醇生物合成途径，该研究成果标志着我国在紫杉醇合成生物学理论和技术上处于世界领先地位。

> **▣ 思考与讨论**
> 除了以上开拓中药新资源的四个方面，还有哪些中药新资源发掘的途径？

二、中药新药的开发与利用策略

（一）新药开发的基本程序

目前，中药新药包括中药创新药、中药改良型新药、古代经典名方中药复方制剂、同名同方药。根据 2020 版《药品注册管理办法》，中药新药的研究开发可以分为三个阶段。第一个阶段是临床前研究，主要包括立项、活性成分的筛选，并开展药理、药效研究和毒理实验；第二个阶段是新药的临床试验研究阶段，主要包括Ⅰ、Ⅱ、Ⅲ期临床试验；第三个阶段是新药生产和上市后研究。

（二）新药开发的准则

1. 创新性　创新是中药新药研发的基本要求，也是提高中药新药竞争力的有力手段。我国中医药事业必须重视创新，加强创新力度。中药新药的创新可以体现在多个方面，如新的中药单体化合物、新的药用部位、新的组方、新的制备工艺等。

2. 科学性　中药新药的开发不仅要符合中医药理论，也要遵循科学性的原则。具体体现在科学的思维、研究方法、实验设计以及研究工作和研究进程的科学安排。

3. 有效性　有效性是中药新药的必要原则。进行新药的研发最终目的是用于临床治疗某种疾病，一定要能为患者带来健康。新药的立项无论是古方、经典方还是临床经验方，都应以疗效为基本准则。

4. 可行性　中药新药的研发是一项复杂的系统工程，涉及范围广、时间长。研究者在进行中药新药的研发过程中，应该根据自己所具备的条件，结合当前科技水平选择相应的选题。此外，研究者还应考虑中药材供应对中药新药持续性发展的影响。

5. 合规性　在我国药物研发有着完备的法律法规，中药新药的研发也应遵循相应的法律法规，如《药品注册管理办法》《野生药材资源保护条例》等。中药新药的研发也可选择一些国家政策支持的病种，如恶性肿瘤、艾滋病、罕见病等。

（三）临床有效性研究

一个受试药物要成为真正的药品，在完成临床前论证后，还要完成更为严格的临床验证。在设计临床有效性实验设计时，研究者应当注意以下几点。

1. 科学设计临床实验　中药新药的研发应该遵循"来源于临床，应用于临床"的基本理念，应当把确定好临床实验目的作为实验设计的首要任务，使实验目的与临床定位紧密结合。同时，在进行实验设计的时候，还要考虑中药的来源背景，如果是来源于临床经验方，则其以往的临床资料都应被重视；如果来源于科研，在加强其药效学研究的同时，也要重视临床探索。

2. 科学选择有效性评价指标　为避免因"诊断不确切和缺乏可信的评价疗效标准""疾病的自限性与自发缓解""安慰剂效应""张冠李戴"等原因所导致的中药新药有效性的假象，应以临床试验目的为基础，科学设计、观测、评价有效性观测指标，科学有效地评价所研药物的作用和疗效。

3. 重视Ⅱ期临床试验，即时中止无效研究　在对所研药物进行有效性考察时，Ⅱ期临床试验的作用至关重要。Ⅱ期临床试验研究主要完成对用药对象、用药剂量、用药时间等问题的探索，可以为Ⅲ期临床研究中的用药方案提供科学依据。中药新药的研究人员应始终关注所研药物的有效性问题，发现或证明临床效果不佳的药物，应及时中止临床试验。

4. 全过程保障临床试验的有效性　对整个临床试验过程进行有效管理，严格执行 GCP 及随机对照和双盲法原则。

（四）临床安全性研究

1. 实验设计应具备安全性考察　运用科学规范的临床设计、科学的统计分析方法以及规范的质量控制来评价药物的安全性，并制定客观量化的评价标准；评价指标的选择要具有针对性。

2. 重视不良反应的处理　当临床试验出现不良反应时，必须高度重视，及时考察不良反应与研发药物之间的因果关系以及量效关系，并记录不良反应的处理结果及随访情况。在整个临床试验中，对不良反应的描述应规范统一，并建立统一的标准。

3. 不再研发不良反应严重的中药品种　对于不良反应严重的中药品种，研发前应当重视其风险，当风险大于收益时应当停止研发。

4. 安全性指标观测应完整　安全性指标的分析至少应包括单个指标的整体临床分析和同受试者的多个指标异常的整体分析。针对异常观察指标应进行深入分析，并按照要求对异常观察指标进行随访和记录。

5. 安全性指标数据应规范整理储存　为保证临床试验安全性数据的可靠性，应将安全性数据按组别进行明确分类整理，并进行储存。

（五）原料药资源规范化研究

1. 加强中药材基原研究　由于各地标准不同，中药往往存在"同名异物""同物异名"等现象。在中药新药的研发过程中，应当对所研究的药材信息进行全面了解，最好到有鉴定资质的机构进行基原鉴定。

同时，同一种药材也存在栽培变种的问题，将药材追溯到栽培变种可以对药材进行更好地控制并且能保持原料药的一致性和稳定性。

2. 关注中药材产地　中药自古就有"道地药材"的概念，不同产地的药材往往质量差异显著。为保证中药新药的质量与经济效益，研究开始前应当对所研究的药材进行不同产地之间的对比。根据研究的质量与经济的要求，选择符合要求的产地药材。

3. 采收加工　药材的采收时间决定着药材的质量与产量，要有充足的研究数据支撑药材的采收时间与生长年限。药材的质量也受到加工方法的影响，在科学规范的前提下，应对比不同产地的加工方法，选择最适宜的加工方法处理药材。

4. 储存运输　中药材的质量与贮藏方法、贮藏时间有着密切的关系。研究人员应加强对中药材的贮藏方法及贮藏时间的研究，具体方法及时间的选择应具备充分的科学依据。在药材研究中，研究人员不仅要确定药材的存放时间，还要根据具体情况确定药材的合理复检时间，特别是含有挥发性成分的药材，如当归、川芎等。

5. 可持续利用　应处理好药材合理利用与资源保护的关系，开展资源评估，保证药材资源的可持续利用。使用源自野生动植物的药材，应遵循国家关于野生动植物管理的相关法规及要求。中药新药应严格限定使用源自野生动物的药材，原则上不使用源自珍稀濒危野生动植物的药材，如确需使用，应严格要求，并尽早开展种植养殖或野生抚育研究，以保证资源可持续利用。使用古生物化石类药材的，应遵循国家关于古生物化石保护管理的相关法规及要求。

> **思考与讨论**
>
> 中药新药研制还应关注哪些方面？

三、中药保健食品的开发与利用策略

中药药食同源、保健历史悠久，《神农本草经》《食疗本草》《备急千金翼方》等大量古籍记载了有保健功能的食物和药物。随着人们亚健康状态越来越严重，养生保健意识不断增强，对中药保健食品的需求不断增加。国家越发重视发挥中医药"治未病"的传统养生保健理论特色，中药保健食品发展前景广阔，但在发展过程中仍然存在许多问题，如品牌效应不强、原料不均、功效不明确及缺乏深层次开发等等。分析其发展现状并提出对策，才能不断推动中药保健食品行业快速发展。

此前国家卫生健康委员会（国家卫健委）发布了既是食品又是中药材的物质目录、新食品原料、可用于保健食品的中药与保健食品禁用中药等名单。中药食品、保健食品研究应基于相关文件要求，深度挖掘，可围绕以下五方面展开相关研究。

（一）配方原料

明确配方原料的组成、原料来源、原料用量、理论依据，主要解决产品功能的发挥和保证安全。可通过检索现代科学和传统文献进行中药原料配伍，应基本符合中医药的复方配伍理论和组方原则，其用量一般参考《中国药典》的临床推荐量为上限剂量，可根据中药性味酌情减少。

（二）生产工艺

生产工艺是中药保健食品研发的重要环节，应在中医药理论下对其进行研究。涉及剂型的选择、提取工艺研究、分离纯化、浓缩与干燥工艺、产品成型工艺、中试等内容，主要解决产品生产的问题。

较多中药保健食品使用了中药提取物，在中药提取过程中，提取工艺可根据传统提取方法如渗漉法、煎煮法、回流法等不断改进，使中药提取率稳定可控、提高对中药材功效成分的利用率。同时可采用近红外检测技术、色谱分析技术、信息技术等现代技术，实现功能食品生产过程在线质量控制。另外，制剂工艺也直接影响着中药保健食品的性能和效果，需加强研究，改善中药保健食品的剂型、提高有效成分含量及其吸收利用率。

（三）质量标准

内容包括原辅料的要求、产品感官要求、理化指标、鉴别、标志性成分含量、微生物指标及净含量及偏差、包装、稳定性等。这些内容重点解决产品检验和方法的问题，是判断产品合格稳定的依据。检测的方法应有来源和依据，企业自定的标准应进行方法学考察的验证工作。中药类保健食品由于成分复杂，给质量控制和标准判定带来很大困难，因此成为研究开发的重要内容。

质量标准是确保使用安全、有效的重要手段，对指导中药类保健食品生产、销售和使用等方面具有非常重要的意义。

（四）功效物质

国家市场监督管理总局、国家卫生健康委员会、国家中医药管理局于 2023 年 8 月发布《允许保健食品声称的保健功能目录非营养素补充剂（2023 年版）》与《保健食品功能检验与评价技术指导原则（2023 年版）》。同时世界卫生组织指出，肿瘤、心血管疾病、不孕不育已成为影响人类生活和健康的三大疾病，且机体免疫力影响人体抵抗疾病的能力，因此中药保健产品的功效开发可聚焦于调理肿瘤、糖脂代谢等慢性病与提高机体免疫力等方面。

目前中药材多以中药提取物形式加入到中药保健产品中，功效显著但无法明确其功效物质。为促进中药保健食品产业长久发展，应进行深层次开发，应用现代分析技术测定中药材的功能成分含量，并通过高新技术如超临界流体萃取、膜分离等对功效物质进行分离纯化，提高其含量。但不能唯成分论，需充分与中医药理论结合，科学阐明保健功效，运用"辩证保健"思维针对不同亚健康状态开发保健产品。

（五）安全性

涉及卫健委公布的既是食品又是药品的中药名单与可用于保健食品的中药名单中的中药品种，其保健产品安全性有较好保证，申报时可采取备案制。其余涉及《中国药典》未收录的民族药与其他民间药，需对其进行安全性研究，产品申报时采取审核制。具体研究内容参照《保健食品及其原料安全性毒理学检验与评价技术指导原则（2020 年版）》，因考虑保健食品需长期食用，毒理学检验应充分关注慢性毒性。

（六）中药保健食品研究应用

案例 1 王老吉凉茶

王老吉凉茶的配方是经典的"三花三草一叶"，即菊花、金银花、鸡蛋花，甘草、仙草、夏枯草和布渣叶，起清热降火、解暑祛湿之效。配方于清朝道光年间由王泽邦研制，历经近 200 年岁月，从"水碗盛装"到现在的罐装植物饮料，是防上火的功能饮料。

案例 2 江中猴菇饼干、猴菇米稀系列产品

江中猴菇饼干是 2013 年推出的第一款具有主打"养胃"功效的食疗产品。猴头菇具有丰富的影响价值与药用价值，中医认为其性平，味甘，具养胃、安神之效。2016 年，江中集团推出江中猴菇米稀产品，配方源自中医健脾养胃经典方——参苓白术散。主要原料为人参、砂仁、山药、茯苓、莲子、白扁豆、薏苡仁等药食两用材料。

案例 3 东阿阿胶

阿胶是一种滋阴补血中药，具有滋阴润燥、补血益气、止血安胎的功效。东阿阿胶股份有限公司从日常饮食方面发展食疗康养，研制了东阿阿胶块、东阿阿胶粉、复方阿胶浆、桃花姬阿胶糕等阿胶系列产品。

案例 4 奶蓟草护肝片

奶蓟草也称水飞蓟，是一种原产于欧洲、亚洲和北非的植物。其活性成分水飞蓟素是一种强大的抗氧化剂，具有抗炎和保护肝脏的特性。奶蓟草能恢复被酒精和病毒所破坏的肝细胞活性，保护长期饮酒伤肝和患有急慢性肝炎、脂肪肝、肝硬化和中毒性肝损害的人群。目前，较多企业推出以奶蓟草为主要成分的护肝保健产品。

> 🎓 **思考与讨论**
>
> 中药食品、保健食品开发关键控制环节是什么？

四、中兽药的开发与利用策略

中兽药是我国特有的中医药理论和实践的产物，已有 2 000 多年的应用历史。中兽药的原理是将中医药理论应用于动物身上，是近年来迅速发展的新兴产业。我国传统的中医药已逐步受到广大兽药生产企业和畜禽养殖者的重视，中兽药的生产和使用比例逐年扩大。许多大型畜禽养殖企业已将中兽药作为预防、治疗疾病及促进动物生长的重点使用对象，中小型养殖场（户）的中兽药使用也日益广泛，中兽药更是成为兽药生产企业研制和开发的首选项目。

随着农业现代化的进程，畜禽养殖规模日益扩大，为提高生产效率和预防疾病，抗生素、激素等药物在畜禽养殖中已被普遍应用。2019 年 7 月，农业农村部发布的第 194 号公告中明确要求饲料生产企业停止生产含促生长类药物饲料添加剂（中药类除外）的商品饲料。在全面禁止抗生素添加的大背景下，亟须开发更加有效且无污染的饲料添加剂。由于中兽药具有防治效果显著、毒副作用相对较小、在动物性食品中无残留或残留少，以及不易产生耐药性等优点，在某些领域将有逐步取代化学药品的趋势，在畜禽的疾病防治上将有广阔的应用和发展前景。

《中国兽药典》2020 年版二部收载了中药成方制剂 195 个，而一部收载的西药品种达 752 个，可见我国中兽药新制剂、新产品的研究开发力度明显不够，中兽药研发亟待加强。截至目前，新资源和新药用部位注册获批的新兽药共 18 个，其中一类新兽药 3 个，二类新兽药 14 个，四类新兽药 1 个。针对中兽药开发存在资源研究不足、剂型单一、产品利润较低、标准的制定较难等研发难点，现提出以下研究策略。

（一）配方原料

查阅古籍和现代文献，明确配方适应证、药物组成和剂量配比。基于中医药理论，结合现代动物养殖的实际需求，对配方进行科学合理的调整与优化。同时，利用现代分析技术对中兽药配方中的有效成分进行分离、鉴定与定量分析，为后续研究提供试验依据。

（二）生产工艺

中兽药面临剂型单一、服用不便、生物利用度低等问题。引入剂型改进，有助于提升中兽药生产水平。一方面，需开发针对性强、使用方便的新剂型，如牛羊驱虫浇泼剂、奶牛抗菌乳房注射剂等。另一方面，可溶性粉剂、胶囊剂等新剂型为中兽药研究带来新方向。近年来，通过剂型改良，中兽药生物利用度提高，刺激性减少，稳定性增强。如芪芍增免散，经过剂型改进后已成功申报为国家四类新兽药。

（三）质量标准

中兽药质量标准研究涵盖种植、炮制、加工、生产及检验等方面。需建立全面系统的标准体系，从源头把控药材质量，引入 DNA 条形码和指纹图谱、特征图谱等技术进行鉴定和质量控制，确保药材真伪及有效成分的稳定性；炮制加工应结合传统与现代技术，以保留有效成分；制剂生产检验遵循 GMP 规范，确保产品质量稳定可控。此外，需对中兽药进行安全性评价，检测其重金属含量、农药残留以及微生物限度等。同时，需进一步强化药品制剂稳定性研究，以明确药品的储存期限及其稳定性变化的规律，为药品的合理使用和保存提供科学依据。

（四）功效物质

明确中兽药活性成分后，研究其体内过程及与生物大分子的相互作用机制。采用现代分子生物学技术揭示其作用靶点与信号通路，阐明药效机制，为临床试验提供依据。中兽药复方疗效优于单一成分，复方制剂中各成分相互作用及协同增效机制是重要的研究方向。

中药非药用部位通常与传统药用部位含有相同或相似的有效成分，也可能包括新的中药成分，产生新的药理作用和临床用途。中药非药用部位资源丰富，利用中药非药用部位作为饲料添加剂能够防病治病，提高畜禽免疫力，促进畜禽生长发育，改善饲料及畜产品质量。如研究发现在猪日粮中添加牛蒡茎叶可以提高猪的成活率，显著提高猪的机体免疫功能，在雏鸡日粮中添加金银花叶，能明显改善鸡法氏囊和胸腺的发育，提高雏鸡的免疫力。

（五）安全性

研究内容参照《兽药非临床研究质量管理规范》，通过毒性试验的急性毒性试验、亚慢性毒性试验、繁殖毒性试验（含致畸试验）、遗传毒性试验、慢性毒性试验（含致癌试验）、局部毒性试验、安全性药理试验、毒代动力学试验等评价中兽药的安全性。当中兽药进入临床试验阶段，参照《兽药临床试验质量管理规范》，对靶动物进行兽药系统性研究，以证实或揭示试验兽药的作用、不良反应和 / 或试验兽药的吸收、分布、代谢和排泄，确定试验兽药的有效性与安全性。

（六）中兽药研究应用

案例 1　博落回散

博落回散为博落回提取物〔（2011）新兽药证字 33 号〕经加工制成的散剂。博落回散主要有效成分为血根碱（sanguinarine）和白屈菜红碱（chelerythrine）。博落回散为淡橘黄色至橘黄色的粉末；有刺激性。中兽药博落回散具有抗菌消炎、开胃、促生长功能，常用于猪、鸡、肉鸭、淡水鱼类、虾、蟹和龟、鳖的生产，广泛用于畜禽饲用替抗，具无残留、无耐药性、无休药期的特点。

案例 2　紫锥菊

紫锥菊是一种纯天然的植物药，含有多糖、糖蛋白、咖啡酸衍生物和烷酰胺化合物等多种有效成分。紫锥菊可提高家禽生产性能，保护家禽的免疫器官，增加免疫器官重量，解除免疫抑制，改善吞噬细胞功能，增强 T 细胞免疫功能，提高抗体水平；也可用在治疗感冒咳嗽；抗病毒治疗；还具有抗炎、抗氧化、抗肿瘤等作用。齐鲁动物保健品有限公司申报的紫锥菊系列产品紫锥菊、紫锥菊散、紫锥菊口服液已通过农业农村部评审，并获得国家一类新兽药证书。

案例 3　太子参

太子参含多糖、皂苷、黄酮、氨基酸（16 种）等多种有效成分，而且含有锌、铁、硒等微量元素，能够增强机体免疫力，提高抗病力，保证鸡的产蛋率，降低死亡率，是一种对呼吸道有效的抗病增免药。2022 年，太子参须和太子参须散通过了国家二类新兽药批准。

案例 4　香菇

香菇是一种药食同源的菌类，产量丰富，香菇多糖是香菇的主要有效成分，具有抗肿瘤、抗病毒、调节免疫功能和促进干扰素形成等作用。香菇多糖是 T 细胞激活剂，能促进抗体生成、降低蓝耳病毒在肺巨噬细胞的载量，是压制猪蓝耳病用药的黄金搭档。2017 年，农业农村部第 2574 号公告批准了香菇多糖等 3 种兽药产品为新兽药。

> **思考与讨论**
>
> 中兽药开发的方向和重点是什么？

五、中药化妆品的开发与利用策略

从古至今，中药化妆品的使用不断探索与创新，如明代《本草纲目》总结了历代本草中用于护肤、美容、抗衰老等 168 味中药，并在每味药下详述其主治、炮制和使用方法。随着天然药物使用的不断兴起，当今中药化妆品市场逐渐扩大，中草药、天然有机、绿色安全等一直是化妆品行业内关注的话题。中药化妆品重视植物提取物的应用，如在 2021 版《已使用化妆品原料目录》中，共收载了 8 972 种原料，其中植物提取物就有 2 545 种。虽然现代医学在皮肤领域取得了丰硕的成果，但人们遇到的皮肤问题并未得到根本解决。中药化妆品作为传统智慧与现代科技的结晶，正逐步走向更广阔的舞台，但其发展过程中仍存在许多问题：如有效成分提取率低，缺乏定量研究；功效宣称缺乏充分的科学依据；配方科学性及安全性验证尚不充分；产品质量的稳定性和一致性难以得到有效保障。因此，未来中药化妆品可从以下几个方面加强研究。

（一）提取工艺

提取工艺是中药化妆品研发的首要环节。应在原料采购过程中引入更严格的筛选标准，确保原料的品质与活性成分的富集度。鉴于传统溶剂提取法存在的效率低，热敏性、氧化性或挥发性成分易破坏等问题，可引入超声波辅助提取、超临界 CO_2 萃取和酶解技术，根据不同中药原料的特性，实现更精准和高效的提取。

为提高提取物的纯度和稳定性，可采用分离纯化技术，如膜分离、分子蒸馏等，去除杂质。同时，针对提取物易氧化、变色等问题，可通过添加适宜的抗氧化剂、调节 pH 及采用避光、低温保存等措施。另外，利用高效液相色谱 – 质谱联用技术（HPLC–MS），对多种提取物中的关键活性成分进行鉴定并进行定量研究，为后续的安全性、功效和质量研究提供实验依据。

（二）配方工艺

配方工艺是中药化妆品研发的核心环节，直接关系到产品的品质与效果。配方设计需考虑原料之间的相容性、稳定性以及理化特性。通过科学的配比与实验验证，确保产品的肤感与稳定性。为解决肌肤的根本问题，可定制化设计纳米载体系统，如脂质体、聚合物纳米粒子和无机纳米材料等，将中药活性成分包裹，形成稳定且靶向释放的微小粒子，精准作用于肌肤的特定层面。

除了注重中药化妆品功能性的提升，消费者的感官体验也很重要。如可优化乳化技术，使产品质地更加细腻柔滑；利用天然植物精油调配出清新宜人的香气；设计符合人体工学的包装便于取用等。同时，也要通过毒理学试验确定配方的安全性。

（三）安全性

安全性是中药化妆品最重要的基础要求，只有在满足产品安全性的基础上，我们才可考虑其功效性、稳定性和使用性。目前，国内通过《化妆品禁用原料目录》和《化妆品已使用原料目录2021版》对化妆品原料进行管控。中药化妆品的安全性包含新原料、配方和包装材料的安全性。随着"3R"（替代、减少、精化）原则的推广和法规监管的实施，体外检测方法在化妆品安全性评估中被广泛运用。如通过细胞模型、3D重组表皮模型（EpiKutis®）、直接多肽反应试验（direct peptide reactivity assay，DPRA）法和人细胞系活化试验（human cell line activation test，h-CLAT）法、3D角膜模型，检测化妆品原料及配方的细胞毒性、光毒性、皮肤刺激性、皮肤致敏性和眼刺激性。目前，尚没有专门针对用于化妆品包装材料的安全评价，只有一些通用的包装管理规定，主要针对材料中的部分重金属、有机物进行了限定。

另外，中药化妆品新原料注册备案时需按照《化妆品注册备案管理办法》和《化妆品安全技术规范》等相关标准，针对不同情形开展毒理学试验，包括皮肤和急性眼刺激性/腐蚀性、皮肤变态反应、皮肤光毒/光敏性、长期人体使用安全试验等，以评估原料的安全性。

（四）功效

中药化妆品的功效宣称往往依赖于传统经验积累，缺乏系统性的科学实验验证。为提升消费者对产品的认可度，应深化其功效研究，将古籍中记载的本草智慧与现代分子生物学技术融合，实现"古为今用，洋为中用"的创新发展模式。

我们可以从《神农本草经》《本草纲目》等经典医籍中挖掘具有潜在护肤价值的中药，运用物理、化学、细胞、3D表皮（EpiKutis）、3D全层皮肤（FulKutis）和斑马鱼模型以及人体试验，多维度验证中药提取物在屏障修复、抗氧化、抗衰、抗炎和美白等方面的功效，为产品功效宣传提供充分的科学依据。同时，中药化妆品的功效研究需结合现代皮肤医学的精准护肤理念，可运用生物信息学、高通量测序、蛋白质组学、转录组学和表观遗传学等技术，精确解析中药提取物的活性成分，并揭示其对皮肤的具体作用机制。

（五）质量标准

目前，中药化妆品并无统一的产品质量标准，《化妆品监督管理条例》《化妆品不良反应监测管理办法》和《化妆品生产质量管理规范》等政策法规属于化妆品行业通用标准。

在质量研究方面，中药化妆品行业已引入高效液相色谱法（HPLC）和气相色谱–质谱联用技术（GC-MS），精确分析中药提取物中的活性成分及其含量。此外，还可建立中药化妆品的特征指纹图谱，用于鉴别真伪、评价质量一致性，确保每批次产品的稳定性。为严格把关产品的安全性和卫生质量，应对微生物限度、重金属、挥发性有机化合物（VOCs）、农药残留、塑化剂等进行检测，确保产品从源头到终端的全程安全。同时，可参考《化妆品稳定性试验规范》标准，通过稳定性试验，评估产品稳定性，为保质期设定提供科学依据。

（六）中药化妆品研究应用

案例1 积雪草苷

积雪草苷是中药积雪草的核心成分，具有舒缓修护、抗皱紧致的双重作用：一方面能快速缓解紫外线刺激、环境压力引发的皮肤泛红和敏感问题，尤其在敏感肌修复产品中，能帮助泛红消退时间缩短约三分之一；另一方面，它能促进皮肤胶原蛋白新生，加强肌肤支撑结构，防止皱纹形成。通过现代科技制成的化妆品配方，不仅能帮助积雪草苷更好地被皮肤吸收，还让其抗氧化效果达到常见维生素 C 衍生物的 1.7 倍，广泛应用于抗衰精华、修复面膜等产品中。

案例 2　光甘草定

光甘草定是光果甘草的重要活性成分，具有卓越的美白与抗氧化能力，能够有效抑制黑色素生成，帮助淡化色斑并均匀肤色，其美白效果可达到常见维生素 C 衍生物的 80 倍以上。同时，光甘草定可以通过中和紫外线产生的自由基，显著缓解皮肤氧化损伤，延缓光老化进程，尤其在防晒与修护类产品中表现突出。现代配方技术解决了其稳定性难题后，光甘草定被广泛应用于精华液、面霜等护肤品，不仅帮助敏感肌减少泛红刺激，还能协同提升其他活性成分的功效。不仅印证了中药资源的护肤潜力，也为开发天然安全的功效型化妆品提供了科学支撑。

案例 3　麦角硫因

麦角硫因是药用真菌（如灵芝）中发现的天然抗氧化剂，近年来在化妆品领域展现出革新性应用价值。研究表明，这种成分具备超强自由基清除能力，其抗氧化效力可达常见辅酶 Q10 的 100 倍以上，不仅能有效中和紫外线、污染引发的皮肤氧化损伤，还能激活细胞能量代谢，延缓胶原蛋白流失和皱纹形成。通过制剂包裹技术和脂质体递送系统，化妆品配方成功突破了活性成分吸收难题，使得麦角硫因能稳定应用于抗衰精华与修护乳液，为开发功效护肤品提供全新思路，推动传统中药资源向现代功能性原料转化。

> **思考与讨论**
> 中药化妆品研究过程中，需要重视哪些方面，以更适应发展前景和时代潮流？

第三节　中药资源废弃物开发利用

物质资源是人类社会赖以生存和发展的基础，是人类生产和生活的源泉，调节着人同自然界物质和能量的交换循环，维系着自然生态系统的平衡。随着我国经济的迅速增长，各类自然资源面临着巨大消耗需求和生态环境保护压力的双重约束。这就要求我们对资源树立新的认识和观念，采用新的技术和方式，进行资源的有效开发与循环利用。循环经济起源于工业经济，其核心是工业物质的循环。循环经济是一种以资源的高效利用和循环利用为核心，以减量化、再利用、资源化为原则，以低消耗、低排放、高效率为基本特征，符合可持续发展理念的经济增长模式。基于循环经济理念的中药资源废弃物的开发利用是中药资源开发利用的另一重要领域。

一、中药资源废弃物及副产物的分级分类

中药资源废弃物及副产物（Chinese medicine wastes and by-products）是指在药材生产过程、中药提取物制备过程或中药配方颗粒生产过程中的一类特殊产物，相较于普通垃圾，中药资源废弃物及副产物分类更复杂，处理所需技术更繁琐。中药废弃物依据其产生的不同阶段或理化性质不同，可有多种分类方法，主要包括以下几种类型。

（一）根据来源进行分类

中药材生产与加工过程中产生的固体废弃物，包括在采收药材过程中废弃的传统"非药用部位"，饮片加工过程中产生的下脚料、碎屑、不合格饮片等，中药资源产品制造过程中提取的药渣；中药原料提取、精制过程中产生的液体废弃物，其中富含有机酸类、多酚类、氨基酸类、肽类、水溶性蛋白及多糖类，以及中药工业化生产处理过程中形成的大量洗脱废水等。

（二）根据理化特点及功能进行分类

依照中药废弃物及副产物的理化特点可分为富含纤维素类、脂类物质的废弃物、富含生物大分子类物质的废弃物；按废弃物的材料特性不同可分为草本类、木本类、菌类废弃物；按废弃物所属的组织器官不同可分为根及根茎类、全草类、茎木类、果实种子类、真菌子实体类、动物体或组织类等废弃物；按废弃物材料的功用特性不同可分为补益类、活血类、有毒类等废弃物。

（三）根据潜在资源价值及其资源化途径进行分类

依据废弃物的潜在资源价值与资源化途径可分为：可药用的废弃物，如非药用部位或富含药用资源性成分的中药渣等，可再次提取分离后，用于开发新资源药材和医药产品；可食用的废弃物，可开发具有一定保健功能及食疗作用的功能食品；可转化为高附加值的生物基平台化合物的废弃物，如富含纤维素、半纤维素含量的中药废弃物，可经过生物转化为葡萄糖、木糖等可发酵糖，也可作为食用菌的培养基质；可饲料化的废弃物，如可直接用于饲料的非药用部位、经生物发酵转化可开发为饲料或饲料添加剂；可肥料化的废弃物，如经生物发酵将废弃物开发为生物有机肥；供生物质能源化的废弃物；可材料化的废弃物，如富含纤维素，木质素成分的废弃物，可与聚合物复合制备成中药材废弃物纤维／聚合物复合材料。

（四）根据可再生性或危害程度进行分类

依据中药废物是否能被回收利用分为可回收中药废弃物和不可回收废弃物；依据废弃物存在的安全性可分为不含有毒中药的废弃物、含有毒中药的废弃物。中药废弃物大多为可一定程度上回收利用的废弃物，部分含有毒中药的废弃物或发霉变质、存在安全风险的废弃物需经无害化处置后再行资源化。

中药废弃物及副产物的分类系统可依据社会需求、行业及区域经济发展水平，选择适宜的多层级利用技术，形成可供药用、食用、饲料化、肥料化及能源化处置的多途径资源化模式，实现中药废弃物的科学精确分类和高值化利用，提升中药资源利用效率。

二、中药资源废弃物及副产物的开发利用

随着中医药产业的迅速发展，虽然带来了巨大经济效益，但同时也给中药企业及社会带来了新的难题和压力，尤其是在中药废弃物及其副产品的科学开发与利用方面。对中药资源废弃物进行合理开发与利用，不仅可以减少资源的浪费，提高中药废渣的利用率，改善生活环境，同时对中药产业的良性循环发展具有重要意义。

（一）中药资源废弃物及副产物开发途径

中医药事业的发展有赖于中药废弃物资源及副产物的高效利用和可持续发展，这有赖于药用资源可利用物质和潜在利用价值的发现技术和手段，有赖于其废弃物资源化学成分的多途径、多层次、精细化利用以及产业链的有效延伸，通过这些措施，我们可以实现非药用部位资源循环利用的研究和资源产业健康发展（图8-1）。

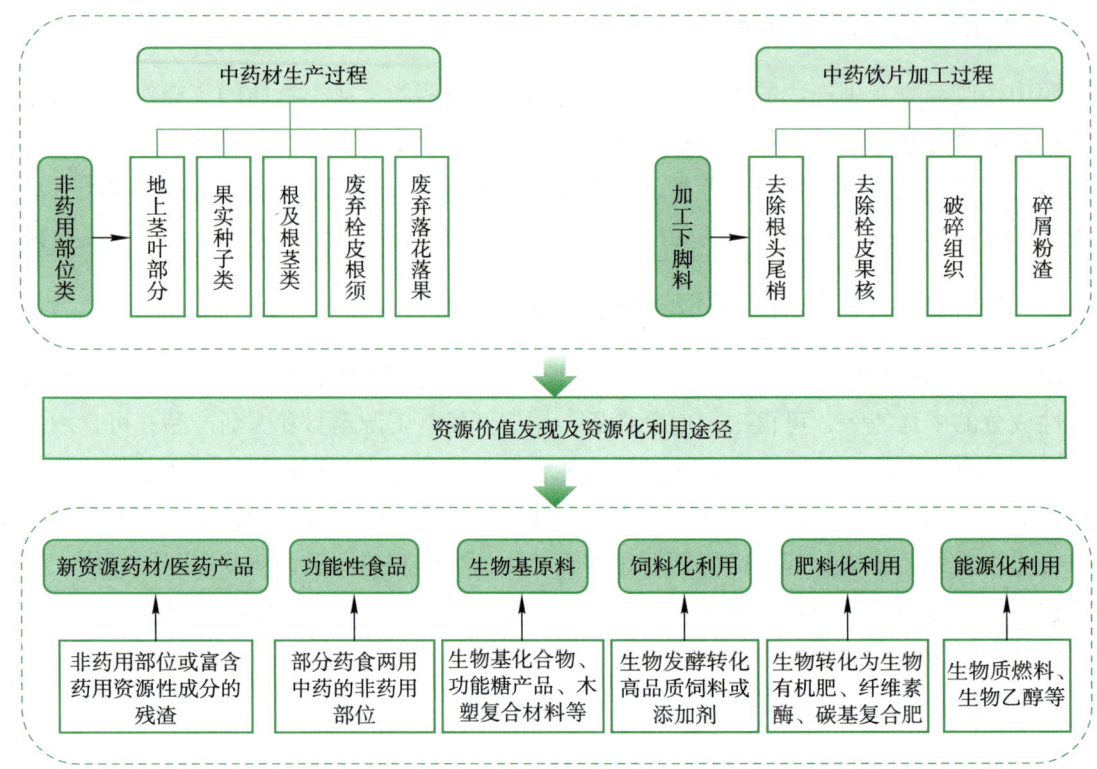

图8-1　中药工业生产过程产生的废弃物及副产物分类与资源化利用途径

按照中药资源开发利用的难易程度进行分类，可以分为以下分类途径。

1. **初级途径**　在中药资源生产与加工过程中，会产生的废弃部位如根、茎、叶、花、果实、种子等废弃部位，这些部位中富含粗蛋白、粗脂肪、多糖类物质，部分补益类中药的非药用部位甚至具有一定的增强免疫作用，是优质的牲畜、家禽、渔业饲料或饲料添加剂来源。这些原料可以通过物理的方法（如干燥、粉碎）或进行简单加工处理后，进一步开发为生物燃料、产沼原料、饲料原料或培养基。如利用丹参、桔梗、菊花等中药材的非药用部位栽培灵芝，不仅切实可行，且生产的灵芝其药用成分和药用功效较常规原料菌材培育产品更具健康价值和特色优势。此外，中药药渣对大肠杆菌、金黄色葡萄球菌及鼠伤寒沙门氏菌具有一定的抗菌作用，可用作饲料原料的替代品。

2. **中级途径**　在循环利用过程中，经过前处理后，通过提取、浓缩、发酵及简单的功能研究（如生物肥料的田间实验）后再开发利用的途径，通过开发，可将原料开发为普通日用品、化妆品原料及生物肥料原料等。例如，以丹参茎叶药渣和新鲜鸡粪作为堆肥原料和辅料，可显著影响大蒜的茎长，且对鲜重和直径具有一定影响，肥效较强，微肥价值高。

3. **高级途径**　经过较为系统的研究后，将原料开发为新的药品、保健食品及新资源食品、人用或兽用药物原料、高纯度提取物或化学原料，在此基础上，进一步开发人用或兽用药品。例如将丹参茎叶中的酚酸类、黄酮类物质开发用于改善心血管疾病和调节糖尿病并发心肌病变、糖尿病肾病及调节肠道微生态等生物活性。

以上开发路径可以单独进行、并行，也可以序贯进行。如经过研究，可以将丹参茎叶以初级途径的方式开发为饲料原料，也可以将其提取后以高级途径开发为兽用药物的原料，剩余的药渣通过中级途径可以经过发酵和其他原料开发为生物有机肥。

（二）中药资源废弃物及副产物利用方法

1. 物理法与化学法　物理法与化学法是目前中药资源废弃物及副产物的两种主要利用方式。由于中药药渣中含有大量的纤维素、木质素等高分子物质，可通过物理高温或化学改性法制备絮凝剂或活性炭，用于废水、废气的处理，达到以废治废的目的。有研究表明，黄芪提取后的残渣用于合成纳米级颗粒复合材料，该材料可以有效吸附污水中的六价铬，是一种吸附效果良好的污水处理剂。

2. 生物法

（1）微生物转化　微生物转化是通过利用微生物所产生的酶对外源性中药药渣进行结构修饰的转化过程。首先，需选择合适的微生物菌种，微生物一方面利用中药药渣中残留的糖类、蛋白质类等营养成分进行生长、代谢和繁殖，同时在代谢过程中产生的酶系可以促使将药渣中组织细胞破裂，有助于资源性化学成分的溶出回收，或通过转化过程的氧化还原、水解、转移等多种化学反应，获得新的高活性、低毒性的天然有效成分。

（2）发酵转化　中药发酵技术在我国具有悠久的应用历史，是传统中药加工炮制的重要方法，如神曲、淡豆豉、半夏曲等。以中药药渣为发酵基质，生物菌种作为的催化剂，利用中药废弃物中残留的糖类、蛋白质等营养物质，使药渣中的成分和生物菌双向协同发酵；同时，利用分泌的纤维素酶、半纤维素酶、果胶酶等胞外酶，促使中药废弃物的组织细胞破裂，从而有利于资源性化学物质的溶出和回收，提高产物转移率。

（3）酶转化　药渣的酶转化与微生物转化或发酵转化过程相似，是利用微生物在生长代谢过程中产生的丰富酶系对中药药渣中残留的营养物质或活性成分进行生物转化。如人参药材经提取后产生的人参药渣中残留了大量人参皂苷等活性成分。利用灵芝菌对人参药渣进行发酵 30 d 后发现，药渣中人参皂苷 Rg1、Rd、CK 等具有重要生物活性的成分含量显著增加，尤其是人参皂苷 Rd。因此，通过酶转化技术对价值较高的中药药渣进行生物转化，可充分挖掘和利用其残留的有效成分，提升药渣的潜在附加值。

但是，目前在中药资源废弃物以及副产物的利用方式中，物理法与化学法由于制备过程可能会产生毒副产品，且方法与产物单一，因此使用频率较低。相比之下，生物法较为安全，且产物多样，利用率高，成为中药资源废弃物及副产物常用利用方式。

（三）中药资源废弃物及副产物综合利用

1. 用作食用菌培养基　中药废弃物及副产物中富含多糖、纤维素、蛋白质、无机盐等多种营养成分，这些成分可以用作食用菌的栽培料，为食用菌的生长提供能量。研究显示，中药废渣中含有大量的适合食用菌生长的营养成分，且中药废渣性质稳定，含水量适宜，适用于食用菌的栽培。以中药废渣为基质栽培食用菌可以节约生产成本，还能产生较高的经济效益和社会反响，但如果进行大规模的生产，则需要对药渣的种类进行进一步的筛选和优化。

2. 作为饲料或饲料添加剂　中药废弃物及副产物中含有多糖类、生物碱、挥发油类等多种提高动物免疫力的活性成分及一些药用成分，通过利用酶解和微生物技术，结合微生物发酵将废弃药渣转化为菌体蛋白饲料，可用于畜牧业、家禽养殖业等，有效地改善动物的食欲，增强免疫功能，提高抗应激能力。目前，这一领域，已成为动物饲料研究开发的热点。

3. 制备有机肥　利用中药废弃物及副产物制备有机肥，可广泛应用于蔬菜水果、农作物、中药材等作物种植。中药药渣富含有机质及氮（N）、磷（P）、钾（K）等多种营养元素和无机营养成分，是制备有机肥的最佳原料之一。以中药药渣为主要原料，经混合、发酵后制备的有机肥具有促进作物增产，提高作物品质，增强作物抗病性及抗逆性等优点。

4. 再提取其他有效成分　提取中药药渣中的其他有效成分是对中药药渣进行再利用的最直接、最有效的方法。由于中药材成分复杂，仅通过简单提取无法实现有效成分的完全转移，造成中药药渣中仍残留大量的不溶或水溶性很小的药用有效成分，采用合理的技术手段对中药药渣进行再提取，可有效减少资源的浪费。

> **思考与讨论**
>
> 1. 生物法处理中药废弃物的优势。
> 2. 如何设计单味中药废弃物的一系列综合利用方案？

（四）中药废弃物／药渣的综合利用案例

中药废弃物／药渣的综合利用是目前中药资源综合利用的主要方式，通过对中药药渣进行干燥、粉碎处理，可以得到一系列资源性成分，借助一系列资源性利用模式和技术实现中药资源的利用最大化。以甘草药渣、人参废弃物、菊花废弃物、丹参药渣和厚朴药渣为例，并结合栝楼果实和蒙古黄芪茎叶的资源性综合利用，为中药资源循环利用和循环经济的发展提供实证支持。药渣资源化利用策略与途径见图8-2。

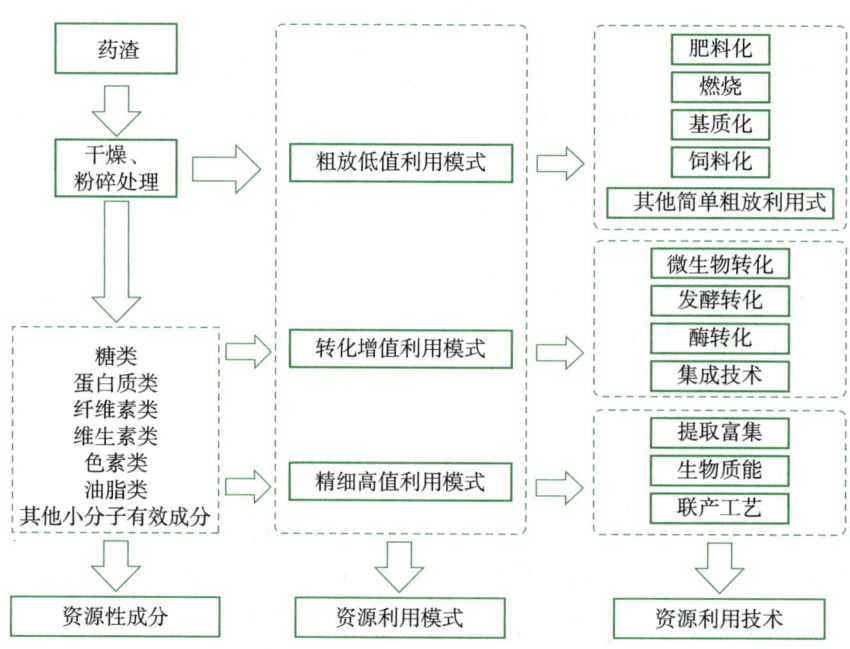

图8-2　药渣资源化利用策略与途径

案例1 甘草药渣

甘草作为大宗中药材之一，应用历史悠久，应用领域广泛。甘草除了广泛应用于中医临床外，还大量用来提取甘草浸膏，以及生产甘草酸锌、甘草酸单铵盐、甘草甜味剂等，这些工业产品每年消耗甘草2亿多吨。在甘草资源的传统应用中，主要用其地下部分，而地上部分往往未加以充分利用而废弃。研究表明，甘草地上部分含有丰富的甘草黄酮类、香豆素类、挥发性小分子等资源性成分，可广泛应用于食品业、医药业、化妆品工业等。因此，将甘草地上部分综合开发利用，不仅可节省大量甘草资源，将提升甘草资源的综合利用效率。

甘草药渣目前主要用于甘草酸提取，生产过程中产生大甘草药渣，这些药渣中含有丰富的黄酮类化学成分，尤以极性较小或中等极性的黄酮类成分残存量较大，主要包括黄酮醇、异黄酮、查尔酮及二氢黄酮等化学成分。研究表明，以生产甘草酸后排出的甘草药渣为原料，提取出的甘草浸膏除黄酮外，尚含有甘草酸、氨基酸类及有机酸类等多种类型的化学成分。此外，甘草药渣中尚含有Fe、Sr等多种无机元素。

甘草药渣中尚富含木质素和纤维素等可利用物质，以我国每年消耗6×10^4 t甘草计算，可利用木质素类物质的资源量达1.2×10^4 t，纤维素达$1.8 \times 10^4 \sim 2.0 \times 10^4$ t。通过商品酶对酸处理后的甘草药渣酶解糖化，进一步采用工程菌对酶解而得的生物糖进行转化，成功开发了以甘草药渣为底物发酵生产琥珀酸的药渣高值化利用工艺。通过选育兼具高抗性和转化特性的产纤维素酶菌种 *Penicillum oxalicum* G2。在绿色低耗（无须酸碱预处理、蒸汽爆破等）条件下，突破甘草药渣等根茎类药渣生物降解抗性屏障，将药渣中的纤维类生物质转化为高品质纤维素酶CCG2，同时高效获取药渣中黄酮类化合物等资源性成分。在中药辅助提取领域，CCG2酶显示了良好的应用前景，其性能显著优于国际酶制剂巨头诺维信和杰能科的纤维素酶制剂产品（Cellulast 1.5 L，Genencor 11 L）。在此基础上，该团队创新连续"挤压－原位酶解"绿色综合利用工艺（图8-3），生物质原位酶解实现还原糖得率为81.06%，最终还原糖产率为11.45 g/L，经毕赤酵母G32发酵24 h后，获得生物乙醇8.23 g/L。物料衡算得到，该工艺可从100 g GUR中可生产1.49 g黄酮类化合物、294.36 U纤维素酶和14.13 g乙醇，说明该绿色高效的工艺具有工业生产潜力，为甘草药渣的综合利用奠定基础。

此外，甘草药渣中还残存低极性脂肪油类等可利用物质，特别是高附加值的角鲨烯含量较高。在甘草酸生产过程中，提取甘草酸产生的废液多直接排放，造成了甘草中其他类型的资源性

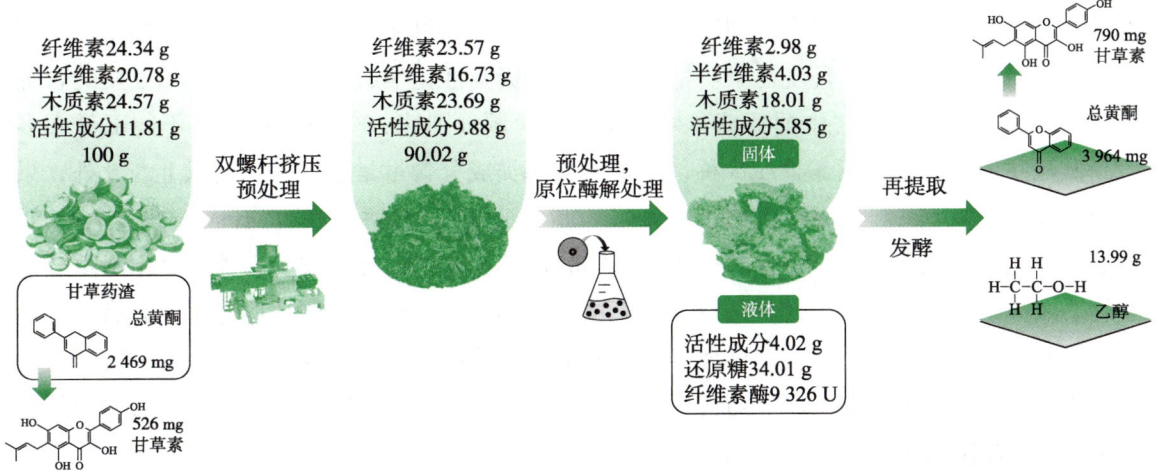

图8-3 连续"挤压－原位酶解"绿色工艺综合利用甘草药渣物料衡算

物质的流失，导致甘草资源的巨大浪费，也污染了环境。研究显示，甘草酸废液中含有多种资源性成分，主要包括蛋白质、氨基酸、黄酮及糖类等。利用甘草固废酶解液为底物培养产油微生物如圆红冬孢酵母，探究利用现代发酵技术将甘草固废物转化为微生物油脂，这一方法具有显著的应用前景。

案例2　人参废弃物

以人参废弃物（非药用部位及药渣）为例。人参皂苷类成分为人参的主要资源型成分，而人参非药用部位中具有丰富的稀有人参皂苷资源，1976年，研究人员从人参叶中分离出9种苷：Rb1、Rb2、Rc、Rd、Re、Rg1、F1、F2和F3（后3种在人参根中尚未发现）。1986年，我国首次从人参叶中分离得人参皂苷20-葡萄糖-RfI。迄今，从人参茎叶中先后得到60余个类化合物，其母核均为达玛烷型四环三萜型，主要有3类：①达玛烷型原人参二醇型皂苷；②达玛烷型原人参三醇型皂苷；③其他类型皂苷，为C-17脂肪侧链的一系列衍生物。其中，人参皂苷Rc、人参皂苷Re、人参皂苷Rg1含量最高。自1965年报道人参茎叶药理研究以来，综合国内外化学、药理学、临床研究结果表明，人参茎叶除不具人参根类雌激素样作用外，其他生物活性与人参根基本相似。临床研究表明，人参茎叶总皂苷对机体的神经系统、心血管系统、血波系统，内分泌系统、免疫系统等多种病症均显示与人参根总皂苷具有相似的疗效，人参叶总皂苷工艺已日趋完善，目前的应用剂型有水煎剂、粉剂、浸膏剂、糖衣片剂、复方片剂及注射剂。近年来，以人参茎叶为原料开发的制剂产品主要有：双参素胶囊（用于心血管疾病）、人参茎叶总皂苷注射液（用于冠心病、更年期综合征，心肌炎、高脂血症等）、活力源（用于冠心病、慢性肝炎、糖尿病及更年期综合征等）、参芪降糖软胶囊（主治消症，用于2型糖尿病）、人参茎叶总皂苷胶囊（用于冠心病、更年期综合征、隐性糖尿病及肿瘤的辅助用药）、清痰益康（用于消咳喘）等。

人参的活性部分是脂溶性皂苷，常用50%~60%的乙醇提取；而具有抗氧化、抗肿瘤和免疫调节的多糖成分则常用热水提取。由于人参的广泛应用，人参药渣（PGR）大量残留，其纤维素含量约为35%，是一种具有用作高价值化学生产品（如丁二酸）碳源潜力的木质纤维素。通过物理化学法对药渣进行预处理回收PGR的多糖和人参皂苷，然后进行酶水解以将PGR转化为单糖，最后通过构建产琥珀酸的大肠杆菌菌株ZW333将单糖转化为琥珀酸，实现PGR的多糖、人参皂苷和琥珀酸的联产工艺，该工艺可实现人参药渣的高值化资源循环利用。

案例3　栝楼果实

以栝楼果实的资源性利用为例。在栝楼果实加工过程中除了可收获瓜蒌皮和瓜蒌子外，尚有约占果实产量三分之一的果瓢未被利用而废弃。因此，在药材加工过程中产生大量的果瓢等下脚料，这不仅造成资源浪费、环境污染。栝楼果实中的资源性化学成分分析表明，瓜蒌皮约含葡萄糖及果糖分别达20%；果瓢中葡萄糖、果糖及多糖含量分别达20%以上；果实不同部位中多糖含量高低顺序依次为：果瓢＞果皮＞种仁，果瓢多糖类成分含量是果皮的3倍以上。此外，果瓢色素类含量约为0.2%；种仁蛋白含量约为8%。脂肪酸类成分是种仁的特有成分，包含亚麻酸、瓜蒌酸、亚油酸、油酸等，其总量高达40%。同时瓜蒌皮含少量异槲皮苷、芦丁、木犀草苷等黄酮类物质及少量葫芦素B等三萜类成分。对于栝楼果实各部位的各类资源性化学成分有针对性地进行精细高值化产品开发，是推动栝楼资源产业由物质消耗向高价值提升转变、延伸资源经济产业链的重要策略，这不仅能实现节约资源、减少环境污染的目的，实现经济和生态的和谐共生。

案例4　黄芪茎叶

以蒙古黄芪茎叶的资源性利用为例。经过长期的产地变迁，目前人工种植的蒙古黄芪已成为市场上的主流品种，其资源储藏量已超过黄芪总资源量的 80%。而据不完全统计，每年在黄芪药材的种植和采收过程中会产生近 30×10^4 t 的茎叶，这些作为传统非药用部位，这些茎叶资源长久以来未被合理、有效地利用。近年来，蒙古黄芪茎叶资源的潜在利用价值被逐渐挖掘，例如开发成茶饮、功能性食品、有机肥料、畜禽饲料、中兽药等产品。

为提高蒙古黄芪茎叶的资源利用率，可依据各类资源性化学成分的潜在利用价值进行产业化开发。蒙古黄芪茎叶中粗蛋白可作为人类饮食或动物饲料中蛋白质的补充或替代。植物纤维是一种良好的工业原料，同时也是人类和动物饮食中不可或缺的营养物质。蒙古黄芪茎叶中粗纤维质量分数高达 30.33%，可将其应用于纺织、膳食纤维食品、新型复合材料、畜禽养殖等领域。由于粗纤维含量较高，蒙古黄芪茎叶比较适用于饲喂牛、羊等具有瘤胃结构的反刍动物，如果直接饲喂非反刍动物，则可能会导致动物进食后不易消化。糖类物质植物合成并加工的能量来源，可为生命体提供能量，蒙古黄芪茎叶中可溶性多糖量平均为 11.03 mg/g。黄芪根部的多糖已被证实具有提高免疫力、抗衰老、治疗 2 型糖尿病等多种生物学功能，并且得到了广泛的应用，因来自同一植株的不同部位，蒙古黄芪茎叶多糖亦具有潜在的开发利用价值。此外，蒙古黄芪茎叶中还原糖质量分数可达 31.90 mg/g，还原糖包括葡萄糖、果糖、半乳糖、木糖、阿拉伯糖等。

此外，近几年国家正努力推动天然植物代替饲用抗生素在畜禽养殖行业的应用，蒙古黄芪茎叶中富含的可溶性多糖、核苷类、氨基酸类、黄酮类及皂苷类成分均具有良好的生物学活性，是"替抗"的物质基础。据此，可通过固态发酵、活性成分提取制备等手段开发蒙古黄芪茎叶饲用"替抗"产品，以实现蒙古黄芪茎叶资源在畜禽养殖行业的精细高值化利用。

案例 5　菊花废弃物

以菊花药材生产过程产生的废弃物为例，探讨其不同层面废弃物的分类及资源化利用途径。菊花是我国传统的名花，也是药食同源植物，临床上多用于治疗风热感冒、疮痈肿毒等症，以菊花为主要原料的保健食品共计 304 项。据调查，浙江桐乡市菊花种植面积达 2 667 hm²，每年非药用部位的产量是药用部位的 3.5 倍；在菊花花序的采收过程中，绝大多数非药用部位被当作垃圾进行焚烧或掩埋；极少数的菊花茎叶被用作饲料，而我国菊花栽培面积达 7 520.5 万 hm² 左右，近年来栽培面积呈上升趋势，每年产生大量的菊花秸秆。

在菊花药材生产过程中，会产生大量的茎叶类、根类等非药用部位，多富含挥发油、黄酮、三萜酸、酚类等资源性化学成分，属于高值化废弃物；在其资源化利用过程中应遵循资源最优处置原则，采用绿色提取分离技术，提取高附加值的菊茎叶精油、菊茎叶黄酮 / 酚酸、菊多糖等作为医药原料、日用化妆品原料、饲料添加剂等；而剩余残渣可进一步作为生产纤维素酶、生物燃料、生物有机肥等的原料进行资源化利用。菊花茎叶废弃物中含有丰富的纤维素、木质素等粗纤维，作为粗饲料能够被反刍动物牛、羊等牲畜吸收利用；同时菊花茎叶中含有氮、磷、钾等元素，以及丰富的有机质，将菊花秸秆作为土壤肥料，能够增加土壤有机质，维持土壤养分平衡，在一定程度上实现转化增值利用，并进入生态循环系统。

案例 6　丹参药渣

以丹参为例，丹参是我国重要的传统中药，属于 40 种常用大宗中药材之一，在临床上广泛用于治疗心脑血管疾病。我国的山东、四川、陕西和河南等省份是丹参的主产区，其中山东、四川两省的丹参产量可达 1.6×10^4 t，预计全国丹参药材产量在 2×10^4 t 左右。丹参药材加工提取有效成分后，可产生万吨级的丹参药渣。近年来，针对中药渣的开发利用研究成为热点。

目前，在消耗丹参资源的产品生产过程中多采用水提醇沉工艺，产生大量的丹参药渣及醇沉沉淀。丹参药渣中尚富含丹参酮类成分和少量丹酚酸类成分。通过研究建立从丹参药渣中快速分离获得丹参酮类成分的中高压制备方法，并获得高纯度的总丹参酮（纯度 > 60%）和丹参酮ⅡA、丹参酮ⅡB、隐丹参酮等（纯度 > 95%）。同时，创建利用光合细菌生物转化技术对丹参药渣中的丹酚酸类成分进行转化，提高总丹酚酸的含量。剩余的药渣进一步转化为生物炭，制备生物炭菌剂用于土壤改良，使得丹参药渣成为再生资源以生产再生产品，提升丹参资源的利用价值和利用效率，推动丹红注射液生产过程资源循环利用和循环经济的发展。同时，建立固体废弃物生物炭—热—肥联产的生产技术与质量标准，解决废弃物造成生态环境污染的问题。此外，丹参药渣中存在大量的植物蛋白、纤维素及糖类等成分。丹参水提醇沉淀中主要含有寡糖类成分，其中以具有重要资源价值的水苏糖含量较高。

目前有研究采用生物学方法对丹参药渣进行处理，利用丹参药渣所含小分子抑菌物丹参酮优选产酶菌株，得到一株真菌扩展青霉。确定青霉最优产酶工艺和产酶高峰期，探究青霉对不同类型药渣的降解产酶能力。研究发现此青霉生物降解各类型药渣产酶的酶活高，稳定性强，可以高效利用丹参等不同类型中药渣等固体废弃物，实现不同类型药渣中纤维素的高值化利用。

案例 7　厚朴药渣

厚朴是中国常用中药，厚朴酚及其异构体是厚朴的两种主要活性成分，它们在新药开发、临床应用环节有极大的潜力。但是，厚朴酚及其异构体均为脂溶性成分，在配方颗粒生产过程中大多残留于药渣中，尚未得到有效利用。因此，以厚朴为研究对象，对其药渣进行提取、纯化工艺的研究，为中药渣的再利用提供借鉴。

在药物生产过程中，产生的厚朴药渣含有大量的资源性物质，例如木脂素类化合物及木质纤维素生物质等，通过对厚朴药渣中的残留小分子化合物和木质纤维素进行资源化利用，可以实现其剩余价值最大化（图 8-4）。首先，对厚朴药渣的复杂结构被碱预处理破坏，小分子物质，如木兰醇和檀香醇被释放到预处理溶液中，并被金属有机骨架材料 MIL-101 进一步吸附；大分子成分，如纤维素和半纤维素，被酶促水解成还原糖。最后，通过代谢工程酵母菌株 C2-4 的发酵，利用还原糖生产了高附加值的 β- 香树素。通过金属有机骨架材料吸附结合厚朴药渣的糖化发酵工艺来共同生产高附加值的化学品，为草药提取残留物的资源化利用提供了新思路。

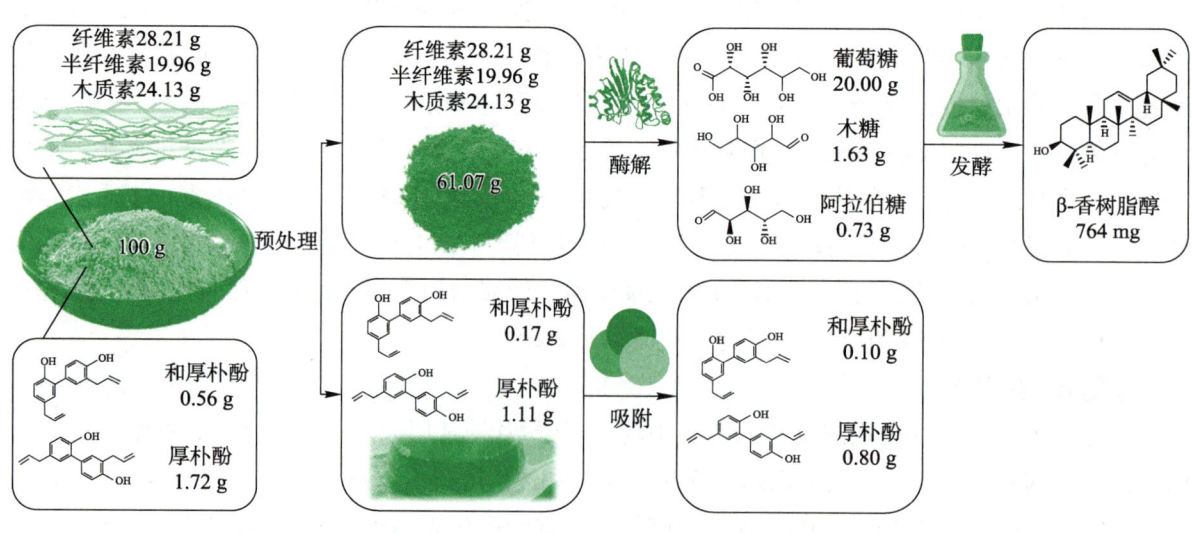

图 8-4　厚朴药渣通过综合工艺的总产出

开放性讨论题

1. 你认为是否应该继续开发利用中药资源？
2. 如何解决中药资源开发利用面临的问题？
3. 思考讨论目前有哪些新技术，可以解决中药资源循环发展中哪些难题？
4. 结合目前所学知识，讨论药用植物、动物、矿物资源开发与利用的思路与可行方法。

复习思考题

1. 简述中药资源开发利用的目的和原则。
2. 简述开发利用中药资源产生的影响。
3. 简述中药资源开发与利用的途径与原则。
4. 中药资源的开发与利用策略主要包括哪几个方面？
5. 中药资源价值创新体现在哪些方面？
6. 简述中药食品、保健品的分类。
7. 中药非药用部位主要有哪些类型？
8. 简述中药废弃物及副产物的产生及分类，并举例说明。

数字资源详见　新形态教材网

📖学习目标　　🔗知识图谱　　📖推荐阅读　　🖥教学课件　　✂自测题

主要参考资料

［1］裴瑾，孙志蓉.中药资源学［M］.北京：人民卫生出版社，2021.

［2］马云桐.中药资源学［M］.北京：中国中医药出版社，2021.

［3］孟祥才，黄璐琦，张小波，等.中药资源学（精）［M］.北京：中国医药科技出版社，2017.

［4］段金廒，周荣汉.中药资源学［M］.北京：中国中医药出版社，2013.

［5］周荣汉.中药资源学［M］.北京：中国医药科技出版社，1993.

［6］万德光，王文全.中药资源学专论［M］.北京：人民卫生出版社，2009.

［7］万德光.中药品质研究：理论、方法与实践［M］.上海：上海科学技术出版社，2008.

［8］黄璐琦.中药资源学基础与应用［M］.北京：人民卫生出版社，2017.

［9］黄璐琦，郭兰萍.中药资源生态学［M］.上海：上海科学技术出版社，2009.

［10］郭兰萍，谷巍.中药资源生态学［M］.北京：人民卫生出版社，2020.

［11］王国强.中国中药资源发展报告［M］.北京：经济科学出版社，2016.

［12］王诺，杨光.中药资源经济学研究［M］.北京：经济科学出版社，2017.

［13］申俊龙，马云桐.中药资源经济学［M］.北京：人民卫生出版社，2021.

［14］中国药材公司.中国中药资源［M］.北京：科学出版社，1995.

附录一　国家重点保护野生药材物种名录

物种科和种中文名称	物种学名	保护级别	药材名称
蟾蜍科动物中华大蟾蜍	*Bufo bufo gargarizans* Cantor	II	蟾酥
蟾蜍科动物黑眶蟾蜍	*Bufo melanostictus* Schneider	II	蟾酥
蛙科动物中国林蛙	*Rana temporaria chensinensis* David	II	蛤蟆油
壁虎科动物蛤蚧	*Gekko gecko* Linnaeus	II	蛤蚧
游蛇科动物乌梢蛇	*Zaocys dhumnades*（Cantor）	II	乌梢蛇
眼镜蛇科动物银环蛇	*Bungarus multicinctus multicinctus* Blyth	II	金钱白花蛇
蝰科动物五步蛇	*Agkistrodon acutus*（Guenther）	II	蕲蛇
鲮鲤科动物穿山甲	*Manis pentadactyla* Linnaeus	II	穿山甲
熊科动物黑熊	*Selenarctos thibetanus* Cuvier	II	熊胆
熊科动物棕熊	*Ursus arctos* Linnaeus	II	熊胆
猫科动物豹	*Panthera pardus* Linnaeus	I	豹骨
猫科动物虎	*Panthera tigris* Linnaeus（含国内所有亚种）	I	虎骨
鹿科动物马鹿	*Cervus elaphus* Linnaeus	II	鹿茸
鹿科动物梅花鹿	*Cervus nippon* Temminck	I	鹿茸
鹿科动物林麝	*Moschus berezovskii* Flerov	II	麝香
鹿科动物原麝	*Moschus moschiferus* Linnaeus	II	麝香
鹿科动物马麝	*Moschus sifanicus* Przewalski	II	麝香
牛科动物赛加羚羊	*Saiga tatarica* Linnaeus	I	羚羊角
多孔菌科真菌猪苓	*Polyporus umbellatus*（Pers.）Fries	III	猪苓
杜仲科植物杜仲	*Eucommia ulmoides* Oliv.	II	杜仲
木兰科植物厚朴	*Magnolia officinalis* Rehd et Wils	II	厚朴
木兰科植物凹叶厚朴	*Magnolia officinalis* Rehd et Wils var. *biloba* Rehd et Wils	II	厚朴
木兰科植物五味子	*Schisandra chinensis*（Turcz.）Baill.	III	五味子
木兰科植物华中五味子	*Schisandra sphenanthera* Rehd. et Wils.	III	南五味子
毛茛科植物黄连	*Coptis chinensis* Franch.	II	黄连
毛茛科植物三角叶黄连	*Coptis deltoidea* C. Y. Cheng et Hsiao	II	黄连
毛茛科植物云连	*Coptis teetoides* C. Y. Cheng	II	黄连
马兜铃科植物北细辛	*Asarum heterotropoides* Fr. var. *mandshuricum*（Maxim.）Kitag.	III	细辛

续表

物种科和种中文名称	物种学名	保护级别	药材名称
马兜铃科植物汉城细辛	*Asarum sieboldii* Miq. var. *seoulense* Nakai	Ⅲ	细辛
马兜铃科植物细辛	*Asarum sieboldii* Miq.	Ⅲ	细辛
豆科植物光果甘草	*Glycyrrhiza glabra* L.	Ⅱ	甘草
豆科植物胀果甘草	*Glycyrrhiza inflata* Bat.	Ⅱ	甘草
豆科植物甘草	*Glycyrrhiza uralensis* Fisch.	Ⅱ	甘草
芸香科黄皮树	*Phellodendron chinense* Schneid	Ⅱ	黄柏
芸香科植物黄檗	*Phellodendron amurense* Rupr.	Ⅱ	关黄柏
远志科植物卵叶远志	*Polygala sibirica* L.	Ⅲ	远志
远志科植物远志	*Polygala tenuifolia* Willd.	Ⅲ	远志
使君子科植物诃子	*Terminalia chebula* Retz.	Ⅲ	诃子
使君子科植物绒毛诃子	*Terminalia chebula* Retz. var. *tomentella* Kurt.	Ⅲ	诃子
山茱萸科植物山茱萸	*Cornus officinalis* sieb. et Zucc.	Ⅲ	山茱萸
五加科植物刺五加	*Acanthopanax senticosus*（Rupr. et Maxim.）Harms	Ⅲ	刺五加
五加科植物人参	*Panax ginseng* C.A. Mey	Ⅱ	人参
伞形科植物新疆阿魏	*Ferula sinkiangensis* K. M. shep.	Ⅲ	阿魏
伞形科植物阜康阿魏	*Ferula fukanensis* K. M. Shen.	Ⅲ	阿魏
伞形科植物宽叶羌活	*Notopterygium forbesii* Boiss.	Ⅲ	羌活
伞形科植物羌活	*Notopterygium incisum* Ting ex H. T. Chang	Ⅲ	羌活
伞形科植物防风	*Ledebouriella divaricata*（Turcz.）Hiroe	Ⅲ	防风
木犀科植物连翘	*Forsythia suspensa*（Thunb.）Vahl	Ⅲ	连翘
龙胆科植物粗茎秦艽	*Gentiana crassicaulis* Duthie ex Burk.	Ⅲ	秦艽
龙胆科植物小秦艽	*Gentiana dahurica* Fisch.	Ⅲ	秦艽
龙胆科植物秦艽	*Gentiana macrophylla* Pall.	Ⅲ	秦艽
龙胆科植物麻花秦艽	*Gentiana straminea* Maxim.	Ⅲ	秦艽
龙胆科植物条叶龙胆	*Gentiana manshurica* Kitag.	Ⅲ	龙胆
龙胆科植物龙胆	*Gentiana scabra* Bge	Ⅲ	龙胆
龙胆科植物三花龙胆	*Gentiana triflora* Pall.	Ⅲ	龙胆
龙胆科植物坚龙胆	*Gentiana regescens* Franch.	Ⅲ	龙胆
紫草科植物新疆紫草	*Arnebia euchroma*（Royle）Johnst.	Ⅲ	紫草
紫草科植物紫草	*Lithospermum erythrorhizon* Sieb. et Zucc.	Ⅲ	紫草
马鞭草科植物蔓荆	*Vitex trifolia* L.	Ⅲ	蔓荆子
马鞭草科植物单叶蔓荆	*Vitex trifolia* L. var. *simplicifolia* Cham	Ⅲ	蔓荆子
唇形科植物黄芩	*Scutellaria baicalensis* Georgi	Ⅲ	黄芩
玄参科植物胡黄连	*Picrorhiza scrophulariiflora* Pennell	Ⅲ	胡黄连
列当科植物肉苁蓉	*Cistanche deserticola* Y. C. Ma	Ⅲ	肉苁蓉
百合科植物天门冬	*Asparagus cochinchinensis*（Lour.）merr.	Ⅲ	天冬
百合科植物剑叶龙血树	*Dracaena cochinchinensis*（Lour.）S. C. Chen	Ⅱ	血竭
百合科植物川贝母	*Fritillaria cirrhosa* D. Don	Ⅲ	川贝母

物种科和种中文名称	物种学名	保护级别	药材名称
百合科植物暗紫贝母	*Fritillaria unibracteata* Hsiao et K. C. Hsia	Ⅲ	川贝母
百合科植物甘肃贝母	*Fritillaria przewalskii* Maxim.	Ⅲ	川贝母
百合科植物梭砂贝母	*Fritillaria delavayi* Franch.	Ⅲ	川贝母
百合科植物新疆贝母	*Fritillaria walujewii* Regel	Ⅲ	伊贝母
百合科植物伊犁贝母	*Fritillaria pallidiflora* Schrenk	Ⅲ	伊贝母
兰科植物环草石斛	*Dendrobium loddigessii* Rolfe.	Ⅲ	石斛
兰科植物马鞭石斛	*Dendrobium fimbriatum* Hook. var. *oculatum* Hook.	Ⅲ	石斛
兰科植物黄草石斛	*Dendrobium chrysanthum* Wall.	Ⅲ	石斛
兰科植物铁皮石斛	*Dendrobium candidum* Wall. ex Lindl.	Ⅲ	石斛
兰科植物金钗石斛	*Dendrobium nobile* Lindl.	Ⅲ	石斛

说明：本名录以1987年国务院发布的《野生药材资源保护管理条例》为依据，收载野生药材物种76种，中药材44种。动植物的中文名称和药材名称以《中国药典》2025年版一部为依据。

附录二　人工栽培中药材参考名录（植物、真菌类）

序号	药材名	科	类别	基原	拉丁学名	部位	备注
1	八角茴香	木兰科	植物	八角茴香	*Illicium verum* Hook. f.	干燥成熟果实	
2	人参	五加科	植物	人参	*Panax ginseng* C. A. Mey.	干燥根和根茎	
3	人参叶	五加科	植物	人参	*Panax ginseng* C. A. Mey.	干燥叶	
4	刀豆	豆科	植物	刀豆	*Canavalia gladiata*（Jacq.）DC.	干燥成熟种子	
5	三七	五加科	植物	三七	*Panax notoginseng*（Burk.）F. H. Chen	干燥根和根茎	
6	三棱	黑三棱科	植物	黑三棱	*Sparganium stoloniferum* Buch.-Ham.	干燥块茎	
7	干姜	姜科	植物	姜	*Zingiber officinale* Rosc.	干燥根茎	
8	土木香	菊科	植物	土木香	*Inula helenium* L.	干燥根	
9	土贝母	百合科	植物	土贝母	*Bolbostemma paniculatum*（Maxim.）Franquet	干燥块茎	
10	土荆皮	松科	植物	金钱松	*Pseudolarix amabilis*（Nelson）Rehd.	干燥根皮或近根树皮	
11	大豆黄卷	豆科	植物	大豆	*Glycine max*（L.）Merr.	成熟种子经发芽干燥的炮制加工品	
12	大皂角	豆科	植物	皂荚	*Gleditsia sinensis* Lam.	干燥成熟果实	
13	大青叶	十字花科	植物	菘蓝	*Isatis indigotica* Fort.	干燥叶	
14	大枣	鼠李科	植物	枣	*Ziziphus jujuba* Mill.	干燥成熟果实	
15	大黄	蓼科	植物	药用大黄 掌叶大黄	*Rheum officinale* Baill. *Rheum palmatum* L.	干燥根和根茎	多基原
16	大蒜	百合科	植物	大蒜	*Allium sativum* L.	鳞茎	
17	大腹皮	棕榈科	植物	槟榔	*Areca catechu* L.	干燥果皮	
18	山麦冬	百合科	植物	湖北麦冬	*Liriope spicata*（Thunb.）Lour. var. *prolifera* Y. T. Ma	干燥块根	
19	山茱萸	山茱萸科	植物	山茱萸	*Cornus officinalis* Sieb. et Zucc.	干燥成熟果肉	
20	山药	薯蓣科	植物	薯蓣	*Dioscorea opposita* Thunb.	干燥根茎	
21	山柰	姜科	植物	山柰	*Kaempferia galanga* L.	干燥根茎	
22	山银花	忍冬科	植物	黄褐毛忍冬 灰毡毛忍冬	*Lonicera fulvotomentosa* Hsu et S. C. Cheng *Lonicera macranthoides* Hand.-Mazz.	干燥花蕾、带初开的花	多基原
23	山楂	蔷薇科	植物	山里红	*Crataegus pinnatifida* Bge. var. *major* N. E. Br.	干燥成熟果实	
24	山楂叶	蔷薇科	植物	山里红	*Crataegus pinnatifida* Bge. var. *major* N. E. Br.	干燥叶	
25	千金子	大戟科	植物	续随子	*Euphorbia lathyris* L.	干燥成熟种子	

序号	药材名	科	类别	基原	拉丁学名	部位	备注
26	川贝母	百合科	植物	瓦布贝母	*Fritillaria cirrhosa* D.Don	干燥鳞茎	
27	川牛膝	苋科	植物	川牛膝	*Cyathula officinalis* Kuan	干燥根	
28	川乌	毛茛科	植物	乌头	*Aconitum carmichaelii* Debx.	干燥母根	
29	川芎	伞形科	植物	川芎	*Ligusticum chuanxiong* Hort.	干燥根茎	
30	川射干	鸢尾科	植物	鸢尾	*Iris tectorum* Maxim.	干燥根茎	
31	川楝子	楝科	植物	川楝	*Melia toosendan* Sieb. et Zucc.	干燥果实	
32	广枣	漆树科	植物	南酸枣	*Choerospondias axillaris*（Roxb.） Burtt et Hill	干燥成熟果实	
33	广金钱草	豆科	植物	广金钱草	*Desmodium styracifolium*（Osb.）Merr.	干燥地上部分	
34	广藿香	唇形科	植物	广藿香	*Pogostemon cablin*（Blanco） Benth.	干燥地上部分	
35	女贞子	木犀科	植物	女贞	*Ligustrum lucidum* Ait.	干燥成熟果实	
36	小茴香	伞形科	植物	茴香	*Foeniculum vulgare* Mill.	干燥成熟果实	
37	王不留行	石竹科	植物	麦蓝菜	*Vaccaria segetalis*（Neck.） Garcke	干燥成熟种子	
38	天冬	百合科	植物	天冬	*Asparagus cochinchinensis*（Lour.）Merr.	干燥块根	
39	天花粉	葫芦科	植物 植物	瓜蒌 双边瓜蒌	*Trichosanthes kirilowii* Maxim. *Trichosanthes rosthornii* Harms	干燥块根	
40	天竺黄	禾本科	植物 植物	华思劳竹 青皮竹	*Schizostachyum chinense* Rendle *Bambusa textilis* McClure	秆内分泌液干燥后块状物	多基原
41	天麻	兰科	植物	天麻	*Gastrodia elata* Bl.	干燥块茎	
42	天然冰片（右旋龙脑）	樟科	植物	樟	*Cinnamomum camphora*（L.） Presl	新鲜枝、叶经提取加工制成	
43	木瓜	蔷薇科	植物	贴梗海棠	*Chaenomeles speciosa*（Sweet） Nakai	干燥近成熟果实	
44	木芙蓉叶	锦葵科	植物	木芙蓉	*Hibiscus mutabilis* L.	干燥叶	
45	木香	菊科	植物	木香	*Aucklandia lappa* Decne.	干燥根	
46	木棉花	木棉科	植物	木棉	*Gossampinus malabarica*（DC.） Merr.	干燥花	
47	五味子	木兰科	植物	五味子	*Schisandra chinensis*（Turcz.） Baill.	干燥成熟果实	
48	太子参	石竹科	植物	孩儿参	*Pseudostellaria heterophylla*（Miq.）Pax ex Pax et Hoffm.	干燥块根	
49	车前子	车前科	植物	车前	*Plantago asiatica* L.	干燥成熟种子	
50	牛蒡子	菊科	植物	牛蒡子	*Arctium lappa* L.	干燥成熟果实	
51	牛膝	苋科	植物	牛膝	*Achyranthes bidentata* Bl.	干燥根	

续表

序号	药材名	科	类别	基原	拉丁学名	部位	备注
52	片姜黄	姜科	植物	温郁金	*Curcuma wenyujin* Y.H.Chenet C.Ling	干燥根茎	
53	化橘红	芸香科	植物	化州柚	*Citrus grandis* 'Tomentosa' *Citrus grandis*（L.）Osbeck	未成熟、近成熟的干燥外层果皮	多基原
54	月季花	蔷薇科	植物	月季	*Rosa chinensis* Jacq.	干燥花	
55	丹参	唇形科	植物	丹参	*Salvia miltiorrhiza* Bge.	干燥根和根茎	
56	乌药	樟科	植物	乌药	*Lindera aggregata*（Sims）Kosterm.	干燥块根	
57	乌梅	蔷薇科	植物	梅	*Prunus mume*（Sieb.）Sieb. et Zucc.	干燥近成熟果实	
58	火麻仁	桑科	植物	大麻	*Cannabis sativa* L.	干燥成熟果实	
59	巴豆	大戟科	植物	巴豆	*Croton tiglium* L.	干燥成熟果实	
60	巴戟天	茜草科	植物	巴戟天	*Morinda officinalis* How	干燥根	
61	水飞蓟	菊科	植物	水飞蓟	*Silybum marianum*（L.）Gaertn.	干燥成熟果实	
62	玉竹	百合科	植物	玉竹	*Polygonatum odoratum*（Mill.）Druce	干燥根茎	
63	甘草	豆科	植物	甘草	*Glycyrrhiza uralensis* Fisch.	干燥根和根茎	
64	甘遂	大戟科	植物	甘遂	*Euphorbia kansui* T. N. Liou ex T. P. Wang	干燥块根	
65	艾片（左旋龙脑）	菊科	植物	艾纳香	*Blumea balsamifera*（L.）DC.	新鲜叶经提取加工制成的结晶	
66	石斛	兰科	植物	金钗石斛 齿瓣石斛	*Dendrobium nobile* Lindl. *Dendrobium devonianum* Paxton	新鲜、干燥茎	多基原
67	石榴皮	石榴科	植物	石榴	*Punica granatum* L.	干燥果皮	
68	龙胆	龙胆科	植物	龙胆	*Gentiana scabra* Bge.	干燥根和根茎	
69	龙眼肉	无患子科	植物	龙眼	*Dimocarpus longan* Lour.	假种皮	
70	平贝母	百合科	植物	平贝母	*Fritillaria ussuriensis* Maxim.	干燥鳞茎	
71	北沙参	伞形科	植物	珊瑚菜	*Glehnia littoralis* Fr. Schmidt ex Miq.	干燥根	
72	四季青	冬青科	植物	冬青	*Ilex chinensis* Sims	干燥叶	
73	生姜	姜科	植物	姜	*Zingiber officinale* Rosc.	新鲜根茎	
74	白及	兰科	植物	白及	*Bletilla striata*（Thunb.）Reichb. f.	干燥块茎	
75	白术	菊科	植物	白术	*Atractylodes macrocephala* Koidz.	干燥根茎	
76	白芍	毛茛科	植物	芍药	*Paeonia lactiflora* Pall.	干燥根	
77	白芷	伞形科	植物	白芷	*Angelica dahurica*（Fisch. ex Hoffm.）Benth.et Hook. f.	干燥根	多基原
				杭白芷	*Angelica dahurica*（Fisch. ex Hoffm.）Benth.et Hook. f. var. *formosana*（Boiss.）Shan et Yuan		

序号	药材名	科	类别	基原	拉丁学名	部位	备注
78	白附子	毛茛科	植物	独角莲	*Typhonium giganteum* Engl.	干燥块茎	
79	白果	银杏科	植物	银杏	*Ginkgo biloba* L.	干燥成熟种子	
80	白扁豆	豆科	植物	扁豆	*Dolichos lablab* L.	干燥成熟种子	
81	瓜蒌	葫芦科	植物 植物	瓜蒌 双边瓜蒌	*Trichosanthes kirilowii* Maxim. *Trichosanthes rosthornii* Harms	干燥成熟果实	
82	瓜蒌子	葫芦科	植物 植物	瓜蒌 双边瓜蒌	*Trichosanthes kirilowii* Maxim. *Trichosanthes rosthornii* Harms	干燥成熟种子	
83	瓜蒌皮	葫芦科	植物 植物	瓜蒌 双边瓜蒌	*Trichosanthes kirilowii* Maxim. *Trichosanthes rosthornii* Harms	干燥成熟果皮	
84	冬瓜皮	葫芦科	植物	冬瓜	*Benincasa hispida*（Thunb.）Cogn.	干燥外层果皮	
85	冬凌草	唇形科	植物	碎米桠	*Rabdosia rubescens*（Hemsl.）Hara	干燥地上部分	
86	冬葵果	锦葵科	植物	冬葵	*Malva verticillata* L.	干燥成熟果实	
87	玄参	玄参科	植物	玄参	*Scrophularia ningpoensis* Hemsl.	干燥根	
88	半枝莲	唇形科	植物	半枝莲	*Scutellaria barbata* D.Don	干燥全草	
89	半夏	天南星科	植物	半夏	*Pinellia ternata*（Thunb.）Breit.	干燥块茎	
90	丝瓜络	葫芦科	植物	丝瓜	*Luffa cylindrica*（L.）Roem.	干燥成熟果实的维管束	
91	地骨皮	茄科	植物	宁夏枸杞	*Lycium barbarum* L.	干燥根皮	
92	地黄	玄参科	植物	地黄	*Rehmannia glutinosa* Libosch.	新鲜、干燥块根	
93	亚麻子	亚麻科	植物	亚麻	*Linum usitatissimum* L.	干燥成熟种子	
94	西瓜霜	葫芦科	植物	西瓜	*Citrullus lanatus*（Thunb.）Matsumu. et Nakai	成熟新鲜果实与皮硝经加工制成	
95	西红花	鸢尾科	植物	番红花	*Crocus sativus* L.	干燥柱头	
96	西洋参	五加科	植物	西洋参	*Panax quinquefolium* L.	干燥根	
97	百合	百合科	植物	百合 卷丹	*Lilium brownii* F.E.Brown var. *viridulum* Baker *Lilium lancifolium* Thunb.	干燥肉质鳞叶	多基原
98	当归	伞形科	植物	当归	*Angelica sinensis*（Oliv.）Diels	干燥根	
99	肉苁蓉	列当科	植物	肉苁蓉 管花肉苁蓉	*Cistanche deserticola* Y.C.Ma *Cistanche tubulosa*（Schenk）Wight	干燥带鳞叶的肉质茎	多基原
100	肉桂	樟科	植物	肉桂	*Cinnamomum cassia* Presl	干燥树皮	
101	竹节参	五加科	植物	竹节参	*Panax japonicus* C. A. Mey.	干燥	
102	竹茹	禾本科	植物	大头典竹 淡竹 青秆竹	*Sinocalamus beecheyanus*（Munro）Mc Clure var. *pubescens* P.F.Li *Phyllostachys nigra*（Lodd.）Munro var. *henonis*（Mitf.）Stapf ex Rendle *Bambusa tuldoides* Munro	茎秆的干燥中间层	多基原
103	延胡索	罂粟科	植物	延胡索	*Corydalis yanhusuo* W. T. Wang	干燥块茎	

序号	药材名	科	类别	基原	拉丁学名	部位	备注
104	伊贝母	百合科	植物	伊贝母	*Fritillaria pallidiflora* Schrenk	干燥鳞茎	
105	合欢皮	豆科	植物	合欢	*Albizia julibrissin* Durazz.	干燥树皮	
106	合欢花	豆科	植物	合欢	*Albizia julibrissin* Durazz.	干燥花序或花蕾	
107	决明子	豆科	植物	决明 小决明	*Cassia obtusifolia* L. *Cassia tora* L.	干燥成熟种子	多基原
108	灯心草	灯心草科	植物	灯心草	*Juncus effusus* L.	干燥茎髓	
109	灯盏细辛	菊科	植物	短葶飞蓬	*Erigeron breviscapus*（Vant.）Hand.–Mazz.	干燥全草	
110	防风	伞形科	植物	防风	*Saposhnikovia divaricata*（Turcz.）Schischk.	干燥根	
111	红花	菊科	植物	红花	*Carthamus tinctorius* L.	干燥花	
112	红芪	豆科	植物	多序岩黄芪	*Hedysarum polybotrys* Hand.–Mazz.	干燥根	
113	红参	五加科	植物	人参栽培品	*Panax ginseng* C.A.Mey.	蒸制后的干燥根和根茎	
114	麦冬	百合科	植物	麦冬	*Ophiopogon japonicus*（L. f.）Ker–Gawl.	干燥块根	
115	麦芽	禾本科	植物	大麦	*Hordeum vulgare* L.	成熟果实经发芽干燥的炮制加工品	
116	远志	远志科	植物	远志	*Polygala tenuifolia* Willd.	干燥根	
117	赤小豆	豆科	植物	赤豆 赤小豆	*Vigna angularis* Ohwi et Ohashi *Vigna umbellata* Ohwi et Ohashi	干燥成熟种子	多基原
118	花椒	芸香科	植物	花椒	*Zanthoxylum bungeanum* Maxim.	干燥成熟果皮	
119	芥子	十字花科	植物	白芥	*Sinapis alba* L. *Brassica juncea*（L.）Czern. et Coss.	干燥成熟种子	多基原
120	苍术	菊科	植物	茅苍术 北苍术	*Atractylodes lancea*（Thunb.）DC. *Atractylodes chinensis*（DC.）Koidz.	干燥根茎	多基原
121	芡实	睡莲科	植物	芡	*Euryale ferox* Salisb.	干燥成熟种仁	
122	芦荟	百合科	植物	好望角芦荟 库拉索芦荟	*Aloe ferox* Miller *Aloe barbadensis* Miller	汁液浓缩干燥物	多基原
123	杜仲	杜仲科	植物	杜仲	*Eucommia ulmoides* Oliv.	干燥树皮	
124	杜仲叶	杜仲科	植物	杜仲	*Eucommia ulmoides* Oliv.	干燥叶	
125	吴茱萸	芸香科	植物	吴茱萸	*Euodia rutaecarpa*（Juss.）Benth.	干燥近成熟果实	
126	牡丹皮	毛茛科	植物	牡丹	*Paeonia suffruticosa* Andr.	干燥根皮	
127	何首乌	蓼科	植物	何首乌	*Polygonum multiflorum* Thunb.	干燥块根	

续表

序号	药材名	科	类别	基原	拉丁学名	部位	备注
128	皂角刺	豆科	植物	皂荚	*Gleditsia sinensis* Lam.	干燥棘刺	
129	佛手	芸香科	植物	佛手	*Citrus medica* L. var. *sarcodactylis* Swingle	干燥果实	
130	余甘子	大戟科	植物	余甘子	*Phyllanthus emblica* L.	干燥成熟果实	
131	谷芽	禾本科	植物	粟	*Setaria italica*（L.）Beauv.	成熟果实经发芽干燥的炮制加工品	
132	辛夷	木兰科	植物	望春花 玉兰 武当玉兰	*Magnolia biondii* Pamp. *Magnolia denudata* Desr. *Magnolia sprengeri* Pamp.	干燥花蕾	多基原
133	沙苑子	豆科	植物	扁茎黄芪	*Astragalus complanatus* R. Br.	干燥成熟种子	
134	沉香	瑞香科	植物	白木香	*Aquilaria sinensis*（Lour.）Gilg	含有树脂的木材	
135	补骨脂	豆科	植物	补骨脂	*Psoralea corylifolia* L.	干燥成熟果实	
136	灵芝	多孔菌科	真菌	赤芝 紫芝	*Ganoderma lucidum*（Leyss. ex Fr.）Karst. *Ganoderma sinense* Zhao，Xu et Zhang	干燥子实体	多基原
137	陈皮	芸香科	植物	橘及其栽培变种	*Citrus reticulata* Blanco	干燥成熟果皮	
138	附子	毛茛科	植物	乌头	*Aconitum carmichaelii* Debx.	子根的加工品	
139	忍冬藤	忍冬科	植物	忍冬	*Lonicera japonica* Thunb.	干燥茎枝	
140	鸡骨草	豆科	植物	广州相思子	*Abrus cantoniensis* Hance	干燥全株	
141	鸡冠花	苋科	植物	鸡冠花	*Celosia cristata* L.	干燥花序	
142	青皮	芸香科	植物	橘及其栽培变种	*Citrus reticulata* Blanco	干燥幼果、未成熟果实的果皮	
143	青果	橄榄科	植物	橄榄	*Canarium album* Raeusch.	干燥成熟果实	
144	青蒿	菊科	植物	黄花蒿	*Artemisia annua* L.	干燥地上部分	
145	青黛	十字花科 爵床科 蓼科	植物	菘蓝 马蓝 蓼蓝	*Isatis indigotica* Fort. *Baphicacanthus cusia*（Nees）Bremek. *Polygonum tinctorium* Ait.	叶或茎叶经加工制得的干燥粉末、团块或颗粒	多基原
146	玫瑰花	蔷薇科	植物	玫瑰	*Rosa rugosa* Thunb.	干燥花蕾	
147	苦地丁	罂粟科	植物	紫堇	*Corydalis bungeana* Turcz.	干燥全草	
148	苦杏仁	蔷薇科	植物	杏	*Prunus armeniaca* L.	干燥成熟种子	
149	枇杷叶	蔷薇科	植物	枇杷	*Eriobotrya japonica*（Thunb.）Lindl.	干燥叶	
150	板蓝根	十字花科	植物	菘蓝	*Isatis indigotica* Fort.	干燥根	
151	松花粉	松科	植物	马尾松 油松	*Pinus massoniana* Lamb. *Pinus tabuliformis* Carr.	干燥花粉	多基原

续表

序号	药材名	科	类别	基原	拉丁学名	部位	备注
152	郁金	姜科	植物	广西莪术	*Curcuma kwangsiensis* S. G. Lee et C. F. Liang	干燥块根	多基原
				温郁金	*Curcuma wenyujin* Y. H. Chen et C. Ling		
				蓬莪术	*Curcuma phaeocaulis* Val.		
				姜黄	*Curcuma Longa* L.		
153	昆布	海带科	植物	海带	*Laminaria japonica* Aresch.	干燥叶状体	
154	明党参	伞形科	植物	明党参	*Changium smyrnioides* Wolff	干燥根	
155	罗汉果	葫芦科	植物	罗汉果	*Siraitia grosuenorii*（Swingle）C. Jeffreyex A. M. Lu et Z. Y. Zhang	干燥果实	
156	知母	百合科	植物	知母	Anemarrhena asphodeloides Bge.	干燥根茎	
157	使君子	使君子科	植物	使君子	*Quisqualis indica* L.	干燥成熟果实	
158	侧柏叶	柏科	植物	侧柏	*Platycladus orientalis*（L.）Franco	干燥枝梢和叶	
159	佩兰	菊科	植物	佩兰	*Eupatorium fortunei* Turcz.	干燥地上部分	
160	金银花	忍冬科	植物	忍冬	*Lonicera japonica* Thunb.	干燥花蕾或带初开的花	
161	鱼腥草	截菜科	植物	鱼腥草	*Houttuynia cordata* Thunb.	新鲜全草或干燥地上部分	
162	泽兰	唇形科	植物	毛叶地瓜儿苗	*Lycopus lucidus* Turcz. var. *hirtus* Regel	干燥地上部分	
163	油松节	松科	植物	马尾松 油松	*Pinus massoniana* Lamb. *Pinus tabulieformis* Carr.	干燥瘤状节或分枝节	多基原
164	泽泻	泽泻科	植物	泽泻	*Alisma orientale*（Sam.）Juzep.	干燥块茎	
165	细辛	马兜铃科	植物	北细辛	*Asarum heterotropoides* Fr. Schmidt var. *mandshuricum*（Maxim.）Kitag.	干燥根和根茎	
166	荆芥	唇形科	植物	荆芥	*Schizonepeta tenuifolia* Briq.	干燥地上部分	
167	荆芥穗	唇形科	植物	荆芥	*Schizonepeta tenuifolia* Briq.	干燥花穗	
168	草果	姜科	植物	草果	*Amomum tsao-ko* Crevost et Lemaire	干燥成熟果实	
169	茯苓	多孔菌科	真菌	茯苓	*Poria cocos*（Schw.）Wolf	干燥菌核	
170	茯苓皮	多孔菌科	真菌	茯苓	*Poria cocos*（Schw.）Wolf	菌核的干燥外皮	
171	茺蔚子	唇形科	植物	益母草	*Leonurus japonicus* Houtt.	干燥成熟果实	
172	胡芦巴	豆科	植物	胡芦巴	*Trigonella foenum-graecum* L.	干燥成熟种子	
173	胡椒	胡椒科	植物	胡椒	*Piper nigrum* L.	干燥近成熟或成熟果实	
174	荔枝核	无患子科	植物	荔枝核	*Litchi chinensis* Sonn.	干燥成熟种子	
175	南板蓝根	爵床科	植物	马蓝	*Baphicacanthus cusia*（Nees）Bremek.	干燥根茎和根	

续表

序号	药材名	科	类别	基原	拉丁学名	部位	备注
176	枳壳	芸香科	植物	酸橙及其栽培变种	*Citrus aurantium* L.	干燥未成熟果实	
177	枳实	芸香科	植物	酸橙及其栽培变种 甜橙及其栽培变种	*Citrus aurantium* L. *Citrus sinensis* Osbeck	干燥幼果	多基原
178	柏子仁	柏科	植物	侧柏	*Platycladus orientalis*（L.）Franco	干燥成熟种仁	
179	栀子	茜草科	植物	栀子	*Gardenia jasminoides* Ellis	干燥成熟果实	
180	枸杞子	茄科	植物	宁夏枸杞	*Lycium barbarum* L.	干燥成熟果实	
181	柿蒂	柿树科	植物	柿	*Diospyros kaki* Thunb.	干燥宿萼	
182	厚朴	木兰科	植物	厚朴 凹叶厚朴	*Magnolia officinalis* Rehd. et Wils. *Magnolia officinalis* Rehd. et Wils.var. *biloba* Rehd. et Wils.	干燥干皮、根皮及枝皮	多基原
183	厚朴花	木兰科	植物	厚朴 凹叶厚朴	*Magnolia officinalis* Rehd.et Wils. *Magnolia officinalis* Rehd. et Wils. var. *biloba* Rehd. et Wils.	干燥花蕾	多基原
184	砂仁	姜科	植物	阳春砂 海南砂	*Amomum villosum* Lour. *Amomum longiligulare* T.L.Wu	干燥成熟果实	多基原
185	鸦胆子	苦木科	植物	鸦胆子	*Brucea javanica*（L.）Merr.	干燥成熟种子	
186	韭菜子	百合科	植物	韭菜	*Allium tuberosum* RottL. ex Spreng.	干燥成熟种子	
187	香橼	芸香科	植物	枸橼 香圆	*Citrus medica* L. var. *sarcodactylis* Swingle *Citrus wilsonii* Tanaka	干燥成熟果实	多基原
188	香薷	唇形科	植物	江香薷	*Mosla chinensis* 'Jiangxiangru'	干燥地上部分	
189	独活	伞形科	植物	重齿毛当归	*Angelica pubescens* Maxim. f. *biserrata* Shan et Yuan	干燥根	
190	急性子	凤仙花科	植物	急性子	*Impatiens balsamina* L.	干燥成熟种子	
191	姜黄	姜科	植物	姜黄	*Curcuma longa* L.	干燥根茎	
192	前胡	伞形科	植物	白花前胡	*Peucedanum praeruptorum* Dunn	干燥根	
193	首乌藤	蓼科	植物	何首乌	*Polygonum multiflorum* Thunb.	干燥藤茎	
194	穿心莲	爵床科	植物	穿心莲	*Andrographis paniculata*（Burm. f.）Nees	干燥地上部分	
195	秦艽	龙胆科	植物	秦艽	*Gentiana macrophylla* Pall.	干燥根	
196	莱菔子	十字花科	植物	萝卜	*Raphanus sativus* L.	干燥成熟种子	
197	莲子	睡莲科	植物	莲	*Nelumbo nucifera* Gaertn.	干燥成熟种子	
198	莲子心	睡莲科	植物	莲	*Nelumbo nucifera* Gaertn.	成熟种子中的干燥幼叶及胚根	
199	莲房	睡莲科	植物	莲	*Nelumbo nucifera* Gaertn.	干燥花托	

序号	药材名	科	类别	基原	拉丁学名	部位	备注
200	莲须	睡莲科	植物	莲	*Nelumbo nucifera* Gaertn.	干燥雄蕊	
201	莪术	姜科	植物	广西莪术	*Curcuma kwangsiensis* S. G. Lee et C. F. Liang	干燥根茎	多基原
				温郁金	*Curcuma wenyujin* Y. H. Chen et C. Ling		
				蓬莪术	*Curcuma phaeocaulis* VaL.		
202	荷叶	睡莲科	植物	莲	*Nelumbo nucifera* Gaertn.	干燥叶	
203	桂枝	樟科	植物	肉桂	*Cinnamomum cassia* Presl	干燥嫩枝	
204	桔梗	桔梗科	植物	桔梗	*Platycodon grandiflorum*（Jacq.）A. DC.	干燥根	
205	桃仁	蔷薇科	植物	桃	*Prunus persica*（L.）Batsch	干燥成熟种子	
206	桃枝	蔷薇科	植物	桃	*Prunus persica*（L.）Batsch	干燥枝条	
207	核桃仁	胡桃科	植物	胡桃	*Juglans regia* L.	干燥成熟种子	
208	夏枯草	唇形科	植物	夏枯草	*Prunella vulgaris* L.	干燥果穗	
209	柴胡	伞形科	植物	柴胡	*Bupleurum chinense* DC.	干燥根	
210	党参	桔梗科	植物	川党参 党参	*Codonopsis tangshen* Oliv. *Codonopsis pilosula*（Franch.）Nannf.	干燥根	多基原
				素花党参	*Codonopsis pilosula* Nannf. var. *modesta*（Nannf.）L. T. Shcn		
211	铁皮石斛	兰科	植物	铁皮石斛	*Dendrobium officinale* Kimura et Migo	干燥茎	
212	射干	鸢尾科	植物	射干	*Belamcanda chinensis*（L.）DC.	干燥根茎	
213	徐长卿	萝藦科	植物	徐长卿	*Cynanchum paniculatum*（Bge.）Kitag.	干燥根和根茎	
214	凌霄花	紫葳科	植物	凌霄 美洲凌霄	*Campsis grandiflora*（Thunb.）K.Schum. *Campsis radicans*（L.）Seem.	干燥花	多基原
215	高良姜	姜科	植物	高良姜	*Alpinia officinarum* Hance	干燥根茎	
216	粉葛	豆科	植物	甘葛藤	*Pueraria thomsonii* Benth.	干燥根	
217	益母草	唇形科	植物	益母草	*Leonurus japonicus* Houtt.	新鲜或干燥地上部分	
218	益智	姜科	植物	益智	*Alpinia oxyphylla* Miq.	干燥成熟果实	
219	浙贝母	百合科	植物	浙贝母	*Fritillaria thunbergii* Miq.	干燥鳞茎	
220	桑叶	桑科	植物	桑	*Morus alba* L.	干燥叶	
221	桑白皮	桑科	植物	桑	*Morus alba* L.	干燥根皮	
222	桑枝	桑科	植物	桑	*Morus alba* L.	干燥嫩枝	
223	桑葚	桑科	植物	桑	*Morus alba* L.	干燥果穗	

续表

序号	药材名	科	类别	基原	拉丁学名	部位	备注
224	黄芩	唇形科	植物	黄芩	*Scutellaria baicalensis* Georgi	干燥根	
225	黄芪	豆科	植物	蒙古黄芪	*Astragalus membranaceus*（Fisch.）Bge. var. *mongholicus*（Bge.）Hsiao	干燥根	多基原
				膜荚黄芪	*Astragalus membranaceus*（Fisch.）Bge.		
226	黄连	毛茛科	植物	黄连	*Coptis chinensis* Franch.	干燥根茎	
227	黄柏	芸香科	植物	黄皮树	*Phellodendron chinense* Schneid.	干燥树皮	
228	黄蜀葵花	锦葵科	植物	黄蜀葵	*Abelmoschus manihot*（L.）Medic.	干燥花冠	
229	菟丝子	旋花科	植物	菟丝子	*Cuscuta chinensis* Lam.	干燥成熟种子	
230	菊苣	菊科	植物	菊苣	*Cichorium glandulosum* Boiss.et Huet	干燥地上部分、根	多基原
				毛菊苣	*Cichorium intybus* L.		
231	菊花	菊科	植物	菊	*Chrysanthemum morifolium* Ramat.	干燥头状花序	
232	梅花	蔷薇科	植物	梅	*Prunus mume*（Sieb.）Sieb. et Zucc.	干燥花蕾	
233	银杏叶	银杏科	植物	银杏	*Ginkgo biloba* L.	干燥叶	
234	银柴胡	石竹科	植物	银柴胡	*Stellaria dichotoma* L.var. *lanceolata* Bge.	干燥根	
235	甜瓜子	葫芦科	植物	甜瓜	*Cucumis melo* L.	干燥成熟种子	
236	猪牙皂	豆科	植物	皂荚	*Gleditsia sinensis* Lam.	干燥不育果实	
237	猪苓	多孔菌科	真菌	猪苓	*Polyporus umbellatus*（Pers.）Fries	干燥菌核	
238	淡豆豉	豆科	植物	大豆	*Glycine max*（L.）Merr.	成熟种子的发酵加工品	
239	续断	川续断科	植物	川续断	*Dipsacus asper* Wall. ex Henry	干燥根	
240	款冬花	菊科	植物	款冬	*Tussilago farfara* L.	干燥花蕾	
241	棕榈	棕榈科	植物	棕榈	*Trachycarpus fortunei*（Hook. f.）H. Wendl.	干燥叶柄	
242	紫苏子	唇形科	植物	紫苏	*Perilla frutescens*（L.）Britt.	干燥成熟种子	
243	紫苏叶	唇形科	植物	紫苏	*Perilla frutescens*（L.）Britt.	干燥叶（带嫩枝）	
244	紫苏梗	唇形科	植物	紫苏	*Perilla frutescens*（L.）Britt.	干燥茎	
245	紫菀	菊科	植物	紫菀	*Aster tataricus* L. f.	干燥根和根茎	
246	黑芝麻	脂麻科	植物	脂麻	*Sesamum indicum* L.	干燥成熟种子	
247	黑豆	豆科	植物	大豆	*Glycine max*（L.）Merr.	干燥成熟种子	
248	黑种草子	毛茛科	植物	腺毛黑种草	*Nigella glandulifer*a Freyn et Sint.	干燥成熟种子	
249	湖北贝母	百合科	植物	湖北贝母	*Fritillaria hupehensis* Hsiao et K. C. Hsia	干燥鳞茎	

续表

序号	药材名	科	类别	基原	拉丁学名	部位	备注
250	蓖麻子	大戟科	植物	蓖麻	*Ricinus communis* L.	干燥成熟种子	
251	蒲公英	菊科	植物	药用蒲公英	*Taraxacum officinale* F. H. Wigg.	干燥全草	
252	椿皮	苦木科	植物	臭椿	*Ailanthus altissima*（Mill.）Swingle	干燥根皮、干皮	
253	槐花	豆科	植物	槐	*Sophora japonica* L.	干燥花及花蕾	
254	槐角	豆科	植物	槐	*Sophora japonica* L.	干燥成熟果实	
255	路路通	金缕梅科	植物	枫香树	*Liquidambar formosana* Hance	干燥成熟果序	
256	锦灯笼	茄科	植物	酸浆	*Physalis alkekengi* L. var. *franchetii*（Mast.）Makino	干燥宿萼、带果实的宿萼	
257	蓼大青叶	蓼科	植物	蓼蓝	*Polygonum tinctorium* Ait.	干燥叶	
258	榧子	红豆杉科	植物	榧	*Torreya grandis* Fort.	干燥成熟种子	
259	槟榔	棕榈科	植物	槟榔	*Areca catechu* L.	干燥成熟种子	
260	罂粟壳	罂粟科	植物	罂粟	*Papaver somniferum* L.	干燥成熟果壳	
261	辣椒	茄科	植物	辣椒及其栽培变种	*Capsicum annuum* L.	干燥成熟果实	
262	稻芽	禾本科	植物	稻	*Oryza sativa* L.	成熟果实经发芽干燥的炮制加工品	
263	薤白	百合科	植物	薤	*Allium chinense* G. Don	干燥鳞茎	
264	薏苡仁	禾本科	植物	薏苡	*Coix lacryma-jobi* L. var. *ma-yuen*（Roman.）Stapf	干燥成熟种仁	
265	薄荷	唇形科	植物	薄荷	*Mentha haplocalyx* Briq.	干燥地上部分	
266	颠茄草	茄科	植物	颠茄	*Atropa belladonna* L.	干燥全草	
267	橘红	芸香科	植物	橘及其栽培变种	*Citrus reticulata* Blanco	干燥外层果皮	
268	橘核	芸香科	植物	橘及其栽培变种	*Citrus reticulata* Blanco	干燥成熟种子	
269	藁本	伞形科	植物	辽藁本	*Ligusticum jeholense* Nakai et Kitag.	干燥根茎和根	
270	檀香	檀香科	植物	檀香	*Santalum album* L.	干燥的干燥心材	
271	藕节	睡莲科	植物	莲	*Nelumbo nucifera* Gaertn.	干燥根茎节部	
272	瞿麦	石竹科	植物	石竹	*Dianthus chinensis* L.	干燥地上部分	

说明：

1. 药材种类来源　源于《中国药典》2025 年版中基原为植物（含真菌，下同）的中药材。炮制品未单列（如干姜、炮姜只列出了干姜），不同入药部位的药材单列（如紫苏子、紫苏叶、紫苏梗），按药典单独收录。共有来自 255 种植物基原的 272 种药材属于人工栽培。

2. 人工栽培的标准　在生产上已经实现大规模人工种植，栽培技术成熟或较成熟，人工种植药材已占市场主流。对于多基原的药材，只列出属于人工栽培的基原植物，如甘草药材的基原植物，只列出已有大规模人工种植的甘草，而光果甘草和胀果甘草主要来自野生，未收录，并在备注栏提示该药材来自"多基原"。对于栽培技术已基本成功，但种植规模较小，栽培品尚未成为市场和临床用药的主要来源（如红景天、半边莲、羌活、黄精、重楼等），以及主要来自进口，在国内暂无大规模栽培的药材（如丁香、肉豆蔻、胖大海等）未收录。

3. 排序方式　与《中国药典》一致，按药材首字笔画排序。

4. 表格引自 2017 年《中药资源评估技术指导原则》附表。

附录三　药食同源物质目录

序号	物质名称	基原名称	拉丁学名	科名	使用部分	备注
1	丁香	丁香	*Eugenia caryophyllata* Thunb.	桃金娘科	花蕾	
2	人参	人参	*Panax ginseng* C. A. Mey	五加科	根和根茎	为5年及5年以下人工种植的人参；食用量≤3 g/d；孕妇、哺乳期妇女及14周岁以下儿童不宜食用
3	八角茴香	八角茴香	*Illicium verum* Hook. f.	木兰科	成熟果实	在调味品中也称"八角"
4	刀豆	刀豆	*Canavalia gladiata*（Jacq.）DC.	豆科	成熟种子	
5	小茴香	茴香	*Foeniculum vulgare* Mill.	伞形科	成熟果实	用于调味时还可用叶和梗
6	小蓟	刺儿菜	*Cirsium setosum*（Willd.）MB.	菊科	地上部分	
7	山奈	山奈	*Kaempferia galanga* L.	姜科	根茎	仅作为调味品使用；使用量≤6 g/d；在调味品中标示"根、茎"
8	山茱萸	山茱萸	*Cornus officinalis* Sieb. et Zucc.	山茱萸科	果肉	
9	山药	薯蓣	*Dioscorea opposita* Thunb.	薯蓣科	根茎	
10	山银花	华南忍冬	*Lonicera confuse* DC.	忍冬科	花蕾或带初开的花	
		红腺忍冬	*Lonicera hypoglauca* Miq.			
		灰毡毛忍冬	*Lonicera macranthoides* Hand.-Mazz.			
		黄褐毛忍冬	*Lonicera fulvotomentosa* Hsu et S. C. Cheng			
11	山楂	山里红	*Crataegus pinnatifida* Bge. var. *major* N.E.Br.	蔷薇科	成熟果实	
		山楂	*Crataegus pinnatifida* Bge.	蔷薇科		
12	马齿苋	马齿苋	*Portulaca oleracea* L.	马齿苋科	地上部分	
13	天麻	天麻	*Gastrodia elata* B1.	兰科	块茎	
14	乌梅	梅	*Prunus mume*（Sieb.）Sieb.et Zucc.	蔷薇科	近成熟果实	
15	木瓜	贴梗海棠	*Chaenomeles speciosa*（Sweet）Nakai	蔷薇科	近成熟果实	
16	火麻仁	大麻	*Cannabis sativa* L.	桑科	成熟果实	
17	代代花	代代花	*Citrus aurantium* L.var.*amara* Engl.	芸香科	花蕾	果实地方常用作枳壳

续表

序号	物质名称	基原名称	拉丁学名	科名	使用部分	备注
18	玉竹	玉竹	*Polygonatum odoratum*（Mill.）Druce	百合科	根茎	
19	甘草	甘草	*Glycyrrhiza uralensis* Fisch.	豆科	根和根茎	
		胀果甘草	*Glycyrrhiza inflata* Bat.	豆科		
		光果甘草	*Glycyrrhiza glabra* L.	豆科		
20	白芷	白芷	*Angelica dahurica*（Fisch.ex Hoffm.）Benth. et Hook. f.	伞形科	根	
		杭白芷	*Angelica dahurica*（Fisch.ex Hoffm.）Benth. et Hook. f.var. *formosana*（Boiss.）Shan et Yuan	伞形科		
21	白果	银杏	*Ginkgo biloba* L.	银杏科	成熟种子	
22	白扁豆	扁豆	*Dolichos lablab* L.	豆科	成熟种子	
23	白扁豆花	扁豆	*Dolichos lablab* L.	豆科	花	
24	布渣叶	破布叶	*Microcos paniculata* L.	椴树科	叶	仅作为凉茶饮料原料；使用量≤15 g/d
25	龙眼肉（桂圆）	龙眼	*Dimocarpus longan* Lour.	无患子科	假种皮	
26	决明子	决明	*Cassia obtusifolia* L.	豆科	成熟种子	需经过炮制方可使用
		小决明	*Cassia tora* L.	豆科		
27	西红花	藏红花	*Crocus sativus* L.	鸢尾科	柱头	仅作为调味品使用；使用量≤1 g/d；在调味品中也称"藏红花"
28	西洋参	西洋参	*Panax quinquefolium* L.	五加科	根	
29	百合	卷丹	*Lilium lancifolium* Thunb.	百合科	肉质鳞叶	
		百合	*Lilium brownie* F.E.Brown var. *viridulum* Baker	百合科		
		细叶百合	*Lilium pumilum* DC.	百合科		
30	当归	当归	*Angelica sinensis*（Oliv.）Diels.	伞形科	根	仅限用于香辛料；使用量≤3 g/d
31	肉苁蓉	肉苁蓉	*Cistanche deserticola* Y.C.Ma	列当科	肉质茎	
32	肉豆蔻	肉豆蔻	*Myristica fragrans* Houtt.	肉豆蔻科	种仁；种皮	种皮仅作为调味品使用
33	肉桂	肉桂	*Cinnamomum cassia* Presl	樟科	树皮	在调味品中也称"桂皮"
34	余甘子	余甘子	*Phyllanthus emblica* L.	大戟科	成熟果实	
35	佛手	佛手	*Citrus medica* L.var. *sarcodactylis* Swingle	芸香科	果实	

序号	物质名称	基原名称	拉丁学名	科名	使用部分	备注
36	杏仁（苦、甜）	山杏	*Prunus armeniaca* L. var. *ansu* Maxim	蔷薇科	成熟种子	苦杏仁需经过炮制方可使用
		西伯利亚杏	*Prunus sibirica* L.	蔷薇科		
		东北杏	*Prunus mandshurica*（Maxim）Koehne	蔷薇科		
		杏	*Prunus armeniaca* L.	蔷薇科		
37	沙棘	沙棘	*Hippophae rhamnoides* L.	胡颓子科	成熟果实	
38	灵芝	赤芝	*Ganoderma lucidum*（Leyss. Ex Fr.）Karst.	多孔菌科	子实体	
		紫芝	*Ganoderma sinense* Zhao，Xu et Zhang			
39	芡实	芡	*Euryale ferox* Salisb.	睡莲科	成熟种仁	
40	杜仲叶	杜仲	*Eucommia ulmoides* Oliv.	杜仲科	叶	
41	花椒	青椒	*Zanthoxylum schinifolium* Sieb. et Zucc.	芸香科	成熟果皮	花椒果实可作为调味品使用
		花椒	*Zanthoxylum bungeanum* Maxim.	芸香科		
42	赤小豆	赤小豆	*Vigna umbellata* Ohwi et Ohashi	豆科	成熟种子	
		赤豆	*Vigna angularis* Ohwi et Ohashi	豆科		
43	芫荽	芫荽	*Coriandrum sativum* L.	伞形科	果实、种子	
44	麦芽	大麦	*Hordeum vulgare* L.	禾本科	成熟果实经发芽干燥的炮制加工品	
45	昆布	海带	*Laminaria japonica* Aresch.	海带科	叶状体	
		昆布	*Ecklonia kurome* Okam.	翅藻科		
46	枣（大枣、黑枣）	枣	*Ziziphus jujuba* Mill.	鼠李科	成熟果实	
47	罗汉果	罗汉果	*Siraitia grosvenorii*（Swingle.）C. Jeffrey ex A. M. Lu et Z. Y. Zhang	葫芦科	果实	
48	郁李仁	欧李	*Prunus humilis* Bge.	蔷薇科	成熟种子	
		郁李	*Prunus japonica* Thunb.	蔷薇科		
		长柄扁桃	*Prunus pedunculata* Maxim.	蔷薇科		
49	金银花	忍冬	*Lonicera japonica* Thunb.	忍冬科	花蕾或带初开的花	
50	青果	橄榄	*Canarium album* Raeusch.	橄榄科	成熟果实	
51	玫瑰花	玫瑰	*Rosa rugosa* Thunb 或 *Rose rugosa* 'Plena'	蔷薇科	花蕾	
52	松花粉	马尾松	*Pinus massoniana* Lamb.	松科	干燥花粉	
		油松	*Pinus tabuliformis* Carr.			
		同属数种植物				

序号	物质名称	基原名称	拉丁学名	科名	使用部分	备注
53	鱼腥草	蕺菜	*Houttuynia cordata* Thunb.	三白草科	新鲜全草或干燥地上部分	
54	草果	草果	*Amomum tsaoko* Crevost et Lemaire	姜科	果实	仅作为调味品使用；使用量≤3 g/d
55	荜茇	荜茇	*Piper longum* L.	胡椒科	果实或成熟果穗	仅作为调味品使用；使用量≤1 g/d
56	姜（生姜、干姜）	姜	*Zingiber officinale* Rosc.	姜科	根茎（生姜所用为新鲜根茎，干姜为干燥根茎。）	
57	姜黄	姜黄	*Curcuma Longa* L.	姜科	根茎	仅作为调味品使用；使用量≤3 g/d；在调味品中标示"根、茎"
58	枳椇子	枳椇	*Hovenia dulcis* Thunb.	鼠李科	药用为成熟种子；食用为肉质膨大的果序轴、叶及茎枝。	
59	枸杞子	宁夏枸杞	*Lycium barbarum* L.	茄科	成熟果实	
60	栀子	栀子	*Gardenia jasminoides* Ellis	茜草科	成熟果实	
61	砂仁	阳春砂	*Amomum villosum* Lour.	姜科	成熟果实	
		绿壳砂	*Amomum villosum* Lour. var. *xanthioides* T.L.Wu et Senjen	姜科		
		海南砂	*Amomum longiligularg* T. L. Wu	姜科		
62	胖大海	胖大海	*Sterculia lychnophora* Hance	梧桐科	成熟种子	
63	茯苓	茯苓	*Poria cocos*（Schw.）Wolf	多孔菌科	菌核	
64	香橼	枸橼	*Citrus medica* L.	芸香科	成熟果实	
		香圆	*Citrus wilsonii* Tanaka	芸香科		
65	香薷	石香薷	*Mosla chinensis* Maxim.	唇形科	地上部分	
		江香薷	*Mosla chinensis* 'jiangxiangru'	唇形科		
66	桃仁	桃	*Prunus persica*（L.）Batsch	蔷薇科	成熟种子	
		山桃	*Prunus davidiana*（Carr.）Franch.	蔷薇科		
67	夏枯草	夏枯草	*Prunella vulgaris* L.	唇形科	果穗	仅作为凉茶饮料原料；使用量≤9 g/d
68	党参	党参	*Codonopsis pilosula*（Franch.）Nannf.	桔梗科	根	
		素花党参	*Codonopsis pilosula* Nannf. var. *modesta*（Nannf.）L.T.Shen			
		川党参	*Codonopsis tangshen* Oliv.			

序号	物质名称	基原名称	拉丁学名	科名	使用部分	备注
69	铁皮石斛	铁皮石斛	*Dendrobium officinale* Kimura et Migo	兰科	茎	
70	桑叶	桑	*Morus alba* L.	桑科	叶	
71	桑椹	桑	*Morus alba* L.	桑科	果穗	
72	橘红（桔红）	橘及其栽培变种	*Citrus reticulata* Blanco	芸香科	外层果皮	
73	桔梗	桔梗	*Platycodon grandiflorum*（Jacq.）A.DC.	桔梗科	根	
74	益智仁	益智	Alpinia oxyphylla Miq.	姜科	去壳之果仁，而调味品为果实。	
75	荷叶	莲	*Nelumbo nucifera* Gaertn.	睡莲科	叶	
76	莱菔子	萝卜	*Raphanus sativus* L.	十字花科	成熟种子	
77	莲子	莲	*Nelumbo nucifera* Gaertn.	睡莲科	成熟种子	
78	高良姜	高良姜	*Alpinia officinarum* Hance	姜科	根茎	
79	粉葛	甘葛藤	*Pueraria thomsonii* Benth.	豆科	根	
80	淡竹叶	淡竹叶	*Lophatherum gracile* Brongn.	禾本科	茎叶	
81	淡豆豉	大豆	*Glycine max*（L.）Merr.	豆科	成熟种子的发酵加工品	
82	菊花	菊	*Chrysanthemum morifolium* Ramat.	菊科	头状花序	
83	菊苣	毛菊苣	*Cichorium glandulosum* Boiss.et Huet	菊科	地上部分或根	
		菊苣	*Cichorium intybus* L.	菊科		
84	黄芥子	芥	*Brassica juncea*（L.）Czern. et Coss	十字花科	成熟种子	
85	黄芪	蒙古黄芪	*Astragalus membranaceus*（Fisch.）Bge.var.*mongholicus*（Bge.）Hsiao	豆科	根	
		膜荚黄芪	*Astragalus membranaceus*（Fisch.）Bge.			
86	黄精	滇黄精	*Polygonatum kingianum* Coll.et Hemsl.	百合科	根茎	
		黄精	*Polygonatum sibiricum* Red.	百合科		
		多花黄精	*Polygonatum cyrtonema* Hua	百合科		
87	紫苏	紫苏	*Perilla frutescens*（L.）Britt.	唇形科	叶（或带嫩枝）	
88	紫苏子（籽）	紫苏	*Perilla frutescens*（L.）Britt.	唇形科	成熟果实	
89	葛根	野葛	*Pueraria lobata*（Willd.）Ohwi	豆科	根	

续表

序号	物质名称	基原名称	拉丁学名	科名	使用部分	备注
90	黑芝麻	脂麻	*Sesamum indicum* L.	脂麻科	成熟种子	在调味品中也称"胡麻、芝麻"
91	黑胡椒	胡椒	*Piper nigrum* L.	胡椒科	近成熟或成熟果实	在调味品中称"白胡椒"
92	槐花、槐米	槐	*Sophora japonica* L.	豆科	花及花蕾	
93	蒲公英	蒲公英	*Taraxacum mongolicum* Hand.-Mazz.	菊科	全草	
		碱地蒲公英	*Taraxacum borealisinense* Kitam.	菊科		
		同属数种植物		菊科		
94	榧子	榧	*Torreya grandis* Fort.	红豆杉科	成熟种子	
95	酸枣、酸枣仁	酸枣	*Ziziphus jujuba* Mill. var. *Spinosa* (Bunge) Hu ex H. F. Chou	鼠李科	果肉、成熟种子	
96	鲜白茅根（或干白茅根）	白茅	*Imperata cylindrical* Beauv. var. *Major* (Nees) C. E. Hubb.	禾本科	根茎	
97	鲜芦根（或干芦根）	芦苇	*Phragmites communis* Trin.	禾本科	根茎	
98	橘皮（或陈皮）	橘及其栽培变种	*Citrus reticulata* Blanco	芸香科	成熟果皮	
99	薄荷	薄荷	*Mentha haplocalyx* Briq.	唇形科	地上部分	
		薄荷	*Mentha arvensis* L.	唇形科	叶、嫩芽	仅作为调味品使用
100	薏苡仁	薏苡	*Coix lacryma-jobi* L.var. *mayuen.* (Roman.) Stapf	禾本科	成熟种仁	
101	薤白	小根蒜	*Allium macrostemon* Bge.	百合科	鳞茎	
		薤	*Allium chinense* G.Don	百合科		
102	覆盆子	华东覆盆子	*Rubus chingii* Hu	蔷薇科	果实	
103	藿香	广藿香	*Pogostemon cablin* (Blanco) Benth.	唇形科	地上部分	
104	乌梢蛇	乌梢蛇	*Zaocys dhumnades* (Cantor)	游蛇科	剥皮、去除内脏的整体	仅限获得林业部门许可进行人工养殖的乌梢蛇
105	牡蛎	长牡蛎	*Ostrea gigas* Thunberg	牡蛎科	贝壳	
		大连湾牡蛎	*Ostrea talienwhanensis* Crosse	牡蛎科		
		近江牡蛎	*Ostrea rivularis* Gould	牡蛎科		
106	阿胶	驴	*Equus asinus* L.	马科	干燥皮或鲜皮经煎煮、浓缩制成的固体胶	

续表

序号	物质名称	基原名称	拉丁学名	科名	使用部分	备注
107	鸡内金	家鸡	*Gallus gallus domesticus* Brisson	雉科	沙囊内壁	
108	蜂蜜	中华蜜蜂	*Apis cerana* Fabricius	蜜蜂科	蜂所酿的蜜	
		意大利蜂	*Apis mellifera* Linnaeus	蜜蜂科		
109	蝮蛇（蕲蛇）	五步蛇	*Agkistrodon acutus*（Güenther）	蝰科	去除内脏的整体	仅限获得林业部门许可进行人工养殖的蝮蛇

说明：

1. 本目录中的物质来源于原国家卫生计生委办公厅关于征求《按照传统既是食品又是中药材物质目录管理办法》（征求意见稿）意见的函（国卫办食品函〔2014〕975号）、国家卫生健康委员会、国家市场监管总局联合发布的《关于当归等6种新增按照传统既是食品又是中药材的物质公告》（2019年第8号）、《关于对党参等9种物质开展按照传统既是食品又是中药材的物质管理试点工作的通知》〔国卫食品函〔2019〕311号〕。

2. 排序方式 植物在前，动物在后，按物质的首字笔画排序。

郑重声明

高等教育出版社依法对本书享有专有出版权。任何未经许可的复制、销售行为均违反《中华人民共和国著作权法》,其行为人将承担相应的民事责任和行政责任;构成犯罪的,将被依法追究刑事责任。为了维护市场秩序,保护读者的合法权益,避免读者误用盗版书造成不良后果,我社将配合行政执法部门和司法机关对违法犯罪的单位和个人进行严厉打击。社会各界人士如发现上述侵权行为,希望及时举报,我社将奖励举报有功人员。

反盗版举报电话　(010)58581999　58582371

反盗版举报邮箱　dd@hep.com.cn

通信地址　北京市西城区德外大街4号　高等教育出版社知识产权与法律事务部

邮政编码　100120

读者意见反馈

为收集对教材的意见建议,进一步完善教材编写并做好服务工作,读者可将对本教材的意见建议通过如下渠道反馈至我社。

咨询电话　400-810-0598

反馈邮箱　gjdzfwb@pub.hep.cn

通信地址　北京市朝阳区惠新东街4号富盛大厦1座　高等教育出版社总编辑办公室

邮政编码　100029

防伪查询说明

用户购书后刮开封底防伪涂层,使用手机微信等软件扫描二维码,会跳转至防伪查询网页,获得所购图书详细信息。

防伪客服电话　(010)58582300